Theodor Böhmerle · Zielklarer Glaubenslauf

Theodor Böhmerle

Zielklarer Glaubenslauf

Betrachtungen zu den Paulusbriefen

Verlag des
Evang. Vereins für innere Mission Augsburgischen Bekenntnisses
75 Karlsruhe 1, Amalienstraße 77

ISBN 3 920 14 902 5

St.-Johannis-Druckerei C. Schweickhardt, 763 Lahr-Dinglingen
11958/1971

Inhalt

	Vorwort	7
Römerbrief	Der Römerbrief	9
Röm. 4, 25	Karfreitag und Ostern, Ja und Amen!	13
Röm. 5, 6—11	Gläubige Zielgewißheit	18
Röm. 5, 18—21	Aus der Adamslinie in die Christuslinie	23
Röm. 6, 1—11	Gnade und Sünde	28
Röm. 8, 1—4	Unter dem Gesetz des Geistes: Herrlicher Christenstand!	32
Röm. 8, 31—39	Das Triumphlied der Gläubigen über Karfreitag und Ostern	37
Röm. 10, 10—17	Herzensglaube	42
Röm. 11, 33—36	Von der Herrlichkeit und Größe der Erkenntnis des lebendigen Gottes	46
Röm. 12, 3—8	Heilige Gliederordnungen am Leibe Christi	51
Röm. 12, 17—21	Glaube und Widersacher	55
Rom. 14, 7—9	Mein Herr!	59
Röm. 15, 4—13	Unsere völlige Hoffnung	65
1. Kor. 3, 18—23	Die Gotteskindschaftswürde	69
1. Kor. 4, 1—5	Unter dem Gericht des kommenden HErrn	74
1. Kor. 9, 24—27	Um die Krone	78
1. Kor. 13	Das Grablied der Lieblosigkeit, das Passionslied der Liebe und das Triumphlied der Liebe	82
1. Kor. 15, 1—11	Karfreitag und Ostern, sind sie dir vergeblich oder nicht vergeblich?	86
1. Kor. 15, 12—28	Der Tod ist verschlungen in den Sieg	92
1. Kor. 16, 13	Wer ist ein Mann?	97
2. Kor. 1, 3—7	Der Gott des Trostes und Menschen des Trostes	102
2. Kor. 12, 14	Ich suche nicht das Eure, sondern euch	107
2. Kor. 13, 13	Dreieinigkeitsleben	112
Gal. 4, 21—31	Jerusalem	117
Gal. 5, 25—6, 10	Immer zuerst nach innen, das ist Geisteswandel	123
Eph. 1, 3—14	Die Eigentumsgemeine, der innerste Kern des Rates Gottes in diesen unseren Zeiten	127
Eph. 4, 1—7	Die trinitarischen Einheitsmerkmale der Gemeine, ein Geist, ein HErr, ein Vater	132
Eph. 5, 1—10	Gottes Nachfolger!	138
Eph. 5, 22—33	Ehe und Gemeine	141
Eph. 6, 1—4	Kinder und Eltern	147
Eph. 6, 10—20	Die Kraftquellen der Gläubigen zur Überwindung im inneren und äußeren Lebenskampf	152
Phil. 1, 3—11	Gute Zuversicht	158

Phil. 1, 15—24	Christliche Passionsentschiedenheit	163
Phil. 2, 5—11	Der Weg zur Gottgleichheit geht über Golgatha	168
Phil. 3, 7—14	Erstauferstehung	173
Phil. 3, 7—14	Der Weg zur ersten Auferstehung	180
Phil. 4, 4—7	Der Christtag in uns	185
Kol. 1, 15—23	Die Allversöhnung und ihr Anfang	190
1. Thess. 5, 1—10	Die Kinder des Tages	195
1. Tim. 3, 16	Das Geheimnis der Gottseligkeit — der geoffenbarte Gottesrat	201
1. Tim. 4, 7—10	Heilsgymnastik	206
1. Tim. 6, 1—11	Ein großer Erwerb	210
1. Tim. 6, 12—16	Auf zum Glaubenskampf!	215
2. Tim. 1, 7—14	Leide dich!	220
2. Tim. 2, 8—13	Die Herrlichkeit der Leiden Christi	225
2. Tim. 3, 10—4, 2	Ein vierfach begnadeter Mensch	230
Gedicht (Phil. 2, 6. 7)	Er ward leer um meinetwillen	235

Vorwort

Pfarrer Theodor Böhmerle, Gründer und Leiter des Bibelheims „Bethanien" in Langensteinbach in den Jahren 1909 bis 1926, ist durch sein biblisches Zeugnis vielen ernsten Wahrheitssuchern bekannt. Neben dem Dienst am Wort im Bibelheim durfte er seit 1907 im „Reich-Gottes-Boten", dem Gemeinschaftsblatt des Evangelischen Vereins für innere Mission Augsburgischen Bekenntnisses, die ihm vom lebendigen HErrn geschenkten Aufschlüsse des Schriftwortes in den wöchentlichen biblischen Betrachtungen bezeugen. In den alten Jahrgängen des „Reich-Gottes-Boten" liegen diese Zeugnisse wie ein verborgener Schatz im Acker. Diese Schätze sollten herausgegraben und um ihres großen geistlichen Wertes willen den suchenden Seelen angeboten werden.

Schon im Jahre 1930 hat der Nachfolger Pfarrer Böhmerles im Bibelheim „Bethanien", Pfarrer Pfleiderer, eine größere Anzahl dieser Betrachtungen gesammelt. Diese Sammlung ist in dem bekannten Buch: „Der da war und Der da ist und Der da kommt" herausgegeben worden. Es hat dieses Buch weithin eine dankbare Aufnahme gefunden. Dies ermutigt uns, noch weitere Betrachtungen von Pfarrer Böhmerle den Wahrheitsfreunden anzubieten. Aus dem Vorwort des früheren Bandes seien hier einige Sätze wiederholt:

„Pfarrer Böhmerle war einer der mutigsten Wahrheitszeugen, ein Schriftforscher von Gottes Gnaden, der sich selbst und seine eigene Meinung ständig unter das Licht des Wortes Gottes stellte und sich von demselben korrigieren ließ, weshalb er auch immer tiefere Aufschlüsse in den geoffenbarten Rat Gottes hinein erhielt. Die empfangenen Erkenntnisse brachten ihm, da er mit unerschrockener Bekennerfreimütigkeit, einem inneren Muß folgend, sich als ganzer Mann dazu bekannte, viel Bedrängnis, Gegnerschaft und Kreuz. Aber viele, denen er den Blick in den göttlichen Plan öffnen durfte, haben sich zu ihm gestellt in einer Dankbarkeit, die in die Ewigkeit hinüberreicht."

In diesem neuen Band mit dem Titel: „Zielklarer Glaubenslauf" sind nun auch Betrachtungen aus den früheren Jahren des Dienstes Pfarrer Böhmerles hereingenommen. Weil der Verfasser selbst im Wachstum an Erkenntnis stehen durfte und wollte, so ergeben sich zwischen den früheren und den späteren Betrachtungen manche Unterschiede sowohl in der Ausdrucksweise als auch in der Auslegung. Diese wohl zu beachtende Tatsache darf nicht als Wider-

spruch verstanden werden, sondern als geistliche Weiterführung ins tiefere Verständnis des Schriftwortes hinein.

Möge auch dieses Buch mit seinem Wahrheitszeugnis eine Segensaufgabe erfüllen und manchen einen geistlichen Dienst tun im Lauf zum persönlichen Vollendungsziel auf den Tag des wohl nahe bevorstehenden Kommens Jesu Christi, des Hauptes, zu Seiner Leibesgemeine.

    Advent 1971   *Pfarrer W. Beck*

Der Römerbrief

Eine kleine Handreichung zum Bibellesen möchten wir heute unseren Lesern geben, und zwar eine Handreichung zum Lesen des für die Gemeinde des HErrn wichtigsten Briefes, des Römerbriefes. Der Brief des Apostels Paulus an die Römer ist derjenige, in welchem das ganze Wesen des Glaubens und des Glaubenslebens am klarsten, ausführlichsten und zusammenhängendsten beschrieben ist. Es ist darum kein Zufall, sondern richtige Geistesführung, daß hauptsächlich aus diesem Brief die Reformation geboren ist. Er ist darum der Hauptbrief und die Hauptschrift der Gläubigen des Neuen Bundes. Darum sollten diese auch in diesem Brief daheim sein wie in einem geistlichen Eigentumshause. Nun kommt es aber für das Verständnis der biblischen Schriften sehr darauf an, daß man einen Haupt- und Grund-Verstand von ihnen hat, dann fügt sich das Verständnis des einzelnen klar und richtig ein. Es ist nötig zu wissen, was der HErr der Kirche durch Seinen Heiligen Geist mit einem solchen Brief durch Sein Werkzeug Paulus sagen wollte. Einen solchen Grundverstand vom Inhalt und vom Offenbarungsgehalt des Römerbriefes möchten wir zu geben versuchen, gewissermaßen einen Schlüssel zum Römerbrief, durch welchen der Brief im ganzen und die einzelnen Kapitel sich erschließen.

Der Römerbrief ist ein Sonderling unter den apostolischen Briefen, und nicht ohne Grund ist er der Spitzenführer aller apostolischen Briefe. Wir dürfen ja wohl sagen, wenn auch geistlich alle Schrift von Gott eingegeben ist, so übertrifft doch auch in der Heiligen Schrift ein Stern den anderen nach der Klarheit. Der Römerbrief aber ist ein Stern erster Ordnung. Auch die Bibel ist ein Organismus, wie alles, was aus Gott kommt, und darum hat sie verschiedene Glieder, ist aber *ein* Leib.

Der Römerbrief ist ja schon dadurch ein sonderlicher, daß er an Rom geht, an die Zentralstadt der damaligen Welt. Der prophetische Geist im Apostel sah wohl, welche Bedeutung gerade Rom für die zukünftige Kirche gewinnen mußte. War doch schon in der apostolischen Zeit durch den ständigen Verkehr von Rom und nach Rom diese Stadt auch für die Gemeinde Christi von großer Wichtigkeit. Es war fürwahr von Bedeutung, was für ein Geist gerade in der Gemeinde Roms herrschte und von Rom in alle Gelenke des gewaltigen Reiches und damit auch in die Gemeinden Christi hin und her hineinströmte. Rom auf den klaren apostolischen Grund zu stellen, auf die Offenbarungslinie des gegenwärtigen Äons klar einzustellen, das war eine unbedingte Notwendigkeit. Darum trieb der Geist den Apostel zu diesem Brief. Wir sehen ja, was für ein Jammer und Elend und welche grundlegende Verkehrung für die Gemeinde Gottes erwuchs, weil Rom und seine Gemeinde nicht auf dem apostolischen Grund blieb, sondern vom römischen Weltmachts-Taumelkelch trank, von welchem es heute noch trunken ist. Um so dankbarer muß alles, was biblisch steht und glaubt, dafür sein, daß gerade nach Rom das Haupt- und Generalzeugnis von der Offenbarungslinie des HErrn im gegenwärtigen Zeitalter erging. Der Römerbrief ist der rechte Kirchenmaßstab, den wir an alle äußeren, kirchlichen Erscheinungsformen anlegen müssen, nicht bloß an die römischen, sondern auch an die evangelischen, um zu prüfen, wieweit sie in der Wahrheit erfunden werden.

Der apostolische Grundbrief nach Rom war aber um so nötiger, als Rom und seine Christengemeinde keine apostolische Gründung im engeren Sinne war. Die römische Gemeinde ist jedenfalls durch Juden und Judengenossen, welche vom großen Pfingstfest in Jerusalem heimkehrten, entstanden. Dort an Pfingsten waren ja auch Ausländer von Rom in Jerusalem. Und bald darauf muß in der jüdischen Gemeinde in Rom der Kampf um Jesus entbrannt sein, denn Kaiser Claudius wies viele Juden aus Rom aus um ihres stetigen Streites willen über Christus. Natürlich kam zum jüdischen Glaubensgrundstamm der römischen Gemeinde bald eine überwiegende Zahl christusgläubiger Heiden schon durch den ständigen Zuzug von außen. So waren in der römischen Christengemeine wohl gar verschiedene Elemente aus aller Welt Enden enthalten. Um so nötiger war ein klarer, einheitlicher apostolischer Grund. Darum trieb es auch den Apostel, wie er selber sagt, immer wieder nach Rom, und es brannte ihm in der Seele, dort einmal das klare, helle Evangelium zu verkündigen. Als aber der HErr ihn immer wieder verhinderte und als er in Korinth, von wo aus er nach Jerusalem wollte, schon etwas von den kommenden Banden voraussah, da trieb ihn der Geist, in einem Brief ein umfassendes Generalzeugnis abzulegen, gewissermaßen als einen Vorboten seines späteren persönlichen Eintreffens. Dieses Generalzeugnis, sozusagen eine Summa des ganzen evangelischen Heilsglaubens und Heilslebens, haben wir nun im Römerbrief vor uns.

Wuchtig und gewaltig führt der Geist durch Paulus den ganzen Wahrheitsbau der evangelischen Gemeinde vor unseren Augen und Herzen auf. Wie wichtig ist darum für uns ein genaues, inneres Verständnis gerade dieses Briefes. Indem wir nun dem Brief eine Überschrift geben, herausgenommen aus seinem Gesamtinhalt, und an diese Überschrift Kapitel um Kapitel reihen, möchten wir bibelhungrigen Seelen einen schlichten Weg durch den Römerbrief bahnen, daß sie sich in ihm zurechtfinden.

Es ist wohl verständlich, daß der Apostel Paulus als Haupt- und Grundstein des ganzen Römerbrief-Gebäudes das legte, was Grund seiner eigenen apostolischen Erwählung war. Apostel der Ekklesia oder der herausgerufenen Gemeine war Paulus. Er bezeichnet es im Epheserbrief im dritten Kapitel ganz ausführlich als die besondere Offenbarung und als den besonderen Auftrag, der ihm geworden sei, die Gemeine aus Juden und Heiden zu *einem* Leibe zusammenzurufen, und sonderlich die Nationen-Gläubigen miteinzuleiben in den Leib Christi. So war ihm das Thema nach Rom fest gegeben, er mußte schreiben von der Gemeine, von der Glaubensgemeine oder Geistesgemeine oder Auswahlgemeine, wie wir sie nach den verschiedenen Seiten ihres Wesens hin auch nennen wollen. Wir wollen der Einfachheit wegen, aber auch im Blick auf das Hauptwort des Römerbriefes, bei dem Namen *Glaubensgemeine* bleiben, und wollen dem Römerbrief die Gesamtüberschrift geben:

Der Brief von der Glaubensgemeine.

Es ist hochbedeutsam, daß der Grundbrief des ganzen Neuen Testamentes die Grundwahrheit der ganzen neutestamentlichen Heilsoffenbarung zum Gegenstand hat, welche nicht nur die römische Kirche, sondern auch ein großer Teil der evangelischen Kirche verloren hat: die auserwählte Gemeine, die Glaubensgemeine. Es ist darum auch kein Wunder, daß die großen Kernkapitel unseres Briefes, die Kapitel 9—11, die eigentlichen Auswahlkapitel, den Auslegern so große Schwierigkeiten machen. Wer die Auswahlgemeine versteht, hat gar manches Licht in jene schweren Stellen.

Gesamtüberschrift: *Von der Glaubensgemeine.*

Einleitung des Briefes: Kapitel 1, 1—17. Gleich die Einleitung des Briefes handelt von dieser Gemeine und legt den Grund für die kommenden Kapitel. Die Verse 5, 14 und 17 reden deutlich von ihr.

I. Teil: Kapitel 1, 18 bis Kapitel 3, 31. Die ersten drei Kapitel nach der Einleitung zeigen uns die beiden großen Grundlagen oder Grundvoraussetzungen der Glaubensgemeinde, nämlich: 1. die allgemeine Sündhaftigkeit, Zornverfallenheit und Rettungsbedürftigkeit der ganzen Menschheit (1, 18—3, 20). Heiden wie Juden stehen unter dem Gericht und unter der Verdammnis. 2. Heiden und Juden sind aber auch beide gleicherweise errettet und erlöst durch die Gnade in Christo Jesu, welche durch Glauben ergriffen werden muß (3, 21—31).

Alle, die ihre Sünde und Verdammnis tief erkennen und Jesus als den Retter annehmen, werden Glieder der Gemeine. Buße und Glaube von menschlicher Seite, Gericht und Versöhnung durch Christus von göttlicher Seite bilden die Grundlagen der Gemeine.

II. Teil: Kapitel 4—7. Die Glaubensgemeine ist die Füllegemeine aus Juden und Heiden, sie ist gewissermaßen die rechte, vollkommen gemachte Menschheit, aus beiden herausgewählt. In wunderbarer, kreuzweiser Anordnung zeigt uns der Apostel zuerst in Kapitel 4, daß die Glaubensgemeine die rechte Abrahamsgemeinde sei, also alle Juden, die zu ihr eingehen, der rechte Abrahamssame. In Kapitel 5 aber zeigt er, wie die Glaubensgemeine auch die rechte Adamsgemeine sei, also die rechte Menschheitsgemeine, weil ihre Glieder aus den Nationen in Christus den rechten, zweiten Adam haben. So ist die Gemeine die Fülle aus Juden und Heiden. Nun nimmt's der Apostel kreuzweise — nämlich zuerst die Heiden und dann die Juden, und zeigt, wie auch der Fluch beider Linien, der heidnischen und der jüdischen, in Christus aufgehoben sei. Kapitel 6 sagt, daß in Christus die Aufhebung alles Sündenwesens der Nationen sei; und Kapitel 7 sagt, daß Christus auch der Aufheber des Fluches des Gesetzes sei, unter welchem die Juden stehen. So ist die Glaubensgemeine die aus Juden und Heiden wahrhaft von allem Sündenfluch errettete Gemeine.

III. Teil: Kapitel 8. Dies ist, wie Luther sagt, das goldene Kapitel der Bibel. Es enthält den Triumphgesang der erretteten Glaubensgemeine. Es ist ihr Siegeslied. Haben die vorausgehenden Kapitel die Errettung gezeichnet, so steht im 8. Kapitel die Freude über diese Errettung. Darum beginnt und schließt das Kapitel auch mit einem Triumphlied (V. 1 u. V. 37).

Vers 1—4: Die Gemeine hat das neue Geistesleben und damit den Sieg über das Gesetz der Sünde und über das Gesetz des Buchstabens.

Vers 5—11: Die Gemeine hat im Heiligen Geist den Sieg über das Fleisch bis übers Todesverderben hinaus.

Vers 12—17: Die Gemeine hat im Geistesleben die zukünftige Herrlichkeit und Erbschaft.

Vers 18—23: Die Geistesgemeine verbürgt aller Kreatur ihre zukünftige Freiheit.

Vers 24—30: Die Gemeine hat diesen Sieg im Glauben, noch nicht im Schauen.

Vers 31—39: Sie hat ihn aber unter allem Kreuz und trotz aller feindlichen Gewalten gewiß, denn die Liebe Christi verbürgt ihn für und für.

IV. Teil: Kapitel 9—11. Diese Kapitel zeigen an den Lauf und Gang der Glaubensgemeine im Rahmen der Weltgeschichte.

Kapitel 9: Dieses Kapitel sagt, daß die Glaubensgemeine eine freie Auswahlgemeine Gottes ist, wobei die Auswahl nicht zur Seligkeit oder Unseligkeit geschieht, sondern eben zur Erstlings- und Heilsträgergemeine unter einstweiliger Zurückstellung alles anderen.

Kapitel 10: Das, was auswählt, ist das Wort Gottes, das Wort des Evangeliums, bei denen, die es annehmen.

Kapitel 11: Dieses Kapitel zeigt die anderen Zeiten an, die nach der Auswahlgemeine kommen, wenn Israel, welches als Volk in dieser Auswahlszeit verworfen ist, wieder als Volk wird angenommen sein. Es eröffnet einen Blick in den nach dem Gemeine-Äon kommenden Nationen-Äon.

V. Teil: Kapitel 12—15. Diese Kapitel schildern die Glaubensgemeine im praktischen Leben, in der täglichen Umwelt (12), unter der Obrigkeit (13) und das Leben der Gemeinde unter sich selbst (14 u. 15).

Schluß: Kapitel 16. Dieses Kapitel hat der HErr der Kirche dem Römerbrief noch anfügen lassen. Es ist ein Empfehlungsschreiben für die Diakonisse Phöbe, enthält aber hauptsächlich Grüße. Diese lassen einen tiefen Blick tun in das Glaubens- und Liebes-Leben der Gemeine, und sonderlich in das persönliche Verhältnis des Apostels zu den verschiedensten Gliedern der Gemeine.

Das ist der Brief von der Gemeine. Wir haben die Hoffnung, daß mancher, der an der Hand dieses Schlüssels den Römerbrief liest, durch tieferen Einblick Segen gewinnen wird. (23. Okt. 1921)

Anmerkung: Bei den Worten „Gemeine" und „Gemeinde" hielten wir uns an die Schreibweise von Pfarrer Böhmerle.

Karfreitag und Ostern, Ja und Amen!

Text: Römer 4, 25

Karfreitag und Ostern! Wir sind gezwungen, sie beide in unserem Blatt zusammenzunehmen. Und doch, ist es bloß dieser äußere Zwang, der sie zusammenhält? Karfreitag und Ostern, gehören sie nicht innerlich zusammen? Ist nicht eins des andern Licht? Sind es nicht die beiden Eckpfeiler der ganzen Offenbarung Gottes? Von alters her sind sie zusammen geschaut worden. Schon von den Psalmensängern des Alten Bundes. Wenn David im 22. Psalm die Leiden des sterbenden Messias schildert und anhebt: „Mein Gott, mein Gott, warum hast Du mich verlassen?", so kommt er doch in dem Verlauf des Psalmes auch auf den, dem das Reich gehört und der da herrscht unter allen Heiden. Der Leidende ist ihm auch der HErr, von dem man verkündigt auf Kindeskind. Auch Jesaja in seinem 53. Kapitel sieht Karfreitag und Ostern zusammen. Er redet nicht bloß von dem Lamm, das zur Schlachtbank geführt wird und verstummt vor seinem Scherer; er preist auch den HErrn, der aus der Angst und dem Gericht genommen ist, und dessen Lebenslänge niemand ausreden kann. Er redet von dem, der in die Länge lebt und auch Gewaltige zur Beute hat. Und der Heiland selbst, wenn Er Sein Leiden vorausverkündigt, sagt jedesmal: „Des Menschensohn wird überantwortet, verspottet, gegeißelt und gekreuzigt werden, und am dritten Tage wird Er wieder auferstehen." So sind sie immer eins gewesen, Karfreitag und Ostern. Sie sind das Ja und das Amen der Versöhnung. Karfreitag das Ja und Ostern das Amen. So wollen wir sie heute zusammen betrachten.

Karfreitag das Ja der Sünde, Ostern das Amen der Offenbarung! Karfreitag das Ja des Sohnes, Ostern das Amen des Vaters! Karfreitag das Ja des Glaubens, Ostern das Amen der Gnade! Karfreitag das Nein des Unglaubens, Ostern das Gerichtsamen Gottes!

Karfreitag zunächst das Ja der Sünde und Ostern das Amen der Offenbarung. Nirgends ist die Sünde, seit die Welt steht, in furchtbarer Form zum Ausdruck gekommen als am Kreuz auf Golgatha. Sie hat entsetzliche Formen und Ausbrüche je und je angenommen, aber nirgends entsetzlichere als dort. Wo das Licht am hellsten strahlt, ist der Schatten am tiefsten. Daß die Menschheit den Einzigen unter ihr, der keine Sünde getan hat, nicht tragen konnte, Ihn um Seiner Reinheit und göttlichen Erhabenheit willen an das Kreuz schlug, das ist der Frevel aller Frevel. Daß die Menschheit sich am Höchsten vergreift, an ihrem eigenen Schöpfer, Gott und HErrn, das ist das Unbegreiflichste vom Unbegreiflichen, und doch wieder, wenn man die Sünde kennt, so begreiflich. Will sie doch heute noch im letzten Grunde Gott nicht stehen lassen. Auf Golgatha ist die Sünde erschienen als das, was sie ist: als Gottwidrigkeit. Und daß es just das höchstgestellte und gottbegnadigste Volk sein mußte, welches diesen Mord veranlaßte, das Volk der Offenbarung, jahrhundertelang erzogen durch das Wort, das zeigt die furchtbare Tiefe und

Macht der Sünde im menschlichen Geschlecht. Karfreitag ist das Ja der Sünde! Wer will jetzt noch leugnen, daß wir ein sündiges Geschlecht sind, seitdem das Kreuz auf Golgatha steht? Von der Philosophie der Gottesleugnung, von der Wahrheitsgleichgültigkeit an bis zur rohesten Blutgier hinab, vom innersten, selbstischen Neid an bis zur nacktesten Roheit vertierter Kriegsknechte kommen alle Erscheinungen der Sünde hier zum Ausbruch. Und alle Großen der Menschen, die Höchsten an Bildung und Besitz, an Rang und Stellung in der Welt und die Niedrigsten sind hier gemeinsam vertreten und schäumen ihre Sünden an dem Reinen aus. Staat und Kirche, Regierung und Untertanen, hier sind sie alle vereinigt im Sündigen. Der Stand der Könige und Fürsten, der Räte und Minister, der Kirchenfürsten und Kirchenlehrer, der geistliche und weltliche, der Nährstand und der Wehrstand, alle stehen sie hier und versündigen sich an dem Einen. Und in der Mitte von dem allem das stille, teure Gotteslamm voll Frieden, voll Liebe, voll Hingabe an Gott und Menschen. Wie gemein erscheint uns die Sünde in diesem Widerspiel!

Karfreitag ist das Ja der Sünde, nicht nur von seiten der sündigen Menschen, sondern auch von seiten Gottes. Hier sagt auch Gott zur Sünde ja. Das heißt, Er zeigt, was sie ist und was ihr Fluch ist. Sünde gebiert Leiden, innere Leiden, äußere Leiden; Sünde gebiert Fluch und Tod und Gericht. Der Tod ist der Sünde Sold, das ist der Schrei von Golgatha. Das Gericht ist der Sünde Ende, das ist die Predigt der drei Kreuze von drei Gerichteten. Und ihr innerer Jammer zeigt die Ewigkeit dieses Gerichts. Ja, schau nur hin, das ist der Fluch des gottlosen Wesens, wie er sich auch an dir einmal auswirkt, hier schon und dort einst. Tod und Gericht, Hölle und Pein heißt das Ende alles gottlosen Wesens.

Karfreitag ist das Ja der Sünde: es ist der eingeborene Sohn, der dort leidet. Wie kommt Er, der Sündlose, in solches Gericht? „Er ist um unserer Sünde willen dahingegeben", sagt die Schrift. Gott richtet den Einen für alle. Jetzt wird es erst recht das Ja der Sünde. Wenn Gott Ihn hingibt, so ist Er also nicht willens, auch nur *eine* Sünde ungerichtet zu vergeben; dann gibt es für jeden, der nur einmal gesündigt hat, nur eins: Sein Urteil. Das mache dir klar, Karfreitag ist das Ja der Sünde; sie ist Tatsache mit ihrem Fluch und mit ihrem Gericht. Und du kommst nicht unter ihr hervor durch dich selbst; nur Gott kann retten.

Darum sieh daneben das Amen von Ostern. Gott hat Seinen Sohn auferweckt und aufgelöst die Schmerzen des Todes. Christ ist erstanden; Er ist erstanden zur Rechtfertigung. Gott will nicht den Tod des Sünders, darum hat Er den Sohn sterben lassen und den Sohn erweckt, daß in Ihm alles gerichtet, aber auch in Ihm alles gerettet sei. Ostern ist der Siegesdurchbruch durch Tod und Gericht zum Leben. Ostern ist das Halleluja der Offenbarung, weil das Alte vergangen und neues Leben aus dem Grab erstanden ist. Ostern heißt: das Opfer des Sohnes ist angenommen, die Sünde getilgt, das Gericht aufgehoben in dem Einen, und Leben und unvergängliches Wesen an das Licht gebracht. So ist Ostern das Amen der Offenbarung. Sich an den Osterfürsten hängen in Buße und Glauben, heißt Vergebung und Leben und Gottgemeinschaft bekommen. Heiliges Ja, seliges Amen. Angebetet große Gottestatsachen, Karfreitag und Ostern!

Mit der Auferweckung des HErrn ist aber auch ein zweites Ja und Amen gegeben. Karfreitag ist auch das Ja des Sohnes und Ostern das Amen des Vaters. Gerade Ostern zeigt, daß der Sohn nicht leiden *mußte*, sondern freiwillig litt. Von Ostern aus wird die Liebe in das Licht gestellt, die sich für uns in das Verderben gab. Es hat nicht so kommen müssen durch die Entwicklung der Verhältnisse, es ist nicht der naturgemäße Abschluß einer traurigen Entwicklung, was wir auf Golgatha erleben. O nein! Er ist um unserer Sünden willen dahingegeben und hat sich freiwillig dahingegeben. Er hätte Seinen Vater bitten können um mehr denn zwölf Legionen Engel, aber Er *wollte* so dahingehen. Was unser schönes Karfreitagslied „Ein Lamm geht hin und trägt die Schuld" sagt, das ist wahr geworden: „Ja, Vater, ja, von Herzensgrund, leg auf, ich will's gern tragen." O Wunderliebe, o Liebesmacht, wir beten an und danken!

Ostern ist das Amen des Vaters auf dieses Ja der Liebe des Sohnes. Der gekreuzigte Sohn sah am Kreuz aus wie ein Dahingegebener, wie ein Verfluchter. Alle Welt mußte Ihn für einen Verführer halten, für einen, der Schiffbruch gelitten, wenn der Vater nicht für Ihn eintrat in besonderer Weise. Alle Seine Nächsten sind an Ihm irre geworden. Wie könnte Er Sohn Gottes sein, wenn Er so endete! Darum hat Ihn Gott auferweckt in dieses Leben zurück. Um der Rechtfertigung willen ist Er auferweckt. Gott hat Seinen Sohn und Sein eigenes Wort gerechtfertigt, indem Er Ihn dem Tod entriß. Ohne Auferstehung hat die Sünde und Bosheit und das Gericht das letzte Wort und die Ungerechtigkeit den Triumph. Gott selbst wäre ungerecht geworden, eben weil Er die Ungerechtigkeit hätte triumphieren lassen, und weil Sein eigenes Wort nicht gestimmt hätte. Nun ist Gott gerechtfertigt und das Wort Gottes gerechtfertigt und die Menschheit, weil sie einen wirklichen Versöhner hat, aus der Sünde gerechtfertigt. So ist die Auferstehung als der Anfang der Verherrlichung des Sohnes und Seiner Gemeine das Amen Gottes auf das gehorsame Leidensja des Sohnes. Es wäre ja schrecklich gewesen, wenn Er Ihn nur geschickt und dann im Elend hätte stecken lassen. Nun hat Er Ihn erhöht und wieder geholt aus den Toten. Der Sohn lebt, Er regiert in Ewigkeit. Herrliches Ja der Liebe, herrliches Amen des Vaters.

Wollen wir nicht auch ja zu Karfreitag sagen, auf daß das Amen von Ostern unser werde? Ist Karfreitag des Glaubens Ja, so wird Ostern das Amen der Gnade sein. Gewiß, der Glaube sagt zu Karfreitag ja. Er sagt: „Er ist um unserer Sünde willen dahingegeben." Der Gläubige anerkennt seine Sünde und sein Gericht. Karfreitag ist für uns Bußtag.

Ach, HErr, was Du erduldet,
Ist alles meine Last,
Ich, ich hab es verschuldet,
Was Du getragen hast.
Schau her, hier steh ich Armer,
Der Zorn verdienet hat.

Wer zur Sünden- und Gerichts-Tatsache des Karfreitags nicht ja sagt, wird die Heilstatsache des Karfreitags nie verstehen und noch weniger das Amen von Ostern. Das ist der Weg zum Leben, das ist der Weg zur Gottes- und Heilandserkenntnis. Zu Karfreitag ja sagen, das heißt zunächst zu der eigenen Sünde ja sagen — ich bin ein Sünder und ich habe gesündigt; und dann zum Gericht ja sagen — ich habe die Verdammnis verdient. Hast du das schon getan? Wir singen immer an Weihnachten: „Welt ging verloren, Christ ist geboren, freue, freue dich, o Christenheit!" Warum können sich so wenige freuen am Heiland und an den herrlichen Taten Gottes? Weil sie doch nie sich selbst wirklich für verloren gehalten haben. Darum frage ich dich noch einmal unter dem Kreuz von Golgatha: Glaubst du, daß du das verdient hast, glaubst du an dein Gericht; glaubst du, daß Gott keine einzige Sünde vergibt und keine ungerichtet vorübergehen läßt? Du meinst, das ist entsetzlich! Das ist es auch! Aber sieh, solchen Gläubigen von Karfreitag zieht Ostern herauf als ein seliges Amen der Gnade.

„Er ist um unserer Gerechtigkeit willen auferweckt!" Ostern bewährt das Leiden von Karfreitag als ein stellvertretendes für uns. So wie der Heiland befreit wurde, so auch du. Wenn du an Karfreitag glaubst, tut der Vater an dir dasselbe, was Er am Sohn tat, und wird dir dasselbe, was Er dem Sohn ward: ein gnädiger Vater, der auferweckt. Karfreitag und Ostern zusammen sind unsere Versöhnung. Karfreitag deckt zu mit dem Blut Christi, Ostern deckt auf, durchbricht, schafft Zugang und Zugangsrecht. Wir dürfen nun Vater sagen, Gemeinschaft haben, Leben haben, im Frieden stehen. Gern will ich mich richten, daß ich frei werde; gern mich beugen, daß ich erhöht werde. Ich will ja sagen zu meiner Sünde, daß die Gnade Amen sage zu meiner Rettung. Ich will mich der Sünde gekreuzigt halten und leben in Gott durch Christus, den Auferstandenen. Das sei Amen zwischen uns, gekreuzigter und auferstandener Heiland!

Wehe denen, die zu Karfreitag nein sagen; ihnen wird Ostern ein Gerichtsamen sein. Ja, leider sind viele so verblendet, daß sie zu Karfreitag nein sagen. Sie behaupten: Es gibt keine Sünde; das sind lauter Naturtriebe, und was Natur ist, ist göttlich. Das Selbstische ist bloß das Herrenmäßige im Menschen, das soll nicht unterdrückt werden, nein, das soll gerade aufleben, dann wird man ein rechtes Glied der Gattung Mensch. Sünde ist bloß eine Hypnotisierung; man hat es uns so eingetrichtert, jetzt haben wir Angst. Es gilt mit freiem Mut, den alten Kram abzuschütteln. Sündhaft ist nichts. Fehler, nun ja, Fehler, das hat jeder, aber das ist nicht so schlimm, daß Gericht und Verlorenheit ihr Lohn wäre. Gott ist Liebe, Er kann nicht richten, und wenn tausendmal steht: „Gottes Zorn vom Himmel wird geoffenbart über alles gottlose Wesen." Das hat Paulus vor 2000 Jahren geschrieben, das gilt nicht mehr für uns. So sagt man zum Karfreitag nein. Sagt auch zur Liebe vom Karfreitag nein. Natürlich, wer das Gericht des Karfreitags nicht anerkennt, kann auch die Liebe nicht sehen. Daß der Eine für uns alle gelitten, das ist Torheit in den Augen derer, die die Sünde verwerfen. Wehe euch, euch wird Ostern ein Gerichtsamen sein. Was werdet ihr machen, wenn der Auferstandene mit den Wundmalen verklärt einst vor euch stehen wird? Der HErr lebt, und Er kommt wieder, und ihr werdet den sehen, den ihr verworfen habt. Der Tag Seiner Rechtfertigung kommt. Er ist auferweckt zur Rechtfertigung. Das wird euer Gericht sein, wenn der Lebendige, der euch retten wollte und euch verkündigt wurde als Retter, vor euch stehen wird, von euch hier verachtet, nun aber euch richtend. Kehret um, daß Ostern nicht ein Gerichtsamen werde!

Bei uns soll es so verbleiben: „Ja, mein Jesu, laß mich nie vergessen meine Schuld und Deine Huld!" Dann wird es auch dabei verbleiben, daß wir mit Freuden rufen: „Amen, ja komm, HErr Jesu!" Wer mit Ihm gekreuzigt ist, kann sich Seiner Auferstehung freuen in Ewigkeit. Wer ja sagt zum Kreuz, für den ist die Ewigkeit lauter seliges Amen! (23. März 1913)

Gläubige Zielgewißheit

Text: Römer 5, 6—11

Der Apostel Paulus tut uns heute durch den Geist einen großen Dienst: er stärkt, gründet und befestigt unsere gläubige Zielgewißheit. Dem lebendigen Glauben ist durchs Wort der Verheißung ein so hohes und herrliches Ziel gegeben, daß es dem kämpfenden und ringenden Kind Gottes gar manchmal fast zu hoch und zu groß erscheinen will. Miterben Christi, königliche Priester, Teilhaber der Herrlichkeit des Sohnes, Mitherrscher und Mitrichter in Seinem Königreich! Kann ich armer, sündiger Wurm das wirklich erreichen in Christo? Ist's nicht nur Traum und Hirngespinst? Und werde ich schlechter Kämpfer und oft müder und matter Ringer tatsächlich dahin gebracht werden können? Dazu tragen wir diese Hoffnung in irdischen und irdenen Gefäßen. Der Leib der Nichtigkeit macht uns noch viel zu schaffen. Wir sehnen uns, oft sehr beschwert, nach dieses Leibes Erlösung. Und unsere Wege, die wir hienieden zu gehen haben, sehen oft gar nicht danach aus, als ob wir zu etwas Hohem und Herrlichem bestimmt wären. Wir erleben irdisch gegenwärtig oft das gerade Gegenteil von dem, was wir glaubend in Christo hoffen. Da will manchem die lebendige Hoffnung und die gläubige Gewißheit der hohen Herrlichkeit schwinden.

Und doch, wir können nicht aufrichtig kämpfen und nicht gewisse Tritte tun, wenn wir nicht außer der Heilsgewißheit auch die Herrlichkeitsgewißheit haben. Wer könnte den Weg der Selbstverleugnung und der Selbstentäußerung gehen, den Weg des Gehorsames ins Kreuz hinein, wenn er nicht gewißlich wüßte, daß dieser Weg zur Herrlichkeit führt! Mangelnde Gewißheit der Herrlichkeit gibt allmähliches Glaubens- und Lebens-Siechtum. Da müßte jener selige Grundzug der Glaubenskämpferschaft bald schwinden: die Freudigkeit. Darum sind wir dem Apostel Paulus und in Ihm dem HErrn sehr dankbar, daß wir heute die Herrlichkeitsgewißheit so mächtig gestärkt und gegründet bekommen.

Die Herrlichkeitsgewißheit ruht auf der Heilsgewißheit. Wer diese nicht hat, kann jene nicht haben. Gerade die recht verstandene, begriffene und ergriffene Heilsgewißheit gibt eine klare und tiefe Herrlichkeitsgewißheit. Darum legt der Apostel erst unser Heil in Christo uns so recht auseinander, um dann unsere Herrlichkeit in Christo uns gewiß und fest zu machen. Wie steht es bei dir? Bist du heilsgewiß? Bist du gerettet? Hast du Vergebung der Sünden, Leben und Seligkeit im Blut des Lammes? Und bist du dann auf diesem Grund auch herrlichkeitsgewiß? Kannst du in dieser Gewißheit kämpfen und überwinden?

Siehe, deine Rettung ist größer als deine Herrlichmachung! Das ruft dir Paulus heute zu. Wir fassen das vielfach umgekehrt. Wir meinen, unsere Herrlichmachung sei größer als unsere Rettung. Aus diesem verkehrten Anschauen der Dinge kommt viel Ungewißheit, Zagen und Zaudern. Mit dem Heil und der Herrlichkeit verhält es sich wie mit der Geburt und dem Wachstum. Die unter Wehen erfolgte Geburt ist viel größer als das Wachsen, denn in der Geburt, in dem Geborenen ist das ganze Wachsen schon samentlich enthalten. Bei den irdischen Geburten geschieht es zwar, daß das Wachstum unterbleibt. Die irdischen Geburten geschehen eben ins Gesetz der Sünde und des Todes hinein. Die neue, die göttliche Geburt geschieht in das Gesetz des Geistes in Christo Jesu hinein. Diese Geburt ist eine ewige Lebensgeburt. An ihr ist nichts Sündiges, Todesmäßiges; sie hat auch ihr Wachstum. Dieses Wachsen aber in ihre Herrlichkeit hinein ist kleiner als die Geburt. Darum darf ein Neugeborener, ein Glaubensmensch, auf Grund dessen, was an ihm geschehen und in ihm geschehen ist, auch eine feste und untrügliche Herrlichkeitsgewißheit haben. Der in euch angefangen hat das gute Werk, der wird es auch vollenden bis auf Seinen Tag.

Um uns die ganze, überragende Größe des uns im Heiland gegebenen und gewordenen Heils vor Augen zu führen, sagt Paulus in unseren Versen, Christus sei für uns gestorben, da wir noch schwach waren (V. 6); ja Er sei für uns gestorben, da wir noch Gottlose waren (V. 6). Und wiederum, Er sei für uns gestorben, da wir noch Sünder waren (V. 8); ja wir seien versöhnt durch Ihn, da wir noch Feinde waren (V. 10). Der Apostel häuft die Ausdrücke unseres Zustandes vor unserer Errettung: Schwache, Gottlose, Sünder, Feinde, so ruft er vierfach aus.

Ja, von Natur sind wir Schwache. Wir sind hineingebannt in einen Schwachheits- und Todesleib voller Krankheit und Elend. Wir sind durch diesen schwachen Todesleib in Seele und Geist vielfach gehemmt und gebunden, ja manchmal völlig zusammengeworfen. Wir sind auch schwach an Seele und Geist. Wir sind im Ichwesen und im seelischen Begehrungswesen gebunden. Und wir sind nicht imstande, von uns aus dieses demütigende Gesetz der Sünde und des Todes zu durchbrechen. Wollen haben wir wohl, aber vollbringen das Gute finden wir nicht. Die ganze Menschheit hat bis heute aus diesem seelisch-leiblichen Elend noch keine Erlösung gefunden. Im Gegenteil, soweit es das Naturwesen angeht, sinkt sie immer tiefer hinein.

Aber nicht nur Schwache, wir sind auch Gottlose von Natur. Es mangelt uns die Ehrerbietung, Achtung, Furcht und Scheu vor Gott, welche wir billig haben sollten. Unser natürlicher Mensch fürchtet alles andere mehr als Gott. „Es ist keine Furcht Gottes vor ihren Augen." Ohne Gott und Gottesfurcht können wir von Natur leichtlich leben. Gott, die große Eins, das große A, ist den meisten Menschen eine Null.

Darum sind wir auch, wie Paulus sagt: Sünder. Wir sind Abwegige, die nicht auf Gottes, sondern auf eigenen und der Menschen Wegen gehen. Unsere Linien laufen nicht von Gott aus und zu Gott hin, sondern von uns und der Welt aus und wieder dahin. Wir gingen alle in der Irre, ein jeglicher sah auf seinen Weg.

Aus solchem Sündenwesen geht dann die Feindschaft gegen Gott hervor. Wo Gott hereinleuchtet, hereinspricht, hereinhandelt, da ist's uns Eigenwegigen nicht recht. Wir mögen das göttliche Leben nicht, weil wir das unsere mögen. Unser natürliches Herz ist Gott immer zuwider.

Als wir nun, ja weil wir nun in solchem Zustand waren: Schwache, Gottlose, Sünder und Feinde, hat uns Gott in Seinem lieben Sohn versöhnt und errettet. Für solche Elende und Todesleute gab Er Ihn hin in ihr Elend und in ihren Tod. Das ganze göttliche Gerichtsfeuer nahm der Sohn auf sich und starb für diese gottlosen Feinde. Ja, wir haben Gott gar nichts gebracht oder getan; wir hatten Gott gar nichts anzubieten, als Er uns im eigenen Sohn erlöste. Die gottlosen Feinde umfaßte Er, für sie gab Er, sie selig zu machen, den eigenen Sohn in die Schmach dahin. Und als Sünder, Gottloser und Feind ergreife ich die dargebotene Gnade, Versöhnung und Liebe. „Ja, mein Jesu, laß mich nie vergessen meine Schuld und Deine Huld. Als ich in der Finsternis gesessen, trugest Du mit mir Geduld; hattest längst nach Deinem Schaf getrachtet, eh es auf des Hirten Ruf geachtet, und mit teurem Lösegeld mich erkauft von dieser Welt." Wenn die Schrift sagt: „Liebet eure Feinde; segnet, die euch fluchen; bittet für die, so euch beleidigen und verfolgen", so dünkt uns dies unbegreiflich schwer; der Heiland aber ist für Seine Feinde in den Tod gegangen.

Um uns dieses jedes irdische Maß unendlich Übersteigende recht groß zu machen, sagt der Apostel: „Nun stirbt kaum jemand um eines Gerechten willen." Das ist eine rare Sache, daß einer aus reiner Liebe für einen anderen sein Leben hergibt. Und wenn der andere der Liebste wäre und mir lauter Gutes erwiesen hätte — für ihn sterben! Das wirst du wenig finden; der Mensch hat sein eigenes Leben zu lieb. Auch da, wo wir sehen, daß Menschen ihr Leben für andere einsetzen, denken sie doch fast immer, ihr Leben dabei zu erhalten. Wir haben das große Grubenunglück in Dortmund gehabt. Hunderte sind in die vergasten Gruben gegangen, die armen Kameraden herauszuholen. Wir neigen uns vor diesen Männern. Aber eins ist doch ganz gewiß, so hoch uns diese Rettungsmannschaften stehen, jeder dachte doch, selbst wieder lebendig herauszukommen. Und für einen Feind ist keiner hineingegangen, um dort zu retten und selbst für ihn zu sterben. Ja, für einen Gerechten wird kaum jemand sterben. „Für eine gute und große Sache", so heißt es wohl wörtlich, „möchte wohl einer sein Leben einsetzen." Das hat man schon gehört und gelesen, daß einer für etwas ganz Großes und Gewaltiges sein Leben drangab. Aber dabei wird eben er selbst auch groß und gewaltig. Das feuert an.

Aber für Gottlose, Schwache und Elende, für Sünder und Feinde zu sterben, welche Schmach! Das aber tat der HErr, was nie jemand getan noch jemals jemand tun wird. Das ist göttliche Tat, sagt Paulus, keine irdisch-menschliche. „Hier preist Gott seine Liebe gegen uns, daß Christus für uns gestorben ist, da wir noch Sünder waren." Das heißt eigentlich: Hier richtet Gott Seine Liebe gegen uns auf und stellt sie vor uns hin, indem Er für Sünder den Sohn gab. Das ist die größte und wunderbarste Liebe, die ausgedacht, nein, die eben nicht ausgedacht werden kann, die nur Gott offenbaren konnte. Daß Gott der Gottlosen Schmach selbst tragen würde, das ist das Unbegreifliche, aber doch wahrhaftig Geschehene.

Und sieh, wenn du nun als schwacher, gottloser, sündiger Feind Gottes diese Erlösung und Versöhnung für dich annimmst, wenn du diese ausgestreckte Liebeshand Gottes ergreifst, dann ist an dir das Größte geschehen, was zwischen

Himmel und Erde je geschehen kann, du bist ein geretteter Sünder, ein gottverbundener Gottloser, ein geliebter Feind. Zwischen dir und Gott ist alles aus- und abgemacht; im Frieden des versöhnten Gottes darfst du leben und weben. Kannst du davon etwas begreifen, daß du als Schwacher, Gottloser, Sünder und Feind von Gott im gekreuzigten Sohne geliebt bist, welcher den Feuerfluch und Todesbann von Schwachheit, Gottlosigkeit, Sünde und Feindschaft selber trug? Wird dir das bei vertiefter Sündenerkenntnis immer größer, immer unfaßlicher und doch immer fester erfaßt? Sieh, dann hast du das Größte erlebt, was ein Mensch erleben kann: Gottes unendliches Gnaden-Erbarmen, wie es dich liebt. Wenn du aber das in Buße und Glauben erlebt hast, dann kann und darf dir nichts mehr zweifelhaft sein, was Gott in Christo noch an dir tun will. Wer die Rettung hat, darf an der Rettungsauswirkung nicht verzagen. Denn wozu bist du denn gerettet, doch zu nichts anderem, als daß die Rettung all ihre Gnaden an dir zur Durchführung bringe! Wenn einer aus dem Wasser gerettet ist, dann wird er doch auch getrocknet; und wenn einer aus dem Feuer gerettet ist, dann wird er doch auch verbunden und geheilt.

Darum sagt Paulus: „So werden wir ja *viel mehr* durch Ihn bewahrt werden vor dem Zorn, nachdem wir durch Sein Blut gerecht worden sind." Dieses „ja viel mehr", welches unser neunter Vers enthält und welches im zehnten Vers noch einmal vorkommt und im elften Vers verstärkt wird mit den Worten: „nicht allein aber das, sondern auch noch dazu", das zeigt uns an, wie ganz untrüglich gewiß unsere Herrlichkeitshoffnung sein darf.

Aber die Heilsgewißheit muß da sein, das Blut Christi für uns Sünder muß ergriffen sein. Das ist's, warum viele kein klares Hoffnungs- und Herrlichkeitsziel haben, weil es mit der Rettung in der Vergebung der Sünden noch nicht zu Stand und Wesen gekommen ist. Wer nicht in Buße und Glauben den Sünderheiland immer tiefer erfaßt, wird den Herrlichkeitsheiland nicht zielfest fassen können. „Nachdem wir in Seinem Blut gerecht geworden sind", sagt darum Paulus fest und bestimmt. Ist das geschehen, dann werden wir ganz gewiß vollends durchgerettet werden durch allen Zorn. Muß der HErr auf unserem Weg noch durch Feuergerichte mit uns, wir werden als Errettete in allem die Liebe Gottes glauben und fassen können. Errettete bringt kein Feuer um. Es läutert sie und gründet sie tiefer. Und all der Zornes-Feuer-Eifer Gottes, welcher für die Welt noch nötig ist — die Geretteten und Gerechtfertigten, die Kinder im Geist haben diesen Zorn nicht mehr zu fürchten. Wenn die schweren Zornesgerichte des antichristlichen Reiches dieses zerbrechen werden, dann sind die Gläubigen schon bei ihrem Heiland. Wenn am Ende des Diesseitskönigreiches Christi Gog von Magog kommt mit seinen Scharen, dann werden die Gläubigen mit ihrem HErrn ihn vernichten dürfen. Wenn das Jüngste Gericht kommt, dann werden die Gläubigen Mitrichter sein. Kein Zorngericht kann die ereilen, welche errettet sind vom zukünftigen Zorn. Wir waren von Natur Kinder des Zorns wie alle andern. Aber Er ist für uns gestorben, und das haben wir ergriffen; nun sind wir geliebt. Faß es gewiß, kein Zorn kann dich mehr treffen!

„Und wenn wir als Feinde versöhnt sind durch den Tod Seines Sohnes, wieviel mehr werden wir vollselig werden durch Sein Leben, nachdem wir nun versöhnt sind." Wer ins Leben Gottes und in die Gemeinschaft des liebenden Gottes durch Versöhnung eingetreten ist, bei dem geht es aus Leben in Leben, sei es auch durch viele Kämpfe. Wer den Gestorbenen hat, der hat auch den Erstandenen; und wer den Erstandenen hat, der wird nimmermehr sterben. In geistleiblich verklärtem Leben werden wir mit Jesus vereinigt werden in Seiner Zukunft. Wir werden als Sein Lebensleib mit Ihm erscheinen auf Zion zur Aufrichtung Seines Reiches; wir werden mit Ihm herrschen die tausend Jahre; wir werden mit Ihm herabfahren auf die neue Erde. Das sind lauter wachstümliche Lebensoffenbarungen für die Versöhnten in Christo. Ist der Grund da, so ist auch das Ziel da, und dies um so viel mehr, als es größer ist, daß Er Sünder und Feinde versöhnte, als daß Er Geliebte mit sich führt. Laßt's euch nicht nehmen, ihr Gläubigen, die Herrlichkeitsgewißheit ist euer.

Und Paulus führt aufs Höchste: „Nicht allein aber das, sondern wir rühmen uns auch Gottes durch unseren HErrn Jesus Christus, durch welchen wir nun, d. h. gegenwärtig, die Versöhnung empfangen haben." Im Heiland ist Gott unser. Wir sind Gottes Erben und Miterben Christi. In der Gottherrlichkeit Christi dürfen wir bei Ihm sein, teilhaftig geworden der göttlichen Natur. Die Gläubigen stehen immer auf Gottes und Jesu Seite, nachdem Jesus sich einmal auf ihre Seite gestellt hat. In der Gemeine wird die Fülle des, der alles in allem erfüllt, wohnen. Darum rühmt sie sich Gottes. Und das darf sie und kann sie, weil das Größte schon an ihr geschehen ist. Sie hat die Versöhnung, als sie noch Feindin war, empfangen. Das halte dir also stets vor, wenn du im Glauben stehst: Das Größte ist an mir geschehen, wieviel mehr wird Er das Wachstümliche auch noch schaffen. Darin laß dich durch keinen Kampf, keine Anfechtung und kein Kreuz irremachen. Kämpfe sie alle im Glauben nieder. Bedenke, was an dir geschehen ist, da du schwach, gottlos, sündig und feindselig warst, und sei gewiß, daß Er dich durchbringen wird, dessen geliebtes, gerettetes, versöhntes Eigentum du bist.

Fasse es und glaube es: Welche Er berufen hat, die hat Er auch gerecht gemacht; und welche Er gerecht gemacht hat, die hat Er auch herrlich gemacht. Nimm das Vollkommene gläubig im Samen und kämpfe täglich, als hättest du schon alles, so wirst du deiner Herrlichkeit täglich näher rücken. Treu ist Er, der uns gerufen hat. Er wird's auch tun!

(8. März 1925)

Anmerkung: Im „Reich-Gottes-Boten" vom 1. März 1925 berichtet Pfarrer Böhmerle in der „Chronika", daß in Dortmund bei einem schweren Grubenunglück über 130 Bergleute umgekommen sind.

Aus der Adamslinie in die Christuslinie

Text: Römer 5, 18—21

Zwei Menschheitslinien laufen durch die ganze Geschichte der gefallenen Welt: die Adamslinie und die Christuslinie. Der Adamslinie gehören wir alle durch die natürliche Geburt an, der Christuslinie sollen wir durch Glauben und Wiedergeburt angehören. Das ist der Grundinhalt des Evangeliums, das wir verkündigen, die Menschen aus der Adamslinie heraus- und in die Christuslinie hineinzurufen. Warum das hochnötig ist für uns, aus der Naturlinie in die Geistes- und Glaubenslinie überzutreten, und warum das eine rechte Freudenbotschaft ist, daß wir von der einen Seite auf die andere übertreten können und dürfen, das sagt unser heutiges Textwort. Dreifach gesteigert will es uns den Ruf in die Gewissen hämmern: Heraus aus der Adamslinie, hinein in die Christuslinie!

Die Menschheit ist wurzelhaft und zielmäßig *eine*. Wir sehen das in unserer Zeit gar deutlich, wie schon auf dem Gebiet des Weltwesens die Menschheit sich immer mehr zusammenzieht und zusammenbündelt. So sehr sich durch das Sündenwesen die Gegensätze in ihr auch vertiefen, so ringen doch alle Bewegungen auf allen Gebieten nach Weltumspannung und nach Erfassung der ganzen Menschheit. Auch die adamitische Linie erstrebte immer vom Turmbau zu Babel an bis heute eine Einheit der Menschheit; nur ist es ihr nie gelungen, sie dauernd herzustellen. Der Spaltpilz der Sünde hat alle ihre Gebilde immer wieder zersprengt. Das Weltmonarchienbild Daniels zeigt deutlich dieses Bestreben an. Auf einen einheitlichen Menschheitsleib soll alles hinauslaufen. Das ist auch der innerste Sinn des gegenwärtigen Völkerbundes. Was die adamitische Linie stets will und doch nie bleibend erreicht, das hat und ist und wird immer mehr die Christuslinie, *ein* Leib unter *einem* Haupt. Dieser Herztrieb der Menschheit auf Einheit hin, welchen die Gnade in Christus auch noch einmal befriedigen wird, ist der gewaltige Beweis, daß die Menschheit auch aus *einer* Wurzel stammt. Diese Wurzel ist Adam. Nicht Adam und Eva, das sagt die Schrift nicht, sondern Adam — denn Eva ist selbst wieder aus Adam. Die Menschheit ist ganz streng einheitlich schon von Natur, wie sie auch geistlich streng einheitlich ist: aus Christus und in Christus.

Aber wozu braucht denn die Menschheit, wenn sie so streng einheitlich ist, zwei Linien? Warum kann sie nicht nach dem natürlichen Verlauf von Adam und in Adam zu ihrem großen Einheitsziel wachsen? Was will der andere, der zweite Adam, Christus? Wenn es so wäre, wie viele meinen, daß auch der jetzige Mensch noch das reine Ebenbild Gottes darstellte, dann brauchten wir allerdings keine zweite Linie. Aber so ist es nicht. Der erste Mensch Adam ist aus der göttlichen Linie gefallen. Was nun mit ihm zusammenhängt, trägt nicht mehr reines Gottesbild an sich, sondern Adams gefallenes Bild. Ausdrücklich heißt es 1. Mose 5, daß nach dem Fall Adam einen Sohn zeugte, der seinem Bilde ähnlich war. Erst in Christus ist das wahrhaftige Gottesebenbild wieder Mensch geworden und rein bewahrt geblieben ohne Sünde, und erst in Ihm kann die wahre, gottgewollte Menschheitslinie wieder werden. Daher der Ruf: Heraus aus der Adamslinie, hinein in die Christuslinie! Hören wir genauer, wie der Apostel seinen Ruf für unsere Gewissen schärft.

Er sagt: „Wie nun durch eines Sünde die Verdammnis über alle Menschen gekommen ist" — damit meint er Adam. Wir müssen hier zum Verständnis etwas tiefer eindringen. Das Wort der Schrift, welches unser Luther hier mit „Sünde" übersetzt, heißt eigentlich „Danebenfallen". Durch den „Danebenfall" oder auch „Fehltritt" des einen ist über alle Menschen ein Verdammungsurteil oder auch Gerichtsurteil gekommen. Dieses Wort „Fehltritt" oder „Danebentappen" scheint uns nicht auf das zu gehen, was wir gewöhnlich Sündenfall nennen. Davon redet der Apostel im nächsten Vers (Vers 19), wo er von Ungehorsam spricht. Das Danebentappen scheint uns vielmehr dort geschehen zu sein, wo Adam neben die großen, göttlichen Menschheitsgesetze tappte und ein Weib neben sich haben wollte, während Gott Mann und Weib ursprünglich ineinander geschaffen hatte. Wir möchten diesen Vorgang vergleichen mit einem Naturforscher, welcher einem noch unbekannten, aber doch vorliegenden Naturgesetz nachgeht und beim Forschen danebentappt, d. h. er fällt aus der Linie des Naturgesetzes. Geschieht das, so fällt er sofort unter den Gerichtsspruch des Naturgesetzes, d. h. es schädigt oder tötet ihn gar. Der Naturforscher hat das natürlich nicht gewollt, aber er hat offenbar nicht genug aufgepaßt. Solches Danebentappen mit dem folgenden Gericht passiert auf dem Gebiet der Natur alle Tage. Das ist nun auf dem ungleich verantwortungsvolleren Gebiet des Menschheitslebens Adam auch passiert. Es mußte nicht so sein. Er hätte bei genauem Bleiben im HErrn die rechten Linien finden können. Es liegt hier schon ein falsches In-sich-selbst-Stehen vor. Das ist seine Schuld. Die Ich-Loslösung begann. Und die Folge war, wie bei allen nicht beachteten Lebensgesetzen, der Gerichtsschlag. Dieser hat sich erst nach weiterem Fallen ganz ausgewirkt, lag aber bei der Trennung des Weibes vom Mann schon vor. Darum kommt dort 1. Mose 2, 21 auch der Schlaf vor, dieser Bruder des Todes. Noch nicht der Tod, aber der Schlaf. Wer denkt hier nicht an die vielen verhängnisvollen Stellen vom Schlaf und von Schlafen auch im Neuen Testament. Durch das eine Danebentappen ist die enge Lebensverbindung mit dem ewigen Urquell schon etwas gelöst woden, und Licht und Kraft konnten nicht mehr voll durch, wie bei einem verletzten elektrischen Leitungsdraht. Das ist das Gericht, das endlich zur vollen Lösung und zum Fluch führte.

So liegt also seit dem Fehltappen des einen ein Gerichtsfluch auf der ganzen Linie. Ist der Stammvater nicht mehr angeschlossen, so sind's die Nachkommen auch nicht. Ist am Anfang die Verbindung zerrissen, so ist sie für die ganze Leitung zerrissen. So steht die Menschheit von Adam an unter einem Gerichtsurteil. Dieses Urgericht wirkt sich in immer umfassenderen und tiefgreifenderen Gerichten an der ganzen Menschheit wachstümlich aus. Sind wir darum nur natürlicherweise geboren aus Adam, so stehen wir und bleiben stehen unter dem Gerichtsprozeß jetzt und in die Ewigkeiten. Das ist das entsetzliche Verhängnis für uns und unsere Kinder, wenn wir natürliche Menschen bleiben.

Aber, so wirfst du ein, das ist ja furchtbar ungerecht von Gott, ja geradezu entsetzlich, weil der eine danebentappte, die ganze Menschheit darunter leiden zu lassen. Nun, ist es noch nie vorgekommen, wenn einer irgendwo und -wie danebentrat, daß Tausende, ja Millionen leiden mußten? Denk an Weltkrieg und Revolution! Leidet, wenn in der Familie der Vater danebentappt, nicht die ganze Familie, ja oft ganze Geschlechter? Aber damit ist Gott nicht gerechtfertigt, ich weiß es, die Tatsache ist noch schwerer. Doch höre Paulus! Wie nun durch eines Sünde die Verdammnis über alle Menschen gekommen ist, also ist auch durch Eines Gerechtigkeit die Rechtfertigung des Lebens über alle Menschen gekommen.

Dieser Eine ist der Sohn Gottes, als Mensch: Jesus Christus. Sieh, dieser Sohn ist in der Verheißung und im Opfer schon an die Schwelle des verlorenen Paradieses gestellt worden. Er ist im Lauf der Zeiten immer klarer und heller verheißen. Jedermann konnte von Anfang an im Glauben sich auf Seine Seite stellen. Und viele von Abel an über Seth, Henoch und Noah hin sind aus der Adamslinie in die Linie des Sohnes Gottes, des HErrn, eingetreten. In der Fülle der Zeiten ist Er dann erschienen als Jesus Christus. Er ist nun der, welcher von Ewigkeiten her durch die Zeiten hindurch, welcher auch als Mensch wie wir, niemals danebentappte. Er ist ohne Ausnahme stets in den Vaterlinien geblieben. Darum ist nun auch in Ihm kein Gerichtsspruch, vielmehr ruht auf Ihm das Wohlgefallen des Vaters. Das ist dieses Einen Gerechtigkeit, wie Luther sagt. Wer nun aus der Adamslinie, aus dieser Gerichtslinie heraustritt und im Glauben zu Ihm übertritt, in Ihn eintritt, für den ist der Gerichtsspruch aufgehoben, er ist in Ihm angesehen als ein völlig Gerechter und hat den Anschluß ans ewige Leben: Die Rechtfertigung des Lebens in Friede und Freude im Heiligen Geist kommt über solche. Gottes Liebe gehört ihnen voll und ganz wie dem Sohn. Darum höre: Heraus aus der Adamslinie, hinein in die Christuslinie!

Doch mit noch Schwererem ist die Adamslinie belastet. Paulus sagt: „Gleichwie durch eines Menschen Ungehorsam die Vielen zu Sündern geworden sind." Es ist ein wunderliches Wort, das Paulus an dieser Stelle für „Ungehorsam" gebraucht. Es heißt eigentlich „Vorbeihören". Also durch das „Vorbeihören" des einen sind die Vielen, d. h. eben alle, die mit ihm zusammenhängen, Sünder oder auch „Vorbeihörer" geworden. Dies geht nun schon klarer und heller auf den eigentlich so genannten Sündenfall. Dort am Baum der Erkenntnis haftete ein Wort Gottes, ein unmißverständliches Wort Gottes. „Nicht essen, sonst sterben!" Daran haben Adam und Eva vorbeigehört. Es wird nur der eine genannt, weil schon das Danebentappen ein tief innerliches Vorbeihören war, welches jetzt zum schweren, auch äußeren wurde. War beim Danebentappen noch nicht der ganze Wille, obwohl Unachtsamkeit, beim Vorbeihören ist es der klare Wille. Hat darum das Danebentappen Adams uns nur unter ein Gericht gebracht, so packt das Vorbeihören auch unseren Willen. Beim Danebentappen werden wir äußerlich gerichtlich gestellt, beim Vorbeihören innerlich sündig bestimmt. Was seitdem nun von Adam stammt, hat einen inneren Hang und Zwang zum Vorbeihören. Wir sind Sünder geworden. Das ist ein schrecklich schwerer Zustand für uns, daß wir von Natur in Adam sündigen müssen. Wie schwer machen wir dadurch einander im einzelnen und im großen das Leben. Wie hart ist dadurch Kindererziehung. Wie demütigend ist das für alt und jung. Sündigenmüssen, schrecklichste Sklaverei unseres Lebens! „Das Gute, das ich will, das tue ich nicht; das Böse, das ich nicht will, das tue ich."

Wer errettet uns von dem Leibe dieses Todes? „Gleichwie durch des einen Menschen Ungehorsam die Vielen Sünder geworden sind, also auch durch des Einen Gehorsam werden die Vielen Gerechte." Das ist wieder Christus, der hat nie vorbeigehört, sondern immer gehört. Wer an Ihn angeschlossen ist und Seinen Heiligen Geist empfangen hat, bei dem ist die Knechtschaft der Sünde aufgehoben, er kann die Sünde überwinden. Jesu Geist ist Überwindungsgeist. Sowohl durch die Vergebung der Sünden als durch die Reinigung von den Sünden macht Er von der Knechtschaft frei. Darum heraus aus der Adamslinie, dort ist's bei allem Kämpfen und Ringen unmöglich, der Sklaverei zu entrinnen. Hinein in die Christuslinie: „Wen der Sohn frei macht, den macht Er recht frei." Du kannst in Ihm ein anderer werden. Siehe, Er macht alles neu!

Die Sünde hat den Tod zum Sold. Die Sünde hat ihr eigentliches Herrschaftsgebiet und ihre eigentliche Herrschermacht im Tod. In dem inneren Unfrieden und Umgetriebensein, in den Gewissensnöten und Herzensanklagen, dann in den Leibesnöten, in des Leibes Zerfall, in den ewigen Gerichtsqualen, in diesem anderen Tod, da hat die Sünde ihr furchtbares Machtgebiet. Und in dieses Todeswesen, das mit der Scham im Paradies einsetzte, sind wir alle in Adam verstrickt. Die Sünde herrscht im Tod über uns (V. 21). Das ist ein grausiges Erbe der Adamslinie.

Aber, gottlob, auch hier ist Jesus Christus der Befreier. Gnade hat Er erworben, die bußfertige und gläubige Sünder gerecht spricht und ihnen jetzt schon das ewige Leben gibt, einst sie darin herrlich zu machen. „Ich bin das Leben", spricht der HErr. Und Er ist auferstanden, wahrhaftig auferstanden und lebt. Heraus aus der Adamslinie, zum Heiland und ins Leben!

Merkwürdig, trotz aller Gerichtsschwüle und Gerichtsschwere, die auf der Erde lastet; trotz aller Sündenknechtschaft und ihrer traurigen Früchte; trotz alles Todes und seines Leides — so groß ist die Verstockung und Verblendung der Menschen, daß sie trotz alledem lieber in der Adamslinie bleiben und verderben, anstatt sich herausrufen zu lassen und in die Christuslinie einzugehen und damit in Leben und Frieden. Da hat nun der HErr, um die armen, gequälten Sünder kräftig zu rütteln und aufzuwecken, noch ein Besonderes getan. Er hat das Gesetz zwischen hineinkommen lassen. Ach, daß es das Evangelium bei vielen nicht ausrichtet, die selige Botschaft von der Rettung; daß der Zuchtmeister noch dazwischenkommen muß! Aber wir wissen, er muß! So wollen wir ihn recht brauchen. Lies einmal still und ruhig das Gesetz durch, und wären es nur erst die Zehn Gebote. Lies sie als den ernsten, unbedingten Willen Gottes an dich. Lies aber auch die Strafen dazu für die Übertretung; lies die Opfer dazu, welche jede Sünde fordert. Lies auch die vielen Todesstrafen. Das ist alles ganz wirklich so gemeint. Bringt das nicht in Furcht? Wenn ja, dann flieh heraus aus Adams Gemeinschaft, nimm den Heiland an, der das eine vollkommene Opfer für dich ist, der alle Strafen bezahlt hat, der dir Kraft und Liebe zum Willen Gottes gibt. Komm herein, immer fester, immer entschiedener in Jesu und seiner Gläubigen Gemeinschaft. Außer der Christuslinie ist nirgends Heil. Wo stehst du?

(23. Jan. 1921)

Gnade und Sünde

Text: Römer 6, 1—11

Gnade und Sünde überschreiben wir diesen Bibelabschnitt aus Römer 6. Heißt es nicht Sünde und Gnade? Ist nicht die Sünde das erste und die Gnade das zweite? Ohne Sünde braucht es doch keine Gnade! Nur wo Sünde ist und Gericht, tritt Gnade in ihr Recht. Ja, aber es gilt auch umgekehrt: wo Gnade ist, verliert die Sünde ihr Recht. Darum kann man auch reden von Gnade und Sünde. Den Kindern der Welt, die noch in der Sünde leben, rufen wir das Evangelium zu: Kommt, hier ist Gnade, hier ist Vergebung und Aufhebung alles Fluchs des Bösen! Den Kindern Gottes aber, welche in der Gnade stehen und den seligen Frieden mit Gott auf Grund der Gnade genießen, denen rufen wir zu: Habt ihr denn Gnade, so werdet auch wahrhaftige Überwinder der Sünde! Die Gnade deckt die Sünde, aber sie ist kein Deckungsmittel für ein Sündenleben, vielmehr die Kraft eines neuen Lebens in rechtschaffener Gerechtigkeit und Heiligkeit. Davon redet heute Paulus zu uns, und das meinen wir, wenn wir sagen: Gnade und Sünde; wir könnten auch sagen: der Begnadigte und die Sünde.

Ja, Gnade ist Vergebung der Sünde; Gnade ist Tilgung der Schuld; Gnade ist Aufhebung des Gerichtes; Gnade ist die Gabe des Friedens ins bußfertiggläubige Sünderherz; Gnade ist Rechtfertigung und selige Freiheit; Gnade ist Leben und Herrlichkeit in Christo Jesu! Und diese Gnade darf jeder gebeugte Sünder in ihrer ganzen Größe sich voll aneignen und selig sein in ihr; und diese Gnade erstrahlt um so reicher, größer und wunderbarer, je größer die Sünde und der Sünder und je tiefer die lebendige Sündenerkenntnis ist. Darum sagt Paulus mit Recht: Wo die Sünde mächtig geworden ist, da ist die Gnade noch viel mächtiger! Und Luther: Ob bei uns ist der Sünde viel, bei Gott ist viel mehr Gnade!

So wäre es also eine Vermehrung der Herrlichkeit der Gnade, wenn wir kräftig sündigen; so würde sie also um so schöner erglänzen, je mehr wir sie in Anspruch nehmen? So wollen wir denn auch im Gnadenstand ruhig weiter den Sünden leben, welche dem Fleisch angenehm und unserer Natur eine Lust sind, und wollen immer erneut in die Arme der Gnade uns werfen zur Beruhigung und Reinigung des Gewissens, zur Versiegelung der Vergebung und des Lebens, — dann können wir ja in der Ewigkeit ein wunderbar reiches Lied der Gnade singen! Oder wir wollen sanft ruhen in der Gnade und uns freuen ihres seligen Friedens, die Sünde aber, die uns immer noch anklebt, eben in Gottes Namen als notwendiges, unabwendbares Übel an uns tragen — die Gnade vergibt sie ja endlich voll und ganz — und uns freuen, daß sie mit dem Tod einmal ganz weggeht. Das sei ferne! so fährt uns da mit heiligem Geistes-Sturm der Apostel dazwischen und fegt alle solche Leichtsinns- und Trägheitsgedanken mit einem Windstoß hinweg. „Sollen wir in der Sünde beharren, auf daß die Gnade desto mächtiger werde? Das sei ferne! Wie sollten wir in der Sünde leben, der wir gestorben sind?"

Das wäre ein grundverkehrtes, widergöttliches Verhältnis von Gnade und Sünde. Nein, die Gnade ist eben darum Sündenvergeberin und Schuldentilgerin, sie hebt darum die Ketten des Gerichtes und des Fluches auf, sie gibt uns darum der Freiheit wieder, sie stellt uns darum in Gottes Frieden und ins neue Leben, daß wir nicht mehr sündigen! Die Gnade ist die größte Sündenfeindin und auch die rechte Sündenüberwinderin. Gnade, das ist das rechte göttliche Haupt- und Schlußmittel, dargereicht einer sündigen-versklavten Menschheit, um endlich mit der Sünde fertig werden zu können, um endlich der Sünde den Garaus zu machen. Sie will den alten Menschen kreuzigen, daß der sündliche Leib aufhöre und abgetan werde, daß wir hinfort der Sünde nicht dienen (V. 6). Die Gnade hebt die Sünde ja nicht auf ohne Gericht. Es ist nicht so, als ob die Gnade die Sünde einfach zudeckte und ihre ganze Strafe aufhöbe, als wäre sie keiner Strafe wert. Gnade ist nicht schwächliche Verzeihung auf ein paar Krokodilstränen hin, sondern die Gnade fußt auf dem Gericht und die Gnade bestätigt das Gericht als recht und billig.

Schon im staatlich-bürgerlichen Leben gibt es keine Gnade ohne festgesetzten Gerichtsspruch und ohne völlige, reumütige Anerkennung des Gerichtsspruchs von seiten des Sünders. Nur wenn einer zu Zuchthaus oder gar zum Tod verurteilt ist und wenn er die ganze gerechte Bitterkeit dieser Strafe gespürt hat, dann kann Gnade eintreten. Noch viel ernster liegt die Sache bei Gott. Dieser gibt überhaupt keine Gnade ohne vollzogenes Gericht. Um aber den Sünder zu retten, vollzieht Er das Gericht an Seinem eingeborenen, auch im Fleisch völlig sündlosen Sohn stellvertretend. Darum kam der Sohn Gottes ins Fleisch, darum schlug Er im Geist alle Sünden darnieder, darum gab Er den sündlichen Leib ins Todesgericht, welches der Sünde Sold ist, und darum hat Ihn der Vater auferweckt, daß Er die Annahme des Opfers besiegele und die Gnadenquelle eines neuen, ewigen, sündlosen Lebens öffne. Im Kreuz von Golgatha ist der unabänderliche Wille Gottes geschrieben, keine einzige Sünde ungerichtet zu lassen, aber auch jeden Sünder freizusprechen und mit neuem Leben zu begnadigen, welcher das Gericht des eingeborenen Sohnes als sein eigenes, wohlverdientes anerkennt und der im Glauben dem erhöhten Sohn sich völlig übergibt. Welche Seele nun also diesen Heiland und Seine Gnade annimmt, die bekennt damit, daß sie sich für jede Sünde des Gerichtes schuldig wisse, daß sie aber glaube, daß der Heiland all ihr verdientes Gericht getragen habe, und sie bekennt damit, daß sie wisse, daß jede neue Sünde neues Gericht schaffe und daß jede neue Sünde den Heiland neu kreuzige. Wie kann eine Seele, die das in Wahrheit glaubt, noch sündigen wollen? Ihr ist die Sünde todesleid, ihr ist die Sünde bittere Galle! Eine solche Seele hat über sich ihr Todesurteil anerkannt, sie kann nicht hingehen und sozusagen im selben Atemzug Jesus neu in den Tod schicken.

Darum sagt Paulus: „Wisset ihr nicht, daß alle, die wir in Jesus Christus getauft sind, die sind in Seinen Tod getauft?" Glaube und Taufe fiel damals bei der Großtaufe in eins zusammen. Wer zum Glauben gekommen war durch des Geistes Erleuchtung, der ließ sich taufen. Die Taufe war das äußere Siegel des Glaubens. Wir lassen nun hier die Frage der Kinder- und Großtaufe heute weg, weil wir ja von Sünde und Gnade reden wollen, und nehmen, was wir hier dürfen, Taufe für Glauben. So heißt es: Wisset ihr nicht, wie viele euer zum Glauben gekommen sind, die haben in Christi Tod hinein geglaubt? Wir sind mit Ihm begraben durch den Glauben in den Tod. Wir sind mit Ihm der Sünde gestorben und darum abgestorben. Wir sind nach unserem alten Menschen mit Ihm gekreuzigt, wir sind mit Ihm gestorben (V. 6 u. 8). Auf einmal sind wir, wie Er, der Sünde abgestorben (V. 10). Ja, wer eine wirkliche Bekehrung durchgemacht hat, der hat Gericht und Tod geschmeckt, der hat die Fürchterlichkeit der Sünde in ihren zeitlichen und ewigen Folgen durchschaut, der sieht sie in Christi Leiden und Tod in entsetzlicher Wirklichkeit und Greifbarkeit dargestellt und kriegt dadurch, daß der Heiland das für ihn gelitten, einen solchen Greuel vor der Sünde ins Herz, daß er innerlich entschlossen wird, nicht mehr zu sündigen. Sündenleben, Sündendienst im Weltsinn ist ihm fortan eine Unmöglichkeit. Zur Sünde und zum Sündendienst nimmt der Wiedergeborene eine gegensätzliche Stellung ein. Die Sünde ist ihm gekreuzigt.

Er bleibt aber nicht beim Tod und im Tod stehen. Der Heiland ist auferstanden, der Heiland lebt, der Heiland lebt für Seine Gläubigen und in Seinen Gläubigen im Heiligen Geist. Diesem Lebendigen schließt sich der Gläubige wie eine Rebe dem Weinstock an. Daraus geht ein neues Leben in Rechtfertigung und Heiligung. Wir sind mit Christus auferweckt zu einem neuen Leben, und in dem wandeln wir (V. 4). Wir sind Seiner Auferstehung gleich und wandeln in Seinem Auferstehungsleben, das Er in Seinen Gläubigen auswirkt. Sünde und Tod herrschen nicht mehr über uns (V. 9), Christus herrscht mit Seinem Gott-Leben, das in die Herrlichkeit führt. Wir leben, der Sünde gestorben, Gott in Christo Jesu, unserem HErrn (V. 11). Das ist also der Stand des Begnadigten, das ist seine Stellung zur Sünde. Dem Sündenleben als solchem ist er gestorben und gekreuzigt, zum Gott-Leben ist er auferweckt, und das ist seine Lust und Freude. So führt die Gnade aus der Sünde in das göttliche Leben.

Aber der würde nun weit fehlen, welcher meinte, die Begnadigten sündigten nicht mehr. Wir müssen wohl und recht hören, was Paulus sagt. Er sagt im ganzen Text nicht, daß die Sünde oder der alte Mensch gestorben sei. Vielmehr schließt er die ganze ernste Darlegung ab mit den Worten: „Haltet euch dafür, daß ihr der Sünde gestorben seid." Wir sind die Gestorbenen, wir sind die Gekreuzigten in Christo, wir wollen nicht mehr in der Sünde leben. Die Sünde aber lebt, der alte Mensch lebt, und vor allem der Feind lebt, und er macht vom alten Menschen aus um so verzweifeltere und heftigere Angriffe in allerlei List und Macht, je mehr er uns entronnen sieht und weiß. Und da gibt es in Gedanken, Worten und Werken der Fehler und Übertretungen noch viele; da stehen wir täglich als die Gebeugten.

Ja, worin kommt aber dann unser Gestorbensein der Sünde zum Ausdruck? Das kommt in der tiefen, aufrichtigen Buße, in dem heißen Begehren nach neuer Gnade zum täglichen Durchbruch. Nicht im Nicht-Sündigen zeigt sich das Wesen des Begnadigten; es wäre so recht, es wäre so schön! Aber im Nicht-sündigen-Wollen, im Gebeugtsein und im ehrlichen Anerkennen jedes Fehlers vor Gott und Menschen, im Gnade-Suchen vor Gott und Menschen, endlich auch in manchem erkämpften Lebenssieg in Christo, darin zeigt sich die wirksame, züchtigende, neuschaffende Gnade.

Wo die Gnade lebensmäßig wirkt, gibt es ein Wachstum am inwendigen Menschen, ein Vorwärtskommen in der Heiligung und im neuen Leben; es ist ein Ablegen und ein Anziehen da. Wo das nicht wäre, würden wir die Kraft Christi verleugnen. Aber bei allem Wachstum geht es auch immer wieder durch die Beugung. Es ist täglicher Kampf, aber auch mancher Sieg in Christo. Der alte Mensch findet im Gläubigen einen Gewappneten und Gerüsteten nach Epheser 6. Seine schrankenlose Herrschaft ist dahin. Wir kennen ihn in vielen Stücken und kennen seinen Fluch, wir wollen ihn nicht mehr, wir wollen Christus und Sein Leben. Wir haben täglich alles aufzuweisen: Kampf, Sieg und Niederlage. Für alles aber haben wir in der Gnade die Gabe: für den Kampf den Blick, die Weisheit und den Mut; für den Sieg die Kraft und das überwindende Leben; für die Niederlagen die Buße, den Glauben und die Vergebung. Und so kämpfen wir fort in der Kraft der Gnade. Wer natürlich noch gar nicht auf dem Grund und Boden in Christo ist, daß er grundmäßig der Sünde gestorben ist und in Christo lebt in der Auferstehungsgnade, wem das nicht tägliches Grundgesetz des neuen Lebens ist, Sterben aller Sünde, Leben im HErrn und vor dem HErrn, der kommt nicht vorwärts. Das ist der Kampfboden, auf den die Gnade uns gestellt hat und auf dem wir kämpfen und siegen und durch Buße bleiben. Auf diesem Weg gibt es dann immer geübtere Sinne und ein Wachsen an Ihm, der unser Haupt ist. Er wird bei den Aufrichtigen gewißlich das Werk vollenden bis auf Seinen Tag.

Mit dem Ausspruch eines alten Gottesknechtes wollen wir die Meinung des Apostels Paulus noch beleuchten. Er sagt: „Der ursprüngliche, gottgeschaffene Mensch hatte die Möglichkeit zu sündigen. Der gefallene Mensch hat die Unmöglichkeit nicht zu sündigen. Er ist der Sünde Knecht. Der wiedergeborene Mensch hat die Möglichkeit nicht zu sündigen." Das ist der Stand, welchen uns Paulus heute zeichnet, und wir wollen uns Gnade schenken lassen, diese Möglichkeit zur oft und viel geübten Wirklichkeit zu machen.

Wenn wir einst vollendet sind, dann werden wir haben: „Die Unmöglichkeit zu sündigen." O HErr, gib, daß uns jetzt schon manches ganz unmöglich sei und führe uns dahin, wo uns jede Sünde zur völligen Unmöglichkeit wird. Da wird fürwahr Freude die Fülle sein. Ich jage nach dem vorgesteckten Ziel und nehme dazu aus Deiner Fülle Gnade um Gnade. (27. Juli 1919)

Unter dem Gesetz des Geistes: Herrlicher Christenstand!

Text: Römer 8, 1—4

Wir Menschen stehen unter ewigen Gesetzen, unter Lebensnormen. Wir stehen unter Naturgesetzen, unter Sittengesetzen, unter Geistesgesetzen und unter geistlichen Gesetzen. Die letzteren sind die höchsten, die es gibt. Sie durchdringen und beherrschen alle andern; denn alle Lebensnormen sind im Grunde eins. Sie sind verschiedene Entfaltungsstufen des göttlichen Lebens. Infolge der Sünde gibt es Gerichtsgesetze und Gnadengesetze, Todesgesetze und Lebensgesetze. Das allerhöchste und allerherrlichste Lebens- und Gnadengesetz ist das Gesetz des Geistes, der da lebendig macht in Christo Jesu. Es ist das Gesetz des Heiligen Geistes. In diesem stehen gläubige Kinder Gottes und sind selig und werden herrlich in ihm. Darum haben wir auch zur Überschrift gesetzt: Unter dem Gesetz des Geistes: Herrlicher Christenstand. Inwiefern es so herrlich sei, unter diesem Lebens- und Gnadengesetz und in ihm zu stehen, das legt uns Paulus heute auseinander am Anfang des goldenen Kapitels Römer 8.

Das Gesetz des Heiligen Geistes steht darinnen, daß ein Menschenkind nicht mehr von sich selbst naturmäßig, also von seinem Geist und Willen, auch nicht mehr von seiner Seele, der fleischgefangenen und sündengeknechteten, und auch nicht mehr von dem fluchverfallenen Leibe dieses Todes regiert wird, sondern von dem durch Glauben in ihm wohnenden Heiligen Geist. Der ewige Sohn Gottes hat ja nach Seiner Menschwerdung und nach Seinem Hingang für uns in den Tod und nach Seiner Auferstehung und Himmelfahrt Seinen Heiligen Geist vom Thron der Herrlichkeit herabgesandt. Dieser Heilige Geist hat im Sohn Gottes während Seiner Erdenzeit in ganzer Fülle gewohnt. Durch diesen Heiligen Geist war der Sohn Gottes in steter Glaubens- und Lebensverbindung mit dem Vater gestanden; durch Ihn hat Er jede Sünde abgewiesen und überwunden; durch Ihn ward Er willig gemacht, in des Vaters Willen bis zum Kreuzestod einzugehen; durch Ihn ist Er auferweckt und herrlich gemacht. Dieser Heilige Geist ist eben der Geist des Vaters und des Sohnes von Ewigkeiten her; daher ihr gemeinsames Lebensprinzip und Lebenswesen; und darum hat Er auch dieses gemeinsame Lebensprinzip hienieden im Sohn gebildet. Er ist, eingegangen in die Gestalt des sündlichen Fleisches, welche der Sohn angenommen hatte, der alle Sünde und allen Tod überwindende Geist geworden.

Diesen sieghaften Überwindergeist, welcher alle Sünde, Versuchung, Not und Tod kennt, aber über alles gesiegt hat, schickte nun der erhöhte HErr herab auf die Welt. Er kommt in alle Menschen, welche kindlich-bußfertig glauben an den Namen des eingeborenen Sohnes Gottes, und wird in ihnen der Brunnquell ewigen Lebens. Er ist in ihnen die selige, neue Lebensnorm des sieghaft alles überwindenden Glaubenslebens. Weil ohne Glauben an den

Heiland als den für uns gekommenen, gestorbenen und erstandenen HErrn niemand den Heiligen Geist erhalten kann, so heißen die Gläubigen, welche unter oder in dem Gesetz des Geistes stehen, auch die, welche in Christo Jesu sind. Darum heißt auch das Geistesgesetz selbst das Gesetz des Geisteslebens in Christo Jesu oder, wie Luther übersetzt, das Gesetz des Geistes, der da lebendig macht in Christo Jesu. So könnten wir das Geistesgesetz ebensogut das Christusgesetz heißen. Wo Christus herrscht, da herrscht Er kraft des Heiligen Geistes; wo Christus wohnt, da wohnt Er jetzt in diesem Äon bis zum Schauen hin im Heiligen Geist. Niemand kann Jesus einen HErrn heißen ohne durch den Heiligen Geist. Wer Christi Geist nicht hat, der ist nicht Sein, wer aber Sein Eigentum ist durch Glauben, der ist es eben durch den Heiligen Geist und im Heiligen Geist.

Fragen wir darum: wo herrscht das Gesetz des Geistes, so antworten wir: wo eine Seele zum lebendigen Glauben an den Heiland gekommen ist und sich dankbaren Herzens dem Retter Jesus Christus übergeben hat. Dieser dein Heilandsglaube, dieses dein Hingegebensein an den HErrn Jesus Christus ist schon der Anfang des Gesetzes des Geistes. Und im wachstümlich zunehmenden, lebendigen und früchtebringenden Glauben steht auch das Leben und Weben des Geistesgesetzes. Zu Stand und Wesen kommt das Gesetz des Geistes in uns durch das Wort Gottes, welches den Glauben wirkt und Geistesträger ist. Und Nährer, Mehrer und Festiger des Geistesgesetzes in uns sind Wort, Sakrament und Gemeinschaft der Gläubigen. Wo das Geistesgesetz herrscht, da fragt eine Seele in allen Stücken, in Tun und Lassen nach dem HErrn, nach Seinem Wort und nach Seinem Willen. Nicht die eigene Persönlichkeit in Geist und Willen, nicht die eigene Seele in ihren Gefühlen, Begierden und Wünschen, nicht das Fleisch in seinen Erdenleidenschaften hat die Führung, sondern der HErr, der der Geist ist. Und stehen wir auch als Geistgeborene noch oft und viel im Gemisch, ja ist noch viel Fleischliches im weitesten Sinne von Eigenwesen nach Geist, Seele und Leib an uns, der innerste Sinn ist doch auf den Geist, auf den HErrn gerichtet, und jedes Abweichen von Ihm wirkt in uns Leid und Schmerz, Reue und Buße, heischt Vergebung und Reinigung. In diesem Leid- und Buße-Zug äußert sich bei uns armen Sündern oft und viel die Herrschaft des Geistesgesetzes. Freilich auch in Überwindung der Versuchung und Anfechtung und in Frucht ewigen Lebens. Beides findet sich unter dem Geistesgesetz.

Dieses Gesetz des Heiligen Geistes ist nun das herrlichste und höchste und gesegnetste, welches es im Himmel und auf Erden gibt. Es durchdringt und segnet und erfüllt in göttlicher Kraft alle anderen Gesetze: Sittengesetze und Naturgesetze. Selig ist der Mensch, der, zum Glauben gekommen, in dieses Christusgesetzes sanftes, leichtes und erquickendes Joch hineingegangen ist. Darum ist auch das achte Kapitel des Römerbriefes, welches insonderheit wie kein anderes Kapitel der Bibel dieses Geistesgesetz und seine Träger schildert, ein rechtes Freuden- und Jubelkapitel.

Lassen wir uns aus den ersten vier Versen dieses Kapitels, welche uns heute vorliegen, einige Züge der Herrlichkeit dieses Gesetzes vors Herz stellen.

Das Gesetz des Geistes, der da lebendig macht in Christo Jesu, sagt Paulus zuerst, hat mich frei gemacht vom Gesetz der Sünde und des Todes. Wahrlich eine gewaltige Tatsache! Wir sind von Natur in der Adamslinie unter ein schreckliches Gesetz gekommen. Kraft unserer natürlichen Geburt stehen wir alle unter dem Gesetz der Sünde und des Todes. Wir haben einen übermächtigen Zug in uns, selbstherrlich, d. h. nach eigenem Denken, Fühlen und Wollen zu leben. Wir stehen von Natur in uns selbst. Der Mensch ist sein eigener Mittelpunkt, anstatt daß Gott der HErr mit Seinem ewigen Leben dieser Mittelpunkt wäre. Wir haben den starken, übermächtigen Zug in uns, gottfern und gottwidrig, welthingegeben, irdisch-diesseitig und fleischesmäßig zu leben. Dieses ganze Wesen nennt die Bibel Fleisch. Was vom Fleisch geboren ist, das ist Fleisch. Fleischlich gesinnt sein, d. h. in den eigen-natürlich-diesseitigen Bahnen zu gehen, das ist unser Wesen. Und das ist die Sünde. Dieses Fleischlich-gesinnt-Sein ist nun aber der Tod. Zerreißung, Zersetzung der allerverschiedensten Art ist die Frucht, von der innersten Herzenszerreißung und dem Gewissensunfrieden bis hin zur Zerreißung von Leib und Seele, bis hin zum Jüngsten Gericht und bis hin zur ewigen Unruhe in der anderen Welt. Dieses Gesetz der Sünde und des Todes ist der fürchterlich auf uns und den Unsrigen und auf der ganzen Welt lastende Fluch, die Quelle alles Bösen und alles Leides, aller Schmerzen und aller Plagen. Fürwahr, wir sind ein geplagtes Geschlecht!

Von diesem Fluch nun befreit uns das Gesetz des Geistes. Der Heilige Geist als der Geist Jesu Christi, des Sohnes Gottes, stellt uns in die Gemeinschaft dieses ewigen HErrn, und in Ihm in die Gemeinschaft Gottes des Vaters. So sind wir durch Ihn wieder aus uns selbst heraus- und in Gott hineingestellt. Damit in das Leben, in das Licht, in den Frieden. Als erste Gabe bringt der Heilige Geist vom Thron des erhöhten Lammes die Gewißheit der Vergebung aller Sünde, die Aufhebung alles Gerichtes und Todes. Und aufjauchzt die geisterfüllte Seele und der erlöste Geist des Menschen und ruft laut: So ist nun nichts Verdammliches mehr an denen, die in Christo Jesu sind, welche nicht mehr unter der Herrschaft des Fleischesgesetzes, sondern des Geistesgesetzes stehen. Und zum andern zieht im Heiligen Geist die Heilandsgemeinschaft im Glauben in uns ein, und damit der Friede, die göttliche Freude, das ewige Leben. Wir sind aus der Zerreißung, aus dem Tod heraus. Und wo der Geist des Heilands, der von den Toten erweckt ist, in uns wohnt, so sind wir freudig gewiß, daß Er auch unsere sterblichen Leiber verklären und uns mit Christus in Seine Herrlichkeit versetzen wird. Wir sind heraus, jetzt und ewiglich, aus dem Gesetz der Sünde und des Todes. Gelobt sei der HErr! Und das alles durch das Gesetz des Geistes, der da lebendig macht in Christo Jesu.

Wir stehen aber noch unter einem anderen Gesetz von Natur, das nicht minder schwer und drückend ist als das Gesetz der Sünde und des Todes, und das ist das Sittengesetz oder das Gesetz, das in Buchstaben, in Forderungen, in Gebote und Verbote gestellt ist. Das jüdische Volk sonderlich ist in die Schranken der göttlichen Gebote hineingespannt worden. Aber auch wir als

Christen kennen viel, sehr viel vom göttlichen Gebot von Jugend auf. Es heißt mehr oder weniger bei uns allen: „Es ist dir gesagt, Mensch, was gut ist und was der HErr von dir fordert." So kennen wir insonderheit die Zehn Gebote alle auswendig und vieles davon auch inwendig. Dazu haben wir alle das Gewissen mit seinen Gottforderungen, mit seiner Zustimmung zu Gottes Forderungen, mit seinem anklagenden Schuldbrief gegen uns. Ja, wir tragen ein Gesetz in uns, welches das Gute kennt und ihm zustimmt, ja es will; ein Gesetz, das Lust hat an Gottes Gesetz! Aber nun kommt das Furchtbare: Wir haben ein Gesetz in unseren Gliedern, das widerstreitet dem Gesetz in unserem Gemüt und nimmt uns gefangen unter der Sünde Gesetz, welches in den Gliedern wohnt und ist. Wir alle wissen, wie wir sein sollten; ja wir alle wollten nach dem wahren, inneren Teil unseres Wesens so sein, wie wir sein sollten, aber wir sind's nicht. Das ist ein Elend und ein Jammer. Und dieser ist um so größer, als wir nur noch tiefer in Tod und Gericht, in Schuld und Verdammnis fallen. Das Leben unter dem Gesetz des Buchstabens ist noch furchtbarer als das Leben unter dem Gesetz der Sünde und des Todes. Unter dem Gesetz des Buchstabens wird die Sünde klar erkannt, sie wird zur Übertretung, sie führt in Gericht und Verurteilung. Kein Mensch tut das Gute, das er weiß, so, wie er es weiß. O elende Menschheit!

Darum kommt aus allem Gesetzeswesen immer wieder der Fluch. Darum fallen auch die Gesetzesstaaten und Gesetzesweltmächte, und wenn sie aufs beste geordnet wären, immer wieder in furchtbarem Fall zusammen wie unser Deutschland, weil wir die Gesetze nicht halten. Dann häuft sich ein solcher Berg von Ungerechtigkeit an, der schließlich knallend in die Luft fliegt. Es ist dem Fleisch unmöglich, sagt Paulus in unserem Text, das Gesetz zu erfüllen. Das Fleisch ist geschwächt durch die Sünde. Durch die Loslösung von Gott trägt es keine göttlichen Kräfte mehr in sich, und die sind eben nötig, um göttliche Gebote zu erfüllen. Wo aber übertretenes Gesetz ist, da ist der Fluch. Darum ist das Sittengesetz, und zwar je höher es ist, um so mehr, für die Menschen ein Fluch, zeitlich und ewig.

Diesen Fluch hebt nun das Gesetz des Geistes ebenfalls auf. Das ist seine große Seligkeit und Herrlichkeit. Der Sohn Gottes hat ja die Gestalt unseres sündlichen Fleisches angenommen um der Sünde willen, damit Er die Sünde im Fleisch vernichte. Und das hat Er nun getan durch den Heiligen Geist. Er hat jede Sünde in Seinem Fleisch abgewiesen. Er hat in Seinem Fleisch die Gerechtigkeit, welche das Gesetz fordert, erfüllt, und zwar ganz und restlos. Und dann ist Er hingegangen und hat diesen sündlosen Leib in den Tod und Fluch gegeben und hat den Fluch durchbrochen in Seiner Auferstehung. Jetzt ist das Gesetz durch Ihn nach allen Seiten erfüllt. Der Fluch des Gesetzes ist aufgehoben, da Er ward ein Fluch für uns. Die Forderungen des Gesetzes sind alle erfüllt, da Er keine Sünde getan hat. Und nun schickt Er in gläubige Herzen, welche unter dem Gesetzesfluch zerbrochen sind, Seinen Heiligen Geist. Und dieser Heilige Geist teilt zuerst die Aufhebung all unseres Fluches uns mit, der auf uns liegt infolge übertretener Gesetzesforderungen. Das ist herrlich und köstlich. Dann aber kriegen wir im Heiligen Geist, welcher in Jesus alles erfüllte, die Kraft, auch das Gesetz erfüllen zu können. Wer im Glauben Jesus und Seinen Geist anzieht, der kann. So sind wir denn durch das Gesetz des Geistes frei auch von dem Elend des Gesetzes in Buchstaben, welches zwar an ihm selber schön und gut ist, aber durch unser Fleisch zum Elend wird. O herrliches Gesetz des Geistes, herrlicher Heiland, mach Deine Kinder stark am inwendigen Menschen, zu tun, was sie sollen, und zu können, was sie sollen. O herrliches Gesetz des Geistes, versiegle es immer neu, daß auch vom Gesetz des Buchstabens her nichts Verdammliches mehr ist an denen, welche in Christo Jesu sind.

Doch nicht nur das! Nein, viel mehr! Der Heilige Geist gibt Zeugnis unserem Geist, daß wir Gottes Kinder sind. Sind wir aber Kinder, so sind wir auch Erben, nämlich Gottes Erben und Miterben Christi. Ja, wir sind, die wir haben des Geistes Erstlinge, der ganzen Kreatur Erstlinge an Herrlichkeit und ewiger Herrschermajestät. Alle Leiden sind nicht wert der Herrlichkeit, die an uns soll geoffenbart werden. Uns ist mit Christus alles geschenkt; uns müssen alle Dinge zum Besten dienen. Uns kann keine Gewalt noch Macht von der Liebe Gottes scheiden. Das sind die Leute unter dem Geistesgesetz. Ahnst du seine Größe und Schöne? Nein, hast du etwas davon im Besitz? Kennst du das Elend des Gesetzes der Sünde und des Todes? Kennst du den Fluch unerfüllter Gebote Gottes und im Gewissen verankerter Pflichten? O so komm zum Heiland und laß dich frei machen, frei in Vergebung, frei in Kraft. O so bitte um den Heiligen Geist! Sieh, wo der Geist des HErrn ist, da ist Freiheit! Herrlicher Christenstand im Gesetz des Geistes!

(30. Jan. 1921)

Das Triumphlied der Gläubigen über Karfreitag und Ostern

Text: Römer 8, 31—39

Es hat nur zwei Zeilen, dieses Trumphlied der Gläubigen über Karfreitag und Ostern: „Ist Gott für uns, wer mag wider uns sein?" Es hat im Grunde nach dem Urtext nur sechs Worte. „Gott für uns — wer wider uns?" Aber diese zwei Zeilen und diese sechs Worte sind so inhaltsschwer, so weltumspannend, Himmel und Hölle durchgehend, Gottheit und Menschheit, ja die ganze Kreatur einschließend, daß es darüber hinaus nichts gibt. Mit Recht sagt der Geist zum Eingang des Triumphliedes: „Was wollen wir nun hiezu sagen?" Er meint: kann etwas Größeres, etwas Gewaltigeres, etwas Erschütterenderes und doch zugleich Erhebenderes gesagt werden als dieses: „Ist Gott für uns, wer mag wider uns sein?" Wer kann da noch etwas anfügen oder zusetzen; wer vermag etwas zu sagen, was noch mehr wäre als dieses: „Gott für uns, wer wider uns?" Wer das faßt, der kann überhaupt nichts mehr sagen, der wird stille und betet im Geist an. Hier heißt es: „O welch eine Tiefe des Reichtums!" Hier heißt es: „Wenn ich dies Wunder fassen will, so steht mein Geist vor Ehrfurcht still; er betet an und er ermißt, daß Gottes Lieb unendlich ist."

Und doch, dieses Übergroße, dieses in den Staub Werfende, dieses still, ganz still und anbetend Machende, es will, es muß heraus! Die gläubige Menschenbrust und das gläubige Menschenherz kann's nicht in sich behalten, es würde beide zersprengen! In einem Triumphschrei jubelt selbst der Heilige Geist auf, wenn Er den großen Inhalt von Karfreitag und Ostern überschaut, und diesen Triumphschrei faßt Er in die Worte: „Gott für uns — wer wider uns?" Und die gläubige Gemeinde nimmt anbetend und dankbar des Geistes Ruf auf, und vieltausendstimmig dringt es und doch einmütig und einhellig aus dem Munde der versöhnten und erlösten Geister: „Gott für uns — wer wider uns?" Nur der Glaube kann dieses Lied singen, nur der Auserwählten Herzen und Lippen bewegt es. Da muß erst eine gottgewirkte Erkenntnis da sein von der entsetzlichen Wahrheit: „Gott wider uns — alles wider uns!" Dann kann es der Geist erst fassen: „Gott für uns — nichts mehr wider uns!" Weißt du von beidem etwas? Kannst und willst du dich in dieser Kar- und Osterzeit mit hineinstellen in die Reihen der Gläubigen und eine Stimme sein in ihrem Jubel- und Anbetungschor? Wohlan, so empfange vom Apostel Paulus den Text zum Lied: „Gott für uns — wer wider uns?"

Der Gläubigen Karfreitags- und Osterlied hat Gott in Christo zum Inhalt. Glaubenslieder haben immer ewigen Grund. Der Glaube weiß kein anderes Lied als Lieder aus seiner Heimat. Bei ihm heißt es: Es können nur Lieder von Zion das innerste Herze erfreun. Und wen in Zion sollen seine Lieder besingen als den, der Zions A und O ist: „Gott in Christo!" Durch unseren ganzen Abschnitt geht es: „Ist Gott für uns!" „Gott ist hier!" „Christus ist hier!" Er schließt mit dem Triumphruf von der Liebe Gottes in Christo Jesu, unserem HErrn! Das ist ja unser Gott, der Gott in Christo Jesu, unserem HErrn! Und von diesem Gott zeugen uns Karfreitag und Ostern!

Gott ohne Christus, Gott ohne Heiland ist für den Sünder Tod und Gericht! Gott, ewig unerforschlich, ewig unnahbar bliebest Du mir ohne Christus. Gott, ewig fürchterlich, ewig ein Schrecken wäre mir allein schon Dein Name, wieviel mehr Dein Wesen, mir, dem Sünder, ohne Christus. Gott, wie sollte ich Dich mir denken, wie sollte ich Dich mir gesinnt denken? Redet doch mein Gewissen von Schuld und mein Herz von Verdammnis. Zitternd ginge ich durch die Zeiten, bebend in die Ewigkeiten. Der frechste Trotz könnte die Angst nicht ersticken; immer tiefere Verzagtheit wäre das stets furchtbarere Ende erneuten Trotzes. Tod, immer neuer Tod, immer tieferer Tod löste jeden neuversuchten Aufschwung ab.

Und nun diese Botschaft von Karfreitag: Gott hat Seinen einigen Sohn nicht nur in die Welt gesandt, wie der Christtag singt, nein, Er hat Ihn dahingegeben, hineingegeben in all die Angst, in das Zittern, in die Todesnot der sündigen Kreatur. Und Er, der Sohn, ist gehorsam hineingegangen, um die Zornesflammen der Ewigkeit mit Seinem reinen Leib und Geist aufzufangen und kraft Seiner Zentralstellung zur ganzen Kreatur als einiger Sohn sich ins Mittel zu stellen für alle. Was für ein Gott! Einen einzigen Sohn hat Er, einen herrlichen. All Sein Wohlgefallen ist Er, Abglanz Seiner Herrlichkeit, Ebenbild Seines Wesens; all Seine Freude und Wonne ist Er. Zweimal hat Er's von oben her, als der Sohn schon auf Erden war, in heiligem Liebesdrang ausgesprochen, am Jordan und auf dem Berg, es sei Sein lieber Sohn, all Sein Wohlgefallen. Und den gibt Er her und gibt Ihn hinein in die Sünderwelt und macht Ihn zur Sünde und behandelt Ihn, wie das heilige Gottfeuer die Sünde behandeln muß, und läßt allen feuerverfallenen Sündern Freiheit verkündigen, wenn sie in Ihn sich bergen. Ja, tiefer hinab; Er gibt Ihn hinein in die Macht Satans, in die eigentliche Todesmacht. Er stößt Ihn hinab in die Hölle, in des Todesreiches Grund; holt Ihn aber, den Sündlosen, nicht Todesschuldigen, wieder heraus und macht Ihn zum Lebensbrunn aller Gläubigen.

Aufjauchzt die gläubige Gemeine ob solchem Gott und ob solchem Heiland! Gott gibt für die Sündenkreatur den einigen, eigenen, allein Seinem Herzwesen entsprungenen Sohn dahin — was ist das für ein Gott! Was ist das für eine Liebe! Durch alles Gericht, durch allen Schmerz, durch alles Zittern und Zagen, durch alles Klagen und Sterben leuchtet's durch: Gott ist die Liebe! Er gibt den Einigen nicht nur her für uns, nein, hin für uns. Und Er hat Ihn auferweckt und zu sich ins himmlische Wesen verklärt zurückgenommen. Nun ist Er dort aller gläubigen Sünder Stellvertreter, Haupt und Lebensquell. Durch den Heiligen Geist teilt Er all das Seine nach Bedarf den gläubigen Sündern mit. Und was sollte dieser Gott in diesem Heiland uns vorenthalten, nachdem Er dieses Große uns getan hat! Kein Zweifel, Gott ist in allem für uns, kein Zweifel, Gott will uns alles schenken, Seine ganze Herrlichkeit, nachdem er Ihn, den Inhaber derselben, uns geschenkt hat. Gott ist unser und Seine Herrlichkeit ist unser, es ist nichts zurückgehalten, nachdem der Sohn gegeben. Glaube, greif zu! Sünder, greif tief hinein! Sünder, hoffe hoch hinan! Hier steht ein „alles schenken"! Niemand faßt's, aber jeder darf's fassen! Und alles frei, alles aus lauter freier Gnadenliebe. Nichts hast du zu tun, nichts zu bringen, nur zu nehmen, und du kannst nie zuviel nehmen, und niemand ist zu sündig und niemand ist zu gering. Heran, ihr Sünder und Geringen, euch gehört's sogar zuerst! Unaussprechliche Liebe und Gnade. Aufjauchzt das Herz und kann nur eins sagen: Ich bin geliebt! Gott ist für mich und liebt mich! Und über allem steht unwandelbar fest, versiegelt durch Karfreitag und Ostern: die Liebe Gottes in Christo Jesu, unserem HErrn.

Das trägt nun der Glaube, der in Karfreitag und Ostern wurzelt und weset, in alles hinein; das nimmt er mit in alle Gassen seines Erdenwandels: Gott ist für mich, Gott liebt mich. In dem gekreuzigten und auferstandenen Christus haben wir einen gnädigen, liebenden Gott für die Sünden- und Todeswelt versiegelt, darum auch für uns, weil wir der Sünden- und Todeswelt angehören. „Gott ist die Liebe, Er liebt auch mich!" Das ist das Triumphlied der Gläubigen über Karfreitag und Ostern. Und da lern es immer wieder glauben, liebe Seele! Such den Gott der Liebe nicht in der Welt, nicht in der Natur, nicht in der Geschichte der Sünderwelt; such Ihn nicht in deinen Lebensführungen; such Ihn nicht in deinem Herzen; such Ihn nicht in Gefühlen und Stimmungen; such Ihn nicht bei den Frommen und in deinem Frommsein; such Ihn allein auf Golgatha und in Josephs Garten! Hast du Ihn dort und hast du Ihn dort fest, dann wird die Liebe von Karfreitag und Ostern dir den Gott der Liebe überall verklären, und du wirst je länger, je freudiger in allem und bei allem das Triumphlied mitsingen können: Gott ist für mich in Christo Jesu; Gott liebt mich in Christo Jesu. Sei ganz und voll auf dieses gegründet: Karfreitag und Ostern — das ist Licht und Liebesgrund — so wirst du auch von diesem Grund aus durchlichtet werden. Also noch einmal und noch einmal, man singt dieses Lied nicht zuviel, und wir möchten immer mehr Seelen mitziehen, es mitzusingen: Gott ist für dich — Gott ist die Liebe und liebt auch dich durch Christus, den einigen hingegebenen Sohn an Karfreitag und Ostern. Kannst du diese erste Zeile des Triumphliedes erst fest und sicher singen im Glauben, dann wirst du auch je länger, je klarer die zweite Zeile lernen: „Wer kann wider mich sein!"

Wir leben mit diesem unserem Gott in Christo, mit dem Gott für uns, mit dem Gott der Gnade in einer widerwärtigen Welt. Aber dahinein will Er eben dann mitgenommen sein, dieser Gott der Liebe, und will drin geglaubt und gelebt sein. Er erwartet von Seinen Gläubigen, wenn Er sie also geliebt hat, daß sie es dann auch festhalten unter allem und in allem. Gott erwartet, daß wir das ganze Triumphlied von Karfreitag und Ostern lernen, nicht nur: Gott für uns, sondern auch: wer wider uns? Mächtig greift der Heilige Geist ins widerwärtige Leben hinein und holt eines nach dem anderen heraus, was an den Herzen der Gläubigen rüttelt und schüttelt, um in alles hinein die unerschütterliche Liebe Gottes in Christo zu stellen. Mit dem Innersten fängt er an. „Wer will die Auserwählten Gottes beschuldigen?" Ja, wer?

Mächtig fährt der Fürst der Finsternis auf gegen die ihm entronnenen Seelen. Er wühlt die empfindsam gewordenen Herzen der Gläubigen auf und malt ihnen ihre alten Schulden wieder vor. Er hält ihnen ihre neuen Sünden dazu und läßt unser eigenes Herz und Gewissen uns schuldig sprechen. Er läßt Menschenzungen über uns fahren und benützt auch Gläubige, uns sündig und fehlerhaft zu machen, bis wir schließlich so schwarz dastehen, daß wir vor uns selber, ja schließlich in uns selber versinken. Aber da muß dann die erste Zeile unseres Triumphliedes hervorblinken: Gott ist in Christo für mich; Gott hat mich in Christo gerecht gemacht und ist in täglicher Reinigung meine Gerechtigkeit. Weg, ihr Schuldigmacher; Gott, mein Gerechtmacher, ist hier. Laß dir Ihn nicht wegtun, halt Ihn, Er hat's für dich getan und tut's für dich. Du bist nur schuldig, wenn du Ihn fahren läßt. Laß Ihn nicht fahren, so bist und bleibst du gerecht in Ihm. Sing deinen Vers: „Wer mag wider mich sein!"

Nun steht ja auch vor Gläubigen noch das Gericht. Wohl sind sie in Christo dem Endgericht entronnen, aber durch Gnadengerichte müssen sie allewege noch. Wenn sie nun innerlich oder äußerlich Gerichtsgänge gehen, will sie der Feind zu gerne auch wieder ins Endgericht werfen. Die Gläubigen sind empfänglich für Gericht, das gehört zu ihrem Stand. Darum schreckt das eigene Herz oder der Feind sie oft mit Ängsten des Endgerichts, mit Verdammung. Sag ruhig ja dazu, liebe Seele, und gib zu, daß du verdammungswürdig wärest, aber dann fahre auf mit deinem Triumphlied. Sieh deinen Heiland an, der für dich gestorben, ja auferstanden ist, welcher ist zur Rechten Gottes und vertritt dich. Glaub's fest, daß Gott in Christo an Karfreitag und Ostern dich Verdammungswürdigen aus der Verdammnis entnommen hat und daß das bleibt in Ewigkeiten. Der Tod darf hinfort nicht mehr über dich herrschen. Wer kann wider mich sein, wenn Gott für mich ist! Laß dich nicht schrecken; die Schrecken trug Er.

Nun ist es aber allerdings so: je fester und kindlicher ich all das halte und darinnen stehe und wandle, je fester und kindlicher ich mich dem Heiland anschließe, um so mehr kommen gerade aus diesem Anschluß allerlei Leiden und Trübsale. Wie kann da der Apostel Paulus aufwarten. Weil er sich Christus übergab, wie ist eben darum sein Leben eine Leidenskette geworden. „Trübsal, Angst, Verfolgung, Hunger, Blöße, Fährlichkeit und endlich das Schwert", der Märtyrertod, alles ist über ihn gekommen. Er hat an sich das Psalmwort erfahren: „Um Deinetwillen werden wir getötet den ganzen Tag; wir sind geachtet wie Schlachtschafe." Wie leicht hätte da dem Apostel oder seinen Gemeinden, welche ähnliches durchmachten, doch der Gedanke kommen können: wo bleibt mein Geliebtsein von Gott, wenn ich, je mehr ich dieser Liebe mich hingebe, um so mehr zu leiden habe? Aber da sagt der Apostel gar fein: „In dem allem überwinden wir weit um deswillen, der uns geliebt hat."

Wie hat Er uns geliebt? Nun, eben leidendlich, indem Er auch all das auf sich nahm, was Paulus oben aufzählt. Hat der Vater den Sohn etwa nicht geliebt, als Er litt? Oh, am allermeisten, da hat Er Ihn ja tüchtig gemacht,

HErr über alles zu werden. Die Leiden und Schwierigkeiten, die Nachteile und Zurücksetzungen, welche uns aus dem Glaubensweg entstehen — sie sind ja im Vergleich zu den apostolischen kaum zu nennen — sind gerade ein Zeugnis der Liebe Gottes. Wenn uns Satan und die Welt haßt, dann müssen wir doch rechte Geliebte Gottes sein. Und diese Leiden in Christo wollen ja eben Seine Liebe uns groß machen. Sie wollen uns prüfen, ob es uns genug sei, von Gott geliebt zu sein, auch wenn die Welt uns haßt. Darum schauen wir in solchen Fällen auf Seine Liebe, mit der wir geliebt sind in Christo, dessen gewiß, daß diese Seine Liebe aus diesen Leiden noch Herrlichkeiten machen wird, und getrösten uns dieser Liebe und überwinden weit in dieser Liebe. Wenn der Glaube in Engen bringt, dann stimm, o Seele, dein Triumphlied an: „Gott ist für mich, wer mag wider mich sein?"

Wir sind ja nun allerdings außer diesen besonderen Leiden, welche unser Glaubensweg bringt, noch all dem Heer der allgemein menschlichen Leiden mit unterworfen. Die Liebe Gottes hebt ihre Gläubigen in dieser Zeitlichkeit aus dem allgemein menschlichen Leidensweg nicht heraus, sondern läßt sie drin. Wir sind als Geliebte Gottes noch dem Tod unterworfen. Wir müssen auch leiblicherweise noch sterben. Wir sind allen Wechselfällen eines gewöhnlichen Menschenlebens unterworfen. Was kann sich da alles ereignen und ereignet sich auch im Leben der Gläubigen! Wir sind auch noch im Bereich der Finsternismächte, der Engel, der Fürstentümer und der Gewalten. Es wird ihnen je und je zugelassen, auch Gläubige innerlich und äußerlich zu quälen. Wir tragen allen Druck der Gegenwart und bangen vor Zukünftigem wie alle Menschen. Wir müssen auch leben unter den „Hohen" dieser Welt, die oft ein sehr drückendes Regiment führen. Wir müssen auch leben unter den „Tiefen". Das Elend beschwert uns mit. Wir sind auch noch den Feindseligkeiten der Kreatur unterworfen: Naturkräften, Heimsuchungen durch böse Pflanzen und Tiere und was dergleichen ist; aus all dem hebt die Liebe Gottes uns nicht heraus. Aber unter dem allem dürfen wir mit gereinigtem Gewissen, im Frieden Gottes, Seiner uns durchtragenden und nie im Stich lassenden Liebe gewiß, einhergehen. Und da kann nichts uns zuwider sein. Es macht uns alles gottinniger, ewigkeitsnäher. Und es ist doch etwas ganz anderes, unter all dem als verdammungswürdiger, schuldbeladener Sünder oder als Erretteter, Begnadigter und Geliebter Gottes zu leben. Je trüber das Wetter in der Welt um uns ist, um so heller schauen wir Gott in Seine treuen, uns liebenden Augen, und da heißt's dann: „wer mag wider uns sein?" Wer in allem und bei allem in die Liebesaugen Christi und in Ihm Gottes blicken darf, der hat seligen Grund unter den Füßen und Sonne im Herzen, dem kann nichts schaden.

Das haben wir nun in dem Gekreuzigten und Auferstandenen. „O Jesu, wieviel Gutes hat unser Glaub in dir!" Kommt, laßt uns anbetend singen unser Wunder-Triumphlied von Karfreitag und Ostern: „Ist Gott für uns, wer mag wider uns sein?" (20. April 1924)

Herzensglaube

Text: Römer 10, 10—17

Alle Ewigkeitsfragen der Menschen werden im Herzen gelöst, und vom Herzen aus durch den Glauben. Das Herz ist der Zentralsitz des Menschenwesens. Dort hat der Geist des Menschen, die innerste Willenspersönlichkeit, ihren Sitz. Dort ist die Einheit des Menschen innerlich zusammengefaßt. Wer das Herz hat, der hat alles. Darum ruft auch Gott: „Gib mir, mein Sohn, dein Herz!" Darum sagt der Heiland: „Wo euer Schatz ist, da ist auch euer Herz." Er weiß, daß die argen Gedanken alle aus dem Herzen kommen. Durchs Herz ging's den Tausenden, welche an Pfingsten den Glauben annahmen. Zerbrochenen Herzen und zerschlagenen Geistern ist Gott nah. Das Herz ist die Grundoffenbarungsstätte für den HErrn. Natürlich nicht das Ich-Herz. Wo im Herzen das eigene Ich seine Zentralstelle aufgerichtet hat, kann sich Gott nicht offenbaren, es sei denn auf den Zerbruch hin. Ein ungebrochenes Ich-Herz weist Gott ab. Fleischlich gesinnt sein, d. i. eben ein Ich-Herz haben, ist eine Feindschaft wider Gott.

Es werden alle göttlichen Dinge und Fragen vom Herzen aus nur gelöst durch den Glauben. Der Glaube ist aber nichts Eigenes, sondern ein göttliches Werk. Glaube ist Geistesgeburt. Glaube ist Annahme und Aufnahme der göttlichen Offenbarung, aller göttlichen Gnaden und Güter. Glauben kann niemand von Natur. Der Glaube wird uns angeboten und möglich gemacht durch die göttliche Offenbarung, sonderlich durch das Angebot der Rettung in Christo. Glaube ist heiliges Geisteswerk. Im Herzen, welches unter Sünde, Tod und Gericht zerbrochen ist, wirkt ihn der Geist durch die Darbietung der gerichtsaufhebenden Gnade und Liebe Gottes. Im gläubigen Herzen ist das Ich entthront und ist der HErr auf den Thron gesetzt. Das gläubige Herz und der Herzensglaube haben Zugang, Gemeinschaft und Leben im Unsichtbaren. Alles Ewigkeitsleben wächst nur im gläubigen Herzen, wenn es in ihm aus Glauben in Glauben geht. Es ist etwas unsagbar Großes um ein gläubiges Herz. Ein gläubiges Herz ist gleichzusetzen der Kindschaft. Bengel sagt mit Recht, der Glaube sei die neue Geburt. „Wer da glaubt, daß Jesus sei der Christus, der ist aus Gott geboren", sagt Johannes.

Aus dem lebendigen Herzensglauben quillt alles Heil. Nicht in der vielgestaltigen, weltzugewandten Seele, nicht in der selbstgroßen Eigenvernunft wird Gott erkannt und gefaßt, sondern im zerbrochenen Herzen, welches in seinem Elend Gottes Gnade annimmt. Hören wir nur, was Paulus alles dem lebendigen Herzensglauben zuspricht. „Durchs Herz wird geglaubt auf Zurechtbringung hin", sagt er zuerst. Ja, wo ein armes Sünderherz Christus als Retter und Heiland erfaßt, da ist es zurechtgebracht, da hat es die rechte Stellung. Oft bewegt Menschen die Frage, ob einer auch richtig stehe zu seinem Gott. Wo Herzensglaube ist in Christo, da ist der richtige Stand. Wer, in sich arm und elend, von ganzem Herzen die vergebende und neuschaffende Gnade Christi ergreift, der steht recht. Wer, soviel er auch wachsen mag in Christo, stets und immer so wächst, daß er ärmer wird in sich selbst und gläubig inniger zufaßt zum Heiland, der steht recht. Es gibt nur *eine* richtige Stellung, die in Christo. Das heißt aber soviel als auf Grund der Erlösung im gekreuzigten und erstandenen Heiland einen gnädigen Gott und Vater glauben und von da aus wachsen in Erkenntnis und Erfahrung. Selbst beim Irren und Fehlen hat ein solches Herz die rechte Stellung, denn es zerbricht unter seinem Irren und Fehlen; es reinigt sich neu im Blut Christi; es heiligt sich neu im Geist Christi. Im Heiland habe ich Zugang und Freiheit zu Gott; in des Heilands Geist rufe ich: „Abba, lieber Vater!" Die rechte Stellung, die Gnaden-Kindesstellung bricht heraus. Wer von Gnaden lebt, steht recht. Diese Gnade ergreift der Glaube. Darum: „Durchs Herz wird geglaubt auf Zurechtbringung hin."

Wo aber ein Herz in der Gnade steht, da bekennt sich auch der Mund zum Heiland, der das Herz errettet. Wer Christus im Glauben hat, steht auch zu Christus und sagt von Ihm, wer Er sei, wer Er ihm sei. Wird aber mit dem Munde bekannt, dann geht es zur Rettung hinaus. Paulus sagt: „Mit dem Munde wird bekannt zur Rettung." Hier ist das Bekenntnis zum Heiland zunächst gemeint. Hat sich der HErr im Herzen zu uns bekannt und Glauben geschenkt, dann bekennen wir uns auch zu Ihm, und das rettet. Jede frei offene Bekenntnisstellung zum HErrn hat rettende Kraft. Wenn wir den Heiland nur im Herzen trügen, so hätten wir zwar die rechte Stellung, eben in Ihm, dem HErrn. Aber die Lösung und Erlösung nach außen hin fehlt uns noch. Diese muß das „Mundbekenntnis", diese erste Frucht des Herzensglaubens, bringen. Wenn ich mich nur im engsten Familienkreis nach empfangenem Herzensglauben zu Jesus bekenne, so hat das lösende und erlösende Folgen. Es gibt eine neue Stellung zu den Familienmitgliedern und eine neue Stellung der Familienglieder zu mir. Und diese neue Stellung, im Glauben übernommen, schafft Heil und vertieft es. So ist es überall, wo ich auch immer mich mit dem Munde zum HErrn bekenne. Das zieht stets neue Kreise und läuft auf tieferes Heil hinaus. Ja, „mit dem Munde wird bekannt auf Rettung und Heil hin". Da kommen dann auch die Leiden in Christo mit ihren heilsamen, fördernden Wirkungen. Durchs Mundbekenntnis werden wir auch immer abhängiger und einheitlicher mit dem HErrn. Wir sind fester an Ihn gebunden, denn wir haben uns zu Ihm bekannt.

Durchs Mundbekenntnis erwächst dann auch die zweite Frucht des Glaubens kräftig, nämlich die Anrufung. Je mehr wir im Herzensglauben uns zum Heiland stellen, um so mehr muß Er sich zu uns stellen. Und da rufen wir Ihn immer brünstiger drum an. Schon weil der Glaube im zerbrochenen Herzen geoffenbart wird, ist er ein schreiender und anrufender. Je mehr er aber im Leben sich auswirkt, um so mehr wird er zum anrufenden. Steht aber der Herzensglaube so bekennend und anrufend, dann hat er die vollen Verheißungen. Wer im Glauben bleibt, wird nicht zuschanden werden. Mag der bekennende Glaube in viele schwere Lagen führen, der HErr des Glaubens führt stets auch heraus. Ein Glaubensmensch bleibt nie stecken und muß sich nie schämen vor den Leuten. Der HErr wendet alles zum Guten. Und der anrufende Glaube bringt zur Voll- und Ganzrettung durch. Jeder, der auch immer anruft den Namen des HErrn, der wird gerettet werden. Der Herzens-Glaubensstand mit seinen beiden Kindern Bekennen und Anrufen ist der überwindende, der alles ererbt.

Wo solcher Glaube ist, erweist sich der HErr reich über seinen Trägern. Und diesen Glauben darfst du fassen. Da gibt es niemand, der ihn nicht ergreifen dürfte. Da ist der Grieche nicht im Nachteil gegen den Juden. Der unter dem Gesetz berufene Jude hat denselben Glaubensweg zu gehen wie der im Heiden-Irrweg stehende Grieche. Und der heidnische Grieche darf ebenso glauben wie der gesetzliche Jude. Hier ist kein Unterschied zwischen Mann und Weib. Hier ist kein Unterschied zwischen hoch und nieder, reich und arm, zwischen Sünder und Gerechten. Für alle regelt sich alles durch Glauben, und jedem ist Glauben in gleicher Weise erlaubt. Jeder hat Anrecht auf die gleiche Fülle des Glaubens und auf den gleichen Reichtum des HErrn. Wer du auch seist, hast du nur ein zerbrochenes Herz, so darfst du auch glauben. Und so du glaubst und Christus annimmst, so ist das volle Heil, die volle Rettung, das gewißlich Nie-zuschanden-Werden dein!

Aber du sagst vielleicht: Ich kann nicht so glauben. Wie kommt man denn zu solchem Herzensglauben an den Heiland? Du wirst noch zuviel an dich und die Welt glauben! Hat dein Ich und die Welt dich noch nicht klein gemacht, haben sie dich noch nicht enttäuscht? Der Glaube ist dir gewiß schon angeboten worden. In gewaltigen Geistesstrichen zeichnet Paulus den Weg zum Glauben. „Wie sollen sie den anrufen, an den sie nicht glauben? Wie sollen sie an den glauben, von dem sie nicht hörten? Wie sollen sie hören ohne Herold? Wie sollen sie zeugen, wenn sie nicht gesandt werden? Wie geschrieben steht: Wie lieblich sind die Füße derer, welche Gutes als Evangelium verkündigen." Anrufen und bekennen, das haben wir oben schon gesagt, hat den Glauben zur Wurzel.

Der Glaube aber kommt aus dem Hören. Der Glaube wird angeboten. Christus wird bezeugt. Es geht vom Paradies an durch die Jahrtausende in steigender Klarheit eine Rettungsbotschaft durch die Welt. Seit der Menschwerdung des Sohnes, seit Seinem Tode und Auferstehen ist die ganze Rettung und Befreiung des menschlichen Geschlechtes vollbracht. Die Botschaft von dieser vollen und ganzen Rettung muß einer hören, wenn er glauben lernen will. Diese Botschaft fordert uns auf zum Glauben. Sie sagt uns, Gott wolle nicht den Tod des Sünders, sondern daß er sich bekehre und lebe. Sie sagt uns, Gott habe in Seinem Sohn die völlige Errettung in Zeit und Ewigkeiten beschafft und biete sie nun frei umsonst allen armen, zerbrochenen Sündern an. Frei umsonst ist alles Heil in Christo, nur nehmen und glauben ist der Weg. Wohlauf, höre: Du darfst, du kannst glauben, es ist gar kein Hindernis da, höchstens dein Nicht-Wollen. Diese selige Botschaft vom Gottessohn und Sünderheiland, von Gottes Liebe und von Gottes Gnade, das ist die Glaubensbotschaft, die drängt und treibt zum Glauben.

Aber allerdings in ihrer ganzen Größe, Schöne und Fülle ist sie nicht häufig zu hören. Das meiste, was unter Christi Namen verkündigt wird, ist neues Gesetz. Es braucht, wie Paulus sagt, Herolde. Herolde sind Leute, die einen Auftrag zum lauten Hinausposaunen empfangen haben. Die Glaubensrufer müssen Glaubensträger sein. Der HErr erweckt immer wieder solche Glaubensträger. Sie gilt es zu hören, wenn wir selbst zum Glauben kommen wollen. Die meisten Menschen weichen den eigentlichen Glaubensträgern aus. Religiöse Vorträge, erbauliche Reden, sittliche Ansprachen hören sie gerne, aber die Zeugen des Herzensglaubens meiden die meisten. Du tust dir großen Eintrag, wenn du es versäumst, einen Glaubensträger zu hören. Nur durch sie und ihr Anhören hindurch kann es zum Glauben kommen. Hat dir Gott noch keinen in den Weg gesandt? Sie müssen freilich gesandt werden. Sie werden aber auch gesandt. Der HErr, der sie erweckt, der sendet sie auch. Er sendet sie öffentlich oder sonderlich. Er sendet sie in Gestalt von Großeltern, Eltern, Lehrern oder allerhand Leuten aus allerlei Volk. Meist sind es äußerlich recht bescheidene Gestalten, die Er sendet. Er sendet sie, wenn Er sie persönlich sendet, gewöhnlich auch zu einer besonderen Zeit, wo es dich sonderlich treffen kann. Wann, wo und wie hast du schon solche gesandten Herolde gehört? Hast du sie überhört? Das wäre großer Schade; das wäre Gericht! Glauben abweisen, angebotenen Glauben, heißt Gottes Liebe abweisen. Das nimm nicht leicht. Sieh dir, hör dir die gesandten Herolde nur recht genau an!

Du hörst ja, was Paulus zufügt: „Nicht alle gehorchen dem Evangelium." Jesaja sagt nämlich: „HErr, wer glaubt unserem Zeugnis?" Wo ein Herz noch auf sich gewandt ist, wo ein Herz noch auf die Welt gewandt ist, wo ein Geist sich noch im Diesseits und in seiner Lust aufrichtet, da hört man mit hörenden Ohren nicht. Und es ist leider die Mehrzahl, die weit überwiegende, welche in diesem Zeitalter der Gemeine hingeht und ihr Herz nicht dem Glauben übergibt. Jesaja deutet das auch an, wenn er sagt: „Wer glaubt unserem Zeugnis?" Was verschließt sich doch der Unglaube! Arme Welt! Bejammernswerte Leute ohne Glauben! Erschreien solltet ihr ihn! Nun ist er angeboten, und ihr nehmt ihn nicht!

Wir aber wollen anbeten, danken und preisen, die wir glauben können an den Namen unseres HErrn Jesus Christus. Wir wollen uns aber auch nicht irren lassen. Wenn noch so viele auf Wort und Zeugnis hin, auch wenn es reichlich zu ihnen gesandt ist, doch nicht glauben, so bleibt es doch dabei: Der Glaube kommt aus dem Hören und dem Gehörten, und das Hören aus dem Wort Christi. Das Wort von Christus ist Geistesträger, und der Geist ist Glaubensschöpfer. Es gibt keinen anderen Weg als durch das Wort, durch das vom Heiland zeugende Wort. Darum halten auch wir Gläubigen uns eifrig ans Wort und an gesandte Zeugen, wo sie zu finden sind, daß unser Glaube genährt und gestärkt sei und wir teilhaftig werden all des Reichtums und des Heils, welche der HErr dem lebendigen Herzensglauben zuspricht und gibt!

(11. Okt. 1925)

Von der Herrlichkeit und Größe der Erkenntnis des lebendigen Gottes

Text: Römer 11, 33—36

Es gibt nichts Herrlicheres und Größeres im Himmel und auf Erden als Erkenntnis des lebendigen Gottes! Wie stolz ist die Menschheit auf ihre Kenntnisse und Erkenntnisse! Wie findet sie es so herrlich und so groß, wieder irgendeine Entdeckung gemacht zu haben. Und doch für gewöhnlich beziehen sich alle ihre Entdeckungen und Erkenntnisse auf die Geschöpfe. Ist aber Geschöpf-Erkenntnis schon so groß und wird einer in Denkmalen und ehernen Säulen gewissermaßen festgehalten, wenn ihm reichere Erkenntnisse in der Kreaturenwelt und aus ihr beschieden waren, wie groß muß dann die Erkenntnis des Schöpfers und HErrn aller Kreaturen selbst sein! Ja, es geht nichts über die Erkenntnis des lebendigen Gottes! Und es ist das allergrößte Vorrecht des Menschen, das Gottes Liebe ihm eröffnet hat, in die Erkenntnis des lebendigen Gottes selbst eindringen zu dürfen. Kein Wunder, daß die Kirche in ihrer Freude und in ihrer Dankbarkeit, Trägerin der Offenbarungserkenntnis des lebendigen Gottes sein zu dürfen, ein besonderes Fest errichtet hat, an welchem sie das, was sie von ihrem Gott erkannt hat, in ein Bekenntnis zu Ihm zusammenfaßt.

Das Trinitatisfest ist das Bekenntnisfest der Erkenntnis des lebendigen Gottes! Die Kirche will ihren HErrn dadurch ehren, daß sie Ihm sagt, als was für einen herrlichen HErrn und Gott sie Ihn erkannt hat. Du bist der dreieinige Gott, ruft sie Ihm zu; so hast Du Dich kundgetan, so haben wir Dich erfaßt, so leben wir von Dir und in Dir. Mit Dankbarkeit preisen wir den HErrn als den Dreieinigen. Die sündige Menschheit ist überall an der herrlichen Wahrheitserkenntnis Gottes vorbeigeschossen. Entweder reißt sie die Gottheit in viele verschiedene Einzelgötter auseinander oder sie macht sie zu einer leblosen Einheit, dabei sich noch groß und fortgeschritten denkend. Das Leben liegt im dreieinigen Gott. Er allein hat Leben in sich, einen Sohn und den Heiligen Geist. Er allein setzt Leben aus sich heraus im offenbarenden Sohn und Geist. In Ihm allein kann die Kreatur leben, weil Er ebenso göttlich-majestätisch, ewig-unveränderlich ist als beweglich und eingehend in den Geschichtsverlauf der Kreatur, ja in den Lebenslauf des einzelnen Menschen. Ja, das ist das ewige Leben, daß sie Dich, der Du allein wahrer Gott bist, und den Du gesandt hast, Jesus Christus, erkennen, und beides geschieht durch den Geist der Offenbarung. In Ihm, dem Geist der Selbstoffenbarung Gottes, der verkörpert ist im Wort Gottes, hat der ewige Gott Seiner gläubigen Gemeine die Türe geöffnet in Sein Allerheiligstes, nachdem Er diese Gemeine gereinigt hatte im Blut des Gottessohnes, und nun darf sie eindringen in die Geheimnisse des lebendigen Gottes und sie als Predigerin und Zeugin der armen Welt zu ihrer Heilung und Erlösung kundtun. Als Jubel und Dank für diese unaussprechliche Gnade feiert sie das Trinitatisfest und bekennt sich zu Ihm, wie sie Ihn erkannt, als zum Dreieinigen. Die Größe und Herrlichkeit der Gnade, Gott erkennen zu dürfen und in Seiner Erkenntnis wachstümlich leben zu dürfen, will die Gemeine dadurch zum Ausdruck bringen.

Dasselbe, was die Gemeine am Dreieinigkeitsfest tut, das tut Paulus in unserem Text. Er betet an, lobt und preist Gott über der herrlichen Größe und über der großen Herrlichkeit Seiner Erkenntnis. So ist sein Lobpreis ein echter Trinitatistext. Der Apostel Paulus will mit seinem anbetenden Worte: „O welch eine Tiefe des Reichtums, beides, der Weisheit und der Erkenntnis Gottes", mit seinen erstaunten Ausrufen: „wie unerforschlich!" „wie unbegreiflich!" durchaus nicht sagen, daß man Gott nicht erforschen und begreifen könne, als wenn Er bloß ein tiefer Abgrund wäre, in welchen der Mensch als in eine bodenlose, gähnende Tiefe hinabblicke. Damit würde er sich ja selbst widersprechen, denn er schreibt an anderer Stelle: „Der Geist erforscht alle Dinge, auch die Tiefen der Gottheit." Nicht ein Wort zum trägen Liegenlassen der Erforschung Gottes und Seines heiligen Wesens, nicht ein Wort zum oberflächlichen Sich-genügen-Lassen in allgemeinen Wahrheiten über Gott will dies herrliche Anbetungswort sein! Im Gegenteil, ein Wort des Lobens und Dankens über den herrlichen Reichtum der Erkenntnis Gottes, der uns armen Sündern geoffenbart ist, und ein Wort der betenden Ermunterung, weiter hineinzudringen in diese beglückende Reichtumstiefe.

Gerade in den unserem Text vorangehenden Versen hat der Apostel uns einen tiefen Offenbarungsblick in Gottes Wesen, in Gottes Gerichte und Wege, der ihm geschenkt worden ist, tun lassen. Und gerade über dem Reichtum der von Gott ihm gegebenen Erkenntnis Gottes stimmt er diesen Lobpreis unserer Verse an. Herrlich ist es und unsagbar groß, will er sagen, in Gottes Weisheit und Gedanken einen Blick zu haben und zu bekommen. Ein tieferer Reichtum als in einem glänzenden Goldbergwerk tritt uns entgegen. Und tief und reich macht uns Menschen der Einblick in Gottes Weisheit und in Gottes Gedankenwerkstatt. Ja, gar nichts verinnerlicht den Menschen so, entnimmt ihn so aller bloßen Äußerlichkeit und Oberflächlichkeit, nichts vertieft so das Innere der Persönlichkeit und nichts verleiht ihr einen solchen Reichtum, einen solchen Schatz an ewigen, gehaltvollen Werten, als das Eindringen in die Erkenntnis Gottes. Gibt schon irdisches, wirkliches, gründliches Wissen dem Menschen etwas Vergeistigtes und Gediegenes, so gibt ihm Gottwissen, lebendige Gotterkenntnis etwas Verklärtes, Ewigkeitsdurchleuchtetes. Wer lebendige Gotterkenntnis hat, d. h. solche, die durch Herz und Gewissen gegangen ist, der hat selbst etwas von der Tiefe des tiefen Gottes und von dem Reichtum des reichen Gottes. Der göttliche Tiefenreichtum teilt sich der mit ihm in Berührung gekommenen Persönlichkeit mit. Das ist das Herrliche und Große an der Erkenntnis Gottes, daß der Besitzer derselben in dem zerbrechlichen Erdengefäß seines Leibes einen großen Schatz trägt, einen Schatz, durch welchen er viele reich machen kann und darf. Ja, „o welch eine Tiefe, beides, der Weisheit und der Erkenntnis Gottes!" Gott erkennen, das heißt in eine Weisheits-Tiefe und in einen Gedanken-Reichtum hineinschauen, der zur Anbetung zwingt. „HErr, wie sind Deine Gedanken so sehr tief!" so betet schon der Psalmist des Alten Bundes an. Ja, es gibt keine tiefgründigeren und reicheren Menschen, mögen sie äußerlich gestellt sein, wie sie wollen, als Menschen mit

Erkenntnis des lebendigen Gottes. Willst du dieses Glückes nicht teilhaftig werden? Ei, so geh an die Offenbarungsquelle und trink; ei, so laß dich vertiefen durch Wort und Geist und in der Gemeinschaft der Gläubigen.

Da mußt du hin, da nur findest du die lebendige Gotterkenntnis. Aus der Natur und von Natur kommt's nicht, da heißt es „unbegreiflich und unerforschlich". Der natürliche, noch dazu sündenverfinsterte Verstand kann hier nicht bei; hier gilt es gläubig liegen an der vom Thron der Gnade fließenden, ins Wort gefaßten Quelle des heiligen Offenbarungsgeistes. Herrlich und köstlich, an ihr zu liegen. Da heißt es immer neu „unbegreiflich", „unerforschlich". Das ist das Große an der lebendigen Gotteserkenntnis, je tiefer sie wird, um so tiefer wird Gott. Welch einen Einblick hatte doch gerade der Apostel Paulus in Gottes Gerichtsentscheidungen. Wie legt er im elften Römerkapitel die Gerichte über Heiden und Juden in großzügiger, wahrhaft erschütternder Weise dar. Wie hat gerade er einen Einblick in die Wege Gottes, nicht zuletzt in die Kreuzeswege und Gerichtswege. Es will dem schlichteren Geist scheinen, als hätten vor einem Apostel Paulus alle Gerichtswege Gottes und alle Wegführungen des Ewigen im Großen und im Einzelnen offen gelegen. Und siehe, gerade er sagt, wie unbegreiflich sind Seine Gerichte, wie unerforschlich Seine Wege. Alles Göttliche wird ständig tiefer, je tiefer man in dasselbe eindringt. Gott wird immer größer, je mehr man in Ihn kommt. Das ist das Herrliche und Große an der Erkenntnis Gottes — du wirst nie fertig mit ihr, nie fertig mit Ihm. Er hat immer neue Seiten, immer neue Wege. Wiewohl Er alles durch Gericht und Gnade tut, wie das Paulus wohl erkennt, so sind doch sowohl Seine Gerichte wie Seine Wege von einer göttlichen Vielerleiheit, die kein Menschenherz je umfaßt oder erfaßt. Wir sind des Zeugen in unseren Tagen. Die neuen Gerichte, mit welchen Er die Völker in diesen Tagen heimsucht, die neuen Wege, welche Er mit ihnen geht, wer hat sie erkannt oder erforscht? Alles so ganz anders, als alle Menschen, fromme wie gottlose, dachten. Und selbst im eigenen kleinen Leben, wer verstünde alle Wege, die Gott mit ihm ging in Gericht und Gnade; wer verstünde seines eigenen Lebens ganzen göttlichen Sinn und Zusammenhang? Soviel die Gnade auch die Augen uns öffnet, es bleibt doch zuletzt immer wieder nur übrig, zu sagen: „Ich will die Augen schließen und glauben blind." Nur bei Gott wird's nie langweilig; nur bei Gott hört's nie auf und hört nichts auf; nur bei Gott gibt es immer wahrhaft Neues, wiewohl es das ewig Alte ist, aber in stets neuer, überraschender Form und Art. „O welch eine Tiefe des Reichtums, beides, der Weisheit und der Erkenntnis Gottes; wie unbegreiflich sind Seine Gerichte, wie unerforschlich sind Seine Wege!"

Und alles, was von Ihm ist, das ist durch und durch original; d. h. alles rein und allein von Ihm, alles nagelneu aus der Urwerkstatt. „Wer hat des HErrn Sinn erkannt, oder wer ist Sein Ratgeber gewesen? Oder wer hat Ihm etwas zuvor gegeben, daß ihm werde wieder vergolten?" Gott hat kein Komitee und keinen Ministerrat; Er hat keinen Generalstab und keinen Bruderrat. Niemand kann sich rühmen, Ihm einen Gedanken oder eine Idee beigebracht zu haben; niemand, Ihm irgendwie oder irgendwo beigestanden zu sein. Alles ist von Ihm und nur von Ihm. Ja, von Ihm und durch Ihn und zu Ihm sind alle Dinge.

Alles, was Menschen sagen und tun, ist abgeleitet, und wie vieles irregeleitet durch die Finsternis. Wie herrlich und groß, an der Quelle aller Dinge sitzen zu dürfen beim Suchen nach Erkenntnis Gottes. Deshalb gibt es im Reich Gottes unter den wahrhaftigen Gotteskindern die meisten Originale, weil sie zu Füßen des Uroriginals sitzen. Sie sind aber eigentlich keine Originale; nein, Gotteskinder am allerwenigsten, weil sie gar nichts aus sich tun wollen. Sie sind am allermeisten Kopien; wollen auch gar nichts sein und werden, als Seine Kopie, Sein Ab- und Eben-Bild. Aber für die Menschen, welche fast alle vom Abgeleiteten trinken, von der Wasserleitung, die durch menschliche, oft nur allzumenschliche Röhren geht, oft auch durch teuflische, für diese Menschen sind die Gotteskinder, welche nach der wahrhaftigen Gotterkenntnis hungern und dürsten, Originale, weil sie immer vom Quell trinken. Ach, wie wenige Menschen kennen die herrliche und großartige Schönheit originaler Gottesgedanken und Gotteswege, weil sie sich nicht in ganzer Einfalt an Ihn und Sein Wort halten. Ein Mensch, der im Glauben im HErrn und Seinem Wort steht, der steht im Ursprünglichen, und siehe, das ist etwas unbeschreiblich Herrliches und Großes. Es mag dir einer die herrlichste Beschreibung der Alpenwelt machen, es mag sie dir einer ergreifend schön malen, das ist alles nicht das, wie wenn du einmal selbst auf ihren Höhen gestanden. Von den wiedergeborenen Gotteskindern heißt es: „Sie werden alle von Gott gelehrt sein." Von ihnen sagt Johannes: „Ihr habt die Salbung, und die bleibt bei euch." Das ist das Herrliche und Große an lebendiger Gotteserkenntnis, sie ist original, ewigkeitsmäßig; sie schmeckt nach Höhenluft, ihr Wasser schmeckt noch nach dem Fels — das beglückt über die Maßen. Eine solche Seele weiß etwas, was das heißt: „Von Ihm, durch Ihn und zu Ihm sind alle Dinge." Sie hat alles von Ihm und durch Ihn, und zu Ihm treibt drum alles.

Und was ist das selbst wieder für eine Erkenntnis! Wer hat den Mut, wer die Kraft, sie auszudenken bis zur letzten Folgerung: „Von Ihm, durch Ihn, zu Ihm sind alle Dinge!"

Denk einmal betend darüber nach; stelle hinter das „von Ihm" alle Dinge; stelle hinter das „durch Ihn" alle Dinge; stelle hinter das „zu Ihm" alle Dinge. Ungeahnte Größe, unfaßbare Majestät, unbegreifliche Wege und Ziele, unerforschliche Weiten der Ewigkeiten gehen uns da auf. Ein Loben und Jauchzen bricht aus der Seele ob solcher Gewißheit. „Ihm sei Ehre in Ewigkeit! Amen", etwas anderes konnte Paulus nicht mehr sagen und schreiben. Ehre, d. h. Herrlichkeit in Ewigkeiten, tut sich so vor ihm auf, und darum sank er vor Gott anbetend zusammen. Ja, lebendige Gotterkenntnis, und das ist vielleicht ihr Herrlichstes und Größtes, die macht uns immer kleiner und geringer, die macht uns immer gebeugter und niedriger. Offenbart uns der Geist göttliche Wahrheiten, göttliche Gedanken und Wege, läßt Er uns blicken, in einen Strahl auch nur, in Gottes unsichtbares Wesen und in Seine Herrlichkeit, dann liegen wir auf dem Boden und beten an, eine andere Stellung gibt es nicht mehr. Je leerer von wahrer Gotterkenntnis eine Seele ist, um so aufrechter, ja trotziger steht der Mensch selbst Gott gegenüber da; je gefüllter mit wahrer Gotterkenntnis du bist, um so gebeugter wirst du, um so weniger. „Ihm sei Ehre in Ewigkeit! Amen",

das ist dein Schluß. Er, Er, Er! Du aber beuge dich stille vor Ihm in den Staub; das ist die wahre Größe und Herrlichkeit lebendiger Gotterkenntnis!
(15. Juni 1919)

Heilige Gliederordnungen am Leibe Christi

Text: Römer 12, 3—8

Das Geheimnis dieser Zeiten ist der Leib Christi. Jahrtausendelang lief die ganze Entwicklung der Menschheit in all ihrem Werden und Vergehen, in all ihren Höhen und Tiefen hinaus auf den Leib Christi, d. h. auf die Menschwerdung des Sohnes Gottes. Juden und Heiden wurden geradezu dahin geleitet und erzogen, den Sohn Gottes aufzunehmen in Seiner Leibeshütte. Als die Zeiten erfüllt waren, sandte Gott Seinen Sohn. Seit Seiner Menschwerdung, Weltversöhnung und Erlösung hat der ganze Gang der Welt wiederum den gleichen Zweck und Inhalt — den Leib Christi. Durch den Heiligen Geist soll jetzt aus der Welt die Fülle der Heiden herausgeholt werden, welche zusammen den Leib des erhöhten Hauptes Jesus Christus ausmacht. So ist also der gemeinsame Grundgedanke der gesamten Menschheitsgeschichte der Leib Christi. Die Herausbildung dieses Leibes Christi ist vollendet in Seiner Wiederkunft. Wie Er in der Mitte der Zeiten herabkam aus dem oberen Heiligtum, Seinen Leib anzuziehen in Maria, damit Er die Menschheit erlöste, so kommt Er am Ende der Tage wieder herab, verklärt und herrlich, wieder um Seinen Leib anzuziehen, diesmal in der Gestalt der erretteten und durch den Geist geheiligten Gläubigen, welche Er in der Erstauferstehung um sich vereinigt, diesmal zur Verherrlichung der Welt.

Wie der Leib Christi bei Seiner Ankunft im Fleisch eine Niedrigkeitsgestalt hatte und arm und vielfach verkannt durch die Welt ging, wie Er alle Sünde und alles Elend der Menschen leidendlich trug Tag für Tag und am Kreuz endete, so ist auch Sein Leib in diesen Tagen bis zu Seiner Wiederkunft: arm und niedrig und vielfach leidend; ja verfolgt, geschmäht, gehaßt und gar oft auch getötet, sonderlich am Anfang und am Ende Seiner Ausbildungszeit. Dieser Leib Christi ist jetzt nirgends in vollkommene äußere Erscheinung tretend. Solange als auch das Haupt verborgen ist zur Rechten des Vaters, ist die wahrhaftige Kirche Christi auf Erden, für welche alle sichtbaren Kirchen in ihren Formen nur Bauhütten, sind, verborgen. Das ist die eine, heilige, allgemeine, christliche Kirche, welche wir nach dem dritten Artikel glauben, eben weil sie jetzt noch nicht zum Schauen ist. Aber vorhanden ist sie wahrhaftig und gewiß. Unter allen Völkern und christlichen Kirchen und in verschiedensten Gestaltungen, welche im Laufe der Jahrhunderte immer wieder wechseln, sucht sie eine irdische Darstellung sich zu schaffen. Keine dieser Darstellungen ist die allgemeine, christliche, heilige Kirche, aber jede nach dem Maß ihrer Gaben baut an ihr, die eine besser, die andere schlechter. Wir stehen gerade jetzt in einer Zeit, wo offenbar nach dem Willen Gottes die äußeren Gestaltungen der Kirche sich verändern sollen. Da stehen wir in besonderem Sinn wartend, was der HErr tun wird, denn fern ist es Kindern Gottes, selbst etwas zu brechen oder eigene Neubildungen zu schaffen. Aber des HErrn Wege und Spuren folgen, das ist die ernste, heilige Aufgabe.

Daß nun der Leib Christi, unter welcher äußeren Form auch immer, wachse in allen Stücken an dem, der das Haupt ist, Christus, und wachse zu seiner Selbstbesserung (Epheser 4), das ist den Gliedern des Leibes mit in die Hand gegeben. Wohl geht das Gesamtwachstum vom Haupt aus, welches Sein Leben in die Glieder gibt durch Wort und Geist, aber die Glieder müssen auch einander Handreichung tun, ein jegliches mit seinem Werk und nach seinem Maße. Dienet einander, ein jeglicher mit der Gabe, die er empfangen hat, ruft uns auch Petrus zu. So hängt von den Gliedern viel ab fürs Gedeihen des Leibes Christi. Darum führt Paulus in unserem Texte, wo er von diesem Leibe Christi redet, auch einige heilige Ordnungen an, in welchen die Glieder Christi sich bewegen müssen, soll anders der Leib sich wohl befinden.

Das erste ist natürlich, daß wir rechte Glieder an Christus und am Leib sind. „Wir sind ein Leib in Christus", sagt Paulus in der Mitte des Textes, „und einer des anderen Glied." Wer in geistgewirktem Glauben in der wahrhaftigen Lebensgemeinschaft mit dem Heiland steht, ich in Ihm und Er in mir, verwachsen wie eine Rebe mit dem Weinstock, und wer in der Gemeinschaft der Gläubigen steht, liebhabend, was da glaubt an den Namen des HErrn Jesus, der ist ein wahrhaftiges Glied. Und wer Frucht des Geistes bringt, dem Haupt zu Ehren. Je mehr in irgendeiner äußeren Kirchengestaltung, sei es Landeskirche, Gemeinschaft oder Freikirche, solche lebendigen Glieder sind, um so gedeihlicher kann in ihr und durch sie der Leib Christi wachsen. Je mehr tote Glieder ohne solche innere Lebensgemeinschaft da sind, um so mehr Todeserscheinungen allerlei Art treten hervor. Wir merken das in jeder kleinen Versammlung, wieviel mehr im Großen. Darum ist die Grund- und Hauptfrage die: Bist du ein lebendiges Glied? Hast du in Buße und Glauben die Wiedergeburt, die Vergebung der Sünden und das neue Leben empfangen und stehst du in einfältigem Glaubenswachstum in diesem Leben? Das ist nicht nur eine Frage, von welcher deine Seligkeit und Herrlichkeit abhängt; das ist auch eine Frage, von welcher deine Brauchbarkeit für den Leib Christi abhängt. Bist du kein wahrhaftiges Glied, dann bist du ein Hemmnis; nur wenn du Leben aus Gott hast, kannst du Mithelfer sein nach dem Maße deiner Gabe am Leib des HErrn. Habt ihr an euren Orten viele lebendige Glieder? Wo nicht, laßt uns ernstlich darum bitten.

Die zweite heilige Linie, welche der Apostel nennt, ist die, daß einer des andern Glied ist, d. h. daß ein Glied das andere als Glied achte und ehre und anerkenne. Alles, was Geistesleben hat, was Glauben und Kraft des Glaubens hat, ist Glied am Leib. Ganz einerlei, ob hochbegabt, ob schlichtbegabt; ganz einerlei, ob äußerlich mehr oder weniger hervortretend oder zurücktretend; ganz einerlei, ob leitend oder geleitet; wer des HErrn ist, der ist Glied. Und jedes Glied am Leib ist eine Notwendigkeit für den Leib. Gott hat keine unnötigen Glieder und keine Luxusglieder an unserem irdischen Leib geschaffen, sondern lauter notwendige Glieder. Es ist keines entbehrlich. Wo nur eines, und sei es das geringste, fehlt, da ist eben ein Mangel. Darum achtet der Mensch an seinem Leib auch auf jedes Gliedlein und hält es in Ehren. So wollen wir es auch in der Gemeinde des HErrn halten. Alles, was Leben hat, gelte uns heilig und hoch, sei uns ein Gegenstand des Dankens und Lobens, sei uns ein Gegenstand der

Freude und der Liebe; hat doch der HErr Sein Werk darin. Alles, was Leben hat, sei uns Mit-Glied, Bruder, Schwester im HErrn, wichtig fürs Ganze; denn der HErr hat's herausgerufen und braucht es, gleich wie mich, an seinem Teil. Darum achte einer den andern höher als sich selbst. Einer sei des andern Glied.

Dies wird uns um so leichter sein, je mehr wir in die nächste Gliederordnung des Apostels eintreten. Er schreibt: „Ich sage durch die Gnade, die mir gegeben ist, daß niemand weiter von sich halte, als sich's gebührt zu halten, sondern daß er von sich mäßig halte, ein jeglicher, nach dem Gott ausgeteilt hat das Maß des Glaubens." Das Wichtigste für die gedeihliche Zusammenarbeit der Glieder am Leibe Christi ist eine klare und wahre Selbsterkenntnis, und zwar nach beiden Seiten: nach der Seite dessen, was man nicht ist, und nach der Seite dessen, was man ist. Wo unter Gläubigen diese Ordnung der Selbsterkenntnis nicht kräftig ist, da ist auch kein Gedeihen des Leibes Christi. Ernste Vertiefung in der Sündenerkenntnis, wahre Einsicht in die Schranken und Schatten unseres Wesens ist eine der befruchtendsten Gnaden Gottes. Demut, Achtung vor dem andern, Geduld mit den andern, Annehmen-Können von andern, dies alles und noch viel mehr quillt aus diesem Brunnen. Was hat mangelnde Selbsterkenntnis von Geschwistern schon für unendlichen Schaden angerichtet. Aber bloße Erkenntnis der Mängel ist auch wieder Schaden, das gibt Verzagtheit, falsches Zurücktreten, mangelndes Angreifen an seinem Teil. Zur Mangel-Erkenntnis muß unbedingt die Gaben-Erkenntnis kommen. Nicht nur, was du nicht hast, sondern auch, was du hast, deine Gabe, dein Maß des Glaubens, mußt du erkennen. So nur wirst du dich in Reih und Glied stellen, so nur mit deiner Gabe den Mangel der andern ausfüllen. Wir wollen den HErrn bitten, daß er nach diesen beiden Seiten uns zu brauchbaren Gliedern mache. Mit welcher Gabe dienst du dem Leib Christi?

Ist aber die Gabe erkannt samt ihrer Schranke, dann gilt es in der Einsetzung derselben sich von der göttlichen Weisheit regieren zu lassen. Mancher hat die Gabe erwecken lassen, die in ihm ist, weiß auch in Demut, was ihm fehlt, bringt mit Freudigkeit zur Verwendung, was er hat, aber er ist darinnen nicht weislich oder auch nicht vorsichtig oder nicht umsichtig genug. Darum sagt der Apostel: „Hat jemand Weissagung, so sei sie dem Glauben gemäß." Jede Lehre und jedes Zeugnis muß übereinstimmen mit dem Geist der Wahrheit, der in der Schrift und in der Gemeinde sich bezeugt. Die Gabe der Weissagung ist schlecht angewendet, wenn einer in Eigenbröteleien oder gar in Irrlehren gerät. Heiliger Ernst, in der Glaubenslinie der Offenbarung zu bleiben, muß jeden Zeugen erfüllen. Hat jemand ein Amt, einen Dienst, so warte er des Dienstes. Er schaue nicht hin und her nach den andern, sondern sei in seinem Revier treu. Das nächste, was befohlen ist, mit ganzer Pünktlichkeit zu tun, ist der größte Dienst fürs Ganze. Wenn zum Beispiel eine Predigersfrau, die bekehrt ist, ihrem Mann wollte in allerlei Dienst beistehen, kochte ihm aber nichts Rechtes oder wartete nicht ihrer Kinder, so täte sie der Gemeinde einen schlechten Dienst. Wenn einer in mancherlei Reich-Gottes-Tätigkeit Eifer zeigte, aber sein ihm befohlenes Handwerk vernachlässigte, wäre das schlechter Gliedsdienst — wer ein Amt hat, der warte des Amts. Lehrt jemand, so warte er der

Lehre. Wenn einer, der die geistliche Lehrgabe hat und im Dienst am Wort steht, zu viele, vielleicht praktische Nebenarbeiten treibt, dient er nicht im rechten Gliedsdienst; er warte der Lehre. Ermahnt jemand, so warte er des Ermahnens. Wer die Tröstergabe hat, mache Hausbesuche; da liegt dann seine Aufgabe. Wer geben kann, der bleibe schlicht, als sei er ein Empfangender; wer vorzustehen hat, benütze sein Amt nicht zum Trägheitspolster. Kontrolliert ihn jemand, so lasse er sich vom HErrn um so mehr kontrollieren. Übt jemand Barmherzigkeit, so lasse er sich durch schwere Erfahrungen nicht ermüden, sondern lasse sich immer neue Freudigkeit schenken, daß er's tue mit Lust. Und so ein jeder an seinem Teil. Luther würde sagen: „Ein jeder lerne seine Lektion, so wird es wohl im Hause stohn." Brauchst du dein Pfund für das Reich Gottes getreulich?

Das sind einige heilige Gliederordnungen. Werden sie von den Gläubigen heilig gehalten, dann kann in ihnen, unter ihnen und durch sie der Leib Christi fröhlich gedeihen. Es fehlt daran mannigfach hin und her. Der Ernst der Tage erwecke uns kräftig, daß ein jeder mit seiner Gabe getreulich diene, daß dadurch der Leib Christi erbaut werde, bis daß wir alle hinankommen zu einerlei Erkenntnis des Sohnes Gottes und ein vollkommener Mann werden, der da sei im Maße des vollkommenen Alters Christi. Wenn jeder nach seinem Maße und in seinem Maße seine Gliedesdienste tut, dann kann's gehen zum vollkommenen Maße, daß der Leib Christi wird die Fülle des, der alles in allem erfüllt.

(19. Jan. 1919)

Glaube und Widersacher

Text: Römer 12, 17—21

Ohne Feinde kann auf dieser Welt der Sünde niemand durchs Leben gehen. Ohne daß Böse uns Böses tun, kann niemand durch die Welt kommen. Und gerade die Besten haben die meisten Widersacher, und die nur Gutes im Sinne haben, erfahren das meiste Böse. Sollen wir Jesus nennen, den Sündenlosen, den die Bosheit der Menschen ans Kreuz brachte? Sollen wir Seinen größten Apostel nennen, Paulus, den die Feindschaft der Welt von Ort zu Ort jagte? Sollen wir Luther anführen, der unter Acht und Bann ging? Der Heiland sagt zu Seinen Jüngern: „Ihr müsset gehasset werden von jedermann um Meines Namens willen." So werden also wahre Gotteskinder über Mangel an Feinden und Boshaften wohl kaum zu klagen haben. Kann es aber ohne Feindschaft gegen uns nicht abgehen, so soll um so mehr Feindschaft bei uns, von uns und durch uns ausgeschlossen sein. Sind mir auch viele feind und gönnen und tun mir Übles, so soll doch ich nach Jesu Willen niemand feind sein noch ihm Übles gönnen oder tun.

Das ist nun weder eine einfache noch eine selbstverständliche Sache. Daher nimmt die Schrift oft Veranlassung, uns dazu zu vermahnen und zu erwecken. Auch unsere heutige Textstelle legt jedem Gotteskind die ernste Frage ins Herz: Wie stehst du deinen Widersachern gegenüber und denen, die dir Böses tun?

Der Apostel ruft uns in der Kraft des Geistes Jesu Christi zuerst zu: „Vergeltet niemand Böses mit Bösem." Niemals kann und darf ein Gotteskind, weder in Wort noch Werk, das Böse als Mittel benützen, sich zu wehren. Ja es kann und darf nicht, weil das Böse durch und durch seinem Wesen fremd ist. Ach, wie oft nehmen auch Gläubige Erdenklöße und werfen damit! Wir verleugnen dadurch unseren Stand, vergeben seine Würde und beschmutzen ihn. Weißt du das und beugt dich das und willst du's wiedergutmachen, wo du kannst, und dich neu machen lassen durch die Gnade? Es gibt kein Recht auf Unrecht, niemals! Wenn dich einer schilt, du hast kein Recht vor Gott und von Gott, wieder zu schelten; wenn dich einer schlägt, du hast kein göttliches Recht, wiederzuschlagen. Wenn dich einer verleumdet, du besudelst dich, wenn du ihn ebenfalls schlecht zu machen versuchst.

Des gläubigen Menschen Grundstand ist, wie Paulus weiter sagt, der Ehrbarkeit, d. h. dem Edlen, Reinen und Guten gegen alle Menschen fleißig nachzujagen. Unser Sinn darf auf Unedles, Gemeines und Niedriges nie gehen. Auch nie auf das, was Streit gibt. Machen uns die Menschen den äußeren Frieden unmöglich durch ihren Unfrieden, soll unser Herz doch voll Friedfertigkeit bleiben. Mit allen Menschen, auch den bösesten, von uns aus Frieden, das ist der Jesus-Jünger heilige Norm. Will drum der alte Mensch in uns, wenn ihm Böses widerfährt, trotzig und gewaltig auffahren, will die Feder zu scharfen Worten sich spitzen, die Zunge zu beißendem Widerpart sich rüsten, die Hand zum Gegenschlag ausholen, und könntest du gar den Gegner übermächtig treffen, besinne dich, wer du bist und woher du bist! Steig nicht hernieder in die Sumpfniederung giftiger Nebel der Bosheit. Gib nie weder Herz noch Zunge noch Hand zur Mehrung des Bösen auf Erden her, sind sie doch geheiligt durch Christi Blut zum Guten. Laßt uns künftig nie mehr Böses mit Bösem vergelten, wenn es je und dann bei uns vorgekommen wäre. Wer drin steht, zur Zeit Böses mit Bösem zu vergelten, er trete heraus; wer in Versuchung steht, er flehe zum HErrn; und jeder rüste sich neu durch den Geist, stets nur des Edlen sich zu befleißigen gegen alle Menschen, stets nur Frieden zu suchen, soviel an ihm ist, gegen jedermann.

Doch tiefer dringt noch das apostolische Wort. Auch sich nicht selber Recht verschaffen mit eigenen, menschlichen Mitteln soll ein Gotteskind. „Rächet euch selbst nicht, meine Liebsten, sondern gebet Raum dem Zorn Gottes; denn es steht geschrieben: „Die Rache ist Mein, Ich will vergelten, spricht der HErr." Es gibt Fälle, und das apostolische Wort zeigt solche im Leben der Zeugen Christi an, wo es göttlicher Wille sein kann und ist, sein Recht etwa von der Obrigkeit zu fordern gegenüber dem Unrecht. Aber solche Fälle müssen klar liegen als göttlicher Weg. Im allgemeinen gilt die Regel: „Wollt ihr nicht lieber Unrecht leiden?" Die Rache ist das Selbstrecht und das Recht mit eigenen Mitteln, oft auch unrechten, erzwungen; solches soll bei uns nicht gefunden werden. Dem Christen ist es stets schwer, auch wo er muß, zum Recht zu greifen, um sich Recht zu schaffen. Keinenfalls hat er den Sinn, der Tag und Nacht sinnt, wie er den Gegner treffen und ihm vergelten kann. Wir Christen haben einen treuen, rechtskundigen und gerechten Sachwalter, dem wir all das Unsrige übergeben haben; dem lassen wir's auch. Der HErr führt unsere Sache für uns auf Seine Art und zu Seiner Zeit. Er schafft Recht, wie schon der 103. Psalm sagt: „Der HErr schafft Gerechtigkeit und Gericht allen, die Unrecht leiden." Wir sind nicht unser selbst, darum kämpfen wir auch nicht in eigener Sache vorschnell und voreifrig. Nein, unsere Seele ist stille zu Gott, der uns hilft. Unser Heiland stellte es auch dem anheim, der da recht richtet.

Unsere Seele, so wir anders in Ihm sind, hat eben keinen Haß, und wo er wollte keimen, läßt sie ihn von Ihm ausräumen schon im Keim. Die Seele des Gotteskindes hat tiefes Erbarmen mit den Bösen, weil sie weiß, wo ihr Weg endet. Hat darum der HErr zu Seiner Zeit mit unseren Widersachern geredet und sie so weit gebracht, daß sie hungern oder dürsten oder sonst notleiden, dann springt unsere Seele auf, wie von Fesseln befreit, die sie bisher gehalten, und speist und tränkt und tut Gutes und hofft, daß solche Liebe wie glühende Kohle brennen, beschämen, innerlich richten, ja vielleicht bekehren werde. Aus der feurigen Kohle auf dem Haupt soll sich die Asche bilden, dieses Zeichen der Beugung und der Buße. Ja, unser innerstes Begehren für unsere Feinde ist ihre Sinnesänderung; dann würden sie nimmermehr Feinde sein. Solche Sinnesänderung kann aber niemals kommen, wenn wir Böses an ihnen tun; dann werden sie vielmehr verhärtet. Sie kann auch nicht geschehen, wenn wir uns rächen; dann sinnen sie auf neue Gegenwehr. Nur wenn der HErr sichtlich zu Seiner Zeit sie trifft und uns rechtfertigt, dann kann ihnen das Licht über unseren göttlichen Sachwalter aufgehen, und dann kann unsere Liebe das Herz vollends öffnen für den göttlichen Samen. Darum laßt uns laufen in Glauben und Geduld in den göttlichen Bahnen unseren Widersachern gegenüber.

Es gehört natürlich für das Verständnis und für das Eingehen der apostolischen Mahnungen ein bekehrtes Herz, ja ein schon gereiftes, geheiligtes Herz. Einem anderen Herzen kommen solche Richtlinien wie lauter Torheit und Narrheit vor. Für ein unbekehrtes Herz heißt also apostolisch handeln: dumm und beschränkt handeln; es heißt, der Bosheit aufhelfen, den Feinden zum Triumph über sich verhelfen und dergleichen mehr. Solches ist aber durchaus nicht der Fall. Wir müssen uns eben zu solchem Verhalten immer den betenden Glauben dazudenken und den zu Seiner Zeit handelnden HErrn.

Ein gläubiges Herz lebt eben in der inneren Gewißheit, daß jedes Böse, das ein Mensch in Herz, Sinn oder Hand nimmt, ihn selber schlägt und ins Gericht bringt. Wie kann einer, der das glaubt, Böses mit Bösem vergelten? Er wüßte gewiß, daß er sich selber den größten Schaden täte. So bewahrt solcher Glaube unseren Fuß vor dem Abgleiten aufs Böse.

Wir wissen auch im Glauben ganz gewiß, daß jedes voreilige Vorgreifen vor Gott Unsegen und Schaden bringt. Darum hüten wir uns wohl, in schneller Rache dem HErrn vorauszueilen. Wir wissen, es muß alles erst reif sein, auch das Böse, dann kann erst rechtes Gericht gefällt werden, das auch durchschlagende Wirkung hat. Des HErrn richterlicher Arm würde viel häufiger den Gläubigen wie den Ungläubigen deutlich offenbar, wenn wir ihm nicht so oft selbstrichtend dazwischenführen. Wir hindern dadurch gar manche helle Gottesoffenbarung. Wer das nun glaubt, rächt sich ja nicht selbst, sondern gibt Gott Raum. Er schafft ja unter allen Umständen Recht. Bei Ihm bleibt nichts in den Akten liegen. Er, der Seinen eigenen Sohn hingab, um durch Ihn armen Sündern Gerechtigkeit zu schaffen, ist fürwahr der Rechtschaffer im vollen Sinne. Und Er, der Seinem gekreuzigten und gestorbenen Sohn durch Seine Auferweckung, Himmelfahrt und Geistessendung Recht schaffte und der Ihm noch völlig Recht schaffen wird vor aller Welt, ist der wahrhaftige Gerechtigkeits-Richter. Wer solches glaubt, gibt Ihm ruhig auch seine Sache und wartet auf Sein Handeln.

Vor allem aber ist es die große, selige Kreuzes-Gewißheit, die wir in dem Heiland von Golgatha haben, die uns zu dem apostolischen Verhalten mächtig ermuntert. Golgatha zeigt uns, wie in dem Guten das Böse überwunden wird. Darum lassen auch wir uns nicht vom Bösen überwinden, sondern überwinden das Böse im Guten. Golgatha ist die Wunderstätte, wo das Böse samt dem Teufel im Siegen besiegt wird und wo das Gute in Christo Jesu im Unterliegen siegt. Das ist ein Wundergesetz in dieser sündigen Welt, daß alles Böse im Großwerden zugrunde geht und daß Gottes Sache im Sterben aufersteht. Darum können gläubige Christen geduldig und stark ihre Widersacher groß werden sehen, groß werden oft eben durch das schriftgemäße Verhalten ihrerseits. Sie wissen, dieses Großwerden ist ihr Untergang. Darum können Gotteskinder auch ruhig und fest das Kreuz tragen, welches die Befolgung der apostolischen Regel mit sich bringt. Sie wissen, ihr Kreuz, je schwerer es drückt, kündet um so näheren Sieg.

Das ist ja auch unser Gegenwartsstand. Je mächtiger das Antichristentum wird, um so schneller erscheint sein Ende; je gebeugter die Gemeine geht, um so näher ist ihre Erlösung. So wird die apostolische Mahnung zur Frucht des Glaubens bei denen, die in Christo Jesu sind. Darum auf, ihr Gläubigen, nehmt allen Feinden und Widersachern gegenüber eine apostolische Grundstellung ein. Laßt euch ja nicht überwinden vom Bösen, daß das Böse euch in Böses treibe, sondern überwindet das Böse im Guten, gerade dann, wenn euch das Böse ins Kreuz treibt. (2. Febr. 1919)

Mein Herr!

Text: Römer 14, 7—9

Wer ist dein Herr? Das ist die Frage, welche unser vorliegendes Gotteswort an dich stellt. Es weist uns auf den wahrhaftigen Herrn der Lebendigen und der Toten, auf Jesus Christus hin; es führt uns in den Kreis derer ein, welche bekennen mit Luther, daß Jesus Christus, vom Vater in Ewigkeit geboren und von der Jungfrau Maria geboren, sei ihr Herr. Damit fragt es uns: Gehörst du als Gotteskind in diesen Kreis, zu diesem Herrn, oder wer ist dein Herr?

Jeder Mensch hat einen Herrn, der Gewalt und Macht über ihn hat. Und gerade die Menschen, welche am allerlautesten das Wort Freiheit im Mund führen, das sind gewöhnlich die Geknechtetsten, die rechten Tyrannendiener. Wer ist nun dein Herr?

Bist du selbst dein Herr? Läßt du dich leiten von deinem Ich? Nun, was hast du bis heute mit diesem deinem Herrn für Erfahrungen gemacht? Du bist natürlich stolz über die Maßen, weil du rein aus dir selbst dich regierst; du hältst dich für völlig frei und zeitweise für wahrhaft glücklich. Und doch sage ich dir: Du dienst einem der elendesten Herren, dem man dienen kann. Wo ist einer, der gut gefahren wäre, wenn er immer alles auf seinen Kopf hinaus und nach seinem Willen machte? Wo der Weg der eigenwilligen, sich auf sich selbst stellenden Jugend hinführt, dafür haben wir tausendfache, traurige Beispiele. Ebenso viele aber auch von alten und selbst erfahrenen Menschen, die sich selber führten. Unser natürlicher Mensch ist kurzsichtig; darum sieht er so viel falsch oder gar nicht; oder er ist fernsichtig und übersieht so viel. Er hat uns in seiner Blindheit schon manchen falschen Weg geschickt. Unser natürlicher Mensch ist sündengebunden. Bei dem einen ist's diese Schwäche, beim andern jene, bis hin zu den gewaltigsten Leidenschaften. Darum tut er viel Verkehrtes und uns selber Schadendes. Unser Ich ist geschwächt fürs Gute und Rechte. Mit Schmerzen erfahren wir's, wie es im Wollen des Besten und Höchsten uns im Stich läßt. Das Gute, das ich will, das tue ich nicht; das Böse, das ich nicht will, das tue ich. In großen Kämpfen aber, unter dem Druck der Sorgen, in Leiden und Schmerzen des Leibes und der Seele, was für eine schmähliche Figur macht da oft und viel unser Herr Ich. Er weiß keinen Rat mehr; er sieht nicht mehr hinaus; er verzweifelt. Er ist jetzt trotzig und übernimmt sich; jetzt verzagt und rührt sich nimmer; er bäumt sich auf und sinkt dann in sich zusammen. Gegen den Tod versagt er ganz und fürs jenseitige Leben ist er völlig machtlos; das heißt, in die Hölle kann er bringen, aber nie in den Himmel. Ein feiner Herr, dem du dienst, dein eigenes Ich. Setz ihn ab und revolutioniere gegen ihn, es ist das Allervernünftigste, was du tun kannst. Schämen müßten sich die Menschen aufs tiefste, die sich selbst regieren, ob des armen, kläglichen Herrn. Ein Vernünftiger mißtraut niemand mehr als sich selbst. Und was richtet dieser Herr Ich unter den Menschen auf Erden an! Wie kalt und lieblos ist's, wo er regiert; wie voller Neid und Streit und böser Tage. Wie tritt er Herzen zusammen und bricht die heiligsten Bande entzwei. Er ist rücksichtslos, brutal, und selbst wo er liebt und freundlich ist, nur so lange, als er auf seine Rechnung kommt. Wenn ganze Völker nur an ihr Volks-Ich denken und es allein zum gebietenden Herrn haben, dann gibt es Weltkriege der schrecklichsten Art. O Elend, wo der Herr Ich regiert! Stehst du unter diesem Herrn? Eilends weg mit ihm!

Wer ist dein Herr? Sind es vielleicht andere Menschen? Viele dienen lieben und geliebten Menschen. Wie manche Frau hat ihren Mann zum Herrn; wie mancher Mann seine Frau; wie manche Eltern ihre Kinder. Wie viele Tausende haben hochbegabte, große Menschen des Wissens oder der Tat zu Herren, denen sie dienen und sich ihren Urteilen und Meinungen völlig unterwerfen. Aber sieh, auch die liebsten Menschen sterben, dann bist du herrenlos. Wie vielfach erleben wir gerade im Weltkrieg diesen Jammer. Und in den schwersten Fragen des Lebens versagen alle Menschen und können nicht mehr helfen; in den Ewigkeitsfragen versagen sie ganz. Werdet nicht der Menschen Knechte! Ihr macht euch elend; endlich sicher elend. Kein Mensch kann dem anderen von einer Sünde oder Schuld helfen; keiner kann Leid und Elend heben; keiner dem Tod wehren; keiner selig machen — was sind mir solche Herren! Wie können auch die Liebsten einander so weh tun; wie sind gerade die Eltern, welche ihren Kindern knechtisch dienen, in sie hineinsehen und in allem nur sie kennen, meistenteils die Verderber der Kinder.

Millionen Male schon haben in den ernstesten Lagen Menschenkinder, die anderen blindlings gefolgt waren, diese ihre Führer fahren lassen oder gar verwünscht. Das wissen die am besten, welche nicht aus freiem Willen, sondern aus dem Gang der menschlichen Verhältnisse heraus Menschen zu Herren haben. Dienstboten, Arbeiter, Soldaten, Untergebene jeder Art, höret sie seufzen, höret sie klagen, höret sie grollen und murren. Und höret murren nicht nur die Untergebenen, sondern auch die Herren! Wer kann's am besten? Alle menschlichen Herrschaften sind im Lauf der Weltgeschichte, wenn wir aufs Große sehen, immer wieder von den Menschen selbst verworfen worden, und jede neue immer wieder von einer neuen. Das ist ein vernichtendes Zeugnis über die Menschen als Herren! Wo es in dieser Hinsicht besser und erträglich, ja harmonisch und schön war und ist, kommt es immer daher, daß die Herren oder die Diener, die Herrschenden oder die Untergebenen, beide oder doch eine Seite einen anderen Herrn als den menschlichen über sich anerkannten, seien es die ewigen Sittengesetze Gottes oder gar der Herr Jesus Christus. Reine Menschenherrschaft hat nie beglückt.

Und trotz alledem dienen die Menschen immer wieder Menschen. Die gesellschaftlichen Sitten, die standesgemäßen Anforderungen, das menschliche Herkommen in Sitten und Gebräuchen, der ganze eitle Wandel nach väterlicher Weise, wie die Bibel das heißt, all das schlägt die Mehrzahl in Sklavenketten. Was „alle" sagen, was „alle" tun, was „alle" anziehen, was „alle" für recht halten, wie sie sich benehmen, was Mode ist, das übt eine sklavische Macht aus. Da beugen sie sich, und wenn die Zähne knirschen, und wenn das Herz sich empört, und wenn der Schaden und das Elend ersichtlich ist, man muß, man fällt sonst auf, man kommt ins Gespräch, man ist ein Sonderlicher. O ihr armen Knechte des wunderlichsten Herrn, des Herrn „Jedermann". Ihr wißt alle, wie jämmerlich er ist, und fast jeder fürchtet ihn. Die Massenfurcht, der Massengeist, ein böser Herr!

Wer ist dein Herr? Sind's Menschen nicht, so sind es Mächte, sittliche Mächte oder unsittliche Mächte oder natürliche Mächte, und alle, alle knechten und machen unglücklich. Du anerkennst heilige, sittliche Ordnungen in Wahrheit, Gerechtigkeit, Liebe und Treue. Ob du sie aus der Bibel, aus deines Gottes Schatzkasten nimmst oder ob menschliche Weise sie dich lehren, du anerkennst sie als deine Herren und dienst ihnen. Wohl dir, du hast edle Herren, je reiner deine Grundsätze sind. Und diese edlen Herren werden dich und andere segnen. Wo heilige Ordnungen beachtet und geachtet werden, ist immer auch ein gewisses reines Glück. Und doch würde ich dir raten, einen größeren Herrn noch zu suchen; denn sieh, deine sittlichen Grundsätze sind doch auch rechte Schwächlinge und elende Herren. Sie können dir vor allen Dingen nicht helfen, daß du sie vollbringst. Sie haben dich und du anerkennst sie, aber du hast sie nicht. Je reiner du sie willst, um so mehr merkst du, wie du hinter ihnen zurückbleibst. Sie schaffen dir Schuld und Sünde und nehmen sie dir nicht weg; dadurch kommt Trauer und Leid, dadurch kommt Druck und Beschwerung. Und wenn dann die andern dein Edles mit Unedlem dir lohnen, dann hast du noch mehr Weh, und deine Grundsätze können es nicht lindern. In Kreuz und Leid aber, in Not und Tod, da sind sie dir nicht nur keine Hilfe, sondern dein ungesühntes Schuldbewußtsein verschärft das Elend. Oder aber, wenn du selbstbewußt und groß unter deinen Grundsätzen geworden bist, dann kannst du Kreuz und Leid nicht verstehen, sie befremden dich, und du wirst noch unglücklicher. Für die Ewigkeit aber können dir die herrlichsten Grundsätze keine Tröster sein, im Gegenteil, werden nicht einst diese deine eigenen Herren dastehen und dich verklagen, weil du ihnen nicht in allen Stücken gefolgt bist? Dann geht es dir, wie der Heiland den Juden sagte: Der Mose, auf den ihr euch beruft, der ist euer Verkläger (Johannes 5, 45). Edle und doch unglücklich machende Herren, die Sittengesetze. Gib ihnen den Abschied, ehe sie dich verderben.

Nicht den Abschied, daß du sie verachtest, aber daß du einen Herrn suchst, der auch Kraft geben kann zum Tun und Vergebung fürs Unterlassen! Ja, nur nicht zum Verlassen gib ihnen den Abschied, sonst hast du einen bösen Herrn, die Sünde. Der Sünde Knecht, das ist ein zahlreiches Heer in der Welt. Sie dienen der Selbstsucht, der Lüge, der Ungerechtigkeit, der Habsucht, der Ehrsucht, der Genußsucht, den Leidenschaften, den Sinnen. Wehe denen, die diese Herren haben. In steten Verheißungen werden sie belogen und weitergetrieben; in stetes neues Elend bringen sie sich und andere hinein. Darüber braucht es keine Worte; jeder Weg, der von der Wahrheit abführt, führt ab ins Verderben.

Nur diejenigen seien noch erwähnt, die natürlichen Mächten unterworfen sind. Da treten zunächst vor uns hin die Prediger der Botschaft, daß der

Mensch den ewigen und unabänderlichen Naturgesetzen bedingungslos unterworfen sei. Da sei nichts zu ändern und werde nie etwas geändert, das seien die unabsetzbaren Herren des menschlichen Geschlechtes. Wehe uns, wenn es so wäre; dann wären also Sünde, Not, Tod und Gericht unabänderliche Herren der Menschheit. Denn wenn auch segnende Naturgesetze vorhanden sind, diese Gesetze des Fluchs sind doch die eigentlichen, schrecklichen Herrscher. Und von ihnen soll es keine Errettung geben ewiglich? Von Geschlecht zu Geschlecht sollen die Menschen ihnen unterworfen sein und sklavisch sich beugen müssen? Entsetzlich, furchtbar! Seht sie euch an, die Armen, welche Krankheiten, Sorgen, Nöten, Trübsalen jeder Art und dem Sterben ohne Errettung unterworfen sind, Sklaven ihres Elends, das sie hinschleppen müssen! Nein, das kann nicht sein, daß wir dieser Herrschaft ohne Rettung unterworfen sind. Gibt's keinen anderen Herrn? Auf Erden nicht.

Daß alle Erdenherren, die wir bis jetzt durchgegangen haben, immer endlich ins Unglück stoßen, das kommt daher, daß alle diese Herren nicht imstande sind, uns von der Obrigkeit der Finsternis zu befreien, welche die Macht über die Erde durch die Sünde gewonnen hat. Satan, der Fürst der Finsternis, ist der Herr dieser Welt, ihr Fürst, wie die Bibel sagt. Alle Menschen, solange sie natürliche Menschen sind und bleiben, sind diesem Herrn unterworfen, sie mögen Edlerem oder Unedlerem dienen. Und dieser Herr ist der Vater der Lüge und des Mordes, der Ungerechtigkeit, des Neides und des Hasses, des Todes und des Verderbens. Der gegenwärtige Weltkrieg ist ein laut redender Zeuge von der Art, wie der Fürst der Finsternis herrscht, wenn er Freiheit hat und man ihm verfallen ist. Die Menschen fragen oft angesichts des ganzen Weltkriegselendes, wo denn der Gott der Liebe und der Heiland des Friedens sei. Ja, den sucht ihr im Weltkriegselend als solchem umsonst. Die Völker haben den Sohn Gottes in ihrer Masse verworfen, sie haben sich dem Diesseits und der Sünde ergeben. Nun hat der HErr den Satan losgelassen und ihm Raum gegeben. Nun darf er herrschen. All die Lüge, all der Mord, all das Unrecht, das wir sehen, ist Ausfluß seiner Herrschaft. Der Weltkrieg ruft uns zu: Nun schaue auf, Menschheit, und sieh, wem du unterworfen bist! Wer ist dein Herr? Du magst dienen, wem du willst, im Grunde stehst du unter dem Fürsten der Finsternis und seiner Obrigkeit. Wer ist dein Herr? Stehst du noch unter ihm? Heraus aus aller falschen Obrigkeit, heran zu dem Herrn, der der Retter ist!

Gott hat der Menschheit einen anderen Herrn von Anfang an gegeben; einen gar feinen und guten Herrn; einen der Wahrheit, des Friedens, der Liebe und der vollkommenen Freiheit. Einen Herrn, der mit allen göttlichen Gaben und Kräften, in deren Besitz Er ist, die Menschheit so gerne füllen wollte; einen Herrn, der gestern, heute und in Ewigkeit derselbe ist; der im Reich des Sichtbaren und des Unsichtbaren gleicherweise seine Segensherrschaft übt. Unser Herr ist der eingeborene Sohn Gottes, der Mittler alles göttlichen Segens in Lehre und Leben von Ewigkeit zu Ewigkeit. Zu diesem Gottessohn geschaffen, hat die Menschheit Ihm den Abschied gegeben, sich von Satan verführen lassen und ist unter dessen Regiment geraten. Der Sohn Gottes hat sich aber aufgemacht, Seine Segensherrschaft wieder aufzurichten und die Menschen zurückzugewinnen. Namenlose Widerstände der immer mehr der Verführung verfallenden Menschheit hemmten und hemmen Sein Werk. Er will aber alles freiwillig und nicht gezwungen, sonst hätte Er's wohl mögen erzwingen. Endlich in der Fülle der Zeiten ist Er herniedergestiegen in Satans Bereich, ihn entscheidend zu schlagen. Und Er hat's vollbracht in Tod und Auferstehung. Er hat Satan in allen Stücken abgewiesen, hat dann den ganzen Fluch der Sünde und der Schuld gebüßt, hat den Tod durchbrochen und ist hingegangen zu den Geistern jener Welt und hat ihnen Seine Siegesherrschaft verkündigt. Er ist wieder herübergekommen in diese Welt und hat unter Seinen Gläubigen Seine Herrschaft aufgerichtet; ist aufgefahren durch die Himmel, hat Satans Luftherrschaft gebrochen und hat sich allen Engelwelten als Herr vorgestellt. Nun sitzt Er zur Rechten des Vaters und regiert und holt sich durch den Heiligen Geist im Wort Seine Untertanen heraus. Millionen sind Ihm schon untertan geworden, Millionen sind's heute noch.

Er ist der wahrhaftige Herr der Zeiten und Ewigkeiten, dazu gestorben und wieder lebendig geworden, daß Er über Tote und Lebendige der Herr sei. Ein herrlicher Herr. Der Herr der Erlösung und Versöhnung zuerst. Er gibt Seinen Gläubigen volle Tilgung der Sünde und Schuld, Frieden mit Gott und in Gott und den Kindschaftsgeist, welcher, der Liebe Gottes gewiß, in seliger Freude: Abba, lieber Vater, schreit. Und diese selig gewordenen Gläubigen führt Er dann durch Wort und Geist den Weg der Wahrheit und des Lebens. Er gibt ihnen Kraft, alle Sünde zu überwinden, alles Gute zu wollen und zu wirken. Er schenkt ihnen täglich für alle Abweichungen Reinigung. Er trägt ihre Sorgen und Schmerzen und führt sie durch Tod zum Leben und endlich zur Herrlichkeit. Er ist ihnen Weisheit, Rat und Verstand in allen Dingen und Verhältnissen. Wohl straft Er die Seinen auch; wohl übt Er sie in allerlei Kreuz und führt sie gar manchen Dornenweg, läßt sie auch noch durch Not und Tod gehen. Aber in dem allem tröstet und stärkt und verklärt Er sich und sie so wunderbar, daß sie mitten in allem Leid voll Friedens sind. Dazu macht Er aus jeder ihrer Trübsale eine Perle in ihrer Herrlichkeitskrone. Das ist unser Herr. Ach, wer Seine Schöne und Güte den Menschen preisen könnte! Willst du Ihn nicht annehmen; hast du Ihn schon? Und sieh, diesem Herrn leben und sterben nun alle, die an Ihn glauben. Der Lebenswahlspruch der Gläubigen heißt: „Leben wir, so leben wir dem Herrn; sterben wir, so sterben wir dem Herrn; darum, wir leben oder sterben, so sind wir des Herrn."

Dieser Herr regiert uns vom Innersten bis zum Äußerlichsten. Mit Ihm stehen wir im Gebet in ununterbrochener Gemeinschaft. Diese Gemeinschaft stärken wir täglich, daß wir sie nicht verlieren, durchs Wort und oft wieder durch Gemeinschaft untereinander und durchs heilige Abendmahl. Dieser unser Herr kennt unsere innersten Gedanken. Ihm steht Herz und Sinn Tag und Nacht offen. Es darf nichts durch, was Er nicht weiß. Mit Ihm essen wir und trinken wir, schlafen wir und schaffen wir. Er geht mit in Beruf und Alltagsleben, Er ist da in Ruhe und Sonntagsleben. Ihn fragen wir alles, Ihm sagen wir alles. Nichts tun wir ohne Ihn. Er trägt die Lasten, Er teilt die Schmerzen.

Er hilft uns kämpfen, Er hilft uns sterben. Zu Ihm gehen wir in die Ewigkeiten zum Erben Seiner Herrlichkeit. Stehst du so zu Ihm bei Tag und Nacht? Wie wenige sind es, die Ihn so zum Herrn haben, darum erfahren auch so wenige die ganze Segensfülle Seines Herrschens. Alles halbe Wesen schadet, unterbindet. Er will nur Gutes tun, Er kann es aber nur, wo Er Herr sein darf. O laß Ihn Herr sein, du wirst dich wundern, wie selig Er dich macht. Gib allen falschen Herren den Abschied und wirf dich Ihm in die Arme. Du wirst darüber in Zeit und Ewigkeiten froh sein. Wisse, nimmst du Ihn nicht, so ist Er doch dein Herr. Du mußt Ihn als solchen doch einmal erkennen. Alle Zungen müssen bekennen, daß Er der Herr sei. Viele leider zum Gericht und durch Gericht! Warum aber auch? Nimm Ihn doch zur Seligkeit! Der Heilige Geist helfe uns allen zum großen, seligen Thomasbekenntnis: „Mein Herr und mein Gott!" (29. April 1917)

Unsere völlige Hoffnung

Text: Römer 15, 4—13

Je trüber es in der Welt wird, um so heller geht uns unsere Christenhoffnung auf. Und je mehr die gewaltigsten Reiche der Erde ihr tönernes und zerbrechliches Fußwerk offenbaren, um so völliger offenbart sich nach Grund und Ziel unsere Christenhoffnung. Die völlige Christenhoffnung ist nicht nur vollkommene, persönliche Seligkeits- und Herrlichkeits-Hoffnung, sondern sie greift viel weiter: sie ist eine Reichshoffnung. Und wie im Weltwesen die großen Weltmächte, ja die Verbindung der ganzen Völkerwelt jetzt in den Vordergrund rückt, so wird auch unsere Christenhoffnung völliger, sie richtet ihr Augenmerk auf das Königreich unseres HErrn Jesus Christus in seiner alle Völker umfassenden Größe und Herrlichkeit. Unsere völlige Christenhoffnung, soweit sie diese gegenwärtige Welt im Auge hat, geht auf das die Völkerwelt umfassende, von Zion ausgehende, vom wiedergekommenen Heiland persönlich geleitete Friedensreich. Von dieser Hoffnung redet der Apostel in unseren Versen. Er bringt zuhauf all die Stellen im Wort der Verheißung, welche auf die ganze zu Gottes Lob und Preis zusammengefaßte Völkerwelt gehen. Er sagt, es werde die Zeit kommen, wo der Sohn Gottes unter den Heiden Gott lobe und den Namen Gottes preise (V. 9), wo alle Heiden den HErrn Jesus Christus selbst loben und alle Völker Ihn preisen (V. 11). Die Wurzel Jesse, das ist niemand anders als Jesus, der Sohn Gottes, werde herrschen über die Heiden, und zwar als der Auferstandene und Verherrlichte (V. 12). Und von den bekehrten Juden aus werde der Herrschaftsglanz in alle Welt gehen, denn es steht geschrieben: Freuet euch, ihr Heiden, mit Seinem Volk! (V. 10).

Das ist's also, was wir mitten in diesen Tagen des in Revolutionen ausmündenden ersten, aber leider nicht letzten Weltkrieges bekennen als unsere lebendige Hoffnung: Diese Erde sieht noch ein herrliches, alle Völker umfassendes Friedensreich. Es wird vorhanden sein, wenn alle Völker die Herrschaft des eingeborenen Sohnes Gottes anerkennen werden und in Seinem Frieden den Völkerfrieden haben werden. Dieses wunderbare Friedensreich ist vermittelt durch die Juden. Jerusalem wird die Welthauptstadt des Friedensreiches sein, das Heilige Land das Mittelpunkts-Land. Solches kann aber erst geschehen, wenn das jüdische Volk nicht nur in sein Land zurückkehrt, sondern auch zu seinem gekreuzigten und verherrlichten Messias wird bekehrt sein. Diese Bekehrung aber wird geschehen, wenn die auferstandene Wurzel Jesse, die jetzt zur Rechten Gottes im Verborgenen thront, hervorbrechen wird in Herrlichkeit und Herrschermajestät. Diese Hoffnung haben wir nun gegenwärtig um so völliger, je mehr uns die ganzen Ereignisse der vergangenen und gegenwärtigen Tage unweigerlich davon überzeugt haben, daß keine irdische Macht je diese heißersehnte Zeit heraufzuführen imstande sein wird. Das gräßliche Ende der blutreichen Zeit sieht ja nach allem eher aus als nach Weltfrieden und nach

Weltbeglückung. Und selbst wenn eine kommende Periode äußeren Hochgangs das trügerische Bild der Welterlösung durch Menschenkultur uns wieder vorzaubern sollte, wir wissen nun, ihr Ende wird sein ein noch furchtbarerer, weiterumfassender Ausbruch der Lüge und des Mordes, kurz der Finsternis. Unsere Christenhoffnung auf Christus und Seinen Heilsrat ist die einzig völlige und feste.

Aber du wendest ein, diese unsere Hoffnung sei gerade die allerwidersinnigste und verkehrteste, die man haben könne angesichts der vorliegenden Verhältnisse. Die Welt wendet sich ja im gegenwärtigen Augenblick vom Christentum und vom ewigen Gottessohn mit aller Energie ab. Die Masse der früheren „christlichen" Völker schiebt das Christentum weg, und auch die anderen Völker machen alle viel mehr die sozialistisch-demokratischen Ideale sich zu eigen als das Christentum. Die ganze Entwicklung der Gegenwart deutet viel mehr auf das Gegenteil als darauf hin, daß alle Völker den HErrn loben und der Herrschaft des Sohnes Gottes sich beugen werden. Und wiederum wendest du ein: Das Judenvolk soll das Hauptvolk der Welt und der Träger der Herrschaft Christi an die Welt werden? Das ist ganz ausgeschlossen. Sieh dich doch um, das Judenvolk ist ja in seinen Zeitungen, mit seinem Geld und Einfluß gerade der Träger des Gegenteils, nämlich der Revolution und der Entchristlichung der Völker. Und vollends das sichtbare Kommen des Auferstandenen, das glauben doch nur noch einige Zurückgebliebene.

Du hast ganz recht, so liegen die sichtbaren Tatsachen. Aber gerade das, du magst den Kopf schütteln, wie du willst, ist Bestätigung unserer Hoffnung. Unsere Hoffnung kann nicht mit dem rechnenden Verstand ergriffen werden, der die Tatsachen ansieht und aus ihnen seine menschlich-irdischen Schlüsse zieht, sie wird vielmehr vom geistgeborenen Glauben erfaßt. Darum sagt auch der Apostel im 13. Vers: „Der Gott der Hoffnung erfülle euch mit dem Glauben des Friedens und der Freude, Er gebe euch die Kraft des Heiligen Geistes, daß ihr völlige Hoffnung haben möget." Unsere Hoffnung hat keine natürlichen Grundlagen, sonst könnte sie nie eine völlige sein, denn alle natürlichen Grundlagen brechen zu ihrer Zeit wieder zusammen, und die Hoffnungen, die auf ihnen ruhten, mit. Unsere völlige Hoffnung hat Ewigkeits-Grundlagen. Wer sie haben will und in ihr Freude und Frieden, der muß zuerst gläubig geworden sein an den Namen des HErrn Jesus Christus. Darum sagt der Apostel Paulus zuerst von dem Glauben, der Frieden und Freude bringt, und dann erst von der völligen Hoffnung. Mit der Sündenerkenntnis und mit der Sündenvergebung im Kreuz von Golgatha, mit dem Gerettetsein aus dem Verlorensein fängt unsere Christenhoffnung an, auch die völlige. Wer das erlebt hat durch Erleuchtung des Wortes und Geistes: verdammungswürdig und doch gerecht, schuldig und doch frei, todverfallen und doch herrlichkeitsberechtigt, dem geht der Blick in den ganzen göttlichen Gnadenrat Schritt für Schritt auf. Er kann dann die Umkehr eines jetzt noch ganz abgekehrten Judenvolkes fassen und die Annahme der Herrschaft Christi von seiten der Ihn verwerfenden Heidenvölker. Ein Gläubiger weiß, daß dieses ganze Erstarken des Finsterniswesens im stets tiefer werdenden Verderbensausbruch die Völker nur bedürftiger und reifer macht für den Heiland, allerdings auf dem schrecklichen Wege schwerer Gerichte. So kann die ganze gegenwärtige Lage den Glauben nicht irre machen an seiner völligen Hoffnung, sondern nur stärken. Es sind aber gerade, was das jüdische Volk angeht, auch bedeutsame Wegzeichen schon da. Der Zusammenbruch der so unchristlichen und ganz verkehrten deutschen Mohammedanerpolitik; der Zusammenbruch der Türken; der Besitz des Heiligen Landes in den Händen einer „christlichen" Macht (England) und vieles andere sind gewaltige Zeichen.

Allerdings, der Apostel läßt uns nicht im unklaren. Er sagt gleich am Anfang unseres heutigen Textes, daß wir nur durch Geduld und Trost der Schrift Hoffnung haben können. Das sagt zunächst, daß die Gemeinde Gottes durch Zeiten scheinbarer Nichterfüllung ihrer Hoffnung hindurchschreiten müsse in großer Geduld. Das sind eben die Zeiten der Finsternisausbrüche. Und das sagt zum andern, daß die Gemeine mit ihrer Hoffnung werde verspottet und verlacht und von der Welt mit ihren irdisch gegründeten Hoffnungen immer wieder werde in den Schatten gestellt werden, und daß sie darum viel Trost brauche. Das sagt aber zum dritten, daß die Schrift auch diesen Trost gebe in ihren Verheißungen. Und das ist wahr. Sie sagt nur zu deutlich, daß die Zeiten vor Erfüllung unserer völligen Hoffnung die hoffnungslosesten für uns sein werden, gerade wie das Kreuz von Golgatha, diese Stunde der Versöhnung und der anbrechenden Hoffnung, die hoffnungsloseste für die Gemeine war. Es heißt eben auch hier hoffen, da nichts zu hoffen ist. Ja, der Gott der Geduld und des Trostes wolle uns in dieser Zeit Geduld und Trost der Schrift geben, daß wir Hoffnung haben. Er wolle uns im Glauben Frieden und Freude geben und den Heiligen Geist mehren, daß wir völlige Hoffnung haben.

Er wolle uns vor allem auch rechten Trost aus der Gemeine selbst geben, die sich jetzt unter diesen Zeiten herausbildet. Es ist ja, gleichwie ein Anbruch der Juden schon da ist, gerettet und gesammelt, selig und herrlich gemacht in Christo, so auch ein Anbruch der Heiden da. Der Heilige Geist sammelt zur Zeit eine Erstlingsgemeine aus allen Sprachen, Nationen und Zungen. Und diese eine, heilige, allgemeine Kirche Christi ist da, gedeiht und wächst unter allen Stürmen dieser Weltzeit ihrer Vollendung auf den Tag des HErrn entgegen. Diese Gemeine aus den Heiden ist Vorbild und Bürge der kommenden Zeiten. Vorbild, denn sie umfaßt Glieder aller Völker, sie hat Jesus zum absoluten König und HErrn; sie ist herrlich und voll Friedens und lobt und preist Gott durch Christus; sie hat all ihr Heil aus Zion, ihr Geisteswort von lauter Juden. So ist sie geistlich-innerlich das völlige Vorbild dessen, was sichtbar und allgemein kommen soll und wird. Sie ist der rechte Anbruch der kommenden Hoffnungszeiten. Es gilt auch hier: ist der Anbruch heilig, so ist der ganze Teig heilig; die Erstlinge sind die Bürgen der Vollendung. Darum laßt uns den Gläubigen in Christo, wo sie in die Erscheinung treten, wenn auch in großer Schwachheit, Glieder sein und werden. Je mehr wir uns in solcher Gemeinschaft tragen und lieben und den einen Sinn in Christo betätigen, um so mehr werden wir einen Begriff davon bekommen, was Christi Liebe vermag und was sie darum noch vermögen wird. Wer in der Gemeinschaft gläubiger Menschen sieht und erfährt, wie der

Heiland Menschen der verschiedenen Bildungsgrade, Charaktere und Sündeneigenarten zusammenschweißen kann durch Seinen Geist und Seine Liebe, der traut Ihm alles zu. Welch eine Gottesarbeit, auch nur die Köpfe und Herzen *einer* Gemeinschaft in Liebe zu einen! Wer das kann, der kann alles. Darum, je mehr wir Gotteskinder untereinander nach des Apostels Wort mit *einem* Munde Gott loben und den Vater unseres HErrn Jesus Christus, je mehr wir uns untereinander aufnehmen und so eine Gemeine darstellen zum Lobe Gottes, um so mehr wird der Heilige Geist die völlige Hoffnung in uns geben, daß, der solches gute Werk angefangen hat unter den Heiden, es auch vollenden wird an Seinem Tage.

Wohlan so traget, ihr Gläubigen, durch unsere hoffnungsarme Zeit in Geduld und Trost, in Freude und Frieden tief im Herzen: völlige Hoffnung!

Anmerkung: In derselben Nummer des „Reich-Gottes-Boten" vom 8. 12. 1918 wird in der „Chronika" vom Thronverzicht des badischen Großherzogs berichtet.

Die Gotteskindschaftswürde

1. Korinther 3, 18—23

Es gibt keinen höheren Stand im Himmel und auf Erden als den Gotteskindschaftsstand. Es gibt keine höhere Würde im Himmel und auf Erden als die Gotteskindschaftswürde. Darum ruft auch der Apostel Johannes in seinem ersten Brief staunend aus: „Sehet, welch eine Liebe hat uns der Vater erzeiget, daß wir Gottes Kinder sollen heißen." Und darum singt der Apostel Paulus im herrlichsten Kapitel des Neuen Testamentes, in Römer 8, das Hohelied von der Gotteskindschaft. Aus Gott geboren sein durch den Heiligen Geist, welch einen höheren Adel kann es geben und welch einen reineren! Und die Rechte der Kindschaft genießen bis hin zur Beerbung Gottes und zum Miterben mit Jesus Christus, was Höheres kann einem Menschen einst werden! Niemand ist imstande, die innere und ewige Herrlichkeit dieses Standes genugsam auszureden. An der Tiefe der Leiden mißt sie Paulus und sagt: „Die Leiden dieser Zeit sind nicht wert der Herrlichkeit, die an uns soll geoffenbart werden." Das gibt einen Begriff! In diese Gotteskindschaftswürde hinein läßt uns nun der Geist durch Paulus einen Blick tun in unserem Text. Er sagt von ihr: Die Gotteskindschaftswürde überstrahlt alles; ihr dient alles; über ihr steht nur Christus und Gott; mit dem Vater und dem Sohn selbst steht sie in engster Gemeinschaft.

Die Gotteskindschaftswürde überstrahlt alles. Die Korinther waren Griechen. Sie waren auch darin echte Griechen, daß sie auf Philosophie, auf Weltweisheit jeder Art die allergrößten Stücke hielten. Über den Philosophenstand ging ihnen nichts; er war ihnen die Blüte und Krone der Kultur. Darum meinten selbst manche Gläubigen in Christo zu Korinth, also wiedergeborene Gotteskinder, wenn die Gotteskindschaft mit der Philosophie verbunden einhergehe, wenn sie im Gelehrtenmantel der Weltweisheit auftrete, dann habe sie erst ihre größte Schöne und Herrlichkeit erreicht. Als darum ein geistreicher, griechischer Philosoph und Weltweiser, Apollos, zu ihnen kam und den Glauben in der Fassung der Weltweisheit erstrahlen ließ, da meinten ihrer viele, jetzt sei der Glaube erst in der verehrungswürdigsten Form zu ihnen gekommen. Darüber zankt sie Paulus, der doch selbst keiner der schlechtesten Philosophen war, und sagt ihnen, sie lebten in einem großen Selbstbetrug. „Niemand betrüge sich selbst", so redet er seine Korinther an (Vers 18). Er hätte auch können zu ihnen kommen mit menschlicher Weisheit und Philosophie. Er sagt ihnen aber ausdrücklich: Ich kam absichtlich nicht zu euch mit menschlicher Weisheit und mit menschlicher Kraft; vielmehr hielt ich mich nicht dafür, daß ich etwas wüßte unter euch, als allein Jesus Christus, den Gekreuzigten. Die Weisheit dieser Welt, sagt Paulus, kann dem Evangelium und der Gotteskindschaft in Christo keinen Glanz verleihen, denn sie ist viel, viel niedriger als das Evangelium. Alle menschliche Philosophie, alles menschliche Nachdenken und menschliche Aussprechen über die tiefen Zusammenhänge der Dinge, und wenn es in der entzückendsten und berückendsten Form geschähe, ist vor Gott lauter Torheit. Gott lächelt über die Eigengedankengänge der menschlichen Klugheit. Ein Strahl Offenbarung, aufgegangen im Herzen eines gläubigen Gotteskindes, ein Blick ins Kreuzgeheimnis von Golgatha, durch den Geist aufgeschlossen in einem armen Sünderherzen, enthält mehr Weisheit als aller Welt hohe Gedanken zusammengenommen. „Gott erhascht die Weisen in ihrer Weisheit", d. h. Er erfaßt sie und wirft sie weit hinter sich, Er stellt sie in den Schatten, sie erscheinen als Irrende und Toren in Seinem Licht. Der HErr kennt durch und durch die Gedanken der Weisen, daß sie eitel sind. Bis heute hat ohne Offenbarung alle Weisheit der Philosophen nicht *ein* Gottesgeheimnis erkannt und ist in keinem Stück in den Rat Gottes eingedrungen. Alle Begriffe sind schief und krumm und erweisen sich im praktischen Leben als eitel, als verderbenbringend. Wie sollte eine solche Philosophie und Weltweisheit dem Evangelium erst Glanz verleihen wollen! Welch eine Selbsttäuschung, welch eine Verkehrtheit und Überhebung!

Du möchtest sagen: Ja, das Evangelium, die Offenbarung, die Kindschaft in Christo, die gibt erst allem anderen Glanz! Du irrst wieder. Der Torheit kann man keinen Glanz geben, sonst glänzt sie nur um so mehr als Torheit. Nein, die Gotteskindschaft, der Glaube, oder wie du sagen willst, sie zeigen uns aller Welt Klugheits- und Weisheits-Wege in ihrer krassen und bloßen Torheit. Wer einmal ergriffen ist vom Heiland und einen Wahrheits- und Lebensblick hat in die überschwengliche Herrlichkeit der Versöhnung und Erlösung in Christi Blut, der lächelt über die geschraubten Gänge und über die labyrinthartige Vielgestaltigkeit der menschlichen Weltweisheit von der ältesten bis zur neuesten. Er erkennt die vernichtende Wucht des Gotteswortes: „Dieser Welt Weisheit ist Torheit vor Gott." Welch eine Offenbarungsüberschrift über die höchsten geistigen Eigenleistungen der Menschheit. Und diese Weisheit und Philosophie sollte dem Evangelium und dem Gotteskindschaftsstande erst zur Würde und Zierde verhelfen? Das sei ferne! Wisse, wenn du in aller Einfalt den Heiland ergriffen hast in deiner Sündennot und wenn du in aller Einfalt im Heiland wandelst auf den Tag Seiner Zukunft hin, dann bist du weiser und hast mehr als alle Weisheit dieser Welt. Das ist die unvergleichliche Würde der Gotteskindschaft.

Ein Kind Gottes, stehend in der Vergebung der Sünden und im Überwindungsleben des Geistes und in der lebendigen Hoffnung der Zukunft des HErrn ist eine Gottgestalt, welche die gewaltigsten Menschengestalten weit in den Schatten stellt. Und seine praktische Gottesweisheit im Sünde-Fürchten und Sünde-Meiden, ja im Sünde-Überwinden ist wie eine gerade Straße inmitten von lauter verschlungenen und an Abgründen endenden menschlichen Weisheitswegen. Ach daß die Theologie der christlichen Kirche so oft und viel die jeweilige Zeit-Philosophie für größer hielt als die Offenbarung und diese mit jener richtete! Welch ein Verderben ist dadurch in der Kirche eingerissen. Ach daß wir auch heute noch so viele haben, welche meinen, menschliche Philosophie und Weisheit und menschliche Kulturerrungenschaften müßten dem Evangelium erst Glanz und volle Schöne geben! Wie kann man mit Torheit die Weisheit zieren? Überall, wo man mit menschlicher Weisheit das Evangelium stützen und herausputzen will, da weicht es in seiner ganzen Offenbarungfülle und Gottschöne. Menschliche Weisheit kann die göttliche Weisheit nicht herausputzen, sondern nur zerstören, wie sie das schon tausendfach getan hat. „Wer sich dünkt, weise zu sein, der werde ein Narr in dieser Welt, daß er möge weise sein!" Welch eine apostolische Weisung. Wie viele, die Christus bezeugen sollten, wollen klug, gebildet, wissenschaftlich erscheinen und so das Evangelium herausputzen. Wißt, ihr putzt ihm den Glanz aus den Augen und die Kraft aus dem Herzen! Laßt es einfach und einfältig erstrahlen; das Evangelium ist ganz allein schön, es braucht nichts als Putz, das Kreuz ist sein Putz! Jede Zutat zerstört seine Herrlichkeit. Welch eine Würde der Gotteskindschaft, des erfaßten Heils, daß sie also über aller Menschenweisheit steht.

Und ebenso steht sie über jeder menschlichen Begabung. Apollos, welcher nach Korinth gekommen war, glänzte durch große Geistesgaben. Jetzt erst schien vielen Korinthern der Gotteskindschaftsstand erhaben und schön im Rahmen und in der Beleuchtung solcher Gaben. „Rühme sich niemand eines Menschen", fährt ihnen Paulus scharf dazwischen (V. 21). Heute noch rennt ein großer Haufe immer wieder dahin zuerst und vor allem, wo das Evangelium gewissermaßen getragen von großen Natur- und Geistes-Gaben auftritt. Wenn einer das Evangelium mit Heilkräften stützt, wenn ein anderer mit tiefsinnigen Gedankenblitzen es ziert, wenn ein dritter eine große Redegabe hat, dann laufen die Seelen und loben das Evangelium und die Kindschaft eines solchen Menschen. Wenn sie dann aber dahingehen, dann haben die meisten die Gabenbewunderung in der Tasche, das ist ein Stück Fleisch, das stinkend wird, und das Evangelium selbst haben sie nicht. Das Evangelium braucht keinen Putz durch menschliche Kräfte und Gaben, der Gotteskindschaftsstand kein Herausstreichen durch Natur. Er wirkt am herrlichsten, wo Menschen von all dem entblößt sind oder wo sie, im Besitz von Gaben und Kräften, ihnen abgestorben sind und rein und allein im Geist sie auswirken lassen. Sowie eine Gabe vor die Kindheit tritt, verdunkelt sie, nur wenn sie unter und hinter sie tritt, dann dient sie. Die Gotteskindschaft, das gottgeborene Glaubensleben, sagen wir noch einmal, ist allein schön. Sie braucht kein bengalisches Feuer, wo es auch herkomme. Sie ist Lichtträgerin und Lichtspenderin ganz allein, weil sie lichtgeboren ist. Darum laßt uns auch das Evangelium in nichts einwickeln, um es den Menschen angenehmer zu machen. Es braucht das nicht. Je schlechter die Ware, um so marktschreierischer die Packung. Gute, edle Ware kann sich ohne Packung sehen lassen, sie kann durch viel Drum und Dran nur verlieren. Sie präsentiert sich selbst. Wie viele meinen, das Evangelium in Dichtkunst, Malkunst, Musik, weltliche Unterhaltungen und anderes hineinpacken zu müssen, um es empfehlenswert zu machen. Täuscht euch nicht selbst! Wollt ihr, was des Fleisches Tod ist, das göttliche Leben, dem Fleisch angenehmer machen? Das Evangelium braucht keine Packung. Es ist so schön, so groß, so herrlich und bringt so überschwenglich viel. Wenn es einer einmal gesehen, aber gerade in seiner Alleingröße, dann nimmt er's mit Leib und Seele an, und zwar um so lieber, je weniger es menschlich verziert ist. O große Würde der Kindschaft in Christo! Sie überstrahlt alles, nichts kann als Überragenderes ihr Glanz verleihen.

Vielmehr dient ihr alles. Wenn jemand im lebendigen Glauben steht, muß alles, was ist an Menschen und Dingen, diesen Glauben fördern. „Es ist alles euer", sagt die Schrift. Ja, wer ist Paulus, wer ist Apollos, wer ist Kephas? Diener sind sie zur Weckung und Vertiefung des Gotteskindschaftsstandes, weiter nichts! Paulus in seiner Art, Apollos mit seiner Gabe, Petrus mit seiner einzigartigen Stellung zum HErrn, sie alle sind Geschenke des HErrn zur Bauung der Gemeine. Die Gemeine nehme die Stärkung des Glaubens und preise den HErrn. Die Menschen in ihrer Eigenart lasse sie stehen und gehen. Die menschlichen Werkzeuge müssen immer Diener bleiben. Sowie sie Herren werden, leidet der Glaube bei ihnen selbst und bei den andern Not. Sowie ein menschlicher Name *vor* Jesus tritt und *vor* das Kreuz, dann ist die Würde der Kindschaft verletzt. Unters Kreuz gehören sie alle.

Aber nicht nur die Knechte Christi sind Diener der Kindschaft, sondern alles, alles, was genannt mag werden. Die ganze Welt, sagt Paulus, diene den Gläubigen. Hier hat auch Weltwissen und Philosophie, hier hat Weltkultur, hier haben Musik und alle Künste ihren Platz. Wenn sie nur nichts wollen als dienen, dann sind sie willkommen. Nur müssen sie stets bescheiden zurücktreten, wie es Dienern ziemt. Sie dürfen nicht glänzen wollen oder gar meinen, sie müßten dem Evangelium erst Glanz verleihen. Sie können es hintragen zu den und jenen Menschen, aber dann müssen sie wieder zurück auf ihren Dienerplatz. Und alles in der Welt dient, das Feindliche und das Freundliche. Aus den Bekämpfungen erwachsen dem Glauben die gewaltigsten Anregungen, und unter ihnen entfaltet er die herrlichste Kraft. Darum sagt auch unser Text, daß Leben und Tod den Gläubigen dienen müßten. Wir wissen es, daß alle Schickungen und nicht zuletzt die Todesschickungen die Gotteskinder stärken. Wenn manche sagten, im Schützengraben hätten sie den Glauben verloren, so müssen wir ihnen sagen: „Ihr habt ihn noch gar nicht gehabt, sonst hätten gerade die Schrecken wie die vielgenannten Ungerechtigkeiten des Krieges euch noch mehr auf Christus geworfen." Das ist bei allen wahrhaft Gläubigen geschehen. Und Gegenwart und Zukunft sei unser, sagt Paulus. Fürwahr, selten hat eine Gegenwart wie die gegenwärtige so den Glauben gestärkt. Die Fülle der in Erfüllung gehenden Verheißungen, die Tiefe der sich auswirkenden Gerichte, die beugende Kraft der mannigfachen Nöte, die Nichtigkeit alles Irdischen, die vor uns liegt, das alles sind lauter Triebkräfte auf Christus, Festigungen im Kindschaftsstand. Und die zukünftigen furchtbaren Völkergerichte, welche wir schon im Werden sehen, aber auch die noch ausstehenden Verheißungen, nicht minder das Erscheinen Jesu zu uns persönlich, das wir glauben, das alles richtet uns tief und wirft uns erneut auf den HErrn. Hast du diese Gotteskindschaftswürde, daß alles in deinem persönlichen Leben wie im großen Völkerleben dir zur Vertiefung deines Kindschaftsstandes dient? Oder knechtet's dich und entleert's dich? Das ist nicht würdig eines Gotteskindes, für welches es heißt: „Alles ist euer!" Als rechtes Kind Gottes muß dir alles in Gericht und Gnade Wachstum bringen; dann ist alles dein! Die ganze Welt, Leben und Tod, Gegenwärtiges und Zukünftiges, alles steht unter dem Gotteskind, weil es ihm dient. Welch eine Würde!

Nur einer steht über ihm: Christus und durch Ihn Gott. Ein Gotteskind hat nur *ein* Haupt — seinen HErrn. Es untersteht, wiewohl es sich in der Liebe allem unterwirft, nur dem Einen — Christo. Allem andern ist es nur in Christus und um Christi willen und soweit es Christus fordert und erlaubt, untertan. Nicht wahr, je weniger Gewalten einer untertan ist, um so höher steht er. Wie hoch steht da ein Gotteskind, welches nur dem ewigen, eingeborenen Sohn Gottes und in Ihm Gott untertan ist. „Ihr seid Christi, Christus aber ist Gottes" (V. 23). Ein Gotteskind tut nichts außer Christo. Ihm gehört es zum völligen Eigentum. In Ihm steht es und geht es. Das ist aber keine Sklaverei, sondern eine Würde. Einmal darum, weil Er das Haupt aller Kreatur ist, dem wir allein untertan sind. Es ist eine Würde, dem HErrn aller HErren also zuzugehören. Dann aber sind wir völlig freiwillig. Er zwingt uns nicht. Seine Liebe allein beugt uns unter Ihn, und unsere Gegenliebe.

Das Allergrößte aber ist das, daß wir mit Ihm die allerengste Lebensgemeinschaft haben dürfen und in Ihm auch mit Gott als unserem Vater. Und diese Lebensgemeinschaft ist nicht nur eine zeitliche, sondern eine ewige, und führt hinein in die völlige Herrlichkeitsgemeinschaft. O unerkannte Würde der Gotteskinder: Diese Würde überstrahlt alles; ihr dient alles; über ihr steht nur Christus und Gott; mit dem Vater und dem Sohn selbst steht sie in engster, ewiger Lebensgemeinschaft! Stehst du drin? (2. Okt. 1921)

Unter dem Gericht des kommenden HErrn

Text: 1. Korinther 4, 1—5

Kinder Gottes sind in allen Stücken auf den Tag des HErrn bezogen. Sie leben, weben und sind im Angesicht des kommenden HErrn. So war's, so ist's und so wird's sein bei Seiner Bluts- und Brautgemein'. Da dieser Kommende aber Richter und Retter zugleich ist, so leben sie nicht nur unter und in der seligen Rettergnade, sondern auch unter und in dem Gericht ihres HErrn. Unser Text handelt von dem Leben unter dem Gericht des kommenden HErrn. Ist das nicht ein drückendes und gedrücktes, ein unfreies Leben, so in allem und bei allem sich dem Gericht des HErrn, Seiner Aufsicht und Durchsicht, Seiner Entscheidung unterstellen; so im Großen wie im Kleinsten Ihm und vor Ihm verantwortlich zu sein und alles Tun und Lassen aus dieser Gerichtsverantwortung heraus bestimmt sein lassen? Es ist freilich ein gebundenes Leben, und das ist es, was dann für Fernstehende das Christentum zu einem Sklavenleben macht, wie sich auch Paulus einen Sklaven oder Knecht Jesu Christi nannte. Aber gerade dieses Sklavenleben in Christus macht so selig und so frei und so selbständig und so charaktervoll wie gar nichts sonst in der Welt. Wessen Leben nicht so unter dem Richtertum Christi steht, der glaube ja nicht, daß er frei sei. Er ist vielmehr gebunden, und zwar an recht tyrannische Herren, an Menschen und an sich selbst. Unter dem Gericht des kommenden HErrn zu wandeln ist bei aller Gebundenheit die größte Weisheit, die größte Seligkeit und die größte Freiheit. Davon redet in wahrhaft königlicher Weise unser Apostel Paulus heute.

Wir wissen, daß der ewige Gott Seinen eingeborenen Sohn, nachdem Er sich selbst für die ganze Welt hat richten lassen, zum Richter der Lebendigen und der Toten eingesetzt hat. Wir bekennen durchaus schriftgemäß nach dem ganzen Wort Gottes: „Sitzet zur Rechten Gottes des Vaters, von dannen Er kommen wird, zu richten die Lebendigen und die Toten." Alles muß offenbar werden vor dem Richterstuhl Christi, welcher bei Seiner Wiederkunft in dem großen abschließenden Endgericht vor aller Welt erhöht sein wird. Da wir nun solches wissen, so sind wir gleich den klugen Haushaltern, welche nicht jetzt schalten und walten, wie sie wollen, um dann am Tag des Gerichts elend und zuschanden zu werden, sondern wir stehen jetzt schon in allem offen und bloß bis auf den Herzensgrund vor diesem HErrn und Richter, damit wir dann auf den Tag Seines Gerichts eine rechte Freudigkeit haben können.

Durch dieses uns selber Verantwortlich-Machen vor Ihm gewinnen wir einen sehr sicheren und gewissen Gang und haben noch die große Seligkeit, daß wir, wenn wir irren, in unserem Richter auch noch den Heiland haben, bei welchem unser gerichtetes Herz sich täglich Vergebung und Frieden holen darf. Aus dieser seligen Stellung heraus bekennt der Apostel mit Freudigkeit in unserem Text: „Der HErr ist's, der mich richtet." Merken wir wohl, er sagt nicht: der HErr ist's, der mich richten wird; das tut Er auch; er sagt: „der mich richtet". Haben wir alle diesen Stand? Hat der HErr Einsicht und Durchsicht in alle unsere Akten, und zwar nicht bloß in die alten, verstaubten, sondern in die täglich laufenden? Und holst du dir täglich die Vergebung dessen, was ins Gericht fällt? Wohl dir, da ist ein sauberes, weises, auf den Tag des HErrn gerüstetes Herz!

Und köstlich ist's bei allem Ernst unseres Richters, sich von Ihm richten zu lassen, weil Er so gerecht und durch und durch barmherzig ist. Er sucht nicht mehr an Seinen Haushaltern, denn daß sie treu erfunden werden. Nicht mehr, allerdings auch nicht weniger. „Treu" heißt gar nichts anderes, als eben vor Ihm bleiben in allen Dingen. Treu heißt nicht sündlos, Gott Lob und Dank! Wenn Er das suchte, wären wir alle verloren. Treu heißt nicht ohne Irrtum und ohne jeden Fehl. Wenn Er das suchte, wer wollte bestehen? Dann wäre der Weg ein Verzweiflungsweg. Treu heißt: bei der Stange bleiben, nicht abweichen vom inneren Grundprinzip, daß wir alles ehrlich und wahrhaftig vor Ihm und in Ihm tun. So sagt Paulus, sie als Apostel und Evangelisten seien Diener Christi und Haushalter über Gottes Geheimnisse; natürlich meint er, ein jeder nach seiner Gabe und seinem Vermögen. Und nun sucht der HErr, der Richter, nicht mehr an jedem, als daß er seinen Beruf und seine Gaben vor Ihm einfältig einsetze und brauche und nichts suche als des HErrn Willen und Wohlgefallen. Dabei ist ein Nebenhinausschießen, ein Irren und Fehlen wohl möglich; aber ist's geschehen in Treue, so sieht der HErr die Treue an. Wie könnte sonst die Schrift Mose, den mannigfaltig Fehlenden, einen heißen, der treu war in seinem ganzen Hause? Wie könnte sonst am Tag des HErrn auch nur an einen die Entscheidung ergehen: „Du bist über wenigem getreu gewesen"? Der HErr richtet nicht nach den äußeren Werken, sondern nach ihrer inneren Wurzel, aus der sie kommen. Es kann ein scheinbar glänzendes Werk aus schlechter Wurzel kommen, und es kann ein Fehler bei großer Treue gemacht werden. Du seiest nun, wer du bist, der Einfachste oder der Höchste, *eine* Norm gilt für uns alle, in Ihm alles tun und alles lassen. Wer das nicht tut, gehört zu den Untreuen. Der HErr mache uns alle getreu. Seliger Maßstab! Du fragst mich nur, ob ich Dich und in Dir die Brüder gemeint habe und das Gute und das Wohlgefällige, Deinen Willen. Wo Du diese Grundstellung siehst, da bist Du völlig befriedigt und deckst auch große Fehler. Wohl uns des feinen Richters!

Und weil der HErr auf dieses Innere sieht, so werden wir, wenn wir nur vor Ihm stehen, zum andern völlig frei den Menschen gegenüber. Unter dem Gericht des HErrn stehen heißt frei und freier werden von der Menschen Gericht, von ihrem Lob und ihrem Tadel. „Mir ist's ein Geringes, daß ich von euch gerichtet werde oder von einem menschlichen Tage." Es ist dem Apostel ein Geringes. Es ist ihm nicht ganz gleichgültig, was sie sagen, wie die Welt sich hie und da ausdrückt und dabei lügt; denn gewöhnlich, wenn diese Menschen sagen, es sei ihnen ganz einerlei, ist's ihnen am allerwenigsten so. Nein, Paulus steht auch mit dem Lob und Tadel menschlichen Gerichtes unter dem Gericht des HErrn. Wir Christen gehen mit guten und bösen Gerüchten vor unseren Heiland und fragen dort, was wahr und falsch daran ist. Wir wollen auch darinnen treu sein. Aber ein Geringes ist uns alles menschliche Richten. Die Mehrzahl der

Menschen lobt äußerlich und verwirft äußerlich. Beim meisten Lob sagt sich ein Christ: du kennst mich nicht. Es beugt ihn mehr, als es ihn hebt. Und bei vielem Schelten sagt ein Christ: „Meine Seele ist stille zu Gott." Wir lassen uns weder durch Erheben noch durch Erniedrigen aus unserem Kurs bringen. Wir stellen es dem anheim, der recht richtet. Will Er uns erheben, so nehmen wir's dankbar an, will Er uns demütigen, so wissen wir, Sein Gericht ist recht. Selige Menschenfreiheit der unter dem Gericht Gottes Stehenden. Bist du bei Lob und Tadel so menschenfrei?

Und auch so selbstfrei wie Paulus? Unter dem Gericht Gottes stehen macht nicht nur von menschlichem Gericht frei, sondern auch vom Gericht des eigenen Herzens. Paulus sagt: „Auch richte ich mich selbst nicht. Denn ich bin mir nichts bewußt; aber darinnen bin ich nicht gerechtfertigt." Paulus kennt die Tücke und Verkehrtheit des eigenen Herzens. Er hat von den Korinthern, die ihn richteten, Zurücksetzung erfahren. Er prüft sich, kann aber nichts an sich finden. Deswegen hält er sich aber noch lange nicht für schuldfrei. Paulus gehört nicht zu denen, die im Handumdrehen mit dem Spruch kommen: „Ich habe mir nichts vorzuwerfen", „ich habe ein gutes Gewissen in dieser Sache". Gott spricht anders. Fahr nie schnell mit deinem guten Gewissen! Unser Herz ist sehr schwerfällig, uns selber etwas vorzuwerfen. Wir halten uns gern für besser, unschuldiger, heiliger und frömmer, wie wir sind. Werde frei von solchem Selbstgericht und bleibe treu unter des HErrn Gericht. Wir haben es allerdings auch schon umgekehrt erlebt. Wenn das eigene Herz einmal anfängt, uns zu verklagen, dann schießt es gern, besonders bei schwachnervigen Leuten, auf der anderen Seite übers Ziel. Es zerreißt uns ganz. Deswegen muß Johannes sagen: „Wenn uns unser Herz verdammt, so ist Gott größer als unser Herz." Trau deinem eigenen Wesen nicht, weder im Rechtfertigen noch im Beschuldigen. Dein Herz ist ein trotzig und verzagt Ding. Gottlob, daß mein Gericht nicht in meine eigene Hand gegeben ist, das gäbe ein großes Unglück. Selig, wer frei von sich selbst unter der Richterhand des HErrn steht. Da ist kein Zuwenig, aber auch kein Zuviel.

Und zweimal selig, wer sein Leben hindurch unter dem Gericht des Wortes und Geistes, dieser Gerichtsdiener des HErrn, einfältig treu pilgerte. Er kann dem Tag des HErrn getrost entgegensehen. Einmal kennt er Ihn schon, den kommenden Richter. Ein Bekannter aber ist nie fürchterlich. Das Unbekannte und Ungekannte bringt Grauen. Für die vom HErrn hier schon Gerichteten heißt es aber sodann: „Wenn Er kommt und ans Licht bringt, was im Finstern verborgen ist, und den Rat der Herzen offenbart, dann wird einem jeglichen von Gott das Lob widerfahren." Wunderbar, da ist von Tadel gar keine Rede, sondern nur von Lob! Und doch kein Wunder. Die unter dem Gericht des HErrn gewandelt haben, die haben ja Vergebung der Sünden angenommen für Erkanntes und Unerkanntes. Das ist also abgetan. Im übrigen halten sie sich für arme Sünder, die nur auf Grund der Vergebung bestehen können. Da wird aber dann der HErr, der gerechte Richter, das, was zu loben ist, hervorziehen und jedem sein Lob geben. Die dem HErrn Verantwortlichen richten nicht vor der Zeit, sie schließen ihr Hauptbuch nicht ab, bis der HErr den Strich darunter macht an Seinem Tag. Darum haben sie keine Ahnung, wie die Bilanz ausfallen wird. Nur das wissen sie, daß sie Vergebung der Schuld haben. Was aber an Ertrag herauskommt, das wird der himmlische Revisor am Abschlußtag kundtun. Ihre Werke folgen ihnen nach. Da wird erst ein jeglicher sein Lob empfangen. Ist's keine selige Sache, zu stehen unter dem Gericht des kommenden HErrn? (15. Dez. 1918)

Um die Krone

Text: 1. Korinther 9, 24—27

Es gehört zum Schwersten und Traurigsten im Leben des natürlichen Menschen, daß er nicht weiß, um was er kämpft. All die Güter, um die er arbeitet, sorgt und leidet, sind vergänglich und entschwinden ihm wieder. „Wir haben nichts in die Welt gebracht; darum offenbar ist, wir werden auch nichts hinausbringen." Darum hat aller Lebenskampf natürlicher Menschen auch nichts wirklich Befriedigendes, vielmehr verödet er das Herz und läßt es leer. Wie glücklich sind da wir Menschen in Christo. Wir haben im Glauben an unseren erhöhten Heiland und HErrn ein festes, großes und reiches Ziel, um welches Lebenslauf und Lebenskampf geht. Dieses Ziel richtet heute der Apostel Paulus vor unseren Augen und Herzen auf und ermuntert uns zum kraftvollen Erfassen desselben und zum entschiedenen Gehen des Weges, der zu demselben führt.

Es ist ein Schaden für das Innenleben vieler Christen und für ihr gesundes geistliches Wachstum, daß sie das uns in Christo Jesu gesteckte Ziel nicht klar erkennnen und nicht ernst erfassen und darum auch nicht mit der rechten Energie kämpfen und laufen. Das Ziel, das der Apostel Paulus an dieser unserer heutigen und an manchen andern Stellen, besonders im Philipperbrief, nennt und meint, das eigentliche Gotteskindschaftsziel, welches auch des Paulus Mitapostel überall den Gläubigen vorhalten, ist ein rein jenseitiges, das auch der wiedergeborene Mensch erst erlangen wird. Er läuft nach diesem Kleinod, hat es also noch vor sich. Er kämpft noch um die Krone, besitzt sie also noch nicht. Ja, er kann noch um dieselbe kommen, wenn er nicht ernstlich läuft und kämpft. Darum sagt Paulus von diesem Ziel im Philipperbrief, wo er das gleiche Wort „Kleinod" von ihm braucht, er habe es noch nicht ergriffen, wiewohl er von Jesus Christus ergriffen sei. So sagt er auch in den Hirtenbriefen, er habe einen guten Kampf gekämpft und habe Glauben gehalten, darum sei ihm auch hinfort, d. h. vor ihm in der Zukunft, beigelegt die Krone der Gerechtigkeit. Ja, gerade hier, 2. Timotheus 4, 7. 8, bringt er die Erreichung seines Zieles in Verbindung mit der Erscheinung des HErrn, wenn er schreibt, der HErr werde die Krone der Gerechtigkeit beilegen denen, die Seine Erscheinung liebhaben. So verlegt auch Johannes dieses Kronenkleinod in die Erscheinung des HErrn, der uns in der Offenbarung zuruft: „Sei getreu bis in den Tod, so will Ich dir die Krone des Lebens geben." Er kann sie doch nur geben, wenn Er sichtbar wiederkommt. Er hebt den Finger auf und warnt: „Halte, was du hast, daß niemand deine Krone nehme."

So kann also unser höchstes Christenziel nichts sein, was wir jetzt schon in diesem Leben haben können. Es kann weder die Seligkeit noch das ewige Leben sein, denn diese beiden haben wir schon hier. Wir sind ja Selig-Gewordene in Christus Jesus; es hat ja das ewige Leben, wer an den Sohn glaubt. Paulus stellt im Philipperbrief auch ausdrücklich seinem noch nicht Ergriffen-Haben des

Kleinods das Ergriffen-Sein von Christus gegenüber. Ich habe das Kleinod noch nicht ergriffen, sagt er, aber ich bin von Jesus ergriffen. Das Selig-Werden, das Gerecht-Werden, das Haben des ewigen Lebens, das alles darf einem Gotteskind keine fragliche, ungewisse Sache sein. Wo sollte sonst sein Friede und seine Freude im Heiligen Geist herkommen? Das sind einem zum Glauben Gekommenen lauter gewisse Sachen. „Ich bin gewiß", sagt der Apostel Paulus. „Wir wissen, daß wir vom Tode zum Leben durchgedrungen sind", sagt Johannes. Das ist die Seligkeit des Glaubens, daß er uns gewiß macht im Geist, daß wir Gottes Kinder sind.

Das große, selige Ziel, welches Paulus heute meint, ist aber auch nicht bloß die Vollendung dieser Seligkeit, der völlige, ungeteilte Besitz des ewigen Lebens in der jenseitigen Welt, also nicht bloß das Aufhören des Kampfes, den wir jetzt noch immer im Glauben haben, und der vom Feind ungestörte Besitz der Seligkeit. O nein, was Paulus meint, ist mehr, ist größer. Die himmlische Berufung Gottes in Christo Jesu, wie der Philipperbrief sagt, hält uns ein viel herrlicheres Ziel vor. Paulus sagt heute in unserem Text ausdrücklich, daß das Ziel, das er meine, nicht alle, welche in den Schranken laufen, erreichen, sondern nur einer. Er redet von einem Laufen und Kämpfen, welches auch im Glauben geschehe, aber doch dieses Ziel nicht erlange. Er sagt einmal an einer anderen Stelle: „Wenn einer auch noch so kämpft, wird er doch nicht gekrönt, er kämpfe denn recht." Er sagt nicht, daß das Kämpfen und Laufen der andern gar nichts sei und zu keinem Ziel führe. Er sagt nur, den eigentlichen Kleinods-Kampfpreis erlange nur einer, und die Kronen-Herrlichkeit erlange nur, wer recht kämpfe. Er meint durchaus nicht, daß die andern Läufer und Kämpfer, welche das Kleinod nicht erlangen, verlorengehen. Das Wort am Schluß unseres Textes, daß ich nicht andern predige und selbst verwerflich werde, heißt nicht soviel wie ganz und gar aus der Seligkeit verworfen werden, es heißt vielmehr nur, für eine Stellung von hohem Ansehen nicht tüchtig erfunden werden. Das Wort im Urtext weist auf die Prüfung hin, die hohe Beamte zu bestehen hatten. Es ist also kein Verwerfen aus der Seligkeit, sondern ein Verwerflichwerden für die Siegerkrone gemeint.

So sehen wir also, daß Paulus und mit ihm alle Apostel den Gläubigen in Christo ein ganz besonderes Ziel vorhalten, ein Ziel, das erreicht werden kann am Tag des HErrn, ein Ziel voll wunderbarer Schöne und Größe, mit Recht ein „Kleinod" genannt; ein Ziel, das die, die es erreichen, gleich Kronen-Trägern erhöht über alle andern. Das ist das Eigentümliche dieses Zieles, daß es überall, wo es genannt wird, mit einer Krone verbunden ist. Unvergängliche Krone heißt es in unserem Text; Krone des Lebens, Krone der Gerechtigkeit oder kurzweg Krone, ja deine Krone, also die für dich bestimmte, an andern Stellen.

Was ist nun dieses Kronen- und Kleinods-Ziel? Im Philipperbrief im dritten Kapitel, wo der Apostel fast ähnlich wie an unserer Stelle von dem Lauf nach dem Kleinod redet, braucht er in Verbindung damit einen merkwürdigen Ausdruck. Luther übersetzt „Auferstehung", wörtlich aber heißt es: „Ausauferstehung", also eine Auswahl-Auferstehung. Es ist ganz ohne Frage, daß damit dasselbe gemeint ist, was die Offenbarung die „Erstauferstehung" heißt, von der sie so ernst und gewaltig redet: „Selig ist der und heilig, der teilhat an der ersten Auferstehung" (Offenbarung 20, 6). Dieselbe Stelle erklärt den Segen und die Herrlichkeit der Erstauferstehung dahin, daß sie sagt: „Sie werden Priester Gottes und Christi sein und mit Ihm herrschen die tausend Jahre." Das ist ganz offenbar dasselbe wie Offenbarung 1, wo es heißt: „Der uns geliebt hat und gewaschen von den Sünden mit Seinem Blut und hat uns zu Königen und Priestern gemacht vor Gott und Seinem Vater." Nun verstehen wir, warum es in den Briefen der Apostel immer heißt: „Krone des Lebens, Krone der Gerechtigkeit". Es handelt sich um Könige und Priester, um königliches Priestertum. Das kommt ganz überein mit der Frage der Zebedäussöhne an den Heiland, ob sie zu Seiner Rechten und Linken sitzen dürften in Seinem Reich. Der Heiland verwirft nicht die Frage, Er zeigt ihnen nur den Weg und weist sie auf den Vater, der hierüber bestimme.

So gibt es also ein großes, herrliches Christenziel, ein Kleinod, eine Krone — nämlich, wenn der HErr wiederkommt, Sein Reich auf dieser Erde aufzurichten, dort in der Erstauferstehung bei Ihm sein zu dürfen, ein Glied Seiner Eigentumsgemeine sein zu dürfen. Der HErr ist das Haupt; Er will sich einen Leib bilden und heranziehen, durch welchen Er jetzt schon und in allen Ewigkeiten wirkt und sich offenbart. Gleichwie der Vater nur im Sohn sich kundgibt, der Sohn aber wiederum durch den Heiligen Geist wirkt, so baut der Heilige Geist dem Sohn den Leib, durch welchen dann als den gewissermaßen menschgewordenen Heiligen Geist der Sohn des Vaters Reichspläne durchführt. Die Glieder dieses Leibes sind lauter Sohnes-Ebenbilder, königliche Priester, wie Er König und Hoherpriester ist. Und da dabei zu sein, das ist der Gotteskinder heißersehntes Ziel.

Es gibt in dem kommenden Reich Gottes nicht nur zwei Teile, sondern drei Teile: Christus, den Leib Christi und selige Menschen. Alles Göttliche ist dreiteilig, nicht zweiteilig. Schon die neugeschaffene Welt war dreiteilig: der Garten in Eden, Eden und Feld. Das Urbild der Gottgemeine, welches Mose auf dem Berge sah, war dreiteilig; darum waren Stiftshütte und Tempel dreiteilig. Darum ist auch die neue Welt dreiteilig: der HErr, der Hohepriester und König innerhalb der Gemeine, dann das neue Jerusalem, der Wohnort Seiner Gemeine, und die neue Erde mit ihren seligen Bewohnern. Das Ziel der Wiedergeborenen soll nun sein, das Höchste zu erreichen, was der HErr aus Gnaden geben und schenken will. Es gibt Bedenkliche, aus heiligen, edlen Gründen Bedenkliche, welche glauben, die Kinder Gottes von dem klaren Erfassen und Verfolgen dieses Zieles abhalten zu müssen. Sie meinen, das könnte stolze Heilige, abgeschlossene und andere geringschätzende Menschen geben. Alles kann von Verkehrten mißbraucht werden, nicht zuletzt auch die bloße Gnaden- und Seligkeitspredigt ohne Gericht. Sie kann faule, träge Leute schaffen. Aber der Mißbrauch hebt den rechten Gebrauch nicht auf. Der Apostel Paulus will jedenfalls zunächst für sich ganz entschieden diesem Kronen-Kleinod nachjagen.

Er sagt: „Ich laufe also, nicht als aufs Ungewisse; ich fechte also, nicht als der in die Luft streicht." Er hat auch in seiner Predigt wie in seinen Briefen ganz offenbar den Gläubigen hell und klar dieses Ziel hingestellt, sonst könnte er nicht schreiben: „Daß ich nicht andern predige und selbst verwerflich werde."

Hier ist nicht die Predigt des Evangeliums im allgemeinen gemeint. Paulus meint gewiß nicht von sich, daß er noch in die Hölle kommen könnte; er meint vielmehr, das Kronenkleinod könnte er verlieren. Von seiner zukünftigen Seligkeit redet er immer als von etwas ganz Gewissem. Er hat Lust, abzuscheiden und bei Christus zu sein. Da gibt's kein Wanken und kein Zweifeln für ihn. Aber die Kronenherrlichkeit des Königs-Priesters, das ist noch eine Sache der Zukunft, das entscheidet sich erst am Tag des HErrn. Um die könnte er kommen, wenn er nicht mit ganzem Ernste liefe und kämpfe. Er will aber auch, daß die Gläubigen dieses Ziel klar und fest erfassen: „Laufet also", sagt er, „daß ihr es ergreifet." „Wie viele unser vollkommen sind, die lasset uns also gesinnt sein", nämlich dem großen Ziel nachzujagen, so sagt er im Philipperbrief. Paulus macht es den Gläubigen zur heiligen Pflicht und Aufgabe, das ganze große Heilandsziel auch sich zu stecken. Sag, hast du klar und fest, nachdem du vom Heiland ergriffen bist, dieses dein Kronenziel? Da fehlt's bei vielen Gläubigen. Daher aber auch so viel Trägheit, so viel mangelnde Heiligung, so viel Kreuzesscheu. Wer in Christo Jesu dieses hohe Ziel ergreift, der läuft und kämpft. „Wer solche Hoffnung hat", sagt Johannes, „der reinigt sich." Ja, der Weg zu diesem Ziele ist der Selbstverleugnungs- und der Selbsterniedrigungs-Weg. Der Weg ist: ganzer Ernst in der Zucht von Geist, Seele und Leib. Ein jeglicher, der recht kämpft, enthält sich alles Dings. „Rein ab und Christo an", heißt's bei solchen Seelen; unbedingt los und weg, was den HErrn hindert. „Ich betäube meinen Leib und zähme ihn", sagt Paulus. Ich mache ihn zum Sklaven des Geistes, meint er. Da schaut uns ein ganzer, fester Wille, sich vom HErrn auch regieren zu lassen, an. Ja, die Königskrone kann nur denen werden, die sich schrankenlos haben regieren lassen. Herrschen hat Gehorchen zur Voraussetzung; Priester-Sein hat Sich-Opfern zur Voraussetzung. Vor dem Zur-Rechten-Sitzen kommt das Trinken des Kelches. Der innere Sterbensweg ist der Hochweg der Herrlichkeit. Darum ist gar keine Gefahr, daß diejenigen, welche ernstlich das Königs-Priester-Ziel im Auge haben, groß werden. Es geht ja eben durch die Entäußerung, und dann erst noch aus purer Gnade.

O ihr Kinder Gottes, die ihr glaubt, es geht um Kronen! Soll's da nicht heißen: „Um jenen ewigen Kranz dies arme Leben ganz!"? Laufet also, daß ihr es ergreifet! (16. Febr. 1919)

Das Grablied der Lieblosigkeit, das Passionslied der Liebe und das Triumphlied der Liebe

Text: 1. Korinther 13

Das Hohelied der Liebe nennt man mit Recht unser vorliegendes Kapitel. Aber das eigentliche Hohelied der Liebe, ihr ewiges Triumphlied baut sich auf über dem Grablied der Lieblosigkeit und über dem Passionslied der Liebe. In den Todesabgrund und in die Grabesöde läßt uns der Apostel Paulus zuerst blicken. Dann zeichnet er das Wesen der wahren Liebe und läßt das Kreuzeswesen dieser Liebe durch jeden einzelnen Zug hindurchblicken. Schließlich erhebt er sich machtvoll im Geist und zeigt den ewigen Siegestriumph der Liebe über alles, was im Himmel und auf Erden ist.

Es hat einen gar schauerlichen, Mark und Bein erschütternden Klang, wenn der Apostel uns in den ersten Versen die Mißtöne und toten Stoßschreie eines tönenden Erzes und einer klingenden Schelle hören läßt; und es weht uns wie ein Todeshauch an, wenn er zweimal das grausige „Nichts" uns entgegenschleudert. Das ist das entsetzliche Grablied der Lieblosigkeit oder Liebesleere. Wo keine Liebe ist, fehlt die Sonne, und wo keine Sonne ist, ist kein Leben. Liebesleere ist ein offenes Grab mit Modergeruch. Das Höchste und das Schönste kann die Liebe nicht ersetzen. Wäre es großartiges oder gar engelgleiches Reden; wäre es Zungenreden im Geistesüberschwang; wären es die größten Gaben an Weisheit, Erkenntnis und Glauben; wäre es das reichlichste Geben bis zur Selbstaufopferung — ohne Liebe grinst uns der Tod aus allem an. Ohne Liebe ist's kalt wie eisige Grabesnacht. Ein Gericht Kraut mit Liebe ist besser als ein gemästeter Ochse mit Haß, sagt Salomo. Gewaltige Redner und Mächtige des Wortes sind aufgetreten in unserem Volk in den vergangenen Zeiten, Monaten und Wochen. Eigendünkel, Selbstsucht, ja flammender Haß befeuerte ihre Worte. Und die Frucht? Tod, furchtbarer Tod vom buchstäblichen Sinn an bis hin zur Zerreißung und Zersetzung aller Verhältnisse. Große Versprechungen sind gemacht worden von den Führern ganzer Nationen und von den Führern machtvoller Parteien; aber siehe, Gottesliebe und Bruderliebe war nicht ihre Quelle, vielmehr berechnende Politik und schlaue Überredung. Was ist es drum damit? Tönendes Erz, klingende Schelle! Am Hungertuch nagen die Betörten, und im Elend sitzen, die ihr Ohr ihnen geliehen haben.

Wie im Weltlichen, so ist's erst recht im Geistlichen. Zungenfertige Lehrer und redegewandte Disputierer über das Gesetz und die Propheten hatte Paulus einst kennengelernt in den Schulen seines Volkes. Das Heilige war reichlich in ihrem Munde, aber die Liebe zu Jehova und die Liebe zu den Seelen war fern von ihnen: große Lehrer, geachtete Hirten, im Volke geltende Führer, das wollten sie sein; darum war all ihr Reden tönendes Erz und klingende Schelle. Das Leben fehlte dem Wort, und der geistliche Tod lagerte über Lehrern und Lernenden, und die Masse des Volkes trieb in Gericht und Tod. Reiche Geistesgaben hatte die Gemeinde zu Korinth, begeisterte Beter, geisterfüllte Zungenredner, kluge und beredte Schriftausleger und dergleichen mehr, aber die Herzen waren voll Hoffart und Stolz; die beredten Geister dünkten sich reich und groß; da gab's Risse und Spaltungen und Parteien. Das waren nicht Posaunenstöße göttlicher Liebe, welche die Geister unter dem Kreuz Christi einten, sondern klingende Schellentöne, welche die Seelen dem Schellenträger nachlaufen ließen; der Tod der Zerreißung durchwühlte die Gemeine.

Du bist beredt, du hast Geist, du kannst lehren und zeugen, wem tust du es — demütig dem HErrn zuliebe, der dir's gegeben, und brennend den Brüdern zuliebe, die es zu bauen und fördern gilt? Eigenliebe ist mörderisch, sie nimmt dem Wort die segnende Kraft, sie macht es hohl, aufgeblasen und leer, tönendes Erz, klingende Schelle. O wie viele sind so schon auf Kanzeln und Kathedern gestanden. Menschlicher Dünkel, ja Streitlust und Neid, Kampf über Lehren und Sätze war das unheimliche Feuer, das die Rede in Schwung brachte, und die Frucht war tote Rechtgläubigkeit, tötender Haß gegen andere. O wie viele stehen noch heute und dienen dem Götzen der Wissenschaft und der Göttin Vernunft an heiliger Stätte. Weltliche Philosophie, menschliche Schlüsse und Gedanken, dichterischer Schwung und Phantasie treten an die Stelle der Liebe Christi und der seelenrettenden Barmherzigkeit. Bewundernd ruft die Masse wie einst dem Herodes in Apostelgeschichte 12 zu: „Das ist Gottes Stimme und nicht eines Menschen", bis der Engel des HErrn Redner und Hörer schlägt und Würmer die Leiber verzehren. Grab und Tod ist die Frucht. Wo die Liebe zum Hirten und zu den Seelen nicht sichtlich die Worte beseelt, Seelen, da bleibet fern, und wenn es Menschen- und Engelzungen wären, es ist der Tod im Topf.

So ist's auch, wenn ich weissagen könnte und wüßte alle Geheimnisse und alle Erkenntnis und hätte allen Glauben, also daß ich Berge versetzte, und hätte der Liebe nicht, so wäre ich nichts. Ach, man kann alles, Bibelkenntnis und -erkenntnis, tiefen Einblick in die Gottesratsgeheimnisse, starken, männlichen Glauben auf den alten Menschen pfropfen. Man kann in Überhebung und Selbstgröße, in Verachtung und Geringschätzung anderer, in Bewunderung durch blinde Anhänger glänzend einhergehen und innerlich jeden hassen, der einem die Ehre nicht gibt. Dann steht über allem das furchtbare „Nichts"-Gericht. Es wächst aus solcher Arbeit kein bleibender Segen. Mit dem hohlen, stolzen Menschen bricht auch sein Werk und Bau zusammen; und was nicht hier schon zerbricht, das wird einst dem Gericht verfallen. Nur wenn alles aus dankbarer Liebe zum Heiland und in tief gebeugter Anbetung Seiner Gnade und in dem heißen Wunsch, zu dienen und zu segnen, gegeben wird, dann wächst bleibende Frucht. Wie sieht doch manches so fromm, so gottselig, so reichgottesmäßig aus und ist eitle Selbstsucht — da ist der Tod die Frucht.

Sieh, wenn du einen Menschen sähest, der alle seine Habe den Armen gäbe und der in heiliger Hingabe an seine Sache gar Märtyrer würde und seinen Leib brennen ließe, würdest du das nicht für Liebe halten, für große, göttliche Liebe? Und sieh, auch da kann es heißen, wie der Apostel sagt, er hat der Liebe nicht. Es gibt eine Fülle Liebestätigkeit, die lauter Eigenliebe ist. Und das alles, alles ist mir und andern nichts nütze. Nur was du dem HErrn tust, das wird gelingen.

Die Ehre Ihm, dann ist der Segen dein. Nur was du den andern lebst in heiliger Selbsthingabe, das schafft Gewinn. O vieltuerische und doch liebeleere Welt und Christenheit. Darum so tiefes Gericht über all dein Tun. HErr, erbarme Dich über mich, daß ich und mein Werk nicht ein „Nichts" zum Endurteil bekomme; ach HErr, fülle mich mit Deiner Liebe, daß ich etwas zu Lobe Deiner Gnade an gesegneten Menschen sei. Warum geht denn die Menschheit, warum gehen die Nationen endlich in die entsetzlichsten Gerichte? Einfach weil die Ungerechtigkeit überhand nimmt und die Liebe in vielen erkaltet. Darum geht's trotz aller Kulturhöhen hinab ins Verderben. Der Menschheit Jammer und Klagen in ihrem Gerichtselend ist das Grablied der Lieblosigkeit, das sich im anderen Tod in der Hölle fortsetzt, wo Heulen und Zähneklappen ist. Da ist dieses Heulen der Schrei über die Liebeleere. Ferne von Gott liebt man sich nicht.

Warum aber lieben denn wir Menschenkinder so wenig? Willst du es wissen? Weil die echte, wahre Liebe für den Menschen der Sünde und der Selbstsucht Passion, Leiden und Sterben bedeutet. Dahinein will aber der natürliche Mensch nicht. Sieh, darum ist der Sohn der Liebe, Jesus Christus, dessen ganzes Leben im Fleisch *eine* Liebe zum Vater und zu den Menschen war, der Leidende gewesen Sein Leben lang und hat mit der Passion am Kreuz geendet. Woher meinst du, daß der Apostel seine wunderbare Strichzeichnung von der Liebe genommen hat? Die hat er nicht aus seinem eigenen Herzen und aus seinen eigenen Gedanken; das sind überhaupt keine Gedanken, das sind lauter Lebenszüge des leidenden Heilandes. Da hat er die wahre Liebe abgelesen und abgeschrieben. Aber er hat sie nicht nur abgelesen und abgeschrieben, er hat sie auch, durch den Heiligen Geist getrieben, abgelebt. Darum ist aber auch sein Leben lauter Leiden gewesen und zuletzt Märtyrertod, weil es göttlicher Liebe voll war. Lies all die Liebeszüge, die der Apostel Paulus aufzählt, betend und nachdenkend durch: „langmütig" und „freundlich", „nicht eifern" und „nicht Mutwillen treiben", gehe sie durch bis zu dem ergreifenden Schluß: „Die Liebe glaubt alles, sie hofft alles, sie duldet alles", so wirst du finden, nicht *ein* Zug davon ist auszuleben, ohne daß er unserem natürlichen Menschen ein Sterben bringt. Darum sagt auch ein schönes Lied: „Liebe, zieh uns in dein Sterben!" Darum hat auch die Kirche in großer Weisheit und Erkenntnis dieses Hohelied der Liebe gleich unter die ersten Passionstexte gestellt. Ja, wo steht denn das Hohelied der Liebe anders für jedermann deutlich zu lesen als am Kreuz von Golgatha? O ihr Schriftgelehrten, laßt uns, laßt der ganzen Menschheit ja den Gottessohn, der vom Himmel für uns auf die Erde gekommen und der am Kreuz für unsere Sünden gestorben ist, sonst löschet ihr das Hohelied der Liebe von der Erde weg, und die Erde muß verderben.

Achtet auch wohl beim Durchbeten der apostolischen Liebeszüge darauf, daß der letzte und höchste Zug heißt: „Sie duldet alles." Ja, die Dornenkrone ist die Erdenkrönung der praktischen göttlichen Liebe. Mit Ketten und Sterben auf dem Richtblock ist es auch für Paulus ausgegangen. „Sie duldet alles", das ist das irdische Kronenkleinod wahrer, himmlischer Liebe. Wenn sie da hineinkommt, das ist ihre Vollendung. Weißt du jetzt, was Liebe ist, heilige Liebe? Weißt du auch, wo sie anfängt? Da, wo sie bei den meisten aufhört, bei der Passion. Und weißt du, wo sie am schönsten ist? Wenn's heißt: „Sie duldet alles." Das ist das Passionslied der Liebe. Die Liebe hat auf dieser Erde nur ein Lied, das Passionslied. Ist dir dieses Liebeslied unlieb, dann kannst du auch nicht lieben.

Aber wisse, es ist nicht ihr letztes Lied! Wenn sie durchgerungen, dann singt sie ihr Ewigkeits-Triumphlied. **Die Liebe kommt in keiner Passion um, wie tief sie auch sei. Die Liebe steht nach jeder Kreuzigung am dritten Tag auf. Sie ist unzerstörbar. Die Liebe hört nimmer auf.** Sie ist das rechte, einige, große Ewigkeitskind: Gott ist eben die Liebe! Von allem, was in Ewigkeiten ist und bleibt, ist sie die größte, die herrlichste, die triumphierende. Sie hat auch fürwahr ein Recht dazu. Weil sie im Erdenlauf gehorsam ist bis zum Tode am Kreuz, darum wird sie auch erhöht und kriegt den Namen über alle Namen. „Die Liebe ist die größte unter ihnen." Ja, das ist der Triumph der Liebe, daß sie in den Ewigkeiten erscheinen wird als Grund, Zweck, Trägerin und Ziel aller Dinge. Alles vergeht; sie aber, die den größten Vergänglichkeitsweg gemacht hat, steht ohne alles Wanken. Die Weissagungen hören auf, die Sprachen hören auf, die Erkenntnis hört auf. Alles Stückwerk hört auf. Wie ein Knabe hinauswächst aus dem Kindischen ins Männliche, so wachsen wir aus all den großen, irdischen Dingen hinaus in größere hinein. Wenn's „von Angesicht zu Angesicht" geht, dann wird das größte Irdische so klein erscheinen, auch all unser geistliches Wissen und Können; nur die passionsgekrönte Liebe, die hat ihr großes Meisterstück eben in der Passion gemacht. Größer kann sie nimmer werden, als sie dort geworden ist. Darum hört sie nicht auf, sondern bleibt in ihrer Dornenschöne in Ewigkeiten. Darum singen auch die ewigen Chöre: „Das Lamm, das erwürget ist, ist würdig, zu nehmen Ehre und Preis." Höheres kann es nimmer geben als diese gekreuzigte Liebe. Die Ewigkeiten sind nur ihr ausgewirkter Triumph. Darum hat das Lied recht, wenn es sagt: „Die Ewigkeiten singen ein Lied von Golgatha."

Hat dich Christus in Seine Kreuzesliebe gezogen und hast du ihren Kreuzesweg, wie er dir beschieden war, durchgeliebt, dann hast du das Größte für die Ewigkeiten im Besitz. Glaube und Hoffnung sind ja auch Ewigkeitskinder und bleiben darum auch, aber größer als sie ist die triumphierende Kreuzesliebe. Sie ist des Glaubens reifste Frucht und der Hoffnung befruchtender Same. „O lieb, solang du lieben kannst", und leide und stirb in deiner Liebe, daß du mit dem verklärten Kreuzes-Liebes-Fürsten und Seiner verklärten Kreuzes-Liebes-Gemeine in alle Ewigkeiten singen darfst das Hohelied der triumphierenden Kreuzes-Liebes-Gemeine. (2. März 1919)

Karfreitag und Ostern, sind sie dir vergeblich oder nicht vergeblich?

Text: 1. Korinther 15, 1—11

Am Anfang und am Ende unseres Textes steht ein tiefeinschneidendes Wort, das Wort: „vergeblich" (Vers 2 und Vers 10). Luther übersetzt das erstemal: „umsonst", es ist aber im Urtext das gleiche Wort und kann darum beide Male mit „vergeblich" übersetzt werden. Der Karwoche und dem Osterfest ist in besonderer Weise der Stempel des Herkömmlichen und des Gewohnheitsmäßigen aufgedrückt. Die christlichen Volkssitten haben sich in dieser Woche und an diesen Tagen am zähesten erhalten. Nie im ganzen Jahr — von Weihnachten abgesehen, doch hat dies schon mehr Heidnisches angezogen — ist die Kirche so sehr noch Volkskirche als in diesen Abschlußtagen und Höhetagen der Passionszeit. Um so eindringlicher muß die Frage gestellt werden: Bedeuten denn Karfreitag und Ostern wirklich etwas für uns; haben sie und bringen sie tatsächliche Lebenswerte, oder ist alles nur Herkommen und Gewohnheit und im letzten Grunde vergeblicher Gottesdienst? Wie oft hast du schon Karfreitag und Ostern mitgefeiert, wie oft die Botschaften dieser Tage vernommen! Welchen durchgreifenden Einfluß haben sie auf dein Leben gewonnen? Keinen? Sag an, sind dir Karfreitag und Ostern im Grunde noch vergeblich oder ist die an ihnen verkündigte Gnade an dir nicht vergeblich gewesen? Diese Frage stellt unser heutiges Gotteswort zu ernstester Selbstprüfung für uns in die Karwoche hinein.

Wollen wir diese Frage persönlich ernst und tief beantworten, so müssen wir uns das, was Karfreitag und Ostern von uns wollen, uns bringen wollen und aus uns machen wollen, recht klar vor Augen stellen. Darum sagt auch Paulus zu den Korinthern, denen er ebenfalls die Frage, ob sie das Evangelium etwa vergeblich empfangen hätten, ins Herz schreiben will: „Ich erinnere euch des Evangeliums, das ich euch verkündigt habe." Dieses Erinnern ist soviel, wie wenn er sagen wollte: Ich bringe es euch erneut herzmäßig nahe, was ich euch verkündigt habe. Ich stelle euch im innersten Gemüt, dem Sitz der geistlichen Erkenntnis, erneut vor den Gekreuzigten und Erstandenen hin und knüpfe daran die ganze, selig große Heilsbotschaft der gegenwärtigen und zukünftigen Rettung und frage euch: Ist das bei euch vergeblich geblieben? Hat es nicht vielmehr tief eingegriffen in euer Leben und euch auf einen neuen Boden gestellt und neue Menschen aus euch gemacht? Ja, nicht wahr, bei den Korinthern war's doch gewiß nicht vergeblich, sie haben doch, wie Paulus selbst sagt, Christus angenommen. Sie stehen in Ihm, sind gerettet in Ihm und warten auf die Vollrettung in Ihm. Wie kann man sie fragen: Ist das Evangelium vergeblich bei euch oder nicht? Und doch, diese Frage war hochnötig; waren die Korinther doch in der Tat in der großen Gefahr, daß die an sie geschehene Evangeliumspredigt vergeblich geworden wäre und daß ihr

Glaube vergeblich, d. h. leer und tot geworden wäre. Die Frage: Ist dir das Evangelium, ist dir Karfreitag und Ostern vergeblich oder nicht vergeblich? geht eben durchaus nicht nur die Ungläubigen und Fernstehenden an, sondern auch die Nahen, die Gläubigen, die Kinder Gottes. Es sind hier auch verschiedene Stufen des Vergeblich-Seins.

Zuerst, wenn man jemand fragen will, ob das Evangelium für ihn vergeblich sei oder nicht, muß er das Evangelium gehört haben. Darum sagt auch Paulus: „Ich erinnere euch an das Evangelium, das ich euch verkündigt habe", und verschärft diese Erinnerung noch durch den Zusatz: „in welcher Gestalt ich es euch verkündigt habe." Das volle und ganze biblische, sonderlich paulinische Evangelium wird nur wenig verkündigt. Darum kann es auch nur wenig volle und ganze und klare Entscheidungen geben. Die persönlichen Lebensentscheidungen für Gott, für die Ewigkeiten, für die ewigen Ziele und Aufgaben geschehen um so völliger, je völliger das Wort des Evangeliums ist, das an die Menschen kommt. Die allermeisten Predigten bewegen sich auf niedrigeren oder höheren Vorstufen des vollen Evangeliums. Sie können dann auch zu religiösen Entscheidungen und Lebensäußerungen führen, je nach dem Wahrheitsgehalt, den sie besitzen. Die Menschen, welche solche mit christlichen Wahrheiten durchsetzten religiösen Vorträge hören, haben auch ihre Ewigkeitsverantwortung über den Stücken der Wahrheit, die an sie gedrungen sind. Die Frage aber, ob das Evangelium, ob Karfreitag und Ostern für uns bis heute vergeblich geblieben sind oder nicht, kann voll nur gestellt und beantwortet werden, wo auch das volle Evangelium an die Herzen ergangen ist.

Das volle Evangelium ist zunächst die Botschaft vom ewigen Sohn Gottes, der Mensch geworden ist, um die Welt aus ihrem Sünden- und Todesfluch zu retten. Es ist die Botschaft von der vollständigen Todes- und Gerichts-Verfallenheit der Menschheit; es ist die Botschaft von der völligen Unmöglichkeit, die Welt durch menschliche Kraft und Macht in einen Heils- und Glückszustand zu versetzen. Das Evangelium sagt, daß die Menschheit aus sich mit ihren gewaltigsten Kräften und Anstrengungen das Elend nur größer, das Gericht nur tiefer machen kann, wie das ja offen am Tage liegt. Es predigt aber die völlig vollbrachte Rettung im eingeborenen, menschgewordenen Sohn Gottes, der die Sünde im Fleisch vollkommen überwand und dem Tod in Seinem Tod die Macht nahm; der alles Gericht am eigenen, sündlosen Leib trug und der alles Heil in Seiner Auferstehungsherrlichkeit ans Licht brachte. Das Evangelium hat zum A und O den ewigen Sohn, den niedrig gewordenen Menschensohn, den sündlosen Heiland, den fluchgerichteten Gekreuzigten, den herrlich Erstandenen und Erhöhten. In Ihm, dem ewigen Zentralherrn aller Kreatur, predigt es dann die Rettung aller Kreatur in den verschiedenen Zeiten und Äonen. Für den gegenwärtigen Zeitlauf bietet es frei und ohne jede Forderung völlige Vergebung von Sünde und Schuld, Wiedergeburt aus dem Geist der Kindschaft, Miterbschaft mit Christus, Erstauferstehung am Tag der Erscheinung des HErrn, Mitherrschaft in allen kommenden Äonen allen denen an, welche in Buße und Glauben sich Christus übergeben, Seinem Geistesleben in sich Raum geben, in Seine Lebens-, Leidens- und Sterbensgemeinschaft eintreten und sich zu Gliedern an Ihm, dem Haupt, auf dem Weg, den Er vorausgegangen ist, ausbilden lassen. Sünde, Tod und Gericht ist für solche völlig, endgültig und für alle Äonen aufgehoben; Christusgemeinschaft in allen Stufen Seiner Herrlichkeit ist ihr versiegeltes Teil. Zwar werden's nur wenige annehmen, aber um so herrlicher ist ihr Lohn. Das ist das Vollevangelium des gegenwärtigen Äons. Jetzt ist eine Rettung, Seligkeit und Herrlichkeit, wenn auch durch Kreuz hindurch, zu haben wie nie mehr. Jetzt kannst du in die Gleiche Jesu von Karfreitag über Ostertag und Himmelfahrt miteindringen durch Gnade, d. h. durch freies, allen Fluch aufhebendes Geschenk. Das ist das Evangelium, das Paulus allen Gemeinden verkündigt hat. Das ist das Evangelium, in welcher Gestalt er es auch den Korinthern gebracht. Das ist das Evangelium, welches er auch in unserem 15. Kapitel des Korintherbriefes verkündigt.

Es handelt sich ja in diesem großen Auferstehungsgemälde durchaus nicht um die allgemeine Auferstehung am Jüngsten Tag, noch weniger etwa um ein Fortleben nach dem Tod, vielmehr ist hier die geistleibliche Herrlichkeitsgemeinschaft der wiedergeborenen Erstlinge mit ihrem geistleiblich verklärten HErrn durchweg gemeint. Wer das nicht sieht, dem bleibt das ganze Kapitel eine versiegelte Schrift. Die Zweifel der Korinther waren keineswegs moderne Auferstehungszweifel etwa an einem Fortleben oder an einem seligen Fortleben, vielmehr waren sie so erfüllt von der Erwartung der Ankunft des HErrn zu Seinen erretteten Gläubigen und von der Hoffnung ihrer geistleiblich verklärten Herrlichkeitsversammlung zu Ihm, daß sie eben meinten, ihre gestorbenen Gemeindeglieder kämen nun um diese Herrlichkeit, weil sie nicht mehr auf dieser Erde waren. Deren rechtzeitige, verklärte Rückkehr auf diese Welt beim Kommen des HErrn machte ihnen Sorge. So ist die große Erstlingshoffnung der Grundgedanke unseres ganzen Kapitels.

Wer nun dieses volle und ganze Evangelium, in welcher Gestalt wir es eben in kurzen Strichen geschildert haben, nicht annimmt; wem das Torheit zu sein dünkt; wer in die völlige Heilandsgemeinschaft nicht eingeht; wer das große Herrlichkeitsangebot der gegenwärtigen angenehmen Zeit nicht glaubt; wer in die Gemeinschaft der Auserwählten und Wenigen nicht eintritt, für den ist Karfreitag und Ostertag vergeblich. Daran prüfe dich! Aber man kann es angenommen haben, und doch kann's vergeblich sein. Paulus sagt zu den Korinthern: Ihr habt es angenommen und ihr steht darinnen und ihr wißt die Rettung, die ihr habt und hofft, ihr seid selig geworden, wie Luther sagt, und doch könnte es für euch vergeblich sein. Wenn sie um der Verstorbenen willen in der Gemeinde, weil diese nicht am Leben geblieben sind, bis der Heiland kam, zweifeln, daß der Heiland sie verklärt mitbringen wird, dann haben sie eben ihre Erstlingshoffnung weggeworfen. Dann haben sie aber auch den auferstandenen Heiland weggeworfen; denn ist der nicht auch gestorben und begraben und doch geistleiblich herrlich wiedergekommen? Sollte Er nicht gleicherweise die entschlafenen Gläubigen mit Ihm führen? So kann's Anfechtungen geben auch im Glaubensstand, welche das Evangelium uns vergeblich zu machen drohen.

Bei den Galatern war's wieder etwas ganz anderes. Die fielen ins Gesetz und wollten durch Halten von Feiertagen und anderem selig werden. Ihnen muß Paulus schreiben: „So durch das Gesetz die Gerechtigkeit kommt, so ist Christus vergeblich gestorben"; und wiederum: „Habt ihr denn so viel umsonst erlitten?" und wiederum: „Ich fürchte, daß ich vergeblich an euch gearbeitet habe" (Galater 2, 21; 3, 4; 4, 11). In ernster Weise schildert Paulus auch 1. Korinther 9, 24—27 einen vergeblichen Lauf. Er aber will, sagt er dort, nicht anderen predigen und selbst bei der Schlußprüfung unbewährt erfunden werden. Darum läuft er nicht als aufs Ungewisse und ficht nicht als der in die Luft streicht. Ja, Karfreitag und Ostern darf nichts Leeres bei uns bleiben. Durch Leiden zur Herrlichkeit war der Weg des Erstlings der Erstlinge, und das ist der Weg auch der Seinen.

Mit großer Kraft stellt Paulus dieses Evangelium, das in Karfreitag und Ostern als in seine beiden Brennpunkte verfaßt ist, seinen Korinthern und uns vor Augen. Er stellt die beiden Tatsachen: Tod und Auferstehung Christi hinein in den ganzen großen, gewaltigen Offenbarungszusammenhang. Er tut dies mit wenigen, ganz schlichten Worten: „nach der Schrift", „nach der Schrift", so lauten sie in machtvoller Wiederholung. „Ich habe euch zuvörderst gegeben, was ich selbst empfangen habe, daß Christus gestorben sei für unsere Sünden nach der Schrift, und daß Er begraben sei, und daß Er auferstanden sei am dritten Tage nach der Schrift." Ja, Karfreitag und Ostern sind nicht nur einmalige Tatsachen, sondern sie sind die Herzfülle der ganzen Offenbarung Gottes. Karfreitag und Ostern laufen schon von Grundlegung der Welt. Karfreitag und Ostern sind dem sündengefallenen Kosmos eingeprägt in allen Jahrtausenden. Karfreitag und Ostern sind laufende Tatsachen, sie laufen von Äon zu Äon, bis sie ausgereift und ausgewachsen sind in der erretteten Kreatur zur Ehre Gottes, des Vaters.

Schon in der ersten Verheißung vom Fersenstich steckt der Karfreitag drinnen; und wenn der Gestochene und Gestorbene dann doch dem Teufel den Kopf zertritt, so muß Er eben erstanden sein, sonst kann Er das ja nicht tun. Und der Teufel verstand nur zu gut diesen Zug der Verheißung, darum wollte er den Stiel umdrehen und dem Weibessamen den Kopf zertreten. Und er hat das Haupt voll Blut und Wunden vor uns hingestellt, aber zertreten ist doch er selbst. Dann sehen wir in der ganzen Schrift und hinausblickend in der ganzen Welt von Anfang an die blutigen Opfer. Und jedes blutige Opfer, das erste vom HErrn selbst gegeben, ist ein Vorbild vom Karfreitag. Es weckt in den Opfernden der Glaubenslinie die Hoffnung auf den Kommenden und hält sie wach. Der erste Opferer aber ist selbst ein Opfer: Abel. Und wenn sein Blut nach seinem Tod fortschreit, so lebt er eben, wiewohl er erschlagen ist. Der HErr vertritt ihn Kain gegenüber —, auch ein Zeugnis von Karfreitag und Ostern. So leidet's und lebt's durch die ganze Bibel. Joseph ist ein sonderlicher im Leiden, Sterben und Auferstehen; David nicht minder. Daniel erlebt der Hölle Rache und die Grabesentsiegelung buchstäblich. Und David im Psalter und Jesaja im prophetischen Wort haben Ihn schon, den Gestorbenen, Begrabenen und Erstandenen. Keine einzelne Stelle wollen wir anführen, alles, alles redet davon. Und das Volk Israel hat als Volk den gleichen Weg eingeprägt und aufgeprägt: leidender Knecht Gottes, der nicht stirbt. Und dann kam Er und ging hin und kam wieder, alles nach der Schrift.

Und nun läuft Karfreitag und Ostertag in der erlösten Gemeinde und in jedem ihrer Glieder in seiner Art. Paulus trug die Malzeichen des HErrn Jesus an seinem Leibe; welcher Gläubige nach seinem Maße nicht auch? „Wir tragen allezeit das Sterben des HErrn Jesus an unserem Leibe, auf daß auch das Leben des HErrn Jesus an unserem Leibe offenbar werde." Weiter geht die Gemeine jetzt ihrem Karfreitag entgegen, und dann kommt ihr Ostertag. Karfreitag und Ostern — es kommt über ein kleines auch ein Weltkarfreitag, wo dann die Welt den Karfreitagsmann sehen wird, in den sie, die Juden voran, gestochen hat, und dann kommt ein Weltostertag, und so von Stufe zu Stufe. Es kann nicht Ruhe werden, bis Jesu Liebe siegt, bis dieser Kreis der Erden zu Seinen Füßen liegt — alles nach der Schrift. Siehst du, wie groß Karfreitag und Ostern sind — und die sollten dir vergeblich sein! Das sei ferne! Komm, sei ein lebendiges Glied der Karfreitags- und Ostergemeine!

Und noch einmal erinnert Paulus und prägt das Evangelium ins innerste Herz und Gemüt. Er ist gestorben; Er ist begraben; Er ist erstanden — Tatsachen, nüchterne, geschichtliche Tatsachen! Viel zu wenig stellen wir uns in die ganze, wahrhaftige Tatsächlichkeit von Karfreitag und Ostern hinein. Denke, der ewige Sohn Gottes, der Äonen um Äonen in der Herrlichkeit der unsichtbaren Welt war, der kommt auf diese Erde und stirbt freiwillig mit 33 Jahren nach dem Willen Gottes und nach der Schrift. Ja, Er kommt, wie Er selber sagt, in die Welt, um zu sterben. Jesu Lebenszweck und Lebensaufgabe war Sterben. Was hätte, möchte man menschlich sagen, dieser Geist nicht wirken können, wenn Er nicht mit 33 Jahren gestorben wäre! Denke, Er wäre 80 geworden. Seine Aufgabe war vor allem Sterben. Frag doch einmal, warum? Warum starb Jesus, völlig frei sich hingebend, ohne jede Not oder Nötigung, nach dem Willen Seines Vaters mit 33 Jahren? Um unserer Sünde willen, sagt Paulus. Weißt du einen anderen Grund?

Und dann das ebenso Große: Er ist erstanden. Wuchtig und überwältigend ist die Zeugenaufstellung des Paulus. Er ist gesehen; er ist gesehen; er ist gesehen. Mit vielstimmiger Monotonie geht das Zeugnis einher von Petrus bis zu Paulus selbst. Überlege dir's, der wahrhaft gestorbene und begrabene Gottessohn ist wiedergekommen. Das Grab war leer, Sünde und Tod sind durchbrochen. Und das sollte für dich leer und vergebens sein? Wenn du völlig frei von allem Todesfluch und völlig frei zu aller Herrlichkeit werden kannst in Jesus! Willst du lieber sterben und verderben? Warum ist dir Karfreitag und Ostern noch vergeblich? Stehst du etwa nicht unter dem Gesetz der Sünde und des Todes? Brauchst du keine Rettung? Möchtest du keine Verherrlichung? Siehe, es ist alles da.

Und dann höre noch einen, an dem Karfreitag und Ostern nicht vergeblich waren. Wie steht er da, ein armer Sünder. Ich bin der geringste unter allen Aposteln, nicht wert, ein Apostel zu heißen, weil ich die Gemeine Gottes verfolgt habe. Also gerade dem Rat Gottes in Christo in diesem Zeitalter hat er widerstrebt — nämlich der erwählten, herausgerufenen Gemeine. Seine Sünde ist immer vor ihm. Aber gerade ihn hat der Erstandene gefaßt und gerade aus ihm hat Er den Grundapostel der Gemeine gemacht. Aufjauchzt er in wunderbarem Wort: „Durch Gottes Gnade bin ich, was ich bin." Wer dieses Wort im Urtext lesen kann, dem fällt sofort die wunderbare Gleichheit mit der Stelle 2. Mose 3, 14 auf, wo der ewige HErr Seinen Namen kundtut mit den Worten: „Ich bin, der ich bin!" Ja, die Gläubigen in Christo, an denen Karfreitag und Ostern nicht vergeblich ist, haben eine gar tiefe und wahrhaftige Selbst- und Sünden-Erkenntnis. Sie wissen aber auch, was sie geworden sind im Erstandenen; sie sind im Heiligen Geist in das ewige Leben, in das, was „ist, was es ist", eingegangen, ins Seiende. Wir gehören zu den Seienden. Wohl sagt Paulus, er habe mehr Mühe gehabt (gearbeitet), d. h. mehr Lasten und Leiden im Dienst des HErrn, als alle anderen, aber die Gnade habe ihn all diese Mühe überwinden lassen. Und diesen Weg predige er und glaube er: den Weg der Gnade, die aus den tiefsten Sündern die herrlichsten Zeugen schafft; den Weg der Gnade, welche aus allen Leiden Herrlichkeiten schafft; den Weg von Karfreitag und Ostern an Christus und in Christus predige und gehe er. Gekreuzigt, begraben, erstanden, wunderliche und herrliche Dreieinigkeit nach der Schrift, in Christus für uns die Rettung, in Christus in uns der Rettungsweg. Gnade heißt du mit einem Wort. Komm, sei auch in bezug auf mich nimmermehr vergeblich! (31. März 1923)

Der Tod ist verschlungen in den Sieg

Text: 1. Korinther 15, 12—28

Der Tod ist aufgehoben; der Tod hat keine Herrschaft mehr! Das ist die gewaltige Osterbotschaft unseres Textes. Höret, ihr Himmel, horche auf, totverfallene Erde. Der Tod ist aufgefressen vom Leben; die furchtbare Todesniederlage der Menschheit ist hinausgeführt zu einem Lebenssieg! Und Jesus Christus, der Auferstandene, ist der Sieger. Warum strömst du nicht in hellen Haufen dem Todesüberwinder zu, o Menschheit? Willst du denn sterben und im Tod bleiben? Nein, du willst leben, heiß schlägt dein ganzes Herz danach. So komm und nimm! Oder zweifelst du? Ist dir die Botschaft zu unglaublich, zu groß, sie zu fassen? Du darfst sie fassen! Oder bist du schon so Gewohnheitssklave des Todes geworden, daß du sein Elend nicht mehr spürst? Ich denke doch nicht! Oder traust du es Jesus nicht zu, daß Er wahrhaftig dem Tod ein Ende gemacht hat? Du sagst, schon die ersten Christen in Korinth haben ja gezweifelt, wie unser Text zeigt, wieviel mehr müssen wir nach zweitausend Jahren stutzig werden, wo wir doch sehen, wie trotz Jesus Christus der Tod noch herrscht. Wohlan, hast du den Zweifel unseres Textes aufgefaßt, so fasse auch die herrliche Auflösung des Zweifels durch Paulus. Siegesgewaltig und gottmächtig zeigt er uns, wie in der Tat dem Tod die Macht genommen ist in Christo Jesu, unserm HErrn.

Zuerst aber lerne die Zweifel der Korinther richtig verstehen. Das sind keine modernen Unglaubenszweifel, aus religiöser Hohlheit und Eigenüberhebung geboren, das sind tief innerliche Glaubenszweifel, das sind Anfechtungen, welche aus tiefstem Glaubensgrund stammen. Es ist ein großer Unterschied zwischen Zweifel und Zweifel. Die einen sind aus der selbstherrlichen Vernunft oder gar aus dem Sünde und Welt liebenden Willen geboren; die anderen sind tiefe Beugungen gläubiger Seelen, die etwas nicht fassen, vor allen Dingen für sich nicht fassen können. Die ersteren können nur durch Bekehrung des Gesamtmenschen, der sie hat, gelöst werden, die letzteren durch Zeugnis der Wahrheit von seiten der Gläubigen.

Die Korinther-Zweifel waren geradezu das Gegenteil von dem, was heute bezweifelt wird vom selbstgroßen Diesseitsmenschen. Den Korinthern stand die wahrhaftige Auferstehung des Heilandes, Seine Rückkehr in diese Welt felsenfest. Der aus dem Tod wiedergekommene Gottessohn war ihnen nicht wankend. Ebensowenig zweifelten die Korinther an dem sogenannten „Fortleben nach dem Tod". Das war ihnen als Heiden schon klar, dazu brauchten sie gar kein Christentum, daß der Mensch nach dem sichtbaren Sterben weiterlebe. Das haben überhaupt alle Heiden, die ganze Menschheit, ausgenommen gewisse Scharen religiös völlig verlotterter Antichristen. Aber das war die ernste Gewissensfrage, ob der Mensch drüben sein Weiterleben noch unter dem Druck der Todesmächte führen müsse, wie er sein Leben hienieden geführt hatte, oder ob er frei von aller Todes- und Höllen-Macht sei. Da hatten nun die Korinther auf das Zeugnis des Apostels Paulus hin den Glauben angenommen, daß der Heiland wieder zurückgekommen sei auf die Erde, also wahrhaftig auferstanden; daß Er jetzt zwar hingegangen sei zum Vater, daß Er aber von dort wiederkommen werde mit allen Seinen Gläubigen in Herrlichkeit. Über die Gläubigen darf der Tod nicht mehr herrschen, das war ihr Bekenntnis. Daß er über die Welt noch herrsche, war ihnen nicht befremdlich, die glaubte ja nicht und stand nicht in Christus, aber über die Christgläubigen hatte der Tod keine Macht mehr.

Als aber eine Anzahl gläubiger Christen in Korinth starb, als kein Heiland wiederkam und als auch die Entschlafenen nicht wiederkamen, da erfaßte viele eine innere Gewissensnot: Werden unsere Entschlafenen auch wirklich nicht mehr im Tode sein; werden sie in ein seliges, herrliches Leben eingerückt sein und werden sie im Vollsinn auferstehen, werden sie in diese Welt herrlich zurückkehren? Es war ein Zweifel, der aus dem Verzug der sichtbaren Erscheinung kam. Es war ein Zweifel, der aus dem starken Glaubensboden kam, daß die Heiligen in Christo herrlich mit Ihm wiederkehren werden zum Zeugnis über die ganze Welt. Als dies nicht geschah, meinten ihrer etliche kleinmütig, die Auferstehung der Toten sei nichts. Uns Christen der Gegenwart sind solche Zweifel fast fremdartig, weil wir vielfach nicht in der lebendigen, kraftvollen Glaubens- und Hoffnungs-Stellung stehen wie jene ersten Christen. Die sieghafte, herrliche Rückkehr aller Gläubigen in Christus mit diesem Haupt in diese Welt ist vielfach nicht mehr Inhalt des hoffenden Christenlebens. Darum verstehen wir auch solche Stellen wie unsere vorliegende oft gar nicht mehr. Auf ein seliges Sterben ist die Christenhoffnung, wo sie überhaupt noch ist, eingeschränkt worden, anstatt daß sie ein herrliches Wiederkunftsleben mit dem wiederkommenden HErrn umfaßt. Der rechten Christenhoffnung kräftigster Wunsch heißt: Komm, HErr Jesu, mit Deiner Herrlichkeitsgemeinde. Der Lebenssieg Jesu ist ein viel größerer, als die meisten ihn nehmen. Der Tod ist tatsächlich für die Gläubigen aufgehoben und zu einem großen Lebenssieg umgestaltet.

Paulus greift nun machtvoll apostolisch hinein in diesen Zweifelsknäuel der Korinther und reißt ihn auseinander. Da wir heute noch auf die herrliche Wiederkunft Christi und auf die Erlösung der ganzen Welt aus dem Tod harren, so sind seine zweifelzerstreuenden Kraftworte auch für uns von großer Bedeutung. Er sagt den Korinthern: „Ist die Auferstehung der Toten nichts, so ist auch Christus nicht auferstanden." Er rückt ihnen mächtig zu Leibe und sagt: Ihr zweifelt nur halb! Wollt ihr denn zweifeln, so zweifelt auch ganz und voll! Wenn unsere Toten, wie ihr meint, der Macht des Todes nicht entrückt sind und wenn sie, wie ihr wiederum meint, nicht sichtbar zurückkommen ins Leben, dann werft auch Christus weg, von dem ihr doch glaubt, daß Er sichtbar wiedergekommen sei. Entweder — oder! Wollt ihr's von den Gläubigen nicht festhalten, daß sie herrliches Leben haben und erscheinen werden, dann laßt's auch für den Heiland fahren. Warum für den einen glauben, was ihr für die anderen bezweifelt?

Das war für die Korinther eine erschreckende Folgerung, an die hatten sie nicht gedacht. Ja, das ist oft so beim Zweifel, er zieht die Folgerung nicht. Man zieht einen Punkt in Zweifel und läßt andere stehen und merkt nicht, daß es sich bei der göttlichen Offenbarung um einen wunderbaren Organismus handelt, bei dem, wenn man ein Glied amputiert, der ganze Körper verstümmelt ist. Ja, ist die Auferstehung der Toten nichts, dann ist Christi Auferstehung nichts! Weg dann mit allem! Der Apostel merkt der Korinther Entsetzen wohl. Nicht wahr, das könnt ihr nicht, den auferstandenen Heiland mit wegwerfen? Das konnten sie auch nicht, damit hätten sie den Apostel und sich selbst und ihr ganzes Glaubens- und Gemeindeleben mit weggeworfen. Sie sind sturmreif, und Paulus stürmt nun.

Ist Christus nicht auferstanden, sagt er, dann ist unsere Predigt vergeblich. Das ist sie aber nicht, denn sie hat sich an dem Gewissen der Korinther bezeugt, und diese haben sie angenommen. Die Predigt des Paulus hat sich an ihnen als innere Wahrheit bewiesen, darum sind sie ihr zugefallen. Gerade die Botschaft von dem nach Kreuz und Tod auferstandenen Gottessohn hat sie gewonnen. So sind sie denn Zeugen für den auferstandenen Christus. Sie fallen mit Ihm, wenn sie Ihn fallen lassen.

Und auch ihr Glaube fiele. Ist Christus nicht auferstanden, dann ist auch euer Glaube vergeblich oder eitel und leer. Das ist er aber nicht, sondern er ist voll göttlichen Lebens. Er hat sie doch aus dem heidnischen Sünden- und Eigenleben herausgenommen und ins göttliche Leben versetzt; ja, ihr Glaube ist in ihnen ein herrliches, neues Leben. Er ist nichts anderes als Christus in ihnen durch den Heiligen Geist. So ist ihr Glaube Zeugnis für den erstandenen und wahrhaftig lebenden Christus. Sie selber sind Zeugen: Christus ist wahrhaftig auferstanden.

Was würde doch auch mit dem Apostel selber werden, wenn Christus nicht wahrhaftig auferstanden wäre? Er wäre ja ein falscher Zeuge Gottes. Er würde Gott etwas andichten und den Korinthern ein Märlein aufbinden, wenn er sagte, Gott habe Christus auferweckt, wenn in Wirklichkeit Gott das nicht getan hätte. Paulus aber ein Märlein-Erfinder, ihr teurer Glaubensvater, das ist er nicht!

Und immer gewaltiger rückt ihnen Paulus zu Leibe. Ja, ihr lieben Korinther, nur einmal nachgedacht: Wenn die Toten nicht auferstehen, ist auch Christus nicht auferstanden, dann purzelt alles zusammen. Damit ist euer Glaube eitel, und ihr seid noch in euren Sünden. Der Tod ist der Sünde Sold; wo nun der Tod nicht aufgehoben ist, ist auch die Sünde nicht aufgehoben. Die Korinther sind aber doch so selig geworden in der Vergebung der Sünden im Blut Christi. Haben sie aber diese, so ist auch der Tod aufgehoben, denn wo keine Sünde ist, da ist auch kein Tod. Also ist der Tod für Christus weg und für Seine Gläubigen weg. Wer Vergebung der Sünden hat, der hat auch Leben und Herrlichkeit.

Aber nicht bloß die Lebenden wären fertig, wenn die Auferstehung nicht wäre, sondern auch die Toten. Die schon entschlafenen Korinther wären alle im Gerichtsverderben infolge der unvergebenen Sünden. Das aber können die Korinther von ihren heimgegangenen Geschwistern nun und nimmermehr glauben. Wie selig sind sie gestorben, und drüben sollten sie nun Getäuschte sein? Ausgeschlossen! Christus lebt in Herrlichkeit, und sie mit Ihm.

Dann aber, um aufs Höchste zu kommen: Der ganze Christenstand wäre ohne wahrhaftige Auferstehung das Elendeste, was es gäbe im Himmel und auf Erden, nicht mehr wert, als weggeworfen zu werden. Was haben wir denn in diesem Leben von Christus? Wohl viel: Friede und Freude im Heiligen Geist, aber doch auch der Leiden Christi viel. Was hatte allein der Apostel um Christi willen schon durchgemacht, auch die Korinther hatten schon ihr gut Teil Christenkreuz zu tragen gehabt. Und nun drüben neues Elend? Da wären fürwahr die Christen mit ihrem Verleugnungs- und Sterbensweg die elendesten unter allen Menschen. Die Gerechtigkeit verlangt's, daß sie auf dieser Erde, wo sie mit Christus gekreuzigt sind, auch herrlich gemacht werden. Es ist nicht anders möglich, Christus ist auferstanden, und die Seinen sind herrlich in Ihm und kommen herrlich mit Ihm. Alles, alles zeugt dafür. Ja, es steht so, entweder ist es wahr, Christus ist wiedergekommen und kommt wieder und die Seinen mit Ihm, oder das Christentum ist eine große Lüge und Täuschung. Weil es das aber gewißlich nicht ist, so bleibt's: Die Auferstehung Christi und die der Seinen ist herrliche Wahrheit. Der Tod ist verschlungen in den Sieg!

Aber, sagt Paulus, warten müßt ihr. Die Aufhebung des Todes geht nach ganz bestimmten Ordnungen, wie alles in allen göttlichen Reichen. Christus selbst ist jetzt einmal der Erstling der Entschlafenen geworden. Wo aber ein Erstling ist, da ist darnach auch eine Ernte. Am Erstling sollen nun die andern glauben lernen und im Glauben Sein Erstlingsleben anziehen. Es gilt in Christo das große, wunderbare Gottgesetz: Gleichwie durch einen Menschen der Tod, so durch einen Menschen die Auferstehung der Toten. Gleichwie sie in Adam alle sterben, so werden sie in Christus alle lebendig gemacht werden. Das sieht doch jedermann, daß in Adam alles stirbt. Wohlan, was zweifelst du, daß im menschgewordenen Sohne Gottes alles wird lebendig gemacht werden? Auf, der Tod ist verschlungen in den Sieg! Aber es geht alles in ewigen Ordnungen. Der Erstling ist Christus. Und Er wird der Einzige und Erste solange bleiben, bis die ganze Erstlingsgemeinde herausgeholt und herangebildet ist. Das geht aber durch der Menschen eigene, mannigfache Schuld viel langsamer, als es gehen könnte und sollte. Welche Umwege haben die Kirchen eingeschlagen, wie widerstanden oft die einzelnen. So sind wir heute mit der nächsten Ordnung noch nicht ganz fertig. Offenbar eilen wir ihrer Vollendung entgegen, aber es braucht immer noch Zeit. Doch so gewiß wie der Erstling Christus herauskam, so kommen darnach heraus in einer Erstauferstehung die, welche Christus angehören. Das wird geschehen in Seiner Wiederkunft.

Dann kann's erst an die andern gehen. Da wird's große Schwierigkeiten haben, die viele Äonen dauern. Da müssen erst widerstrebende Herrschaften, Obrigkeiten und Gewalten gebrochen und zerbrochen werden, also gewaltige innere und äußere Widerstände. Da muß zuerst alles zu den Füßen Jesu gelegt werden und alles Ihm untertan sein. Dazu wird gerade die Furchtbarkeit des andern Todes ein mächtiger Helfer sein. Erst nach dem Zerbruch alles Widerwärtigen und Gewalttätigen, wenn es endlich Jesu untertan wird, dann kann endgültig als allerletzter Feind zunichte gemacht werden: der Tod. Dann wird im Besitz aller Kreatur, die nun ins Leben eingegangen ist, der Sohn alles dem Vater übergeben, auf daß Gott sei alles in allem. Dann wird auch voll und ganz der Tod verschlungen sein in den Sieg. Welche Aussichten liegen hier vor uns. Ja, der Lebenssieg Christi ist ein völliger und ganzer, aber er braucht seine Zeiten. Wenn es bis zur Auferstehung Christi Jahrtausende gebraucht hat und bis zur Erscheinung der Gemeine der Gotteskinder und Erben wieder Jahrtausende, was wird's brauchen, bis der letzte Feind aufgehoben werden kann! Aber geschehen wird's. Darum rufen wir jetzt schon: Gott sei Dank, der uns den Sieg gegeben hat durch unsern HErrn Jesus Christus!

Du aber laufe in deiner Ordnung! Komm herein in die Erstlings-Ordnung der Gemeine. Laß allen Tod in dir Schritt für Schritt überwunden werden, daß du erscheinen kannst bei denen, die Christus angehören, welche die nächsten sein werden, die jubilieren: „Der Tod ist verschlungen in den Sieg!"

(27. März 1921)

Wer ist ein Mann?

Text: 1. Korinther 16, 13

Wer ist ein Mann? wer ist mündig? Da antworten die Leute: „Das ist in verschiedenen Ländern verschieden. In einigen muß man 21, in andern 24, in andern 25 Jahre alt werden, um zur Mündigkeit zu gelangen." Aber die Jahre tun es nicht; viele kommen zeit ihres Lebens nicht zur rechten Mannheit, Selbständigkeit und Mündigkeit. Die körperliche Ausbildung und ein gewisses Maß an Erkenntnis tut es auch nicht. Alles Pochen auf sein eigenes Ich, auf seine Weisheit und seine Güter zeugt gerade von Unmündigkeit. Wohl pflegt man in der Welt zu sagen: Wer Geld hat, der hat auch Verstand und Urteil. Ja, er hat so viel Verstand und Urteil, wie ihn die Selbstsucht, die Feigheit, die Schmeichelei und Kriecherei der andern will haben lassen. Reichtum zieht keinen Verstand, er nimmt ihn viel öfter. Der Verstand und die Mannheit hat eine andere Quelle. Auf sie weist Jeremia hin, indem er spricht: „Ein Weiser rühme sich nicht seiner Weisheit, ein Starker rühme sich nicht seiner Stärke, ein Reicher rühme sich nicht seines Reichtums; sondern wer sich rühmen will, der rühme sich des, daß er Mich wisse und kenne, daß Ich der HErr bin, der Barmherzigkeit, Recht und Gerechtigkeit übt auf Erden: denn solches gefällt Mir, spricht der HErr."

Wer ist ein Mann? Paulus, dieser auserwählte Streiter unseres HErrn Jesus Christus, redet gar gern von der Mannheit in dem HErrn. Er schreibt an die Epheser: „Die Heiligen sollen hinankommen zu einerlei Glauben und Erkenntnis des Sohnes Gottes und ein vollkommener Mann werden, der da sei im Maße des vollkommenen Alters Christi, auf daß sie nicht mehr Kinder seien und sich bewegen und wiegen lassen von allerlei Wind der Lehre durch Schalkheit der Menschen und Täuscherei, damit sie uns erschleichen, uns zu verführen." Er schreibt an die Korinther: „Da ich ein Kind war, da redete ich wie ein Kind und war klug wie ein Kind und hatte kindische Anschläge; da ich aber ein Mann ward, tat ich ab, was kindisch war." Er schreibt an dieselbe Gemeinde: „Wachet, stehet im Glauben, seid männlich und seid stark!" Diesem Worte wollen wir nachgehen, und zwar wollen wir in der Mitte, in seinem Herzstück anfangen: „Stehet im Glauben!"

Nur wer Glauben gefunden hat, steht. Er hat den Felsen unter den Füßen. Er weiß, wer ihn erschaffen und erlöst hat. Er weiß, wem er angehört. Er weiß, wohin er will. Nur ein rechtes Kind Gottes in Jesu Christo kann ein Mann sein. Nur dieses hat den festen Grund unter den Füßen; nur dieses kann einen guten Kampf kämpfen. Nur wer glaubt, der flieht nicht. Die Kinder Gottes sind die Männer und Helden, welche klein und doch groß, mild und sanft und doch unbesieglich stark sind. Sie stehen wie David auf den Kampfgefilden ihres HErrn.

Wer keinen Glauben hat, steht auf seiner eigenen Kraft. Nun ist diese Kraft schon an sich selbst nichtig; sie kann dahinfallen von *einem* Wurmstich wie Jonas

Kürbis in *einer* Nacht. Sodann aber hängt sie auch gar sehr von Stimmungen, Umständen, von dem Hauch des Urteils und des Mutes ab, der uns umgibt. Ein Mensch ohne Glauben ist, wenn er auch noch so sehr prahlt, eine Wetterfahne, die vom Winde hin und her getrieben wird.

Wie der Glaube ein festes Herz macht, so macht er auch ein ganzes und einheitliches. Mitten darin steht *ein* HErr, *eine* Liebe, *ein* heiliges Ziel. Während in den Kindern der Welt die Ehre mit der Kleinmütigkeit, während in ihnen eine Klugheit mit der andern ringt und es oft im Herzen aussieht wie auf dem Meer, wo widerstreitende Winde miteinander im Kampf liegen, bleibt der Christ, auf seinem Felsen stehend, ein ganzer Mann. Wohl stoßen ihn die Stürme auch an und die Windwirbel verwirren sein Auge auf eine kleine Zeit; aber bald hat er sich wieder besonnen; er weiß wieder, wem er gehört, wer er ist, und was er zu tun hat. Sein Gebet ist: HErr, halte Du mich fest, auf daß ich Dich nicht verlasse; laß Du meinen Fuß nicht gleiten, laß mich mein vorgestecktes Ziel nicht aus den Augen verlieren. Immer fester klammert er sich an seinen HErrn an. Je älter ein Efeu wird, um so mehr Saugwurzeln schlägt er in seine Eiche oder seinen Felsen ein. Je älter ein Christ wird, um so mehr heftet er sich mit allen Fasern des Herzens an seinen Heiland an, so daß ihn weder Trübsal noch Angst noch Verfolgung noch Hunger noch Blöße noch Fährlichkeit noch Schwert von seinem Felsen losreißen kann. Nur so wirst du ein Mann.

Wir sind aber noch nicht fertig. Wir fragen zum zweiten Mal: „Wer ist ein Mann?" Wer sich demütigen kann. Zur Mannheit gehört Wahrheit. Alle Lüge ist etwas Unmännliches. Wer sich über sich selbst belügt, wer sich von seiner Kraft große Dinge einbildet, wer sich für einen Heiligen und Tugendhelden hält, der ist kein Mann. Er kennt sich ja selbst noch nicht einmal. Ein Mann in Jesu Christo kennt seine eigene Schwachheit und Sünde, er vertritt und verteidigt sie nicht. Er richtet sich selbst mit dem scharfen Schwert des Wortes Gottes. Seine Schuld vor sich selbst verhehlen und bemänteln zu wollen, ist blödes, kindisches Wesen. Wundere dich nicht, daß wir gerade dieses wahre und scharfe Urteil über uns selbst zur Mannheit zählen. Es gehört zu nichts mehr Tapferkeit als gerade dazu. Es ist viel leichter, gegen andere die Wahrheit zu vertreten und ein scharfes Gericht zu halten als gegen sich selbst. Es ist viel leichter, einmal mit ganzer Kraft gegen die Feinde anzustürmen und das Schwert auf ihr Haupt zu schwingen, als beharrlich das eigene liebe Herz zu treffen und die alten, so eng mit uns verwachsenen Schoßsünden zu züchtigen.

Wie wir denn über uns selbst ein strenges Gericht halten sollen, so über andere ein gerechtes. Wie schwer wird es dir, dich gegen andere in den Schatten zu stellen, dich als den Ungerechten, sie als die Gerechten, dich als den Unvollkommenen, sie als die Vollkommenen anzuerkennen. Es gehört eine echte männliche Reife dazu, hier das Zünglein an der Waage sich nach Gottes Urteil neigen zu lassen. Der selbstsüchtige und gegen sich selbst so feige Mensch hält es gern an und will ihm eine Stellung geben, wie sie ihm beliebt. Der sonst so stolze König Saul beschämt uns, wenn er David nachruft: „Ich habe gesündigt; komm wieder, mein Sohn David, ich will dir hinfort kein Leid tun, darum daß meine Seele heute teuer gewesen ist in deinen Augen. Siehe, ich habe töricht und sehr unweise gehandelt. Du bist gerechter denn ich; du hast mir Gutes bewiesen, ich aber habe dir Böses bewiesen." Ach wie schwer kommen wir zu solchem Mut und zu solchem Urteil gegen uns selbst und gegen andere. Der rechte Mut erwächst aus der Demut.

Wer ist ein Mann? Wer beten kann! Und das Gebet entspringt eben aus den beiden Quellen des Glaubens und der Demut. Der Glaube kann beten, die Demut will beten; der Glaube kennt Gott, die Demut sucht Gott. Beide gehören aufs innigste zusammen. Das Gebet ist die stets nach der Hilfe Gottes ausgestreckte Hand. Das Gebet ist ein Bote, den der Streiter Gottes aussendet zu seinem Siegesherzog, um von ihm Klarheit und Stärke zu holen. Das Gebet ist der Krug, welchen der Durstige hinuntersendet in den Brunnen, der nie versiegt. Wer nicht beten kann, mag wohl in eigener Kraft einmal aufbrausen und einen Anlauf nehmen; wenn es sich aber darum handelt, in einfältiger Beharrlichkeit seinen Streit durchzufechten, dann ist es aus. Wer nicht beten kann, ist ein einsamer Streiter ohne Reserve im Rücken. Unklarheit, Wankelmut und Grauen befallen ihn plötzlich, und er verläßt das Feld. Bete du täglich um die kleine Treue und um die Mannheit gegen dein eigenes Fleisch und Gelüsten. Dann bist du in der Ordnung des Gebetes und wirst vom Feinde nicht überrascht noch überfallen, wenn er mit großen Anfechtungen auf dich eindringt. Bist du stark im Gebet, so bist du auch stark im Streit.

Glaube, Demut und Gebet, sie zusammen machen den Mann aus. Das ist die dreifältige Schnur, welche nie reißt. Ist das Herz mit ihr gegürtet, dann ist auch Charakter da, dieses wesentliche Erfordernis eines Mannes. Ihn drückt unser Text in den Worten aus: „Seid männlich und seid stark." Das Angesicht des Mannes hat eine bestimmte Haltung und feste Züge bekommen. Es wandelt sich nicht mehr wie ein Kinderangesicht bei jedem neuen Erlebnis. Und ebenso hat sein Herz auch eine feste Gestalt gewonnen. Er will nicht heute dies und morgen das; er redet nicht heute so und morgen so; er hängt nicht heute diesem und morgen jenem an. **Sein Leben hat Plan und Ziel.** Ein armes, schwaches Rankengewächs hängt sich heute an eine Eiche an, morgen wirft es der Wind zu Boden und übermorgen schlingt es sich um einen Dornbusch; eine Eiche wächst unbeirrt fest in die Höhe. Ein Mann läßt sich nicht bewegen und wiegen von jedem Wind des Urteils. Er ist nicht abhängig von Menschengerede, von jedem Buch und jeder Zeitung, die er liest. Im Gegenteil, sein innerer Bau und sein Gerüst steht fest. Aus allem, was er hört und liest, nimmt er, was in den auf den Herrn gegründeten Bau taugt; was nicht taugt, wirft er weg. Er lebt nicht, um Menschen zu gefallen, sondern dem HErrn zu gefallen. Der Menschen sind viele, ein Menschenknecht muß schwanken. Der HErr ist einer, ist immer einer, Jesus Christus gestern und heute und derselbe in alle Ewigkeit. Darum ist das Kind Gottes in Christo, das Glied am Leib Christi, auch eines und einig und beständig.

Bist du ein Mann, so kann man sich auf dich verlassen. Es gibt jetzt so viele Leute, von denen man durchaus nicht beurteilen kann, was sie in dieser oder jener Lage für eine Stellung einnehmen werden. Man kann sie nicht messen. Warum nicht? Eben weil sie nie zur einfältigen christlichen Mannheit gekommen sind. Kein Freund kann sich auf sie verlassen. Wenn große Fragen in Kirche und Staat und Stadt auftauchen, weiß man nicht, auf welcher Seite sie stehen. Das kommt daher, weil sie den HErrn nicht einfältig für ihre Stärke halten, sondern allerlei Rücksichten, auch Selbstsucht und Kleinmut mit hineinreden lassen.

Ein Mann geht seinen geraden Weg. Er sucht den Kampf nicht. Er vertritt die Ehre seines Heilandes. Er kann es nicht ertragen, wenn über den lebendigen Gott und Sein teures Wort gespottet und die ewige Wahrheit in den Kot getreten wird. Entweder tritt er der Verleumdung und dem Spott mit festem Bekenntnis entgegen, oder er geht wenigstens von dannen, schüttelt den Staub von den Füßen und macht sich auch nicht scheinbar fremder Sünde teilhaftig. Petrus bekennt: „Wir können es ja nicht lassen, daß wir nicht reden sollten, was wir gesehen und gehört haben." Paulus spricht: „Wir können nichts wider die Wahrheit, sondern für die Wahrheit." Luther steht da vor dem Kaiser und den Fürsten des Deutschen Reichs und bezeugt: „Hier stehe ich, Gott helfe mir, ich kann nicht anders." Der Markgraf Georg von Brandenburg will lieber seinen alten, grauen Kopf auf den Block legen als die evangelische Wahrheit verleugnen. Das sind Männer in dem HErrn.

Männer in dem HErrn vertreten das heilige Recht, nicht allein, wenn die Verletzung ihnen selbst droht, sondern auch wenn andern Unrecht geschieht. Sie sind die Helfer der Armen, Alten, Witwen, Waisen und Schwachen. Das ist Hiobs Ruhm, daß er den Bedürftigen ihr Begehren nicht versagt und die Augen der Witwen nicht hat verschmachten lassen. Er hat seinen Bissen nicht allein gegessen, sondern ihn geteilt mit den Waisen. Er hat den, welcher Unrecht litt, vertreten im Tor vor der Gemeinde.

Endlich gehört es zu einem rechten Mann, daß er auch in seinem Berufe etwas Rechtschaffenes leiste. Er soll sein Meisterstück nicht machen mit Zittern und Zagen, sondern mit der Gewißheit, daß er seinen Beruf redlich gelernt hat. Er soll seinem Hause wohl vorstehen, Weib und Kind und Gesinde mit fester Hand regieren und das Haupt oben behalten. Dabei soll er kein Löwe im Hause und kein Wüterich unter den Seinen sein, sondern sein Regiment führen in Gottes Namen und ruhiger Festigkeit. Er soll, wie er selbst gelehrt worden ist, auch andere wieder mit Geduld und Klarheit lehren können. Namentlich soll er auch Wort halten lernen. In keinem Stück ist die Wortbrüchigkeit, also das Lügen, mehr gang und gäbe geworden als in versprochener Arbeit und versprochener Bezahlung. Da geht man über den festgesetzten Tag weg, wie wenn ein gegebenes Wort nichts wäre. Ein Lügner ist kein Mann, ein Mann hält Wort.

Dabei hat er sich wohl zu hüten, daß er nicht alle seine Zeit lediglich auf sein Haus und seinen Beruf verwende. Männer sollen auch Zeit haben für das Reich Gottes, sie sollen mitbauen an der Kirche Christi. Also ist das auch ein Teil der rechten Mannheit, daß wir unserer Bequemlichkeit, Gemütlichkeit, Ruhe und engsten Sorge für die Unsern ein Stück Kraft und Zeit abbrechen und es dem Wohl der Herde Christi widmen. Das gehört alles zum rechten Mann.

Wer aber angefangen hat, in solcher Weise zum Mann zu gedeihen, dem ruft unser Text zu: „Wachet!" Wer da steht, der sehe zu, daß er nicht falle.

Wo auf dem Eckstein Jesus Christus ein weniges aufgebaut ist, da kommt auch gleich der Feind und legt im Hochmut heimlich Feuerfunken in den Bau, um ihn von Grund aus zu zerstören. Wer kann die Männer zählen, welche aus Gottes Gnaden etwas geworden waren, dann aber durch eigene Schuld tief in die Welt zurücksanken. Darum sage dir alle Tage: „Nicht, daß ich es schon ergriffen habe oder schon vollkommen sei; ich jage ihm aber nach, ob ich es auch ergreifen möchte, nachdem ich von Christus Jesus ergriffen bin. Ich schätze mich selbst noch nicht, daß ich es ergriffen habe. Eins aber sage ich: Ich vergesse, was dahinten ist, und strecke mich nach dem, das da vorne ist, und jage nach dem vorgesteckten Ziel, nach dem Kleinod, welches vorhält die himmlische Berufung Gottes in Christus Jesus!"

Wer hat dich errettet von der Obrigkeit der Finsternis? Wer hat dich wachsen lassen in der Gottseligkeit? Wer hat dich zum Mann gemacht? Allein dein Gott und Heiland. Aus Gottes Gnade bist du, was du bist, Seine Gnade ist an dir nicht vergeblich gewesen. Indem du bekennst: „Nicht uns, HErr, nicht uns, sondern Deinem Namen gib Ehre um Deine Gnade und Wahrheit", bewahrst du dich vor dem Hochmut und vor dem Fall. Bleibst du aber im Glauben, in der heiligen, männlichen Demut, im Wachen und Beten, dann wird an dir das Wort erfüllt: „Die auf den HErrn harren, kriegen neue Kraft, daß sie auffahren mit Flügeln wie Adler, daß sie laufen und nicht matt werden, daß sie wandeln und nicht müde werden." (14. Okt. 1917)

Der Gott des Trostes und Menschen des Trostes

Text: 2. Korinther 1, 3—7

Mit herrlichen Worten zeichnet der Apostel Paulus heute unsern Gott. Einen Vater der Barmherzigkeit und einen Gott alles Trostes heißt er Ihn; einen Gott, der uns tröstet in aller unserer Trübsal, so mannigfaltig und vielfältig sie auch sei, und in welchem wir in aller Trübsal reichlich getröstet werden. Unsere Seele trinkt solche Worte gierig ein, wie ein durstiger Wanderer das Labsal der Quelle. Das ist fürwahr der rechte Gott für die arme Sünderwelt und das sind seine rechten Namen — Barmherzigkeit und Trost — für eine Welt des Leids und der Leiden. Die ganze Welt ist durch und durch erbarmungswürdig; die ganze Welt ist durch und durch trostbedürftig. In unseren Tagen bedarf dies keiner Worte mehr. Lassen wir uns nicht täuschen durch die lachende Maske der Welt. Gerade in ihrer Vergnügungssucht, in ihrem Tanzen und Spielen kommt ihre tiefe Trostlosigkeit am meisten zum Ausdruck. Nur weil sie es sonst nicht aushalten könnte in all dem Elend, sucht sie so viel Zerstreuung. Ihre Feste und ihre Schauspiele sind ihre Trostgötter, die sie sich macht, Trostgötter, die aber gleich sind den durchlöcherten Brunnen, die doch kein Wasser geben. Wenn sie sich trösten will an ihrem Flitter, macht sie sich noch trostbedürftiger.

Wir dürfen ruhig die meisten Menschen, ja wohl alle unter dem Gesichtspunkt betrachten, welches Leid sie wohl drücken mag. Eines drückt jeden, und jeder hält seines fürs schwerste; das macht die arme Welt noch viel trostbedürftiger. Und wenn uns einer unsern Vater der Barmherzigkeit und unsern Gott alles Trostes aus den Händen schlagen wollte, wenn wir ihm denselben bringen wollen, und sagte: „Ich bedarf Sein nicht", so könnten wir ihm mit Recht antworten: „Laß Ihn heute noch, vielleicht brauchst du Ihn morgen!" Wen bis heute die Sünde noch nicht gedrückt und noch nicht in schwere Gewissensnöte gebracht hätte, ach, weiß er, wie bald in ihm die Sünde erwacht? Ein Tag kommt in jedem Menschenleben hier oder droben — ich wünsche es allen, hier und bald —, wo die Sünde aufsteht mit erschreckendem Angesicht; ein Tag, wo unser Herz uns verklagt, und wir einen Vater der Barmherzigkeit und einen Gott des Trostes nötiger brauchen als das Brot. Ein Tag kommt in jedem Menschenleben, und das ist ein heiliger Tag, ein Gottestag, wo die Schuld über unserm Haupt zusammenschlägt und wo wir Trost, nichts als Trost brauchen. Stunden kommen, wo die Wahrheit des Gerichtes in uns zur Wahrheit wird; dann schreit die ganze Seele nach Erbarmen. Und aufs allergewisseste kommt der Tod, der der Deinen oder der deinige, dann brauchst du allerlei Trost. Wo du aber einmal ernstlich mit der unsichtbaren Welt in Berührung kommst, da wirst du durch und durch trostbedürftig. In ihrem Lichte kommt uns alle Furcht an. Dazwischen aber liegen der körperlichen und seelischen und geistigen Leiden eine Fülle, der Sorgen und Mühsale eine Menge. Dazwischen machen wir unsere

Erfahrungen von der Erbarmungslosigkeit des Reiches der Finsternis auf Erden, von der kalten, trostlosen Rücksichtslosigkeit der Sünde und der Selbstsucht. Wir machen diese Erfahrungen im großen in unseren Tagen reichlich; wir machen sie auch im einzelnen.

Da ist's geradezu erlabend, daß im Evangelium uns der Vater der Barmherzigkeit und der Gott alles Trostes verkündigt und gegeben wird. Siehe, Seele, das ist dein Gott. Er ist der Untergrund und Lebensgrund von lauter Barmherzigkeiten. Ja, was Er tut, das sind Barmherzigkeiten auf allen Seiten. Und Er erbarmt sich aller Seiner Werke, sagt die Schrift. Er ist der Gott alles Trostes, in welchem die ganze Allmacht in Tröstungen sich auswirkt. Als Vater will und als Gott kann Er sich erbarmen und trösten. Wie mangelt's bei uns Menschen oft an beidem, am Wollen und am Können; oder doch wenigstens an einem: entweder wir wollen nicht, obwohl wir könnten, oder wir können nicht, obwohl wir wollten. Er aber ist der Vater der Barmherzigkeit und der Gott alles Trostes. Er hat sowohl den Willen als auch das Vermögen zu trösten.

Herrliche Botschaft von Gott, herrliche Botschaft für uns! Aber ist sie auch gewißlich wahr? Ist sie auch für mich und dich persönlich wahr? Woher weiß das Paulus, daß der Ewige, Unsichtbare, den niemand je gesehen hat, auch er nicht, ein Vater der Barmherzigkeit und ein Gott alles Trostes sei? Woher sollen wir es wissen? Gibt es ein ganz Gewisses von Gott? Paulus muß es ganz gewiß gehabt haben, denn er spricht es mit der ganzen Wucht der Tatsächlichkeit aus. Ja, er ist so gewiß, daß er in einen Lobpreis dieses Gottes ausbricht. Gelobt sei Gott, der Vater der Barmherzigkeit und der Gott alles Trostes! Ach, daß wir alle, alle von ganzem Herzen in dieses: „Gelobt sei Gott!" einstimmen könnten, dann wäre uns geholfen.

Aber wenn wir die Welt ansehen in ihrem ganzen Lauf, wenn wir die Menschen ansehen in ihrem Gehaben und Gebaren, wenn wir die Weltereignisse im großen betrachten, unsere einzelnen Menschengeschicke im kleinen, dann sieht so vieles, ja das meiste gar nicht nach einem Vater der Barmherzigkeit und nach einem Gott des Trostes aus. Da könnte man eher meinen, ein tückischer, liebloser, neidischer, dem Wohle des Menschengeschlechts feindlicher, ein trostloser Gott beherrsche die Welt. Und gerade auch an den Frommen ist ja so viel Leid und Kreuz zu sehen; und Paulus sagt es ja selbst in unserem Text: Wir haben Trübsal; wir haben des Leidens Christi viel. Ja, ein andermal spricht er: „Wir haben allenthalben Trübsal."

Du hast recht, so sieht es aus. Es ist eben der Fürst dieser Welt, in dessen Hand die Menschen von Natur alle sind und der sein sonderliches Werk hat in allen Kindern des Unglaubens und durch sie, ein lügnerischer, selbstischer tückischer und mörderischer Fürst. Die Obrigkeit der Finsternis ist eine unbarmherzige und trostlose und durch den Unglauben der Masse der Menschen eine gar mächtige.

Aber das ist es nun, daß der lebendige Gott, dieser Vater der Barmherzigkeit und dieser Gott alles Trostes, uns diesem Wesen der Trostlosigkeit entreißen und uns selig machen will. Das ist Sein tiefstes Erbarmen und Trösten. Und dafür hat Er uns nun einen ganz gewissen Grund gegeben, und auf diesem Grund gründete auch Paulus. Höre, was er in unserem Text sagt. Er nennt den Vater der Barmherzigkeit und den Gott alles Trostes den Vater unseres HErrn Jesus Christus. Und das legt er zugrunde. Er beginnt mit den Worten: Gelobt sei Gott, nämlich der Gott, welcher der Vater unseres HErrn Jesus Christus ist; Er ist der Gott alles Trostes.

Hier liegt's! Daß der ewige Vatergott Seinen eingeborenen Sohn, der von Ewigkeiten her bei Ihm im Licht war, in die Welt und ins Fleisch geschickt hat, um uns zu retten aus allem inneren und äußeren Elend dieser Welt, darin hat Er sich erwiesen als die ewige Liebe, als den Vater der Barmherzigkeit und den Gott alles Trostes. Wer an den Sohn Gottes nicht glaubt, der ins Fleisch gekommen ist für uns, der kann auch nie und nimmer an den Gott des Trostes glauben. Wo will er Ihn hernehmen; woher will er Ihn gewiß haben? Selbst wenn er Ihn nennte, er täuschte sich und andere. Alle Barmherzigkeiten und Tröstungen Gottes fließen durch den menschgewordenen Sohn; sie stehen nur in Ihm. Hier stehen sie aber fest, hier fließen sie reichlich. Der Sohn ist ja nicht nur für uns gekommen. Er hat auch für uns alle Sünden überwunden in eigener Sündlosigkeit und Er hat all unsere Krankheit, Not, Gericht und Tod bis hin ans Kreuz und am Fluchholz getragen.

Er ist erstanden und erhöht. Er teilt im Heiligen Geist alle erworbenen Tröstungen den Gläubigen mit. Bist du nun in Sündennot — hier ist Vergebung; bist du in Schuldenangst — hier ist die Tilgung; bist du vor dem Gericht bange — hier ist die Gnade; fürchtest du die Ewigkeit — Jesus, dein Heiland, ist ihr HErr; gehst du in Sorgen, Nöten, Mühen — hier ist der Hirte, hier bist du geliebt von Gott, das kann nichts dir rauben; stehst du mitten im Tod — hier ist das Leben in Herrlichkeit; stehst du in Kämpfen, welcher Art auch — hier ist der Sieger und der Sieg!

Ja, gelobt sei dieser Vater unseres HErrn Jesus Christus! Der ist fürwahr der Vater der Barmherzigkeit und der Gott alles Trostes. In Jesus können wir den Trostgott fassen, greifen, sehen und beschauen. O große, wunderbare Gottherablassung zu uns armen, blöden Menschen! Jetzt kann's heißen: Ich bin gewiß. Darum sieh, willst du den Vater der Barmherzigkeit und den Gott alles Trostes dein eigen nennen, dann glaube an den HErrn Jesus Christus, daß Er für dich und die Deinen und die ganze Welt gekommen, gelebt, gelitten, gestorben, erstanden und lebt, dann hast du Trost in Zeit und Ewigkeiten, im Leben und im Sterben, im Leiden und in Trübsalen. In Jesus liegt alles! Hast du Jesus, dann hast du Gott, dann hast du Trost und hast du Licht. Ja, dann hast du den Gott alles Trostes, der trösten kann in aller unserer Trübsal. Denn welche Trübsal wäre nicht umfaßt von Seinen Liebesarmen? Und wenn dir mitten im Kreuz nur eines bliebe, Seine gewisse Liebe, mit der Er dich geliebt hat und liebt, und in Ihm des Vaters gewisse Liebe, mit der Er in Ihm dich liebt, dann umströmen dich mitten im Leid erquickende Wasser des Lebens und es durchleuchtet dich Licht des Lebens und schafft aus deinem Kreuz dir über alle Maßen wichtige Herrlichkeit. Gelobt sei Jesus Christus, so könnten wir darum auch sagen, der tiefe Gottesbrunnen aller Barmherzigkeit; und gelobt sei der Heilige Geist, der Bringer aller Tröstungen vom Vater im Sohn.

Menschen, die das nun glauben, die haben nicht nur für sich selbst ein tief getröstetes Herz und steten Frieden, sondern sie werden, eben weil sie das haben, auch zu den Menschen des Trostes. Darüber lobt Paulus Gott noch sonderlich, daß Er ihn tröste in all seiner Trübsal, daß auch er trösten könne, die da seien in allerlei Trübsal. Es gibt auch in der Tat auf der Welt nichts Köstlicheres, als ein Mensch des Trostes sein zu dürfen.

Getröstete Gotteskinder stehen nie leer vor den Leuten, es sei denn, sie wären selber glaubensleer, sie haben immer Trost bei sich. Und Gotteskinder haben Trost gerade da, wo alle Welt versagt. Darum holt und ruft sie auch die Welt, wenn sie welt- und gottverlassen ist, und sie gehen eilend und bringen ihren Trost. Es gibt ja kein inneres, kein äußeres und kein ewiges Leid, für das wir in Christo nicht Kraut und Pflaster hätten. Selbst für den Tod, und gerade für ihn, ist uns in Christo ein Kraut gewachsen. Und das dürfen wir als Menschen des Trostes den Menschen geben, umsonst.

Köstlich ist es, ein Mensch des Trostes sein zu dürfen in einer Welt, wo die Menschen sich so vielfach zum Leide sind und zu Leide leben; in einer Welt, wo einer dem andern noch Trübsal schafft und mehrt. Ferne soll dies letztere je länger, je mehr von uns sein; Menschen des Trostes, als selbst getröstet, wollen wir sein. Erquickungsträger, Heilsträger, Lebensträger, Liebesträger! Kind Gottes, bist du etwas davon? Du mußt es sein! Und du kannst es sein, je mehr du selbst getröstet bist. Sieh, darum sagt Paulus: „Gelobt sei Gott, der uns tröstet in all unserer Trübsal, auf daß wir trösten können, die da sind in allerlei Trübsal, mit dem Trost, mit dem wir selbst getröstet werden von Gott." Er lobt Gott, daß er in Christo ein Trostmensch für viele Leidende sein darf.

Darum hat der Apostel aber auch eine so königliche Auffassung vom Leiden. Er sagt, er mache seine apostolischen Leiden, deren er viele habe, um der Gläubigen willen durch, damit er, selbst getröstet in denselben, ein besserer Tröster sein könne. Welch ein Licht über die Leiden der Kinder Gottes. Sie tragen sie natürlich zunächst um ihrer selbst willen, um zubereitet zu werden; sie tragen sie aber auch um der anderen willen, um rechte Menschen des Trostes zu werden. Ob wir Trübsal haben oder Trost, sagt Paulus, so haben wir es euch zu gut. Ist's Trübsal, so geschieht es euch zum Trost; ist es Trost, so geschieht es euch zu Trost und Heil, daß auch ihr leiden könnt mit der gleichen Geduld wie wir.

Gotteskinder haben nichts für sich allein. Nicht einmal ihr Kreuz, noch weniger ihren Trost. Was sie aus Leiden an Trost gewinnen, kommt alles andern wieder zugute. Die Menschen haben ja in ihrem Leiden schon viel mehr Zutrauen zu solchen, die selbst gelitten haben und leiden. Sie wissen, hier finden sie tieferes Verständnis. Darum mußte der Sohn Gottes als Heiland für eine leidende Menschheit des Leidens Erstling sein. Darum müssen Kinder Gottes mehr leiden als andere Menschen, damit die leidende Menschheit ein rechtes Vertrauen zu ihnen fasse und sie so Menschen des Trostes sein können in sonderlicher Weise. Sind sie durch ihr Leid schon Menschen des Trostes, so natürlich noch mehr durch ihren selbsterfahrenen Trost. Gerade deswegen bringt Glauben Leiden, damit er auch reichlichen Trost geben kann.

So sind die Gläubigen wandelnde Beispiele der Tröstungen Gottes. Dadurch wirken sie tröstlich. Dadurch können sie aber auch so gewißlich trösten. Sie wissen aus Erfahrung, wenn ein Gläubiger teilhat am Leiden, daß er dann auch teilhat am Trost. Sie können es mit Paulus auf das Bestimmteste aussprechen: „Unsere Hoffnung steht fest für euch, daß, gleichwie ihr des Leidens teilhaftig seid, so werdet ihr auch des Trostes teilhaftig sein." Und sie können in vielen Einzellagen mit den köstlichen Gotteströstungen Seelen erquicken. Das macht so reich und so selig, daß unsere Seele nicht nur ausbricht in ein: „Gelobt sei Gott, der Vater der Barmherzigkeit und der Gott alles Trostes"; sondern auch jubelt mit einem: „Gelobt sei Gott, daß auch wir trösten können, die da sind in allerlei Trübsal, mit dem Trost, damit wir selbst getröstet werden von Gott."

(6. März 1921)

Ich suche nicht das Eure, sondern euch

Text: 2. Koirnther 12, 14

Wir haben heute Erntedankfest. Beim Danken denken die meisten Menschen nächst dem Beten ans Hergeben. Es gibt aber eines, das ist größer als Beten und Hergeben, das ist das Sich-Hergeben. Das legt der HErr uns heute ans Herz durch das apostolische Wort, wenn Er uns zurufen läßt: „Ich suche nicht das Eure, sondern euch." Wohl sagt's der Apostel Paulus von sich und von den Korinthern, aber es ist ein Geisteswort, im Grunde ein Gotteswort, und es gilt noch viel tiefer und gewichtiger vom HErrn und uns.

Ein Jahr läuft ja nach dem Äußeren betrachtet gar verschieden. Freilich, der geistliche Mensch weiß, es mag ihm ergangen sein, wie es will, daß er viel, viel empfangen hat, auch in den äußeren Dingen, viel mehr als er verdient hat. Aber nach dem äußeren Verlauf betrachtet geht es doch sehr verschieden. Es liegt vom rechnerischen Standpunkt aus gesehen kein erstklassiges Jahr hinter uns. Bald war es zu naß, bald war es zu trocken. Manches ist gering ausgefallen. In vielen Orten haben Naturkatastrophen vieles oder gar alles zerstört. Handwerk und Arbeit ging hin und her schwer. Wir hatten viele Arbeitslose und Kurzarbeiter. Wir haben, rein äußerlich betrachtet, manchen Kummer. Dazu noch alles, was dem einzelnen persönlich in die Führung kam. Die Zeiten sind Druckzeiten. Da möchte mancher meinen, da sei schwer danken. Für ein Kind Gottes ist es nicht schwer; es dankt täglich und reichlich. Ein Kind Gottes hat eben den inneren Sinn des Lebens ergriffen, daß wir nämlich Gott finden, in Gott wachsen, Christus erkennen und in Ihm leben. Den meisten Menschen fehlt der rechte, kindliche, stetige, unter allem anhaltende Dank, weil sie den Sinn des Lebens nicht erfaßt haben.

Wer meint, er sei auf der Welt, um sich auszuleben nach seinen Gedanken und um es gut zu haben nach seinem Sinn, der wird nie auf seine Rechnung kommen und der wird kein allezeit kindlich dankbares Herz haben. Der Sinn unseres Lebens ist ein ganz anderer. Der Sinn unseres Lebens ist, daß wir Gott finden, daß wir in Gott selig werden, daß wir in diese Liebe hineingezogen werden und daß wir in die Seligkeit und Herrlichkeit Gottes hineinwachsen. Der Sinn unseres Lebens ist, daß wir erkennen die Verlorenheit, Elendigkeit und Todverfallenheit alles Ichlebens und Eigenlebens und daß wir erfassen die Rettung aus diesem Elendsleben im gekreuzigten und erstandenen Sohn Gottes; daß wir als Kinder Gottes oder doch als gerettete Selige in der Gnade und Liebe Gottes durch Zucht und Gunst im Seligkeitsleben wachsen.

Gott sucht uns. Die Welt ist abgesprungen von ihrem Gott, vom eingeborenen Sohn, und darum im Todeslauf; und nun sucht Gott sie im Sohne wieder. Diesem Suchen Gottes muß alles dienen. Er will Seine Welt wieder. Der Sohn Gottes will Seine Menschen und Kreaturen wieder, und Er will sie selig und herrlich, ein jedes in seiner Art. Da setzt Er alles dran, dieses Ziel zu erreichen. Da setzt

Er sich und all das Seine dran. Nichts ist Ihm zu groß, nichts ist Ihm zu viel. Er gibt alles hin, nur um zu retten und selig zu machen, jedes in seiner Art und zu seiner Zeit. Im Dienst dieses Rettungs- und Seligkeits-Planes stehen auch die irdischen Gaben und Güter, steht auch ihre Verteilung und Austeilung. Und da walten Geben und Nehmen im gleichen Liebessinn. Geben kann Gnade sein, Geben kann Gericht sein. Nehmen kann tiefster Segen, Nehmen kann Gericht sein. Und beides lenkt immer die Liebe, welche im Zerbrechen und Aufrichten die Geister und Seelen zu Gott zu bringen sucht, zum einzigen Seligkeitsquell.

Die ganze Menschheitsgeschichte geht auf das Suchen der Welt für Gott. Jedes Jahr ist eine weitere Nummer in diesem Liebesplan. Auch deine Jahre sind Such-Jahre Gottes. Auch wenn du den HErrn gefunden hast und Er dich ergriffen hat, mußt du ja immer tiefer hineingegründet werden. Da nimmt nun der HErr auch die irdischen Gaben und Güter und sucht dich durch sie. Dabei geht es nun gerade umgekehrt, als es die Welt ansieht. Wo Gott die meisten irdischen Gaben und Güter, welcher Art sie auch seien, hintut, da liegt nicht nur die größte Gefahr für das eigentliche Lebensziel, sondern das Angehäuftbekommen von irdischen Gütern ist sehr oft schon das Gericht. Das wenige bekommen oder gar genommen bekommen umschließt meist die allertiefste Suchungs-Gnade. Die Seinen hält der HErr meistens knapp. Er offenbart ihnen auch im Mangel der irdischen Güter das Elend der Welt und Seine Größe und Herrlichkeit.

So hat nun der HErr auch im vergangenen Jahr in all den diesseitigen Führungen dich gesucht. Stelle alles, was du erlebt hast im Guten oder im Schweren unter den General-Gesichtspunkt: Ich bin ein Gesuchter Gottes. Bist du unter allem Bekommen oder Genommen-Bekommen gottinniger, gottnäher geworden? Hast du durch alles hindurch deinen Heiland mehr kennengelernt, weil du mehr auf Ihn geworfen wurdest? Was ist der Jahresertrag durch die irdischen Führungen hindurch? Mehr Dank, mehr Anbetung, mehr Glaube, mehr völlige Hingabe, mehr Reinigung und Heiligung? Hat der HErr etwas erreicht gerade durch die Führung im Irdischen, welche Er dir angedeihen ließ? Das ist der einzig richtige Dank im Lichte des Suchens Gottes, daß du Ihm besser und fester und kindlicher gehörst. „Ich suche nicht das Eure, sondern euch." Der HErr will Seine Kreaturen haben. Nur in ihrem Vollbesitz ist Er selbst restlos selig. Solange sie Ihm fehlen, leidet Er. Wie du leidest ohne Ihn, so leidet Er ohne dich. Daher war auch Sein Retten lauter Kreuz. Und wiewohl Er selig ist, so leidet Er doch, bis daß alles wieder Ihm gehört. Wie sollte ein Schöpfer nicht leiden, der aus Liebe schuf, wenn Sein Geschöpf im Todeswesen unglücklich ist?

Nun kriegst du auch an irdischen Gaben und Gütern alles so und alles soviel oder sowenig, wie du es eben brauchen kannst, um inniger mit deinem Heiland zusammenzuwachsen. Und die ganze Welt kriegt alles so, daß sie endlich zur Buße kommt. Aus diesem Gesichtspunkt heraus verstehen wir wohl die vielen Katastrophen. Je stolzer die Welt in sich und in ihren vielen Eigenleistungen wird, um so tiefer muß sie gedemütigt werden, um gottverlangend zu werden. Darum kommen auch gegen die Zeit der Wiederkunft Christi hin die furchtbarsten Erdenheimsuchungen. So danke Ihm denn für Geben und Nehmen, für Füllen und Leeren; danke Ihm für Sorgen-Abnehmen und Sorgen-Auflegen; danke Ihm, indem du in dir selber zerbrochener, in Ihm aber erbauter wirst. Wenn Er dir Irdisches gibt, nimm nicht das Irdische bloß, nimm Ihn und brauche das Irdische in Ihm. Wenn Er dir Irdisches nimmt, laß fahren, was fahren soll, und halte Ihn, so wirst du nimmermehr zuschanden werden. Hat der HErr im vergangenen Jahr dich mehr und näher bekommen, dann ist es ein Segensjahr, mag es gelaufen sein, wie es will. Dann ist der Plan Gottes in Christo mit dir erreicht. Ach, daß er vollkommener erreicht wäre! HErr, nimm mich hin! Das ist mir wunderlich, daß Du mich suchst, mich, den Armen, den Sünder! Ich will mich aber immer besser finden lassen durch Freud und Leid! Deinen Jahresgewinn mußt du nicht in Kisten und Kasten, nicht in Tennen und Scheunen suchen, sondern tief drinnen in dir selbst, im Herzensgrund, da dein Gott wohnt im Geist! Und deinen Dank mußt du nicht in Sachen und Dingen bringen, sondern in dir selbst und in der an dir wirksam gewordenen Gnade. Er sucht nicht das Deine, sondern dich.

Was wären auch alle Gaben ohne dich! Wenn du ausstreutest und Gutes tätest hin und her, aber dein Inneres wäre nicht im HErrn, so wäre es tönendes Erz und klingende Schelle. Unter Wohltun und Mitteilen, wenn es nicht Frucht geistlichen Wesens ist, wächst der alte Mensch. Die Selbstsucht ist auch eine große Wohltäterin und Mitteilerin, wenn es ihr Gewinn und Nutzen bringt. Die Welt ist nicht geiziger als die Frommen, sondern oft mildtätiger. Sie hat nirgends Maß, sie tut alles im Unmaß und in der Unzeit. Nur im HErrn kriegt alles je länger, je mehr Ordnung, Maß, Zucht und Zeit. Die Welt gibt, wo Gott nehmen will, und die Welt nimmt, wo Gott geben will. Ihr fehlen die göttlichen Gesichtspunkte. Der Glaube folgt in allem dem HErrn, dem er gehört. Der HErr will keine Humanität, keine menschliche Selbsterlösung in menschlichen Veranstaltungen und Hilfen ohne Glauben und göttliches Leben. Das bleibt, und wenn es noch so groß scheint, alles unter dem Tod. So konnte der HErr im Alten Bunde durch die Propheten sagen lassen: Mir ekelt an euren Festtagen und Sabbaten, die ihr haltet, obwohl Er doch selbst sie befohlen hatte. Aber wenn sie diese im Selbstwesen feierten, so waren sie Todesgeruch. Davor ekelt Gott. So ist es auch mit allem Tun und Wohltun, mit allem Gutes-Wirken, wenn es im Eigenwesen und Todeswesen geschieht. „Ich suche nicht das Eure, sondern euch!" Wie sollte Gott Gefallen haben an Gaben und Gütern, welche im Selbstwesen zurückgebracht werden? Oder braucht Gott Gaben und Güter? Hat Er nicht selbst alle uns gegeben?

Wir haben selbst in dieser Hinsicht etwas erlebt, was uns tief erschüttert hat. Eine Mutter hatte einen Sohn, tüchtig, geschickt in den irdischen Dingen; auch ordentlich und brav nach Menschenweise. Sie aber wollte ihn gläubig haben und betete viel für ihn. Der Sohn blieb ein Diesseitsmensch. Die Mutter litt schwer unter diesem Zustand. Der Sohn wußte es, und es schmerzte ihn. Da suchte er der Mutter, was er nur konnte, zu Gefallen zu tun. Ihr Geburtstag kam. Der Sohn überhäufte die Mutter mit Geschenken, um ihr Freude zu machen. Die Mutter blieb traurig. Der Sohn fragt betrübt, ob ihr denn das alles, was er in Liebe ihr gegeben, keine Freude mache? Nein, sagt die Mutter, du könntest mir nur eine Freude machen, wenn du den Heiland ergreifen würdest. Ohne das ist mir alles leer und schaal. Der Sohn weinte und ging. Den Heiland ergriff er nicht.

So ist's mit allem Tun ohne Gott. Des HErrn Herz schreit nach dir! Es fragt: „Wo bist du?" Alles bleibt ohne Gott leer. Leere ist aber Tod. So will Gott nicht das Deine, Er will dich. Und wenn du, arm und gering, nicht mit Gaben danken könntest, sondern eher Gaben brauchtest, gäbest aber in deiner Armut vertrauensvoll und tief gebeugt dem HErrn dein Herz, so wäre Seine Freude vollkommen. Haben die Gaben Seiner Hand dich nicht im Glaubensleben vertieft, dich nicht von Sünde gelöst und in Liebe an Ihn gebunden, dann ist all dein Tun eitel. Er muß dir sagen: „Ich habe dich nie erkannt, weiche von Mir!"

So brauchen Gläubige nicht mit der Tat zu danken? Das sei ferne! Wenn unter allem, was mir Gott gegeben oder genommen, ich selbst gebeugter und gläubiger geworden bin, wenn ich einfältiger Ihm gehöre, dann gehört Ihm auch das Meine. Oder meinst du, wer des HErrn ist, könnte sagen: Sieh, HErr, hier bin ich. Ich liege mit Preisen und Danken vor Dir. Ich heilige mich Dir neu. Was Du mir gegeben, liegt gut aufbewahrt in Kisten und Kasten, auf Banken und Sparkassen. Es steht alles sicher und trägt seinen Zins. Glaubst du, daß das anginge? Nimmermehr! Wer des HErrn ist, ist des HErrn voll und ganz, mit Hab und Gut. Wenn es heißt: Wo dein Schatz ist, da ist auch dein Herz, dann gilt es auch: Wo dein Herz ist, da ist auch dein Schatz. Gläubige, welche auch durchs Irdische und im Irdischen zu ihrem HErrn gekommen sind, die sind zu Ihm gekommen samt allem ihrem Irdischen. Liege ich in der Wahrheit dem HErrn zu Füßen, so liegt das, was ich jetzt das Meinige nenne, Ihm mit zu Füßen. Ein Heiliger Gottes gibt nicht nur Opferpfennige; ein Heiliger Gottes in Christo gibt auch nicht nur den Zehnten, obwohl viele leider nicht einmal so viel geben, sondern er gehört immer tiefer dem HErrn mit allem, was er hat. Wo er ausstreut, wie er ausstreut, wieviel er ausstreut, das geht alles unter der Führung des HErrn. Gläubige, die selbst dem HErrn gehören, sind ja für sich und die Ihren durchaus schlicht und bescheiden. Die Erden-Bedürfnisse der Gläubigen werden mit wachsendem Glauben geringer. Darum können sie immer darreichen. Auf die Hausgemeine der Gläubigen weist sie der HErr zuerst (Galater 6, 10). Er weist sie aber dann auch auf jedermann und führt sie hier in Weisheit und Liebe.

Wer durchs Irdische auf den HErrn geworfen ist, wirft auch das Irdische wieder leitungs- und führungsmäßig auf den HErrn. Es wäre ja ganz undenkbar, wollte einer, der des HErrn ist, das Seine im Bösen verwenden. Wie könnte eine dem Heiland gehörige Seele sagen: „Du hast nun großen Vorrat, iß und trink, liebe Seele." Ausgeschlossen! Ein gottergebenes Herz kann auch nicht andern den Lohn drücken und selbst reich werden. Es kann nicht auf Kosten anderer leben. Ein gottergebenes Herz kann auch nicht in Händel der Nahrung sich verflechten lassen. Lohnkämpfe, Wirtschaftskämpfe sind Kindern Gottes fremde Dinge. Sie lassen sich lieber Unrecht tun. Ihr HErr erhält sie sicherlich. Kinder Gottes lassen sich auch nicht verschlingen vom Sorgengeist. Ein Kind Gottes sitzt nie, auf. Sein Schifflein hat immer so viel Wasser, daß es fahren kann. Ein Kind Gottes läßt sich auch nicht verschlingen von einem blinden Schaffgeist. Es arbeitet treu, aber immer mit Maßen, daß Geist und Seele Raum haben, Zeit und Kraft, sich zu entfalten. Ein Kind Gottes ist nicht Arbeits- und Verdienst-Sklave. Es läßt sich immer Luft zum Ewigkeits-Atem. Die Arbeit darf es nicht ersticken. In all dem läßt sich ein Gläubiger nicht durchs Irdische ins Böse ziehen. Er steht in seinem HErrn mit allem, was er hat und ist. So kommt der HErr bei den Seinen nicht zu kurz. Je mehr sie in Ihm sind, um so mehr stellen sie auch das Ihre in des HErrn Hand. Wo und wie und wann, das ist des HErrn Führung.

So segne uns der HErr unsere Jahre auch durchs Irdische und im Irdischen, und Er erlebe an uns Sein Wort erfüllt: „Ich suche nicht das Eure, sondern euch."

Und wir selbst wollen es anderen gegenüber auch so halten. In Arbeit, Geschäft und Beruf, in Handel und Wandel, im Alltag und im Himmelreich wollen wir nicht der andern Geld und Güter suchen, sondern sie selbst. Wir wollen also mit ihnen handeln, daß sie den Heiland an uns sehen. Lasset uns allen Menschen gegenüber uns so halten, daß es offenbar werde: Wir suchen nicht das Ihre, sondern sie, nämlich ihr Heil und Leben in Christo Jesu, unserem HErrn. (14. Nov. 1926)

Anmerkung: Diese Betrachtung hat Pfarrer Böhmerle zwei Monate vor seinem Heimgang geschrieben.

Dreieinigkeitsleben

Text: 2. Korinther 13, 13

Dreieinigkeit ist nicht Lehre, sondern Leben und Liebe. Mit dem Wort Dreieinigkeit, welches die Kirche geformt hat, welches aber die Bibel nicht kennt, bezeichnen wir das wunderbare Auseinanderleben und Ineinanderleben des ewigen Gottes. Mit dem Wort Dreieinigkeit bezeichnen wir auch das Wachstum in Gott und das Wachstum aus Gott. Das Bleibende und das Bewegliche ist beides drin. Die Eins ist das Bleibende, die Drei ist das Bewegliche und Wachsende. Es geht von der Einheit in die Dreiheit und von der Dreiheit wieder zurück in die verherrlichte Einheit.

Dieses göttliche Dreieinigkeitsleben ist unbegreiflich und unbegrifflich. Wer es in Begriffe faßt, martert es. Für das Wunder des lebendigen Gottes ist jeder Begriff zu klein. Gott will erlebt, gelebt und so gekannt sein, denn das ist das ewige Leben, daß sie Dich, der Du allein wahrer Gott bist, und den Du gesandt hast, Jesus Christus, erkennen. Es ist sehr bezeichnend, daß das biblische Wort „erkennen" die engste und innigste, völlige Lebensgemeinschaft bezeichnet, in welcher man sich gegenseitig erfaßt und begreift. Ich kann niemand wahrhaftig erfassen und begreifen ohne Lebensgemeinschaft mit ihm.

Darum kann auch Gott in Seinem dreieinigen Wesen nicht erkannt werden ohne Lebensgemeinschaft mit Ihm. Darum kann Ihn die ganze Welt nicht verstehen noch begreifen mit allen ihr zu Gebot stehenden Mitteln, weil nicht in Lebensgemeinschaft mit Ihm steht. Die Sünde als Ichleben ist Trennung von Gott. Eure Sünden scheiden euch und euren Gott voneinander. Wer nicht durch Bekehrung oder gar durch neue Geburt in die Gottgemeinschaft eingetreten ist, hat auch keinen Gottbegriff. Alle Weisheit dieser Welt, irdisch, menschlich, teuflisch, irrt uns nicht; alles Wissen dieser Welt imponiert uns nicht. Es mag den Dreieinigen für Torheit oder Narrheit halten, sie können's nicht begreifen noch verstehen. Es geht von der Lebensgemeinschaft aus. Wer zu Gott zurückgebracht, ja in Gott hineingebracht ist durch die Versöhnung und Erlösung, der hat das Geheimnis der Trinität offenbar und wächst in demselben mit dem Wachstum seines Glaubenslebens. Gott-Kennen setzt ein Gott-Haben voraus; Gott-Kennen setzt ein Gott-Leben voraus. Dieses Gott-Leben aber setzt Gottes Liebe voraus. Gottes Liebe erschien in Christus. Darum muß man einen Heiland haben, will man Wesen und Leben Gottes verstehen.

Die Erfassung der Trinität, dieses innersten Wesensgeheimnisses Gottes, dieses himmlischsten, was es gibt, fängt auf der Erde an. Das ist die wunderbare Tiefe der Liebe Gottes, daß Er in Seiner herablassenden Offenbarung uns den Zugang zu Seiner Erkenntnis auf der Erde geöffnet hat. Er hat Seinen Sohn auf die Erde geschickt. Mit Jesus fängt die Erkenntnis Gottes an. Darum beginnt auch unser Dreieinigkeitstext mit den Worten: „Die Gnade unseres HErrn Jesu Christi." Vom Sohn aus, und zwar vom menschgewordenen Sohn aus, dringt man in die Gottheit ein. Er ist die einzige Tür. Wer nicht durch Ihn eingeht, wird nicht das Leben, d. h. den ewigen Gott finden. Niemand kommt zum Vater denn durch Ihn.

Weil aber der Heiland wiederum nur Sünder annimmt, weil Er nur zerbrochenen Herzen sich offenbaren kann, so fängt die Erkenntnis des dreieinigen Gottes noch tiefer auf der Erde an, nämlich beim zerbrochenen Sünderherzen. Zion hebt am Elend an! Wo keine Selbst- und Sünden-Erkenntnis ist, da ist die Gotteserkenntnis, da ist die Lebenserfahrung vom dreieinigen Gott ausgeschlossen. Was in sich ist und bleibt, das bleibt auch töricht, unerfahren und irrend über Gott. Kein Unzerbrochener kann und darf sich über Gott äußern; er bringt uns Irrtum. Und kein Heilandsloser weiß von dem wunderbaren dreieinigen Gott zu sagen. Darum gibt es nichts Größeres unter den Sündern als ein seine Sünde erkennendes und zerschlagenes Herz. Was hältst du von der Sünde, was hältst du von deiner Sünde? So muß man jeden fragen, der in göttlichen Dingen Weisheit und Kraft haben will. Im Innersten unseres eigenen, armen, sündigen Wesens hebt die wahrhaftige Gotterkenntnis an. Man muß tief herab, ehe man hinaufsteigt in das Gottwesen und hineinsteigt in das Gottleben.

Und doch, so tief unten die wahre Erfassung Gottes anfängt, so ist sie doch auch wieder ein himmlisches, göttliches Werk. Es kann kein Mensch aus sich selbst zu sich selbst kommen. Selbsterkenntnis ist kein menschliches Eigenwerk. Jeder noch in sich selbst lebende Mensch lebt im Selbstbetrug. Entweder er hält zu viel von sich selbst oder er hält zu niedrig von sich selbst und wirft sich ganz weg. Des Menschen Herz ist ein trotzig und verzagt Ding. Wahre, zerbrechende Selbsterkenntnis ist ein Werk des Wortes und Geistes Gottes mit Führungen beugender und zerschmetternder Art. Gott selbst führt zu Seiner Erkenntnis. Ohne Gott kann niemand zu Gott kommen. So ist die Erkenntnis des dreieinigen Gottes, wenn sie uns aufgegangen ist, ein Gotteswerk in uns, über dem wir nur preisen und anbeten können.

Aber dieses Gotteswerk fängt auf der tiefsten Stufe an; es fängt in uns, in unserem Elend an. Niemand steht klar in Gott, der nicht zuerst klar in sich steht. Ist auch bei religiösen Menschen keine wahre, klare, tiefe, fortlaufende Buße vorhanden, so wird die Gotteserkenntnis auch nicht wahr, klar, tief und fortlaufend. Über nichts mußt du dich mehr freuen, als wenn du zu einer erschreckenden Selbsterkenntnis kommst. Sünde, Tod und Gericht müssen in dir Wirklichkeiten geworden sein, ehe du in die Wirklichkeit des lebendigen Gottes eindringen kannst. Was hältst du von dir selbst? Ist dir das klar, daß du in dir selbst ein armer, verkehrter, Gutes vielleicht wollender, aber nicht tuender Todesmensch bist? Ich habe als natürlicher Mensch nach dem Zeugnis meines erwachten Herzens und Gewissens nichts anderes zu erwarten als Tod und Gericht, und im Gericht viel Verdammnis. Ich weiß, daß es mir gesetzt ist, einmal zu sterben, darnach aber das Gericht. Und es gibt nichts und niemand, der hier retten könnte. Das ist der Tatbestand bei mir! Bei dir auch? Selig bist du, wenn du um diese Unseligkeit weißt! Luther wußte sie; er sagt: „Ich verlorener und verdammter Mensch." Verderben ist unser Teil von Natur, das ist die grausige Predigt aller Tage. Gebunden sind wir — und je fleischesfreier wir uns gebärden, um so gebundener sind wir. Ich bin gewiß, du hast schon manchmal Zeiten erlebt, wo dir das unaussprechlich klar war. Aber der ichstolze Mensch will's nicht wahr haben! Gib Gott recht! Sei wahr und aus der Wahrheit. Die Erkenntnis deines Unheils-Zustandes ist dein Heil!

Da löst sich dann die Frage los: wer erlöst mich, wer befreit mich? Ich kann's nicht selbst. Die ganze Welt kann's nicht mit allem, was sie hat und ist. Im Gegenteil, je höhere Kultur, um so tiefere Schuld, um so furchtbarerer Zerbruch. Und an Gott darf ich gar nicht denken; an Ihn denken heißt vor Ihm zerbrechen. Da kommt nun das Evangelium! Einer ist gekommen vom Himmel her, der ewige Sohn Gottes, aus lauter Erbarmen. Er ist gekommen, zu leiden und zu sterben in unserem Elend, um Sünde und Tod zunichte zu machen. Hoch erhaben über alle Menschen, ohne jede Sünde und ohne jeden Betrug geht Er einher. Er tötet, obwohl allenthalben versucht, die Sünde im Fleisch. Und dann steigt Er als Sündloser tief hinab, trägt frei Sünde und Tod, Gericht und Hölle, und steigt herauf. Er wird lebendig und lebt. Und nun bietet die göttliche Liebe in Ihm, dem Verklärten, jedem armen Sünder, der sein Gericht anerkennt und Jesu Gericht für das seine nimmt, völlige Vergebung, Frieden mit Gott, ewiges Leben an. Gnade, volle Gnade, d. h. Aufhebung alles Sündenfluches, Abbau aller Schuld, Zerbruch des Todes, Freiheit vom Gericht, das alles wird im Heiland gegeben. Und dazu das ewige Leben, diese Fülle der Gnade. Und freiweg, als die Ärmsten unter den Armen, dürfen wir, wenn wir sie wollen, diese Gnade nehmen, wann und wie wir sie brauchen. Ja, leben dürfen wir, wahrhaftig leben in dieser Gnade. Alle Tage dürfen wir Reinigung, jede Stunde Kraft um Kraft, Trost um Trost, Hilfe um Hilfe nehmen. „Von Gnade will ich leben, auf Gnade sterben auch", so singt der Glaube.

Diese Gnade in Christo ist der Anfang des Dreieinigkeits-Lebens. Gnade ist das erste Wort unseres Dreieinigkeitswortes: „Die Gnade unseres HErrn Jesu Christi." In dem armen, geretteten Sünder ist der Sohn Gottes verklärt. Das ist einer verlorenen, aber in Christi Blut und Leben wieder aufgestandenen Seele völlig klar, daß das Rettungswerk kein Mensch, der selber Fleisch vom Fleisch ist, vollführen konnte. Der Reine und Sündlose, der Eine und Einzige ist von oben. Das ewig Licht geht da herein, gibt der Welt ein' neuen Schein. Wer die Gnade Jesu Christi in ihrem neuschaffenden, alles umfassenden Umfang kennt, der weiß auch, daß hier der Allumfassende einsprang für die Kreatur. Die Zeugnisse Jesu von Seinem ewigen Sohneswesen, die Zeugnisse derer, die Ihn sahen, die Zeugnisse der Geistgeborenen, alle einmütig den Sohn der Ewigkeiten bekennend, verklären sich in der geretteten Seele, und sie betet in dem HErrn Jesus Christus, in welchem sie begnadigt ist, den Sohn an. Derselbe Geist, der mich zum Sünder gemacht hat und macht, derselbe Geist, der die Rettergnade im Gekreuzigten und Erstandenen verklärt, derselbe Geist zeigt mir den Sohn der ewigen Majestät. Alle Geretteten sind Bekenner und Anbeter des Sohnes Gottes. Gnade und Gottessohn und Menschensohn sind eins; sie fordern einander; sie können ohneeinander nicht sein. Ist dir auch in deinem Sünden- und Friedlosigkeits-Elend der Sohn Gottes schon aufgegangen, dieser Grund, Halt, Retter und Vollender aller Welten, sonderlich der gefallenen? Sieh, dann bist du von deiner Sünde aus und von der Gnade Jesu Christi aus schon tief eingedrungen ins Dreieinigkeits-Leben und ins Dreieinigkeits-Wesen. Du hast durch Wort und Geist den Sohn.

Wer aber den Sohn sieht, der sieht auch den Vater. Wo ein Sohn ist, da ist auch ein Vater, da ist auch ein Gott. Der Sohn ist geschickt, gesandt vom Vatergott. Und in diesem Sohnes-Schicken offenbart sich die Liebe Gottes nach ihrer Gnaden- und Rettungs-Seite für die ganze Kreatur. Die Liebe, die selig machen will, muß heilig zürnen über alles, was das Seligkeits-Leben hindert. Alles Licht hat zum Untergrund Feuer. Alle Liebe, wenn sie bestehen will, muß das die Liebe Störende hassen, tief und wahr hassen. Alles Leben hat als Auswirkung gegen alles das Leben Störende den Tod. Ichwesen ist aber Liebes- und Lebens-Störung und -Zerstörung. Darum liegt Gottes Zorn und Gericht und Feuer auf ihm. Gott will es und muß es solange zerfeuern, bis es erweicht und bereit ist, sich versöhnen, erlösen und zurückbringen zu lassen. Gottes Haß, Zorn, Fluch und Gericht steht im Dienst der Liebe. Je tiefer das Gericht ist, um so heißer ist die suchende Liebe, die retten will. Und so groß ist Gottes Liebe, daß Er um alles nicht den Tod des Sünders will. Drum schickt Er, den Sünder zu retten, den Sohn in den Tod. Gott leidet im Sohn Tod und Gericht, und Gott bietet im Getöteten und Gerichteten, aber Erweckten Gnade im vollen, ganzen, alles zurechtbringenden Umfang an. Im gekreuzigten Sohn erstrahlt des Vaters Liebe. Nirgends in der ganzen Welt kann es erkannt oder gesehen werden, daß Gott die Liebe ist. Überall ist Sünde, Tod und Gericht. Aber am Retterkreuz, an Gottes Marterpfahl, der unser Erlösungspfahl ist, da strahlt die Liebe durchs Gericht. Daran ist erschienen die Liebe. Und jeder, der den Heiland annimmt, darf wandeln in der Liebe Gottes. Der Glaube in Christo bricht durch alles durch, weil Christus für ihn durchgebrochen ist, und lebt als geliebtes Kind im geliebten Vater. Seliges Dreieinigkeits-Leben in der Gnade des Sohnes und in der Liebe des Vaters, welche beide der Geist in uns verklärt.

Und dieser Geist, welcher dem armen Todes-Sünder Sohn und Vater verklärt, schafft dann in uns ein heiliges Gemeinschaftsleben. Der Gläubige lebt durch den Geist im Vater und im Sohn, weil im Heiligen Geist Vater und Sohn in uns Wohnung machen. Es entsteht ein inneres, ununterbrochenes Gebetsleben; es entsteht das Sterbens-Leben des Ich, das Auferstehungsleben Christi in uns. Das Leben des Gläubigen ist in den Himmeln, weil die Himmel im Heiligen Geist in ihnen sind. Wo jemand den HErrn aufgenommen hat und in Ihm den Vater hat, da ist die Trennung aufgehoben, die Scheidewand ist abgetan.

Er ist in uns, wir sind in Ihm. Das ist Dreieinigkeits-Leben. Der Geist schafft's, der Sohn ist in Seiner Gnade, Gott selbst in Seiner Liebe als Vater verklärt. Und dieses Geistesleben zieht zu den Geistesmenschen. Das gläubige Glied wird in den Geistesleib gezogen. Es entsteht eine Gemeinschaft der Heiligen, welche sich im Wort, Sakrament und Gebet baut. Aus der Natur- und Fleisches-

Gemeinschaft treten die Gläubigen in die Geistes-Gemeinschaft. Es sind nicht irdisch-diesseitige Gesichtspunkte, welche die Gläubigen zusammenziehen, es sind die Ewigkeits-Gesichtspunkte. Nicht gemeinsame irdische Abstammung, nicht gemeinsames Vaterland, nicht gemeinsamer Beruf, nicht gemeinsame irdische Interessen sind's, welche die Gläubigen zusammenbinden, sondern gemeinsamer Geist, gemeinsamer Heiland, gemeinsamer Gott und Vater. Es ist ein seliges Leben, dieses Gemeinschaftsleben im Dreieinigen. Begnadigt, gottgeliebt, gottgeboren, gottverbunden mit Gläubigen, das ist ein Reichtum und Schatz. Und alle Dreiheit ist hier in der Einheit. Vater und Sohn haben wir nur im Geist. Den Geist aber haben wir nur vom Sohn und vom Vater. Der Geist verklärt Vater und Sohn. Der Vater führt im Geist zum Sohn, der Sohn zum Vater, und der Glaube führt zu den Gläubigen. Die gleiche Geburt macht Brüder. Die Liebe der Brüder dringt auf den einen Leib. Alles geht auf das Eine, so schwach es auch hienieden je und je noch geht.

So ist die Dreieinigkeit in uns lebendig und wir in ihr, und wir wünschen von Herzen recht vielen, ja allen, die da glauben, ein rechtes, seliges Dreieinigkeitsleben nach dem apostolischen Wunsch: „Die Gnade unseres HErrn Jesu Christi und die Liebe Gottes und die Gemeinschaft des Heiligen Geistes sei mit uns allen! Amen." (7. Juni 1925)

Jerusalem

Text: Galater 4, 21—31

Der zehnte Sonntag nach Trinitatis ist der Gedächtnistag der Zerstörung Jerusalems. Die Zerstörung Jerusalems gehört der Heilsgeschichte des Erdkreises in sonderlicher Weise an. In ihren Fall sind die Wege aller Nationen für jetzt bald zwei Jahrtausende verflochten; in ihr Auferstehen werden sie in gleicher, nur gesegneterer Weise verflochten sein. Darum haftet auch Herz und Sinn der ganzen Gegenwartswelt, soweit sie biblisch denkt, heute besonders an Jerusalem. Aber gerade die Gemeinde der Gläubigen bleibt nicht nur beim irdischen Jerusalem, bei seinem Fall und seiner Aufrichtung stehen, sie gedenkt auch des himmlischen Jerusalem, aus dem sie geboren ist und zu dem sie kämpfend pilgert. So sind es zwei Jerusalem, welche das Innere der Gläubigen bewegen, das sichtbare und das unsichtbare. Beide sind für das Reich Gottes von gewaltiger Vergangenheits-, Gegenwarts- und Zukunftsbedeutung. So möge denn der Gedächtnistag der Zerstörung des irdischen Jerusalem unseren Blick lenken und die Herzen richten auf das doppelte Jerusalem, auf das Jerusalem dieser Zeit, wie Paulus in unserem heutigen Text es nennt, und auf das Jerusalem, das droben ist, von dem er zum andern redet. Eine solche Einkehr in den beiden Jerusalem ist wohl geeignet, den Rat Gottes uns so recht klar und hell aufzuschließen und unseren Stand in Christo zu befestigen und zu klären.

Zunächst haben wir die Tatsache festzuhalten, welche vielen Gläubigen nicht klar ist, daß zwei Jerusalem sind: ein sichtbares und ein zur Zeit unsichtbares. Die ganze Schrift Alten und Neuen Bundes redet von diesen beiden Jerusalem. Am deutlichsten und klarsten tut es Paulus in unserem vorliegenden Text mit seiner Rückweisung ins Alte Testament. Einfach und klar unterscheidet er zwischen dem Jerusalem dieser Zeit und dem Jerusalem, das droben ist. Und er weist uns darauf hin, daß beide schon im Alten Bund vorgeschattet sind, und und zwar in den beiden Söhnen Abrahams, in Ismael und seiner Mutter Hagar und in Isaak, dem Sohn der Verheißung, und seiner Mutter Sara.

Aber auch sonst weist uns die Schrift auf die beiden Jerusalem hin. So sagt der Hebräerbrief von Abraham, er habe auf eine Stadt gewartet, die einen Grund habe, deren Schöpfer und Baumeister Gott sei. Offenbar ist hier das himmlische Jerusalem gemeint. Wir wissen aber, daß der HErr ihn auch an die Stätte des irdischen Jerusalem sandte, dort seinen Isaak zu opfern; und wir wissen, daß Melchisedek ihm begegnete, welcher ein König von Salem war, der also von dem Ort des irdischen Jerusalem herkam. Die Schrift erzählt uns, wie Jakob, Abrahams Enkel, oft und gern beim Turm Eder geweilt habe. Dieser Turm Eder aber ist das erste Bauwerk im irdischen Jerusalem. Er bildete später einen Teil der Burg Davids in Jerusalem, und der Prophet Micha sagt, daß er die Davidsfeste gewesen, und verheißt, daß der kommende Davidssproß dort wieder wohnen werde (Micha 4, 8). So haben wir also zur Patriarchenzeit deutlich zwei Jerusalem. Und sie ziehen sich durch die Schrift. Vom irdischen redet sie auf vielen Seiten, aber auch vom himmlischen redet sie. Es seien nur noch die ganz hellen Stellen angeführt: Hebräer 12, 22: „Ihr seid gekommen zu dem Berge Zion und zu der Stadt des lebendigen Gottes, dem himmlischen Jerusalem." Und Offenbarung 21 fährt die heilige Stadt, das neue Jerusalem, vom Himmel herab als eine geschmückte Braut ihrem Mann.

So haben wir zwei Jerusalem. Aber was hat das mit unserem Glaubensleben zu tun? Gar viel. Die beiden Jerusalem als zwei Hauptstädte der Offenbarung bedeuten auch zwei Offenbarungsvölker. Paulus sagt, zwei Testamente, d. h. zwei Willensverfügungen Gottes. Das sichtbare Jerusalem gehört dem dienstbaren Gesetzesvolk, das unsichtbare Jerusalem dem Verheißungs- oder Glaubens- oder Geistesvolk. Das ist eine grundlegende Erkenntnis für den ganzen Rat Gottes, daß der HErr Seinen gewaltigen Plan durch zwei Völker ausführt, durch ein Gesetzesvolk und durch ein Verheißungsvolk. Beide haben ihre Wurzel in Abraham, das eine nach dem Fleisch, der Israel nach dem Fleisch, vorgebildet durch Ismael, der nach dem Fleisch geboren ist; das andere, der Israel nach dem Geist, vorgebildet durch Isaak, der nach dem Geist geboren ist. Der Israel nach dem Fleisch ist zusammengefaßt im irdischen Jerusalem; der Israel nach dem Geist im himmlischen. Der Israel nach dem Fleisch und das irdische Jerusalem sind dienstbar, wie Paulus sagt, mit ihren Kindern. Hier wirkt sich das Gesetz aus nach allen seinen Seiten, und hier bildet sich die dienstbare Welt unter den ewigen Normen Gottes aus. Der Israel nach dem Geist und das himmlische Jerusalem, deren Volk sind die Freien; hier bildet sich das Herrschervolk aus, das in allen Ewigkeiten die Herrschaft Christi vermitteln soll. So haben wir zwei Bundesvölker, entsprechend den zwei Jerusalem: ein Gesetzesvolk, den fleischlichen Israel und alles, was durch ihn und mit ihm unter das Gesetz Christi geht; und ein Verheißungs- und Geistesvolk, den geistlichen Israel, nämlich alles, was aus der Verheißung und aus dem Geist der Verheißung geboren ist.

Beide Jerusalem nun haben eine herrliche, große Gottgeschichte, und ihre Geschichte bildet die Geschichte des Reiches Gottes. Da ist es denn köstlich zu sehen, wie in den wechselnden Zeiten des Reiches Gottes bald das sichtbare und bald das unsichtbare Jerusalem gewissermaßen mehr an der Reihe ist, und wie endlich das unsichtbare Jerusalem auf der neuen Erde sichtbar wird, und beide Völker, Gesetzesvolk und Verheißungsvolk, welche hienieden sich oft stritten, wie einst Ismael und Isaak, endlich im Frieden beieinander wohnen. Das sichtbare und das unsichtbare Jerusalem sind dann eines, weil das unsichtbare sichtbar geworden ist und das Gesetzesvolk dem Geistesvolk endlich im Frieden untertan geworden ist.

Um recht zu verstehen, wie es gemeint ist, müssen wir die Geschichte der beiden Jerusalem von Anfang an, wie die Schrift sie uns offenbart, verfolgen. Eine heilige Sache, wir laufen da in den Ratsbahnen Gottes.

Am Anfang der Menschheit steht das unsichtbare Jerusalem sichtbar da und zwar im Paradies und besonders in dem Garten in Eden. Wir bemerken nämlich, wenn wir das zweite Kapitel der Bibel aufmerksam lesen, daß hier gleich der Dreieinigkeitsplan Gottes sich offenbart. Wir haben einen Garten in Eden, wo die Sakramentsbäume stehen, das Allerheiligste; wir haben Eden, das Heilige; und wir haben die Erde, den Vorhof. Auf der letzteren war offenbar damals der Wohnplatz Satans und seiner Geister. Daß im Garten Eden das himmlische Jerusalem sichtbar geworden war, sehen wir aus dem Schluß der Offenbarung. Alles Ende ist vermehrter und verherrlichter Anfang. Das ist ein Grundsatz Gottes, welches für alle Reiche Gottes gilt, im Naturreich, im Gesetzesreich und im Geistesreich. Wir müssen darum den Anfang oft und viel aus dem vollendeten Ziel erkennen. Wie dort auf die neue Erde das vollendete himmlische Jerusalem herabfährt, so ist es hier in 1. Mose 2 in einer wachstümlichen Anfangsgestalt herabgefahren auf die aus der Finsternistiefe (1. Mose 1, 2) neu herausgeschaffenen Erde. Und es war ja auch recht eine Friedensstätte, dieses Paradies mit dem Lebensbrot und dem Lebenswasser in sich, ein rechtes Salem, ein Friedensort. Und am Anfang ist es wie am Ende, nur eben natürlich anfänglich: Das sichtbare und das unsichtbare Jerusalem sind eines. Und der Mensch ist der Königspriester von Salem und wandelt im Heiligen und nimmt das Sakrament im Allerheiligsten, ißt täglich vom Baum des Lebens. Und Gott der HErr, der ewige König und Hohepriester, besucht ihn da, und der Mensch hat Gemeinschaft mit Ihm. Echt Jerusalem, wie es immer war und sein wird.

Aber dieses Jerusalem ging verloren durch die Wendung des Menschen von des HErrn Wort. Aber es wurde gleich nach dem Verlust auch wieder verheißen und im Blut des Opferlammes, das der HErr den Menschen gab, ihnen versiegelt. Und es begann die Glaubensgemeinde, das Volk des oberen Jerusalem. Abel ergriff die Verheißungen und opferte an der Pforte des verlorenen Paradieses. Er wartete auf die Neuöffnung der Pforte. Ihm nach viele! Ein Seth, ein Henoch, ein Noah und gewißlich noch andere sind die damaligen Glieder der Verheißungsgemeine, die Kinder des oberen Jerusalem, der Freien. Die Abkehr im Kains-Geschlecht ging nebenher. Babel wurde je länger, je mehr ihr Mittelpunkt: die Erde, die Welt, nicht Jerusalem. Vom Paradies weg war ihr Weg. Die Gläubigen aber blieben an der Verheißung und am Opfer und so in Verbindung mit ihrer Gottesstadt. So tat Noah vor und nach der Sintflut.

Gar bald wandte aber die Menschheit sich wieder ab. Sie mochten auf eine Stadt nicht verzichten. Da bauten sie sich selbst eine Stadt: Babel mit seinem Turm. Die unsichtbare Stadt war ihnen eben doch zu unsichtbar, sie wollten eine sichtbare haben. Da entstand Babel. Der HErr aber fuhr im Gericht herab, Er wollte keine andere Stadt neben der Seinen haben. Eine Friedensstadt ist's ihnen drum nicht geworden, kein Jerusalem, sondern ein Babel, eine Verwirrungsstadt. Noch heute baut die ungläubige Welt ihre Städte und tut alle ihre Errungenschaften in sie hinein. Sie sollen ihr Jerusalem, ihr Paradies sein; und jedesmal werden sie wieder zu Babel, zur Verwirrungsstätte. Auf die Stadt, deren Schöpfer und Baumeister Gott ist und die verheißen ist, daß sie wieder offenbar werden soll, wollen sie nicht warten. Du aber und ich, nicht wahr, wir beide suchen die bleibende Stadt nicht in Babels Gassen, die zukünftige suchen wir.

Gott der HErr mußte die Jerusalem-flüchtige Menschheit fahren lassen. Aber Auserwählte zog Er sich heraus, welche im Glauben auf die Friedensstadt warteten und im Opferschatten die Wiedereröffnung ihrer Tore erhofften. Abraham, Isaak, Jakob und andere Gläubige waren die Kinder der Freien, der oberen Stadt, der Mutter aller Gotteskinder in jenen Tagen. Aber auch Abrahams Same nach dem Fleisch, als er mehr und größer wurde, blieb der unsichtbaren Gottesstadt nicht treu. Nur ein heiliger, aber geringer Same hielt sich an die unsichtbare, als sähe er sie. Jochebed, die Mutter Moses in Ägypten, muß eine solche gewesen sein.

Da neigte sich Gott der HErr, als der Same Abrahams nach dem Fleisch zum Volk erwachsen war, herab. Er zeigte Mose auf dem Berg die unsichtbare Gottesstadt mit ihrem Allerheiligsten und Heiligen und Vorhof und hieß ihn, dem schwachen, ungläubigen Haufen ein irdisches Abbild machen. Er kam dem Sichtbarkeitszug der armen Menschheit entgegen. Die Stiftshütte war der Anfang des sichtbaren Jerusalem. Damit aber die törichten und eigenmächtigen Menschen es Ihm nicht sofort wieder verunreinigten, umgab Er es mit dem Zaun des Gesetzes. Jetzt haben wir also, wie Paulus sagt, das Jerusalem dieser Zeit, das sichtbare und dienstbare. Und wir wissen, diese Hütte kam dann auch im Laufe der Jahrhunderte, durch die Sünde des Bundesvolkes verzögert, unter David nach Jerusalem. Salomo aber durfte sogar etwas von der Herrlichkeit der Gottesstadt versichtbarlichen. Doch selbst diese Herablassung des HErrn genügte nicht. Sie blieben nicht einmal der sichtbaren Gottesstadt treu. Und auch der Zaun des Gesetzes war nicht stark genug; sie rissen ihn nieder.

Da ließ der HErr die Gottesstadt zerstören und das Volk wegführen, damit es die Stadt wieder schätzen und lieben lerne. Bei vielen im Volk war's nicht umsonst. Es kam zurück, die Stadt wurde wieder gebaut, der Tempel aufgerichtet, der Zaun des Gesetzes strenger erstellt. Die Gottesstadt wurde dem Volk lieb mit dem Heiligtum. Die Nationen bauten inzwischen ihre Babelstädte, aber keine einzige wurde ein Salem, eine Friedensstadt. In dieser Zeit der sichtbaren Gottesstadt waren die Tage der unsichtbaren Stadt, des himmlischen Jerusalems, geringe. Zwar fehlte es nie an Seelen aus dem Glauben und in Hoffnung der Verheißung. Vielen genügte die sichtbare Stadt nicht, sie warteten der andern, gleich einem Jakob, der im Sterben noch des Heils, der Gottesstadt und ihres Königs gedachte. Die Masse hing an der sichtbaren und am Zaun des Gesetzes, und da mit Mühe. Das war die Zeit, da die unsichtbare Gottesstadt eine Unfruchtbare und eine Einsame war, wie unser Text sagt. Die Sichtbare hatte viel mehr Kinder. Auch aus den Heiden wandten sich etliche zur sichtbaren Stadt. Aber wieder und in vertieftem Maße wurden sie selbst dem unsichtbaren Jerusalem und ihrem Gesetze untreu. Sie richteten sich selber auf in eigener Gerechtigkeit.

Als die Zeit kam, da der König der wahrhaftigen Gottesstadt, der Sohn Gottes, Jesus, in Sein Eigentum kam, als Er Buße über ihre Sünden verlangte, um die Herrlichkeitszeit des sichtbaren Jerusalem heraufführen zu können, da verwarfen sie Ihn. Die Herrlichkeit der sichtbaren Gottesstadt begehrten sie heiß, aber vom Gesetz sich richten und durchs Blut des Einen sich versöhnen lassen, das wollten sie nicht. Sie kreuzigten Ihn und taten den HErrn der Stadt vor die Stadt hinaus. So mußte denn das sichtbare Jerusalem ins Gericht. Aber der Herr ging in die unsichtbare Gottestadt, ins einstige Paradies mit Seinem Versöhnungsblut hinein. Er reinigte es vom Fall. Er öffnete es. Er sandte Seinen Geist herab und ließ die Bürgerschaft des himmlischen Jerusalems, Versöhnung, Frieden, Kindschaft, Erbschaft allen bußfertig Gläubigen verkündigen. Und viele nahmen's an. Es kamen die Tage, da es hieß: „Sei fröhlich, du Unfruchtbare, die du nicht gebierst! Die Einsame hat viel mehr Kinder, denn die den Mann hat." Alle Gotteskinder von Abel an rückten ein in die Gottesstadt. Ihrer viele waren schon nach der Auferstehung des HErrn auch auferstanden. Neue kamen dazu. Zu den Heiden drang die Botschaft vom oberen Jerusalem und von ihrem herrlichen Gnadenkönig mit Seinen Gnadengaben, und viele wurden gläubig. Gleichwie während der Zeiten des irdischen Jerusalem das himmlische leer stand infolge des Falls, so wandte es sich nun; das himmlische füllt sich um der Versöhnung willen in Christus, und das irdische steht leer wegen Israels Fall. Jetzt ist die Zeit der oberen Gottesstadt.

An der sichtbaren Stadt wirkt sich einstweilen die furchtbare Kehrseite des Gesetzes aus, der Fluch, bis in der neuen Fülle der Zeiten dann auch der ganze Segen des Gesetzes sich auswirken kann, wenn Israel Buße getan hat. Darum waren alle Bemühungen der Kirche, die sichtbare Gottesstadt jetzt aus ihrem Fluch zu heben, verfehlt. Es muß ja alles erfüllt werden. Gleichwie der Fluch der Sünde durch Jahrtausende auf dem oberen Jerusalem lag, nun aber der Segen der vollbrachten Versöhnung und Öffnung hineinströmt in wiedergeborenen Gotteskindern, so liegt jetzt der Fluch des Gesetzes auf der sichtbaren Gottesstadt, bis sich nach Ablauf der Zeiten der Segen des Gesetzes in Christus offenbaren kann. Das obere Jerusalem beginnt sich zu füllen. Bald ist die Zahl seiner Bürger voll: lauter freie, geistgeborene, leidenvollendete Priester-Könige, die Ärmsten unter den Sündern, durchs Blut des Lammes so weit gebracht.

Es naht schon die neue Zeit des irdischen Jerusalem. Das Israel nach dem Fleisch bewegt sich schon. Über ein kleines, dann kommt das Haupt der oberen Gottesstadt und zieht Seine Glieder an, und dann werden sie herrlich mit Ihm sein und mit Ihm herrschen. Dann werden auf Erden die Verhältnisse durch schreckliche Gerichte so reif geworden sein, daß die Umkehr der Juden in der Ankunft des HErrn auf Zion erfolgt. Dann werden auch die gerichtserschütterten Heiden umkehren. Die Juden und die Nationen werden sich der Herrschaft Christi beugen. Das in Christus erfüllte Gesetz wird ausgehen von Zion. Die in ihren eigenen Städten zugrunde gegangene Menschheit wird das Heil von der Gottesstadt annehmen. Gerechtigkeit und Friede werden herrschen. Die Segensbrunnen des Gottesgesetzes werden sich öffnen und die Völker drunter selig sein. Das wird eine Fülle des sichtbaren Gesetzes-Jerusalem sein, des zu dieser Zeit dienstbaren, wie Paulus sagt. Währenddem wird die Gemeinde der Freien, der vollendeten Gotteskinder, das obere Jerusalem oben in der Luft, mit seinem Heiland sich freuen und herrschen die 1000 Jahre.

Doch noch einmal werden viele Völker vom sichtbaren Jerusalem sich wenden. Da wird der Fluch des Gesetzes in furchtbaren Endgerichten die Frevler treffen. Und bald darnach wird die Zeit der Erde ablaufen. Die Stunde des irdischen Jerusalem — denn dieses dienstbare irdische ist nur zwischenhinein gekommen — wird abgelaufen sein. Das Endgericht wird scheiden in gerichtet und selig. Die neue Erde wird sich bilden. Das neue Jerusalem, jetzt gefüllt mit seinen Gotteserben, fährt herab, der HErr in der Mitte. Die neue Erde füllt sich mit den Scharen, welche dem irdischen Jerusalem dienstbar und untertan waren. Die ewigen Gerichtsstätten füllen sich mit denen, welche nicht untertan sein wollten. Jerusalem ist jetzt das sichtbargewordene. Sichtbar und unsichtbar sind eins. Die Bürger des unsichtbaren Jerusalem sitzen in der Gottesstadt als Erben; die Untertanen des sichtbaren füllen die neue Erde in ihren Orten. Verheißung und Gesetz sind erfüllt, das Gesetz nach Segen und Fluch. Denn viele Verfluchte mußten ja hingehen an ihre Orte. Was das neue Jerusalem mit seinem Lebensstrom dann noch weiter wirken wird in Ewigkeit, wollen wir heute lassen.

Du aber laß dir das Höchste schenken und bewahren: die Bürgerschaft im neuen Jerusalem! Gehörst du zu der Freien, aller wahren Gotteskinder Mutter? Dann freue dich auf den Tag der Offenbarung. (22. Aug. 1920)

Immer zuerst nach innen, das ist Geisteswandel

Text: Galater 5, 25 —6, 10

Zum Geisteswandel will der Apostel Paulus seine Galater und uns ermuntern, oder wörtlich genommen zu einem Umherwandeln im Geist. „So wir im Geist leben, so lasset uns auch im Geist wandeln", sagt er. So ist also ein Unterschied zwischen dem „im Geist leben" und dem „im Geist wandeln". „Im Geist leben" heißt: Geistesleben haben, aus Gott geboren sein, Glaubensleben in der Gemeinschaft mit dem Heiland besitzen. Es ist das Leben aus Gott, gezeugt durch Wort und Geist, das Leben mit Gott und in Gott gemeint mit dem: „im Geist leben". Es ist das gottentsprungene und Gott zugewendete Leben. Dieses Leben im Geist, dieses Glaubens-, Liebes- und Hoffnungs-Leben in Christo, das im Gebetsleben, im Leben im Wort und in der Gemeinschaft der Gläubigen seinen Ausdruck findet, soll nun auch zu einem Wandel im Geist werden.

Im Geist leben ist kurz gesagt: „in Ihm sein". Im Geist wandeln heißt dann nicht, Werke und Taten tun, sondern: „in Ihm auch umherwandeln", wie auch in der griechischen Urbibel das Wort „umherwandeln" steht. Wir könnten auch so sagen: Wer den Heiligen Geist innewohnend hat, der soll auch mit diesem innewohnenden Geist umherwandeln und alles, was ihm begegnet, in diesen in ihm wohnenden Geist hineinnehmen. Dort soll er alle Dinge, welche ihm begegnen, verarbeiten, und dann wird eine Geistesfrucht geboren. Der Bekehrung eignet das Werk, im christlichen Geist getan; der Wiedergeburt eignet die Frucht, aus dem Heiligen Geist geboren. Darum heißt im Geist wandeln nicht: den Dingen einen christlichen Geistesstempel aufdrücken, sondern die Dinge einnehmen in den in uns wohnenden Heiligen Geist, sie dort bewegen und zur Geburt bringen und sie dann als Geistesfrucht offenbaren. So ist „im Geist wandeln" gerade das Gegenteil von dem, was die gewöhnliche Meinung annimmt; es ist nicht ein Hinauswirken, sondern ein Einnehmen, ein in sich Aufnehmen aller uns beim Umherwandeln begegnenden Dinge und ein Verarbeiten derselben im Geist, und dann Frucht des Geistes bringen. Darum haben wir in der Überschrift gesagt: Immer zuerst nach innen, das ist Geisteswandel.

Ein Mensch, der im Geist umherwandelt, weil er Geistesleben in sich hat, nimmt alles, was er hört, sieht und erlebt, in seine Geisteszentrale auf, und dort wird eine Frucht geboren. Das ist's nun auch, was der Apostel Paulus in unserem Text uns weiter an Beispielen zeigt und erläutert, daß Geisteswandel ein solches Wesen sei, das alles erst nach innen nimmt. Darum sind eben Geistesleute immer Eingekehrte. Darum haben sie für die Welt und für die mit ihnen Umgehenden etwas Schwerfälliges, Langsames, Bedächtiges, Zurückhaltendes, für manche sogar etwas unverständlich Abstoßendes, weil sie eben alles erst nach innen nehmen und dort im Geist verarbeiten. Sie schießen keine Geistesblitze an die Menschen und Dinge hin, wie etwa der natürlich Geistreiche oder der Begeisterte, auch der vom Heiligen Geist Begeisterte, sondern sie durchgeistigen alles innerlich, sie wollen alles geistverklärt haben, und dies geht nur durch Geburt.

Darum sagt nun der Apostel gleich zum ersten: „Lasset uns nicht eitler Ehre geizig sein, einander zu entrüsten und zu hassen." Eitler Ehre geizig sein heißt, nach äußeren Vorzügen, Ehren und Vorteilen, nach äußerem Wirken trachten und die innere Fülle nicht achten, sondern dabei leerer und leerer werden. Geistesmenschen sollen immer die Mehrung ihres inneren Gehaltes im Auge haben, ob es dabei auch äußerlich durch Entäußerungen und Erniedrigungen ginge. Wo äußere Strebungen und Strebereien sind, da gibt's Zank und Neid; da kommt einer dem andern in den Weg, und sie entrüsten sich übereinander und neiden einander. Je mehr nach außen und auf Äußeres gerichtet auch geistliches Leben und Wirken ist, um so mehr gibt es Anstöße und Zusammenstöße. Je mehr aufs Innere gerichtet, auf innere Fülle bestrebt die einzelnen sind, desto mehr tritt das Äußere in seinem Wert und in seiner Wichtigkeit zurück, um so weniger stößt man sich. Darum wandelt im Geist, seid auf das innere Wachstum gerichtet, auf die Mehrung des Innenmenschen, dann werdet ihr einander nicht herauszufordern zum Neid. Innere Eitelkeit ist stets verletzt und verletzt auch andere; innere Gottfülle läßt sich verletzen und wächst unter Kreuz. So sehen wir, wie schon in diesem ersten Wort der Apostel Paulus mit seiner Aufforderung zum Wandel im Geist nach innen weist. Immer zuerst nach innen, das ist Wandel im Geist.

An einem praktischen Beispiele macht er's uns noch deutlicher. Er sagt: „Liebe Brüder, so ein Mensch etwa von einem Fehler übereilt würde, so helft ihm wieder zurecht in sanftmütigem Geist, ihr, die ihr geistlich seid; und siehe auf dich selbst, daß du nicht auch versucht werdest." Paulus stellt uns also einen Menschen vor Augen, der einen Fall getan hat, vielleicht einen Fall, der auch mich mit betroffen hat. Der Mensch ist ein Bruder; durch seinen Fall werden alle, die in Christo Gemeinschaft mit ihm haben, in Mitleidenschaft gezogen. Was tut nun hier der Geistesmensch, der im Geist wandelt und bei seinem Umherwandeln auf einen solchen stößt? Er schlägt vor allen Dingen in sich. Er sieht auf sich selbst, daß er nicht auch versucht wird. Ein Geistesmensch kann nichts Böses sehen oder hören, ohne daß sofort sein eigenes Herz erschüttert wird und er seine eigene Verkehrtheit und seine Versuchlichkeit in demselben Punkt, in welchem der Bruder gefallen ist, tief erkennt. Er bewegt den Fall des Bruders als ein Mitversuchlicher und nur im HErrn Bewahrter. Nun wird Frucht geboren, nämlich: ein sanftmütiger, zurechthelfender Geist. Aller richtende, scheltende, sich aufregende, afterredende und andere Geist wird im Feuer des innewohnenden Heiligen Geistes verzehrt, und ein sanftmütiger, zurechthelfender Geist tritt heraus. Wie klar ist hier der Geisteswandel gezeichnet als ein immer zuerst nach innen gehendes Wesen, welches dann von innen heraus Frucht bringt.

Dasselbe meint der Apostel, wenn er fortfährt: „Einer trage des andern Last, so werdet ihr das Gesetz Christi erfüllen." Das Gesetz Christi ist, sich selbst in den Opfertod geben für die Sünden der andern und sie so hinwegtragen. Der Geistesmensch ist ein Passionsmensch, ein frei zum Leiden Entschlossener, weil er weiß, daß daraus das Leben geht. Darum nimmt er innerlich die Lasten der ihm Begegnenden und um ihn Wandelnden als Leiden frei liebend ein und trägt sie und bewegt sie im Geist, bis er in einer Stunde der Reife auch etwas sagen und sie hinwegtragen helfen kann. Also auch hier schlägt der Geistesmensch nicht nach außen gegen die Lasten, sondern er geht zuerst nach innen und trägt die Lasten. So wird er Christus ähnlich. Das ist Wandel im Geist.

Und er richtet sich an den Fehlern der andern nicht auf, er wird nicht selbst größer, wenn andere um ihn niedriger sind, sondern er erkennt um so tiefer aller Menschen Nichts, zusammen mit seinem eigenen. „So aber sich jemand läßt dünken, er sei etwas, so er doch nichts ist, der betrügt sich selbst." Menschen, die an der andern Fehler und Schwächen in einen Selbstdünkel hineinwachsen, die gehen eben nicht in sich und kennen sich darum nicht, sondern betrügen sich selbst. „Ein jeglicher", sagt Paulus, „prüfe sein eigenes Werk, und alsdann wird er an sich selber Ruhm haben und nicht an einem andern; denn ein jeglicher wird seine Last tragen." Wieder sehen wir den Geistesmenschen, wie er nach innen schlägt bei seinem Umherwandeln, wie er sich selbst vor Gott stellt, wie er seine eigene Last sieht und trägt und wie er erkennt, was Rühmliches oder nicht Rühmliches vor Gott an ihm sei. Bei allem und in allem schlägt der Geistesmensch nach innen hinein.

So ist's auch in einer andern Sache, die Paulus noch erwähnt. Er läßt den Geistesmenschen seinem Lehrer begegnen, der ihn mit dem Wort unterrichtet. Das nimmt der Geistesmensch gleich wieder innerlich. Ihm wird's groß, daß Gott ihn durch einen Menschen Seine Wege weisen läßt. Gottes Wort ist ihm innerlich der Wiedergeburtssame, von dem er lebt, das Brot, das ihn nährt. Er bewegt das, ihn bewegt das, und es wächst die Frucht, daß er mitteilt allerlei Gutes dem, der ihn unterrichtet. Es ist erfahrungsgemäß so: je innerlicher ein Mensch ist, um so mehr gibt er für das Reich Gottes. Drum, wer immer nach innen schlägt beim Hören des Wortes, bei dem wird viel Dankesfrucht erscheinen.

Es ist nun freilich ein Weg der Passion, dieser Weg des Geisteswandels, der nie nach der Natur die Antwort auf die Dinge und Personen gibt, sondern immer erst den Weg durch den Heiligen Geist geht. Es ist ein stetes Sterben dem, was das Fleisch wollte und täte; aber entziehen wir uns dem nicht, was daran Kreuz ist, sonst sind wir keine Geistesmenschen. Irren wir uns nicht, Gott läßt sich durch ein Geistesleben, das nicht zum Geisteswandel wird, nicht spotten.

Wo Geistesleben nicht zum Geisteswandel wird, d. h. wo nicht alles, das uns beim Umherwandeln begegnet, in die Geistesgeburt einbezogen wird, da handeln wir eben fleischlich. Es gibt nur zwei Mutterböden: Fleisch und Geist. Was nicht im Heiligen Geiste geheiligt und geläutert wird, das geht aus dem Fleisch. Und da kann ein bloßes Geistesleben dann nicht schützen vor dem unweigerlichen Hoheitsgesetze Gottes: „Was der Mensch sät, das wird er ernten. Wer auf sein Fleisch sät, der wird vom Fleisch das Verderben ernten. Wer aber auf den Geist sät, der wird vom Geist das ewige Leben ernten." Wir sehen hier, daß Geisteswandel vom Apostel gleichgesetzt wird der Geistes-Saat oder der Saat auf den Geist. So ist also der Geisteswandel ein Säen auf den Geist. Also alles, was uns begegnet, kommt als Same auf den Geistesboden. Und dort erwächst es in der Art und zu der Zeit, wie es göttlich ist, und trägt Lebensfrucht. Der Geistesboden ist echter Mutterboden. Er gibt, wie eine Mutter, dem in ihn gelegten

Samen seine Art mit, wie auch der Fleischesboden als Mutterboden allem in ihn gelegten Samen seine Art mit sich gibt. Zur Fleischesart gehört aber der Tod, zur Geistesart das Leben. Wie eine gefallene Eva nur Todesleute gebären konnte, so der Natur- und Fleischesboden; und wie der geistverklärte zweite Adam lauter Lebensmenschen zeugt durch den Geist, so auch der Heilige Geist.

Darum, so wir im Geist leben, so lasset uns auch im Geist wandeln, lasset alles uns Begegnende, was es auch sei, uns erst in das Geisteswesen innerlich einnehmen als Same, und lasset es dort zur Lebensfrucht geboren werden, die wir dann bringen. Was nicht in den Geist eingenommen ist, das geht durch die Natur. Irret euch nicht, dann gebiert's Tod; Gott läßt sich durch Geistesleben ohne Geisteswandel nicht täuschen. Zwar ist es beschwerlich und bringt Leiden, alles durch den Geist gehen zu lassen. Die Welt versteht dieses Wesen nicht, sondern belacht und haßt es. Lasset uns dennoch nicht müde werden, dieses Gute zu tun, es geht eine ewige Lebensernte daraus. Was aus dem Geisteswandel geboren wird, ist Frucht, welche bleibt in das ewige Leben. Und die Frucht dieses Geisteswandels soll jedermann schmecken, die Welt wie die Hausgenossen des Glaubens.

Freilich die Hausgenossen des Glaubens, die mit uns Laufenden im Hause Gottes, mit welchen wir Lebensgemeinschaft haben, die werden zuerst diese Lebensfrüchte des Geisteswandels zu essen und zu genießen bekommen. Aber es soll niemand ausgeschlossen sein. Wir begegnen nicht nur den Gläubigen geistlich, sondern auch der ungeistlichen Welt. Sie begegnet uns mit ihrer Todes-Fleisches-Saat, wir ihr mit unserer Geistes-Lebens-Saat. Die Gläubigen dürfen es natürlich zuerst von uns fordern, daß wir ihnen, welche uns Geistesfrucht bieten, auch Geistesfrucht entgegenbringen. Wo uns Geist begegnet, ist ja leichter auch im Geist sein; aber oft ist es gerade unter den Gläubigen am schwersten, im Geist zu wandeln, wenn ihrer etliche selbst nicht darin wandeln. Aber laßt uns nicht müde werden — denken wir an die Lebensernte. Und auch gegenüber der Welt nicht laß werden. Unsere Geistesfrucht läßt sie sich ja oft und viel gefallen, aber unsere Lebenswurzel Jesus will sie nicht. Was tut's! Wir sind gesetzt, daß wir hingehen und Frucht bringen, und haben die Verheißung, daß unsere Frucht bleibe. Wohlan denn, angesichts solches Gottes-Lebens-Gesetzes des Erntens ohne Aufhören, ihr alle, die ihr im Geist lebet, lasset uns auch im Geist wandeln, und wisset: Immer zuerst nach innen, das ist des Geisteswandels Grundgesetz!

(23. Sept. 1923)

Die Eigentumsgemeine, der innerste Kern des Rates Gottes in diesen unsern Zeiten

Text: Epheser 1, 3—14

Ein wesentlicher Zug unserer Adventsfreude ist die Freude am Rat Gottes, auf welchen uns die Adventszeit hinweist. Das ist ja in der Tat eine große Freude für das arme Menschengeschlecht, daß ein Rat Gottes über der Erde waltet und in immer bestimmterer Weise sich zielmäßig auswirkt. Erhöht wird diese Freude dadurch, daß wir in der Heiligen Schrift die großen Linien dieses Rates so klar niedergelegt finden, und noch mehr dadurch, daß die allerbedeutendste Wegstrecke dieses Rates bereits zurückgelegt ist und zwar in herrlicher Erfüllung des göttlichen Wortes. Dadurch haben wir desto fester das prophetische Wort und achten mit Fleiß auf seinen weiteren Lichtsgang. Dieser Rat Gottes hat aber nun seine verschiedenen Haushaltungen.

Auch unser heutiger Text redet von einer solchen Haushaltung. Im zehnten Verse, wo unser Luther übersetzt: „daß es ausgeführt würde, da die Zeit erfüllet war", redet der griechische Urtext von der „Haushaltung der Fülle der Zeiten". Diese verschiedenen Haushaltungen des Rates Gottes klar zu erkennen und auch klar auseinanderzuhalten, ist eine Sache von allergrößter Wichtigkeit. Durch die Vermengung und Vermischung der verschiedenen Haushaltungszeiten des Rates Gottes sind die schwerwiegendsten Verirrungen der Kirche bis auf den heutigen Tag gekommen. Auch beim besten und kindlichsten Glauben arbeitet man eben falsch, d. h. auf falschen Linien, wenn man nicht klar ist über die Haushaltung Gottes, in welcher wir jeweils stehen. Da ist es uns denn eine rechte Adventsfreude, daß gerade unser heutiger Epheser-Text uns so helles Licht gibt über das, was in unseren Tagen die Hauptsache der Haushaltung Gottes ist. Der etwas schwierige Text, welcher in seinen 12 Versen eigentlich nur einen einzigen Satz bildet, ist ein rechter Enthüller des Ratsgeheimnisses Gottes. Er geht zurück in Vers 4 auf die Zeit, da das Ratsgeheimnis vor Grundlegung der Welt noch im Schoße Gottes ruhte. Er redet in Vers 9 von der Offenbarung dieses Ratsgeheimnisses an die Gläubigen und führt uns am Schluß Vers 14 das herrliche Ziel des gegenwärtigen Haushaltes vor Augen. Und gerade dieser Schluß wirft das Licht auf die ganze Stelle. Er sagt, das gegenwärtige Haushaltungsziel Gottes sei eine erlöste Erb- und Eigentums-Gemeine. Vom Wesen und Gang dieser Erb- und Eigentums-Gemeine handelt dann die ganze Stelle. Nach allen Seiten hin wird die Gesamtgemeine und werden ihre Glieder näher charakterisiert und geschildert.

Mit den verschiedensten Namen bezeichnet sie Paulus. Als Segensträgergemeine bezeichnet er sie Vers 3; als Auswahlgemeine stellt er sie uns Vers 4 vor Augen; als vorausverordnete Gemeine, als Kindschaftsgemeine Vers 5; als Gnadengemeine Vers 6 ff.; als Erbschaftsgemeine Vers 11 und 14; als versiegelte Verheißungsgemeine Vers 13; als Eigentumsgemeine Vers 14. Und durch alle

14 Verse ist sie die Gemeine, die „in Christo Jesu" ist; durch alles geht das: „in Ihm," „in Christus." So haben wir in unseren herrlichen Versen wieder einen lauten und hellen Ruf, daß der Rat und Plan Gottes in unsern Zeiten auf eine durchs Wort herausgerufene und durch den Geist herausgewählte Gemeine Gottes geht. Dazu wird jetzt das Evangelium aller Welt verkündigt; dazu werden die Völker durchevangelisiert, daß die ewig erwählten und verordneten Kinder Gottes ans Licht kommen und erzogen werden unter den Leiden und Trübsalen der Welt und unter der Ernährung durch das Wort und den Geist zu ihrer Aufgabe in den kommenden Haushaltungen Gottes.

Klar sehen wir wieder, daß die gegenwärtige Haushaltung nicht auf die ganzen Völker und ihre Gewinnung geht, weshalb alle dahingerichteten Unternehmungen immer wieder ins Gericht fallen, seien es ganze Kirchen oder kleinere Veranstaltungen. Soweit sie aufrichtig gläubig sind, tragen sie auch bei zum Bau der Gemeine, aber ihr eigentliches, gegen den Rat Gottes aufs Volksganze gestecktes Ziel erreichen sie nicht. Die Völker als Ganzes sind nach der übereinstimmenden Schrift dem Tausendjährigen Reich unter Führung der bekehrten Juden vorbehalten in der sichtbaren und unsichtbaren Welt. Und die Gewinnung aller Kreatur ist der Gemeine Gottes vorbehalten in den Haushaltungen der neuen Welt. Die gegenwärtige Weltzeit aber dient zur Herausholung des Leibes Christi und zur Reifmachung des Judenvolkes unter den Gerichten der Völker. Ach, daß über diese so klar bezeugten biblischen Linien mehr Licht wäre, es gäbe ein ganz andersartiges Sichstellen in Kirche und Staat, aber auch in Gemeinschaft und Stunde. Lesen wir doch den Text auf diese Wahrheit hin gründlich durch; beugen wir uns der erkannten Wahrheit, da wir doch nichts wollen als das Wort Gottes; und gehen wir dann auch einher persönlich und innerhalb der verschiedenen Ordnungen in Staat, Kirche und Gemeinschaft dieser Erkenntnis gemäß.

Ja, hinein in unser herrliches, lichtgebendes Gotteswort. Der Epheserbrief ist wie der Kolosserbrief eine Art Zirkularbrief, bestimmt zum Vorgelesenwerden in vielen Gemeinden. Darum trägt er auch keinen solch persönlichen Charakter wie die anderen Briefe des Apostels, sondern betont mehr das Allgemeine. Darum haben wir auch die Worte „uns" und „ihr" und ähnliche, welche so oft vorkommen in unseren Versen, auf die durchs Wort erretteten und herausgebildeten Gemeinden, ja auf ihre Gesamtheit zu beziehen. Und da sagt nun unser Apostel Paulus zuerst: „Gelobt sei Gott und der Vater unseres HErrn Jesu Christi, der uns gesegnet hat mit dem ganzen geistlichen Segen, der in den himmlischen Orten bereitliegt, in Christus." So lautet's wörtlich, und wir müssen bei diesen schweren Texten öfter wörtlich übersetzen um des genauen Verständnisses willen.

Paulus bezeichnet mit diesen Worten die gläubige Gemeine als das Segensgefäß, in welches Gott und der Vater unseres HErrn Jesu Christi den ganzen himmlischen Segen, welcher im Heiland geschenkt ist, hineingegossen habe. Die Gemeine ist die Segensträgerin und Mittlerin. Dazu ist sie bestimmt, dazu wird sie jetzt erzogen, und es ist ihr Beruf, diesen Segen dann weiterzugeben, was sie vollkommen allerdings erst leisten wird, wenn sie selbst vollendet ist. Jetzt leistet sie es stückweise. Der Apostel sagt ganz dasselbe am Schluß unseres Kapitels, wenn er schreibt: „Gott hat Jesus als Haupt über alles der Gemeine gegeben, welche Sein Leib ist, nämlich die Fülle des, der alles in allen erfüllt." So ist die Gemeine die Fülle Christi, wie Christus die Fülle Gottes. Und die Fülle der Segnungen Christi geht zuerst in die gläubige Gemeine und dann durch sie auf die Gesamtwelt. Darum heißt sie auch der Leib Christi (Vers 23), denn wie der Leib der Auswirker unserer Persönlichkeit ist, so die Gemeine die Auswirkerin Christi. So sehen wir also gleich in dem ersten Vers unseres Textes die große Mittelstellung der Gemeine zwischen Christus und der Welt. Es ist eine unglaublich hohe Stellung, eine wahrhaft priesterliche Stellung, wie es die Schrift an anderen Orten nennt. Der HErr will arme Sünder, die Ihn annehmen, so begnadigen und füllen mit Ihm selbst, daß sie etwas seien zu Lob Seiner herrlichen Gnade. Hochmütig macht das, wo es klar erkannt wird, nicht, denn es ist nur in völliger Hingabe zu haben.

Diese Gemeine aber und ihre Glieder will Gott in Christo jetzt in diesen Tagen bis zur Wiederkunft Christi herausholen und zubereiten. Er tut das kraft seiner Auserwählung. „Wie Er uns denn hat auserwählt durch denselben, ehe der Welt Grund gelegt war, daß wir sollten sein heilig und unsträflich vor Ihm in der Liebe." Hier ist ganz deutlich von einer „Auswahl" die Rede. Eine Auswahl ist aber bekanntlich immer ein weniges aus einem großen Haufen. So geht also Gottes Rat in diesen Zeiten ganz klar auf wenige. So irren denn die nach der Schrift, welche immer auf die Vielen und auf die Haufen gehen und welche auch eine Massen- und Volkskirche unter allen Umständen erhalten wollen. Eine Auswahl trifft Gott durchs Evangelium auch aus unserem Volk. Und nur darum werden alle gerufen, daß die Auserwählten herauskommen können. Wird mir etwas zur Auswahl hingelegt, so wird mir vieles hingelegt, daß ich eines nehme.

Diese Auswahl hat Gott schon getroffen vor Grundlegung der Welt. Gott sind alle Seine Dinge bewußt von der Welt her. Achten wir wohl, nicht zur Seligkeit oder Unseligkeit hat Gott schon vor Grundlegung der Welt die einen oder die andern bestimmt, das wäre ja die reine Ungerechtigkeit. Das aber hat Er sich von Ewigkeiten her schon vorgenommen, durch eine Auswahlgemeine, durch eine königliche Priestergemeine, aus den Menschen herausgerufen, Sein Heil aller Kreatur kundzutun. So wie Er von Ewigkeiten her beschlossen hat, alles im Sohn, in Christus zu wirken, so wieder in Christus alles durch die Gemeine. Diese Gemeine stand schon von Ewigkeiten her als herrliches Ratsziel vor Ihm. Und jetzt in unseren Zeiten ruft Er sie aus der Völkerwelt heraus. Er ruft auch dich, höre! Diese erwählte Gemeine sieht Er von Ewigkeiten her als eine heilige, d. h. voll und ganz Ihm zu Diensten stehende, und als eine untadelige, d. h. in der Heiligung vollendete. Und die Liebe Christi ist es, die solches schafft: sie zieht die einzelnen heraus und heiligt sie; darum heißt es: „in der Liebe"; das ist nicht unsere, sondern Christi Liebe. Das ist denn der Kernrat Gottes in diesen Zeiten, diese ihm zu Diensten stehende Auswahlgemeinde durch die bezeugte und geschenkte Liebe Christi zu gewinnen. Dieses ewige Ratsziel wird jetzt zeitlich. Und daß keiner sich beklage, ruft Er alle. Kommst du?

Diese Auswahlgemeine ist nun: „verordnet zur Kindschaft gegen sich selbst durch Jesus Christus nach dem Wohlgefallen Seines Willens zu Lob Seiner herrlichen Gnade." Das ist also das ewige Wohlgefallen Gottes und Sein heiliger, herrlicher Wille, eine Gemeine von Kindern zu haben, aus des eingeborenen Sohnes Geist geboren. Über alle Kreatur herrscht Gott. Die übergroße Mehrzahl der Menschen wird selig unter der Herrschaft Gottes in Christo. Gott will aber mehr haben. Er möchte nicht lauter Beherrschte. Es ist etwas entsetzlich Einsames, Herrscher zu sein unter lauter Beherrschten. Der Gott der Liebe möchte geliebt sein. Drum möchte Er, das ist Sein Wille, zu Seinem eingeborenen Sohn und in Ihm noch eine Kindergemeine, die so recht Seine Liebe und Sein Lob singt. Und diese Kindergemeine schafft Er jetzt durch den Geist des bis zum Tode bewährten eingeborenen Sohnes. Und diese Kinder Gottes zu rufen, zu pflegen, zu fördern, das ist der innerste Kern der Aufgabe der jetzigen Weltzeit. Die Leute des Tausendjährigen Reiches und die Seligen der Ewigkeiten sind nicht Kinder, sondern gläubige Beherrschte, welche selig sind unter der Herrschaft Christi und Seiner Gemeine. Kinder Gottes werden nur jetzt geboren bis zur Wiederkunft Christi. Das ist das Geheimnis dieser Zeiten. Die Kindschaft ist Gnade und Gabe Gottes in Christo, es hat sie niemand von Natur. Wir sind angenehm gemacht in dem Geliebten. Nur in der innersten Lebensgemeinschaft mit dem Heiland, welcher Sohn von Natur ist, kann die Kindschaft gewonnen werden.

Der erste Schritt ist der zum armen Sünder. Alle Gotteskinder sind durchdrungen von ihrer grundmäßigen sündigen Verlorenheit und Verdammungswürdigkeit. Der zweite Schritt ist der unters Kreuz. Alle Gotteskinder sind durchdrungen, daß Christi Blut allein retten kann. Sie alle nehmen tiefgebeugt die Erlösung durch Sein Blut an, nämlich die Vergebung der Sünden. Von diesem Reichtum der Gnade leben sie täglich. Ihr Herzenshaus ist täglich mit dem Blut des Lammes besprengt. Der dritte Schritt ist dann der zum Glaubensgehorsam. Sie lassen sich durch den Geist in die göttliche Weisheit und Klugheit hineinführen, die eigene Weisheit und Klugheit in den Tod gebend. Das ist die gerettete Arme-Sünder-Gemeine; das ist die geheiligte Weisheits- und Klugheitsgemeine. Auf die geht jetzt der Plan Gottes. Stehst du drin?

Dieser Gemeine ist durch den Geist der Gesamtrat Gottes offenbart und ihre eigene Stellung darin. „Sie hat Gott wissen lassen das Geheimnis Seines Willens nach Seinem Wohlgefallen." Und worin besteht dieses geoffenbarte Geheimnis? Darin, daß in der Haushaltung der Fülle der Zeiten Jesus Christus das Haupt über alles im Himmel und auf Erden sein werde. Oder wie Luther sagt: daß alles im Himmel und auf Erden zusammengefaßt würde in Christus. Ja, das weiß jedes Glied der Gemeine wohl, daß Christus noch einmal der HErr wird über alles; daß die himmlischen und die irdischen Geister alle Ihm noch sich beugen müssen. Das ist das große Geheimnis der Gotteskinder, das sie geoffenbart in sich tragen und das die Welt nicht glauben und nicht wissen will, daß Christus Jesus endlich der Einheitspunkt und Seligkeitsquell aller Kreatur werden wird. Arme Welt, die du dich immer wieder mit falschen Einheitsgrundlagen täuschst, du kommst nicht zur Ruhe, bis Christus deine Ruhe ist.

An dieser großen, wunderbaren Herrscher- und Ehrenstellung Christi haben nun die Glieder der Gemeine teil. Sie sind Miterben Christi. Das sagt Paulus in den weiteren Versen: „durch welchen wir auch zum Erbteil gekommen sind" (V. 11); „durch welchen auch ihr das Pfand des Erbes bekommen habt" (V. 14). Jetzt werden nicht die Völker, sondern die Herrscher gesammelt, das ist der Plan Gottes in diesen Tagen. Und das ist das Kleinod, welches wir verkündigen: Wer jetzt im Glauben an den HErrn steht, wird mit Ihm erben.

Und diese Erbgemeine besteht nun aus Juden und Heiden, und beide sind in ihr völlig gleichberechtigt. Paulus sagt: Wir, die Juden, wir sind zuvor verordnet und haben zuvor gehofft auf Christus (V. 11 und 12), und wer von uns jetzt glaubt, geht ins verheißene Erbe. Aber auch euch Heiden ist's verkündigt jetzt in diesen Tagen; wer nun glaubt von euch, der kriegt den Heiligen Geist als Siegel und Unterpfand der kommenden Herrlichkeit in Christus. Während in der Gesamtwelt das Judenvolk nach der Wahl der Gnade eine Vorzugsstellung hat und nach seiner Bekehrung völlig haben wird, gibt's in der Geistesgemeine das nicht: da ist nicht Jude noch Grieche, nicht Knecht noch Freier, nicht Mann noch Weib, sondern allzumal einer in Christus. Da werden wir aus den Heiden mit Abraham, Isaak und Jakob zu Tische sitzen. Das ist das Große, daß zu dem Heilsträger-Volk der wahrhaft gläubigen Juden jetzt noch ein Heilsträger-Volk wahrhaft gläubiger Heiden hinzugefügt wird. Und das können wir jetzt erlangen. Nicht nur der Fluch der Sünde, sondern auch der Fluch des Weglaufens vom Vaterhause wird aufgehoben für die, die dem Ruf zur Gemeine folgen.

Die wunderbarste Einheit des Menschengeschlechtes durch und durch steht in dieser Gemeine da. Und sie wird nach ihrer Vollendung das erlöste Volleigentum des HErrn sein. Wir werden Seine Herrlichkeit sein vor Gott dem Vater und vor aller Kreatur, wie Er die unsrige ist vor Gott dem Vater und vor aller Kreatur. Diese Gemeine wird als Sein Eigentum das wohl bräuchliche Instrument sein zu allen Seinen ferneren Haushaltungsaufgaben. Und was wollen wir anderes sein als Sein Werkzeug in Seinem Dienst? Jetzt schon; o wären wir's besser! Und einst zu Lobe Seiner Herrlichkeit.

Wir freuen uns des Tages, wo dieses Geheimnis der gegenwärtigen Zeiten, welches, wiewohl vorhanden, doch von der Welt nicht gesehen wird, offenbar werden wird. Und da wünschte ich, daß du und ich dabeisein möchten. Das ist unser persönlicher Adventswunsch, und fürs Ganze der andere dazu: Möchte alles, was glaubt, immer mehr diesen Kern des Rates Gottes in diesen unseren Zeiten erkennen und alle Arbeit und Mitarbeit in Staat, Kirche und Gemeinschaft nach diesen Linien regeln, auf daß immer klarer und bewußter hingearbeitet würde auf den Tag des HErrn und auch die Stellung der einzelnen eine festere, klarere und bewußtere innerhalb dieser Gemeine werde, ja eine festere, klarere, demütigere und mutigere „in Ihm".

(28. Nov. 1920)

Die trinitarischen Einheitsmerkmale der Gemeine: ein Geist, ein HErr, ein Vater

Text: Epheser 4, 1—7

Von den Einheitsmerkmalen der Gemeine des Geistes oder des Leibes Christi handeln die vorliegenden Verse. Sie zeigen uns, wie diesem gottgeborenen Leibesorganismus das trinitarische Wesen Gottes eingefügt ist, wie an ihm erscheint: ein Geist, ein HErr, ein Vater. Es ist eine Sache von großer Bedeutung, daß wir diese Einheitsmerkmale der Glaubensgemeine kennenlernen und fest ins Auge fassen, denn wir haben es ja bis zur Wiederkunft des HErrn mit einer unsichtbaren Gemeine zu tun, ja mit einer in den äußeren Gestaltungen, die sich bilden, tief zerklüfteten und zerrissenen, mit einer solchen, die überall, wo sich äußere Gebilde formieren, in einer sich nicht mit ihr selbst deckenden Gestalt erscheint. Will man darum die Existenz, d. h. das lebensvolle Dasein dieser Gemeine trotzdem erkennen, so kann dies nur an einzelnen hervorbrechenden Merkmalen geschehen, und diese nennt uns heute der Geist durch Paulus. Die Glaubensgemeine selbst, diese Königs-Priester-Gemeine des ewigen Hauptes, ist und bleibt eine unsichtbare bis zur Parusie oder Gegenwartserscheinung Christi bei den Seinen. Darum heißt es auch im Glaubensbekenntnis: „Ich glaube eine heilige, allgemeine, christliche Kirche" — ich sehe sie nicht, ich glaube sie.

Gleichwie das Haupt verborgen ist und bleibt bis auf den Tag Seiner Erscheinung, so auch der Leib. Es soll eben niemand durch irgend etwas Äußerliches in diese allerengste Lebensverbindung Gottes hineingezogen werden, sondern allein durch die im Evangelium verkündigte Liebe des Vaters und des Sohnes. Keine irgendwie geartete äußere Herrlichkeitserscheinung soll anziehen, sondern allein die innere Herrlichkeit und Schöne der Wahrheit und des Lebens. Ja, es soll sogar der Weg des Lebens ein Weg des Leidens und des Sterbens von außen sein, damit in ganzer Eigennacktheit Gott angezogen werde in Christo. Gleichwie aber der zur Rechten des Vaters verborgene Christus nicht wirkungslos ist, sondern machtvoll wirkt durchs geistgefüllte Wort und Leben schafft in allen Lichtempfänglichen durch diesen Samen der Wiedergeburt, so ist auch die Glaubensgemeine eine lebenswirksame und erscheint in allerlei Merkmalen. Diese nennt uns unser Text und zeichnet sie als echte Gottmerkmale, wenn er sie dreieinigkeitsmäßig nennt: ein Geist, ein HErr, ein Vater. Diese Merkmale erscheinen überall da, wo die Glaubensgemeine in Menschenkindern Gestalt gewinnt; sie erscheinen am einzelnen und erscheinen im Zusammenleben solcher einzelner. Sie sind überall und immer dieselben. Darum tritt das Wörtlein: „ein" so scharf und so oft in unseren Versen hervor, und darum nannten wir diese Merkmale: „Einheitsmerkmale".

Das ist ja das große Gottwunder, das in diesen Zeiten bis zur Erscheinung des HErrn auf Erden sich auswirkt, daß aus allen Völkern, Sprachen und

Zungen sich *ein* auserwählter Leib Christi in völliger Einheit eines Leibesorganismus bildet. Was Satan in riesigen Weltorganisationen der verschiedensten Art, staatlicher, sozialer und religiöser Art, erstrebt und doch nie erreicht, weil der Spaltpilz der Selbstsucht alle seine Riesengebilde in den Todeszerbruch bringt, das schafft die durch den Heiligen Geist ausgegossene und in gläubige Herzen eingegossene Liebe Christi in einer Erstlingsgemeine, welche, selbst eins in Christo wie Er im Vater und der Vater in Ihm, das Einheitsband der ganzen Kreatur noch werden wird nach ihrer eigenen Vollendung.

Diese Gemeine Christi ist aber jetzt eine dermaßen zerspaltene und zerrissene in den äußeren Erscheinungsformen, daß niemand an diesen Einheitsleib und sein Werden je glauben könnte, wenn nicht wenigstens Einheitsmerkmale da wären, durch welche sowohl der Glaube wie der Unglaube immer wieder auf die Existenz dieses Wundergebildes stößt. Unter wie vielen, jetzt häufig sich feindlich gegenüberstehenden Nationen bildet sich dieser Einheitsleib, und wie viele sich oft bekämpfende und durch tiefe Gräben getrennte Kirchen, Freikirchen, Gemeinschaften und Kreise haben wir, die alle unter Christi Namen gehen und in welchen und unter welchen die Gemeine ihr Wesen und ihre Ausbildung hat! Es meinen ja viele, das sei schrecklich und müsse behoben werden, dieses Vielerlei des christlichen Erscheinungswesens; aber nein, das ist gerade recht, um die Gemeine jetzt noch zu verbergen und um sie in einer gliedlichen Mancherleiheit großzuziehen. Um so größer wird Gott in Christo erscheinen, wenn am Tag der Offenbarung aus dieser babylonischen Verwirrung christlicher Außengebilde der eine Leib sieghaft emporsteigt.

Es meinen auch manche, gegen das Ende der Zeiten werde unter dem Feuer der Trübsal der Leib Christi mehr als *einer* auch in die äußere Erscheinung treten. Wir glauben, diese Meinung sei falsch, denn es steht geschrieben: „Ich werde den Hirten schlagen, und die Schafe der Herde werden sich zerstreuen." Wie dieses Verheißungswort im Karfreitag des Hauptes sich erfüllte, so wird es sich auch im Karfreitag der Gemeine noch einmal erfüllen. Der Antichrist schlägt den Hirten — bei ihm ist der Hirte ausgeschaltet — und zerstreut die Schafe. Um so wichtiger ist es, die Einheitsmerkmale der Gemeine zu kennen und zu wissen, damit wir auch in den zerrissensten Zeiten Glauben und Hoffnung nicht verlieren und damit wir unter den schwersten Druckzeiten den sieghaften Gang der Gemeine durch die Nationen hindurch und aus ihnen heraus verfolgen können.

Welches sind nun die Einheitsmerkmale? Achten wir zunächst im großen und ganzen darauf, daß die Einheitsmerkmale der Gemeine lauter geistliche sind: ein Geist, ein HErr, ein Vater. Die Glaubensgemeinde hat während ihrer Kampfeszeit, während ihrer Ausbildungs- und Glaubenszeit kein einziges äußeres, aus dem Diesseits und seinen Gestaltungen genommenes Einheitsmerkmal, sondern nur ewige, geistliche. Darum ist es so grundfalsch, immer wieder und wieder der Gemeine äußere Einheitsbande zu geben. Wohl hat auch die Gemeine den starken Drang und Zug aller Kreaturen und aller Gottgedanken in sich, sich zu verkörpern und in die Erscheinung zu treten. Alles, was geboren werden soll, drängt in die Erscheinung. Aber alles, was geboren werden soll, hat auch seine ganz bestimmte Zeit, wann es in die Erscheinung treten darf. Alles Geborene muß erst eine Zeit verborgenen Lebens durchmachen, dann erst darf es an die Sichtbarkeit. Tritt es vor der Zeit heraus, so gibt es eine Totgeburt. So ist auch alles Herauszerren der Gemeine in die Sichtbarkeit vor der Zeit ihrer Wiedergeburtserscheinung Totgeburt. Sowie sich die Gemeine eine äußere Form und Fasson gibt, so ist diese nicht mehr die Gemeine, sondern ein Gemisch, und die Form samt einem guten Teil des Inhalts ist zu seiner Zeit dem Tod verfallen. Darum, wenn auch äußere Formen sein müssen, so soll sich doch die Gemeine auf das Äußerste und Notwendigste beschränken. Alle Bestrebungen, gar jetzt schon eine große äußere Einheit der Gemeine herzustellen, vielleicht gar noch in dem Gedanken, Macht, Einfluß oder dergleichen auf Erden zu erlangen, entsprechen nicht der Glaubensgemeine.

Immer ist diese falschprophetische Linie unter dem Druck von geistleeren Massen aufgekommen und immer ist sie in ein totes Geleise gelaufen. Zuerst hat sie zu Gebilden geführt, wie die griechisch-katholische und römisch-katholische Kirche sie darstellen; jetzt führt sie auf evangelischem Boden zu großen Kirchenbünden, auf dem Gemeinschaftsboden zu größeren Gemeinschaftsverbänden, immer die eine gleiche Erscheinung unter verschiedener Form. Darum kann auch bereits von einer äußeren Zusammenfassung alles dessen, was christlich heißt, die Rede sein, und viele begeistern sich schon an diesem großen Nebukadnezar-Gebilde auf Kirchen- und Missions- und Gemeinschaftsboden. Daraus geht das äußere Widerspiel der wahrhaftigen Gemeine hervor, deren Einheitsgrundlagen bei äußerer vielfacher Zerklüftung innerlich liegen. Sie sind wahrhaftig da; es ist die eine Kirche in Existenz und Werden, aber sie hat jetzt keine Gestalt noch Schöne, keine Erscheinung nach außen, außer in den geistlichen Merkmalen, welche Ausflüsse ihres Innenwesens sind.

Wer die Gemeine Gottes geistig sehen, erkennen und sich an ihr freuen will, muß zunächst auf geistliche Gesinnungen und ihr Heraustreten achten. Die Gemeine und ihre Glieder sind aus dem Geist geboren; darum sind es Geistesäußerungen, Geistesfrüchte, welche da und dort herausbrechen und welche von ihrer Existenz im einzelnen oder in der Gemeinschaft etlicher Kunde geben. Es sind immer die gleichen Erscheinungen, darum sind es Einheitsmerkmale. Alles, was im Glauben im HErrn steht, ist eben in einen neuen Beruf eingetreten, in den Gottpriesterberuf, in den Beruf des Eigentumsvolkes. Dieser Beruf hat seine ganz eigentümliche Auswirkung und Ausübung, und diese tritt überall da heraus, wo Berufene sind. Da ist es nun hochbedeutsam, daß Paulus bei der Darlegung der Einheitserscheinungen des Leibes Christi mit den Worten beginnt: „So ermahne nun euch ich Gefangener in Christo Jesu." Hier liegt das erste Erscheinungsmerkmal: Kreuz in Christo, Kreuz um Christi willen. Das ist das innerste und tiefste Geistesmerkmal der Geistgeborenen: ihre Stellung zum Kreuz. Sie tragen Kreuz um Christi, um ihres Bekenntnisses zum Heiland willen. Wo wir das sehen, daß einzelne oder Gemeinschaften einzelner um Christi willen Nachteile, Unrecht, Trübsal, gar Bande tragen — da schaut's heraus.

Und dann sind's lauter passive oder passionelle Lebenslinien, welche Paulus als Erscheinungsmerkmale der Gemeine angibt. Demut: das ist der Niedrigkeitssinn. Wo Seelen in Wahrheit, mögen sie sein, wer sie wollen, sich selbst erniedrigen, sich für die Niedrigsten halten und also die anderen für höher, und in diesem Sinn handeln, da ist Gemeinewesen; und wo die Sanftmut hervortritt: das ist der Sinn, der Unrecht trägt und Übel leidet und Böses sich tun lassen kann, ohne dagegen zu gehen, der Sinn, der anheimstellen kann: da ist Gemeinewesen. „Mit Geduld", sagt Paulus, mit Langmut. Das alles lange haben können, solch Niedrigsein und Leidentragen, es als Zustand haben können und vielleicht in sich vertiefender Weise, da tritt Christusleben in Erscheinung. Und wo Menschen sind, welche in ihren Sünden und Gebrechen, mit denen sie sich gegenseitig üben, sich die Liebe nicht aufkündigen, sondern wo einer des anderen Last trägt, da schaut Geisteswesen uns an. Und wo der innere Mensch auf Frieden gerichtet ist, im Frieden Gottes ruht und als Grundwesen heilige Harmonie hat und darum alle Verhältnisse im Frieden regelt und im Zentralbesitz des Geistes Äußerlichkeiten und Kleinigkeiten und Nebensachen auch solche sein läßt, da bricht ewiges Christenwesen durch.

In all dem tritt *ein* Geist heraus, der Geist heiliger Passionsfähigkeit und Passionswilligkeit. Die Sittlichkeit der Gemeine, der Wiedergeborenen, ist in ihrer höchsten Entfaltung nicht Tun, sondern Leiden, nicht aktiv, sondern passiv, wie bei unserem HErrn Jesus Christus auch. Die passiven oder passionellen Tugenden verlangen ein ganz gebrochenes Eigen- und Ichwesen, was das Tun nicht verlangt, und darum sind sie die spezifisch christlichen. Und wo sie in freier Hingabe, also nicht in dumpf-stumpfsinnigem Hinnehmen, sondern in freiem Aufnehmen erscheinen, da erscheint Christusleben. Und wo diese Tugenden nun gelitten werden im Glauben an die geistleibliche Verherrlichung in Christo, d. h. im Glauben, daß das in Christo getragene Leiden geistleibliche Herrlichkeit gebiert, da ist der Gemeine-Sinn.

Darum sagt Paulus weiter: „Ein Leib, ein Geist, wie ihr auch berufen seid zu einerlei Hoffnung eurer Berufung." Hier ist auf die geistleibliche Herrlichkeit der Erstlinge, welche ihre Hoffnung in Christo ist, hingewiesen. Und das ist's, warum wir die leidendlichen Wege frei erwählen können in Christo, weil wir wissen, daß selig sind, die erdulden. Da wächst der Geistesmensch und bildet die Grundlagen für den Geistesleib; das ist der Weg zur geistleiblichen Verklärung. So geht durch die Wiedergeborenen aller Zeiten, aller Völker, aller religiösen Bauhütten *ein* Geist, der Geist der freien, passionellen Liebe in Hoffnung geistleiblicher Herrlichkeit.

Diesen *einen* Geist aber haben sie von ihrem *einen* HErrn, und dieser Geist verklärt diesen *einen* HErrn. So kommen die zweiten Erscheinungsmerkmale der Gemeine, welche wir zusammenfassen können unter dem Gesamtwort: *Ein* HErr. Wo der ewige Sohn Gottes bekannt wird als der Eingeborene des Vaters, wo Seine Erniedrigung ins Fleisch zur Errettung der gefallenen Kreaturen, wo Sein stellvertretender Kreuzestod, wo Seine Auferstehung, Himmelfahrt und Wiederkunft glaubensmäßig bekannt und lebensmäßig angeeignet wird, da ist die Gemeine in Erscheinung. Wo Er, der wahrhaftige Gott und der wahrhaftige Mensch, HErr von Geist, Seele und Leib geworden ist, da ist Christi Leib in Erscheinung. Diesen HErrn hat sie einmütig von Anfang an bis heute in wachstümlicher Offenbarungsentfaltung als ihren HErrn bekannt, geliebt und erwartet.

Und *ein* Glaubensleben führt sie mit diesem HErrn. *Ein* Glaube — das fassen wir hier als das Gemeinschaftsleben mit diesem HErrn und in diesem HErrn. Das ist Grundcharakterzug aller Geistgeborenen, leben in Christo durch Glauben, ohne Ihn nichts tun. Und dieses Leben ist ein Leben des Sich-Sterbens in Ihm und des Auferstehens in Ihm. Das heißt: *„eine* Taufe". Hier ist nicht die äußere Taufe gemeint, sondern ihr innerer Gehalt. Wie viele unser getauft sind, die sind in Christi Tod getauft. So sind wir ja mit Ihm begraben durch die Taufe in den Tod. Und sind wir mit Christus gestorben, so sind wir auch mit Ihm erstanden. *Ein* HErr, der Jesus Christus; *ein* Glaube, das Leben in Ihm; *eine* Taufe, daß wir nicht uns selber leben, sondern dem, der für uns gestorben und auferstanden ist, in Ihm der Sünde gestorben und der Gerechtigkeit lebend, das sind die nächsten Merkmale der Gemeine. Wo wir das sehen, diesen *einen* HErrn und dieses In-Ihm-Sein und dieses Ihm Sterben und Auferstehen, da haben wir die Gemeine und Glieder von ihr vor uns.

Verklärt der Geist den Sohn, so der Sohn den Vater. Und damit haben wir ein neues Einheitsmerkmal der Gemeine: *„Ein* Vater". *„Ein* Gott und Vater unser aller, der da ist über euch allen und durch euch alle und in euch allen." Die Wiedergeborenen in Christo haben den Geist, welcher ruft: „Abba, lieber Vater!" Sie sind in ein geistliches Wesens- und Natur-Verhältnis zum Vater getreten in Christo. Sie sind Kinder, wirklich echte, rechte, neugeborene Kinder. Wo dieses Kindschaftsverhältnis zum Durchbruch kommt und ein Mensch Gott gegenüber zum rechten, versöhnten, erlösten, einfältig gläubigen Kind wird, da haben wir Gemeinewesen. Dieses Kindschaftswesen durch den Geist ist ein ganz besonderer Wesensstempel. Es ist dem geistlichen Leben alles Steife, Geschraubte, Stelzenmäßige genommen; alles Gott nur Gegenüberstehende ist abgetan; es ist ein köstliches, inniges, ebenso demütiges als erhobenes geistliches Naturwesen da. Ich Kind, Gott Vater in Christo. Tief gebückt steht ein solches Kind; es weiß, was es heißt und was es gekostet hat, daß Sünder Gottes Kinder werden. Es sieht im Geist die Liebe, welche uns so selig an sich zieht, und diese Erkenntnis gibt eine tiefe Ehrfurcht vor dem Vater. Er ist über uns allen. Da stellen wir Ihn hin. Diese Kinder tragen aber auch das Bild des Vaters in sich im Sohnesebenbild. Das Gottesebenbild wächst sich durch sie hin aus. Der Vater ist durch uns alle; man merkt die adelige Geburt durch ihr ganzes Wesen hindurch ihnen an. Und sie sind nirgends lieber als im Vater, und der Vater in ihnen. Gemeinschaftsleben, Umgang mit dem Vater, immer tieferes Erkennen desselben ist ihnen eine Lust. Wo solche Kinder in solchem Verhältnis zu Gott dem Vater und Gottes des Vaters zu ihnen uns entgegentreten, das ist Gemeinewesen.

Und fassen wir's zusammen, so ist des Dreieinigen Gottwesen ihnen eingeprägt: *Ein* Geist, der Geist passionellen Tragens in Hoffnung; *ein* HErr, der Sohn und Sein Sterben und Auferstehen; *ein* Vater, geborene Ebenbilds-

Kinder mit Erbschaftshoffnung. Wo solche Züge uns entgegentreten, schaut uns ein Stück Gemeine an. Und wo Gemeineglieder sind, da tragen sie alle diese Merkmale, das geht einheitlich durch sie hindurch. Hast du auch davon? Und kennst du solche Gottgestempelten und liebst du sie? Ein jeder trägt diese Züge in wunderbarer Eigenart, der eine mehr diese, der andere mehr jene, aber immer im Grunde alle. Was mag das für einen herrlichen Leib und Organismus geben nach seiner Vollendung! Selig und heilig, wer da teilhat! Und der Leib ist da; er ist im Werden. Die Einheitsmerkmale kannst du da und dort finden. HErr, kommt auch bald die Stunde der Ausgeburt?

(27. Mai 1923)

Gottes Nachfolger!

Text: Epheser 5, 1—10

„So seid nun Gottes Nachfolger", ein gewaltiger Auftrag! Kann den ein Mensch erfüllen, selbst ein wiedergeborener Mensch? Ist das nicht einfach Vermessenheit? Wo denkt der Apostel Paulus hin, so etwas zu schreiben, so etwas den Gliedern der Gemeine zuzumuten? Wir armen Sünder und Stümper, wir Menschen des Stückwerks auf allen Gebieten, wir können doch niemals Gottes Nachfolger werden! Höre, wie es der Apostel meint! Das Wort, das er brauchte, heißt: „Gottes Nachahmer". Wir sollen also gewissermaßen nachahmen, was Er uns vormacht. Darum redet er uns auch als die lieben Kinder an und sagt: „Seid Gottes Nachfolger als die lieben Kinder." Wie nun Kinder den ausgesprochenen Trieb in sich haben, nachzuahmen, was Eltern und Lehrer ihnen zuvor zeigen, so haben auch Gotteskinder den Trieb in sich, nachzuahmen, was Gott ihnen vorgemacht hat. Und wie der Unterricht in wesentlichen Stücken darin besteht, daß der Lehrer den Kindern vorzeichnet, vorerzählt, vorrechnet, was sie dann nacherzählen, nachzeichnen und nachrechnen sollen, so soll es auch bei lebendigen Christen sein. Sie sollen Nachahmer Gottes sein als die lieben Kinder in allem, was Er ihnen zuvor getan hat. Und das können wir auch. Wir sollen es ja nur machen als die lieben Kinder. Wie der Schüler es nicht gleich kann wie der Lehrer, mit gleicher Kunstfertigkeit und Gewandtheit und Vollkommenheit, sondern eben schülermäßig, kindesmäßig, je nach seinem Alter und seinen Kenntnissen, so sollen auch wir kindesmäßig Gottes Nachfolger oder Nachahmer sein. So ist's gewiß keine Überhebung und kein Zuviel. Vielmehr erwartet das Gott von uns, so wir anders Seine wiedergeborenen Kinder sind, daß wir Ihn darstellen in der Welt und vor der Welt. Wohl in der kindlichen Art, wie wir es vermögen, aber eben doch so, wie wir's vermögen. Wie oft hat der Schreiber dieser Betrachtung schon seinen Kindern gesagt: „Kinder, vergeßt draußen nicht, daß ihr aus einem gläubigen Haus stammt und daß eure Eltern als gläubige Christen bekannt sind. Macht diesem Namen und Stand keine Unehre. Werdet unsere Nachahmer! Seid Kinder, rechte, echte Kinder; aber immer Kinder, die den Heiland und Sein Wort kennen, Kinder gläubiger Eltern. Handelt nach unserem Vorbild."

In diesem Sinne ist uns also heute zugerufen: „Seid Gottes Nachfolger!" Vergeßt nirgends und niemals, ihr Gotteskinder, daß ihr, wo ihr geht und steht, in allem euren Gott darzustellen habt. An euch will auch die Welt Gott und den Heiland sehen. Wir haben's aber noch ein Stück leichter: Wir sollen nämlich der Welt Gott zeigen in allen Stücken, in denen Er sich zuvor uns erzeigt hat. Deswegen führt Paulus als erstes Stück dieses Nachahmens das an, daß wir wandeln sollen in der Liebe, gleichwie Christus uns geliebt hat. Also, gleichwie Gott sich uns erwiesen hat, so sollen wir Ihn wieder erweisen. Was wir von Ihm erfahren haben und täglich erfahren, das sollen wir auch in unserem Wandel der Welt zu erfahren geben. Das dürfte doch wohl nicht zu schwer sein. Da nennt der Apostel nun als erstes die Liebe, mit der wir in Christus geliebt sind. Der Heiland hat sich für uns selbst dargegeben als Gabe und Opfer, Gott zu einem süßen Geruch. Er lebte ein Leben völliger Gotthingabe für uns, denn nur so konnte Er unser Erlöser und Versöhner sein. Und Er hat dieses völlig Gott hingegebene Leben schließlich in den Tod gegeben und ins Gericht, daß Er uns von beiden errettete. Und so hat Er uns geliebt, als wir noch Feinde waren. Nun seid Gottes Nachfolger! So wie Gott in Seinem eingeborenen Sohn euch alles gegeben hat, ihr Gotteskinder, Sein Höchstes und Bestes, und so wie der eingeborene Sohn sich selber für euch hingegeben, so seid nun auch ihr in der Welt in der Kraft des Heiligen Geistes. Wandelt als völlig Gott Hingegebene, als solche, die sich selbst Gott darbringen. Handelt und wandelt als solche, die nicht aus sich selber und nicht von sich selber leben, sondern aus dem HErrn und von dem HErrn. Und handelt und wandelt als solche, die nicht für sich selber leben, sondern für den HErrn und für die Brüder. Das bedeutet natürlich mancherlei Kreuz in dieser selbstgroßen und sich selbst lebenden Welt. Wie der Heiland in Seinem Leben für uns aus Passion in Passion ging, so ist es auch bei uns. Wir aber wissen, was wir Seiner Passion verdanken, daß sie Quelle all unseres Friedens und Lebens ist, darum wissen wir auch, daß unsere Selbsthingabe uns und anderen den reichsten Segen bringen wird und vor allem Gott zu einem süßen Geruch sein wird. Es gibt kein häßlicheres Zerrbild als Gotteskinder mit Eigenleben und Selbstleben. Seid Gottes Nachfolger! Ihr lebt von dem für euch Gestorbenen; laßt die Welt von gleicher Liebe, von euch empfangen, leben und stellt sonderlich im Bruderkreis dieses Füreinander-Leben in seiner ganzen Schöne dar. Da fehlt uns noch so viel, darum oft auch so viel Unsegen unter Gläubigen, darum so wenig Christus-Sehen in der Welt. Auf, Gottes Nachahmer! Wer von einem Selbstopfer lebt, der soll auch im Selbstopfer leben. Wahre Liebe ist nichts anderes als Selbstaufgabe und Selbsthingabe an Gott und Welt. Werdet Gottes Nachahmer!

Aber Gott hat sich uns nicht nur voll anbetungswürdiger Liebe erzeigt in Seinem lieben Sohn, sondern Er hat sich uns auch erzeigt in Seiner Heiligkeit und erzeigt sich täglich darin. Wir wissen, warum der Heiland hat sterben müssen: um unserer Sünde willen! Wir wissen, woraus uns der Heiland errettet hat: aus dem zukünftigen Zorn, indem Er ihn selber getragen. Wir wissen, daß der Heiland uns nur Retter sein konnte, weil Er keine Sünde getan hat und kein Betrug in Seinem Munde erfunden ist. Wir kennen als Gotteskinder die Macht der Sünde und den Ernst des Gerichtes, wir kennen beide am Kreuz von Golgatha. Wohlan, so wollen wir auch als solche einhergehen, welche Sünde, Finsternis, Gericht und zukünftigen Zorn heilig fürchten. Wir wollen Gottes Nachahmer sein, nicht nur in der Darstellung Seiner Liebe, sondern auch in der Darstellung Seiner Heiligkeit. Wir wollen heilige Furcht haben vor jeder Sünde in Werk und Wort. Hurerei, Unreinigkeit jeder Art und Geiz soll niemand von uns sagen dürfen. Auch der Welt Lieblingsdinge, schandbare Worte, Narrenteidinge, losen Scherz wollen wir für unziemlich halten. Danksagung und was lieblich zu hören ist, sei unsere Art. Und da soll uns niemand irre machen mit eitlen Worten und uns solches als zu streng oder zu heilig und überfromm vorhalten. Wir wissen aus Erfahrung, daß es einen Zorn und ein Gericht Gottes gibt und daß Hurer, Unreine und Habsüchtige ihm verfallen sind. Darum haben wir heilige Angst davor und scheiden uns von diesen Dingen und von denen, die sie treiben. Ja, Gottes Nachfolger! Kinder Gottes sind ebenso Künder der Heiligkeit als der Liebe Gottes. Und wenn solche heilige Furcht in der Welt wieder Passion bringt, so wissen wir wiederum, daß der Passionsweg der Weg zur Erbschaft im Reich Christi und Gottes ist.

Durch die Passion des Heilandes ist der Weg frei gemacht worden für die ganze Fülle Seiner Geistessegnungen jetzt und bis in die Ewigkeit hinein. Erst nach Golgatha konnte Er erhöht werden und erst danach Seinen Geist ausgießen und im Heiligen Geist die Frucht Seines ganzen Lebenswerkes. Und das ist nun eine weitere tägliche Erfahrung, welche wir von Gott in Christo machen. Wir genießen die Frucht Seines Lebens. Wir haben im Geist die Wiedergeburts- und Sohnschafts-Gnade, sind anstatt Finsternis ein Licht in dem HErrn. Wir dürfen täglich nehmen Gnade um Gnade, allerlei Gütigkeit, Gerechtigkeit und Wahrheit. So wollen wir Gottes Nachahmer sein! Wir wollen Licht, Leben und Wärme in diese finstere, kalte Welt hineinfluten lassen; wir wollen ihr gerne die Früchte unseres Geisteslebens in allerlei Gütigkeit, Gerechtigkeit und Wahrheit zukommen lassen. Und wenn sie uns trotzdem nicht mag und liebt, so wollen wir, so weh es uns tut, trotzdem unsere Früchte zu genießen geben, wie das unser Heiland auch uns tut. Jeder Apfelbaum, welcher den Menschen seine Früchte gibt, muß die Passion durchmachen, daß man sie ihm nimmt und meistens nicht dankt. Dennoch aber trägt er immer wieder, selbst wenn böse Buben sie ihm wegreißen. Seid Gottes Nachahmer als die geliebten Kinder! Ihr genießt so viel unverdienterweise, ihr Kinder Gottes; wollt ihr nicht auch darin Zeugen des HErrn sein?

Herbei, ihr Gläubigen! Wie präsentiert ihr euren Gott und Heiland in der Welt? Wißt ihr bloß zu rühmen und zu sagen, wieviel ihr täglich, zeitlich, ewig an Ihm habt? Wollt ihr nicht der Welt von euren Gotteserfahrungen zu schmecken geben? Seid ihr passionsscheu, weil's nicht ohne Sterben geht? Dann wäret ihr des Gekreuzigten nicht wert! Auf, ihr geliebten Kinder, seid Gottes Nachfolger!

(23. März 1919)

Ehe und Gemeine

Text: Epheser 5, 22—33

Von der Ehe und von der Gemeine handelt unser Text. Zwei Dinge stellt hier der Heilige Geist zusammen, welche nach der natürlichen Vernunft himmelweit geschieden scheinen. Die Ehe ist doch eine vollständig diesseitige Zeitsache, welche mit dem Tod endet; und die Gemeine ist eine vollständige Ewigkeitssache, welche mit dem Tode Christi anfängt und sich in der Erstauferstehung vollendet, also aus dem Tod heraus. Die Ehe ist ein rein menschliches Verhältnis, d. h. ein solches zwischen Mensch und Mensch; die Gemeine aber ist ein durch und durch göttliches Verhältnis zwischen dem ewigen Gottessohn und zwischen Ewigkeitsmenschen. In der Ehe werden Kinder geboren und zwar zunächst für diese Welt; in der Gemeine Gotteskinder aus der Welt heraus für die zukünftige Welt. Wie können zwei so verschiedene Dinge zusammengestellt, ja aufs engste verbunden und eines zu des andern Abbild und Vorbild gemacht werden?

Ja, sie gehören zusammen und sind im Grund und Wesen eines. Die Gemeine ist gar nichts anderes als eine Ehe: Christus der Mann, die Gläubigen das Weib. Die ganze Bibel ist ein Buch von der Brautwerbung des himmlischen Mannes, des Sohnes Gottes um Seine Braut. Und die Bibel ist das Buch von der Zubereitung der gewonnenen Braut für den Mann, daß sie ihm ein rechtes, bräuchliches Weib werde. Und die Bibel schließt fast wie ein Roman früherer Zeit und ist doch alles, nur kein Roman, aber sie schließt mit der Hochzeit des Lammes und sieht in ihrem vorletzten Kapitel die Gemeine, das neue Jerusalem, herabfahren als eine nun bereitete und für ihren Mann geschmückte Braut. So ist die Gemeine eine Ehe, eine rechte Ehe, man könnte fast sagen *die* Ehe, für welche die irdische eben ein Abbild und Vorbild ist. So steht dein Heiland zu dir wie ein rechter Mann zu seiner Frau, und so sollst du zu deinem Heiland stehen wie eine rechte Frau zu ihrem Mann, und zwar in allen Stücken.

Wie aber die Gemeine eine Ehe ist mit Christus, so ist die Ehe, nämlich die Ehe gläubiger Menschen, eine Gemeine im kleinen. Sie hat das gleiche Wesen, die gleichen Grundlagen, den gleichen Zweck und das gleiche Ziel und darum die gleichen göttlichen Grundordnungen wie die Gemeine. Hören wir davon näher. Zunächst aber noch einige Grundwahrheiten zuvor. Aus der in unserem Text vorliegenden, vom Heiligen Geist gegebenen Verbindung von Ehe und Gemeine tun wir zuvörderst wieder wichtige Blicke in den Rat Gottes.

Wie deutlich und klar ist es wieder, daß der Rat Gottes in diesem Äon nur auf *ein* auserwähltes Weib geht. Gleichwie ein Mann aus allen Frauen der Welt sich eine aussucht und sie sich ganz zu eigen nimmt, so sucht sich der HErr aus allen Nationen der Erde jetzt ein Eigentumsvolk, das Ihm sonderlich verbunden ist wie eine Frau mit ihrem eigenen Mann. Und dazu hat, was gläubig ist, jetzt Gehilfe zu sein, auf dieses Ziel hat es hinzuarbeiten. Jedes andere Ziel ist falsch und gebiert auch die verkehrtesten Arbeitsmethoden. Alles Gerichtetsein auf die ganzen Völker und Nationen, auf das sogenannte Volksganze, geht am Rat Gottes vorbei. Gleichwie sich erst nach geschlossener Ehe der weitere Familienkreis bildet, so kann sich auch erst nach geschlossener Ehe zwischen Christus und seiner Gemeine der Nationen-Familienkreis bilden. Diese Ehe ist aber noch nicht geschlossen. Die Hochzeit des Lammes steht noch aus. Wenn sie auch vielleicht vor der Tür steht und näher ist, als wir glauben, so ist sie doch noch nicht da. Erst nach ihrem Vollzug kann die große Nationen-Völker-Familie, das eigentliche Königreich Christi sich bilden, und zwar, wie alles Göttliche, in einem stufenförmig wachstümlichen Gang, dessen erster Haushaltungskreis das Tausendjährige Reich ist. Wer jetzt schon eine christliche Volks- oder Völker-Familie schaffen will, ehe die Ehe überhaupt geschlossen ist, der greift Gott vor und schafft vergeblich.

Das ist der große Unterschied, in welchem alle, welche der Offenbarung Gottes glauben, zu denen stehen, welche wohl in manchen Linien biblisch-positiv, aber doch immer gegen die Bibel aufs Volksganze gerichtet sind. Diese müssen dann ganz natürlich auch zu allerlei Mitteln in ihrer Arbeit greifen, die widerbiblisch sind, wie Frauenwahlen, Kirchenkompromisse mit dem Unglauben und anderes mehr, weil eben ihre Linie nicht biblisch ist. Warten wir doch, bis die Ehe geschlossen ist, und lassen wir uns zubereiten mit der Braut auf den Hochzeitstag, das ist das jetzt Gegebene; das andere wird dann schon kommen. Prüfen wir doch selbst, ob unser Text hier nicht klipp und klar redet mit seiner Gleichstellung von Ehe und Gemeine. Und wie wichtige Blicke kriegen wir doch von da aus. Da sehen wir hinein, was das heißt, mitherrschen, König und Priester sein, zum völligen Ebenbild Christi durchgedrungen, wenn Sein Tag erschienen ist, und da dürfen wir Mittler Seiner Segnungen sein. Auch verstehen wir jetzt die Stellung der Massen der Nationen im Reich Gottes, wenn einst ihre Zeit gekommen ist. Sie haben eine Stellung wie die Kinder in der Familie. Das ist eine Stellung unter dem Gesetz, geleitet von dem Mann und dem Weib. Wir verstehen jetzt, warum Paulus in unserem Text sagt: „Das Geheimnis ist groß; ich sage aber von Christus und der Gemeine."

Wie wir aber grundlegende Blicke tun aus dieser Zusammenbindung von Ehe und Gemeine ins Wesen der Gemeine und dieses Äons und auch für unsere Reichgottesarbeit die rechten Grundlinien gewinnen, so ergeben sich auch helle Blicke in das Verhältnis von Mann und Frau überhaupt. Nur eines sei herausgegriffen. Bei der Gemeine ist das Weib aus dem Mann geboren. Ausdrücklich weist unsere Stelle darauf hin, wenn sie sagt: „Wir sind Glieder Seines Leibes, von Seinem Fleisch und von Seinem Gebein." Und aus dieser Grundtatsache zieht der Apostel die wichtigsten Linien für die Ehe. Er sagt: „Um deswillen wird ein Mensch verlassen Vater und Mutter und seinem Weibe anhangen, und werden die zwei *ein* Fleisch sein." Diese ganze Stelle weist deutlich zurück auf 1. Mose 2, wo uns die Tatsache freiweg geoffenbart ist, daß auch das irdische Weib aus dem Mann genommen ist, wie die Gemeine aus dem für uns dahingegebenen und nun verklärten Fleisch und Blut Christi durch den Heiligen Geist. Da sehen wir also, daß die Form der Ehe, wie sie jetzt ist, nicht das Ursprüngliche war, sondern daß das Weib erst im Mann war und dann gewissermaßen aus ihm geboren, besser gesagt genommen wurde. In dieser Offenbarungstatsache liegen die Grundlinien für die Ehe und für das Verhältnis von Mann und Frau beschlossen. Wer hierhinein keinen Einblick hat, wird die jetzigen ehelichen Linien im Untertansein und Liebhaben nie in ihrer göttlichen Größe, Tiefe, Weisheit und Liebe verstehen. Schon das eine Wort, das unser Text aus 1. Mose 2 nimmt: „Es werden die zwei *ein* Fleisch sein", wird ohne diesen Blick völlig verschlossen bleiben. Jetzt verstehen wir's, sie sollen allewege so leben, als ob sie noch in *einem* Leibe wären. Darum heißt auch das Weib in unserem Text das eigene Fleisch des Mannes. „Die Männer sollen ihre Weiber lieben als ihre eigenen Leiber. Wer sein Weib liebt, der liebt sich selbst. Niemand hat jemals sein eigenes Fleisch gehaßt, sondern er nährt es und pflegt es, gleichwie der HErr die Gemeine" (V. 28 und 29). Das geht alles auf jenes Urverhältnis, da Mann und Weib noch in *einem* Leibe waren, zurück. Anders ist es gar nicht zu verstehen. Und daraus kommen nun die großen Gleichheitslinien von Ehe und Gemeine, denn dieses Auseinander-gekommen-Sein ist schon eine solche Gleichheitslinie.

Wie ist es nämlich zu diesem Zustand gekommen, daß Mann und Weib nebeneinander sind und nun in der Ehe wieder die Vereinigung suchen und herstellen? Das ist durch die Sünde gekommen. Hier liegt eine grundmäßige Gleichheitslinie von Ehe und Gemeine. Beide haben die Sünde zur Voraussetzung. Das darf natürlich nicht falsch verstanden werden, etwa gar dahin, als ob die Ehe Sünde wäre; das sei ferne. Ehe und Gemeine sind herrliche Gottes- und Gnaden-Haushaltungen, aber sie wären nicht so, wie sie sind, ohne die Sünde. Nehmen wir zuerst die Gemeine. Das Verhältnis des Sohnes Gottes zu dem Ihm ebenbildlichen Menschen, als dieser noch in herrlicher Männlich-Weiblichkeit dastand, war ein anderes, als es jetzt ist. Der ursprüngliche Mensch hätte in freier Hingabe an den Sohn Gottes in Ihm von Stufe zu Stufe verklärt zur völligen Gleiche des Sohnes Gottes hinanwachsen können und sollen und hätte so seine Aufgabe vollführt, Satan zu überwinden mit all seinen Engeln. Dieses Verhältnis hat sich durch die Sünde, deren Anfang die Trennung der Geschlechter war, grundmäßig geändert. Der Sohn Gottes muß nun den gefallenen Menschen erst aus der Hand Satans und der Knechtschaft des Todes herausreißen. Er muß in unbeschreiblicher Liebe zu diesem Seinem ungehorsamen Ebenbild sich hingeben in Fleisch, Sünde und Tod. Er tat es, ohne von einem derselben überwältigt zu werden, und hat so die ewige Erlösung erfunden. Aber Er muß es erfahren, daß die Masse lieber sich und die Welt als Ihn will. So kann Er zu Seinem Eigentum, zu Seinem Leib sich nur eine Auswahlgemeine erwerben. Nur diese gehen in völliger Dankbarkeitshingabe des Glaubens und der Liebe in Ihn ein und Er in sie. Und alle, die es tun, sind zerbrochene und gerettete und geheiligte Sünder. So hat die Gemeine die Sünde zur Voraussetzung, und das wunderbare Verhältnis von Christus und Seinen Gläubigen hat seine ganze Tiefe eben durch die Sünde: sie hat die Mannesliebe des Sohnes zur machtvollsten Offenbarung gebracht und sie kettet die Gläubigen so unlöslich an Ihn als in einer Ehe. Die Sünde ist darum nicht notwendig, sie ist und bleibt Schuld des Menschen, aber sie ist von Ewigkeit her in den vorausschauenden Rat Gottes hineingewirkt. Gott sah sie und rechnete mit ihr.

So ist's auch mit der Ehe, sie hat auch die Sünde zur Voraussetzung. Darum ist sie eben nicht, wie gewöhnlich gesagt wird, Schöpfungsordnung, das ist ganz falsch, die Ehe ist Gnadenordnung. Sonst könnte sie doch nicht mit der Gemeine verglichen werden. Die Gemeine ist doch Gnadenordnung und nicht Schöpfungsordnung. Dadurch ist viel verwirrt worden, daß man die Ehe als ursprüngliche Schöpfungsordnung ansah und ansieht, anstatt als durch die Sünde notwendig gewordene Gnadenordnung. Ja, Gottesordnung ist sie, heilig und hehr, aber in der Gnadenlinie. Die Ehe, wie sie jetzt ist, hat Adams Fall in seinem Verlangen, das Weib außer sich zu haben, und Evas und Adams Übertretung zur Voraussetzung. Und die Linien, welche Gott jetzt der Ehe derer, welche Ihm glauben wollen, gesetzt hat, sind lauter Gnadenlinien. So müssen gläubige Männer und Frauen das auffassen, was die Bibel von Untertansein und Lebens- und Liebeshingabe sagt. Es ist Gnade für die Frau, daß ihr Gott diese Linie gegeben hat, und es ist Gnade für den Mann, in dieser christusgleichen Linie gehen zu dürfen.

Gleichwie aber Gemeine und Ehe die Sünde zur Voraussetzung haben, so haben sie auch die Sündenüberwindung zum Zweck und Ziel. Das sagt unser Text klipp und klar, daß der Heiland Seine Hingabestellung zu den Gläubigen dazu einnehme, daß Er sich selbst darstellte eine Gemeine, die herrlich sei, die nicht habe einen Flecken oder Runzel oder des etwas, sondern daß sie heilig sei und unsträflich; und zwar tut Er dies vom Wasserbad im Wort, von der Taufe an bis zur Vollendung. Ja, das bezweckt Seine ganze Hingabe ins Fleisch, ins Kreuz, in den Tod, und jetzt Seine Liebeshingabe im Heiligen Geist zur Mitteilung der vollbrachten Erlösung. Und die Gemeine weiß ganz genau, daß sie nur darum so fest an ihrem Heiland hängt und sich ganz Ihm unterstellt, damit sie gerettet, geheiligt und vollendet werden kann. Sowie wir unter dem HErrn vorgehen, nicht völlig in Ihm bleiben, sind wir der Sünde und Satan preisgegeben. Nur in Ihm sind wir beschirmt und geschützt, können wir bewahrt und gebaut werden. Und das Ziel ist, daß wir Überwinder werden und herankommen zur vollendeten Ebenbildlichkeit Jesu und so tüchtig seien, Werkzeuge und rechte Gliedmaßen zu sein zur Durchführung der völligen Erlösung. Er bringt uns auf diesem Weg hinan zum vollkommenen Mannesalter, d. h. zu der ihm ebenbildlichen, vollkommenen Männlich-Weiblichkeit, in welcher wir dann geeignet sind, Seine Offenbarungsträger zu sein. Das ist aber, was verloren war.

Ganz dasselbe Ziel hat im einzelnen und kleinen die Ehe. Auch sie soll ein Gefäß sein zur Überwindung der Sünde und Satans, zur Tüchtigmachung von Mann und Frau im Kampf gegen Satan und Sünde, indem in dieser engen Verbindung eines dem anderen mit seiner eigentümlichen Gabe Handreichung tut. Und auch die Ehe soll ihr Teil beitragen gerade in diesem steten und engsten Einwirken von Mann und Frau aufeinander, daß sich die göttliche Männlich-Weiblichkeit wieder herausbilde, welche nach dem Tag des HErrn der Charakter der Wiedergeborenen sein wird und in welcher sie tüchtig sind zu ihrer Ewigkeitsaufgabe. Es ist klar, daß dieses Ziel auch im ledigen Stand in der innigen Lebensgemeinschaft mit dem HErrn selbst ebensogut erreicht wird, aber der Ehestand ist eine ganz besonders tüchtig machende Schule dazu. Jeder muß hier nach seiner besonderen Führung gehen, ob ledig, ob in der Ehe. Ledig, allein in Christo, kann es evangelischer gehen; die Ehe ist eine zuchtmäßige Gesetzesschule.

Es sind aber ganz wenige, welche die Gnade haben, rein evangelisch in Christo hinanzuwachsen, die allermeisten brauchen die Gesetzesschule der Ehe mit ihren Sorgen und ihrem Kreuz. Das ist aber die Erfahrung der Ehe: je tüchtiger und in ihrer Linie gehender die Frau ist, also eine rechte Mutter und Frau, um so gerüsteter wird der Mann zu seinem Lebenskampf auf der einen Seite, um so abhängiger aber auch vom Weibe wird er auf der anderen Seite, und das ist die Ausbildung des Weiblichen in ihm. Und wiederum lehrt die Erfahrung: je weiblicher in ihrer Linie die Frau ist, um so mehr kann und darf sie dem Mann sein, um so tiefer wächst sie in seine Aufgaben mithinein, aber immer hinter ihm, und so eben wird sie immer männlicher. So ist die Ehe eine rechte Schule zur Männlich-Weiblichkeit und zur Aufhebung des satanischen Grundschadens, der einst nach 1. Mose 2 angerichtet worden ist.

Zur kräftigen und zielsicheren Durchführung dieses Seines Planes hat nun Gott der Ehe zwei gar gnadenreiche, herrliche Grundlinien gegeben. Und auch hierin gehören Ehe und Gemeine wieder zusammen; sie haben die gleichen Ordnungen. Der Heiland ist das liebeshingegebene Haupt des Weibes, nämlich der Gemeine. Er hat sich für sie hingegeben und gibt sich fortwährend für sie hin. Er ist ihr durchs Wort und durch den Heiligen Geist und durch Seine Führungen alles. Er ist ihr Retter, ihr Bewahrer, ihr Heiliger, ihr Vollender. Und die Gemeine ist Ihm völlig untertan. Sie ist ganz in Ihm, geht stets hinter Ihm, tut nichts ohne Ihn, begibt sich der ganzen Selbständigkeit. Sie weiß, nur auf diesem Wege kann sie ihr Ziel erreichen. Er aber zieht sie immer mehr heran zu sich, bis Er sie an Seinem Tage ohne Runzel und Flecken, wie Er selbst ist, gleichberechtigt neben sich stellt und braucht zu Seinen großen Ewigkeitsaufgaben.

Dies sind die Linien auch für die Ehe. Die Frau ganz im Mann, hinter dem Mann, seinen Willen ehrend, anerkennend und achtend. Nie selbstherrschend vorne draus, sondern untertan in allen Dingen, wie unser Text sagt. Und die Männer für ihre Frauen den Kampf aufnehmend, den Lebenskampf sowohl wie jeden anderen Kampf, immer bereit, für sie das Leben einzusetzen bis zum Tod, als Haupt in fürsorgender, schirmender, leitender und führender Liebe sorgend. Dabei aber das Weib, gleichwie Christus die Gemeine, immer heranziehend, an allem beteiligend, sie immer mehr mit ihren Gaben in Mitwirkung ziehend. Dabei aber er immer voraus den größten Kampf kämpfend, nach außen aktiv; die Frau das Schwere, das Passive in der Stille tragend. So allein bleibt das Weib und die Menschheit vor neuen Angriffen Satans bewahrt. Sowie die Ehe diese Linie verläßt, kriegt Satan Herrschaft und Raum wie 1. Mose 3.

Um des Schutzes des Weibes willen und um der Kraft des Mannes willen ist solches geordnet. Denn nur der von der Frau stets im Verborgenen getragene Mann ist der kräftige und aktionsfähige. Das lehrt die Erfahrung tausendfach. Einen Rückhalt muß der Mann haben für sein Kampfesleben, und das ist das Weib in seiner stillen Untertänigkeit. Ein herrschsüchtiges Weib kann das nie sein noch werden. Und wie sind diese Linien dazu angetan, beiden Teilen die Ichheit zu nehmen, was ja das Vornehmste für das ewige Ziel ist. Der Weg des Untertanseins unter den Mann, wie ist er ein Zerbruchsweg des weiblichen Ich; und der Weg der völlig sich hingebenden Liebe, wie ist er ein Zerbruchsweg für den so gern herrischen und tyrannischen Mann! Und diese Zerbruchswege werden noch tiefer, wo nicht beide Teile im HErrn sind. Wenn da der gläubige Teil auf seinem Wege bleiben will, hat er viel Selbstverleugnung nötig. Aber das alles ist gerade der Weg zum Heiland und im Heiland. Je zerbrochener, um so mehr braucht man Ihn. Und so ist die Ehe, auf diesen Linien geführt, ein täglicher Zuchtmeister auf Christus.

Rückt die Ehe aus diesen Linien heraus, was sie in unseren Tagen im weitesten Maße tut, dann ist Satan Tür und Tor geöffnet. Dann muß es mit Riesenschritten zu seiner endgültigen Herrschaft kommen, zum furchtbarsten Fluchverderben der Menschen. Drum, ihr Gläubigen, haltet die Linien; haltet sie unentwegt; haltet sie auch, wo es Kampf und Sterben bedeutet! Auf diesen Linien allein wird die Ehe eine Schule der Gemeine werden, indem sie viele in Christo tüchtig macht für Seinen Leib an Seinem Tag. Nur in den Linien der Gemeine ist eine Ehe ewigkeitsgesegnet; nur auf den Linien der Gemeine dient sie dem Rat und Plan Gottes zur Überwindung der Welt und des Bösen. Möchten recht viele auf dem ehelichen Wege in Christi Linien für die Gemeine reif werden, dann wären sie am herrlichsten verbunden: Ehe und Gemeine!

(21. Aug 1921)

Kinder und Eltern

Text: Epheser 6, 1—4

In großen, gewaltigen Geisteslinien zeichnet der Apostel das Verhältnis von Kindern und Eltern in der gläubigen Gemeine. Dieses Verhältnis ist ja nicht leicht. Wo gläubige Eltern sind oder wo auch nur eines der Eltern gläubig ist, da stehen sich im Verhältnis von Eltern und Kindern Geist und Fleisch gegenüber. Sind Eltern gläubig, so ist da Geist; die Kinder aber sind von Natur Fleisch vom Fleisch. So wird in einem Haus, wo der Glaubensgeist ein Elternherz oder beide erfaßt hat, der Kampf zwischen Geist und Fleisch in irgendeiner Form gekämpft. Wohl sagt Paulus 1. Korinther 7, daß die Kinder der Gläubigen heilig seien, das heißt aber nicht, daß sie gläubig seien, sondern sie sind nur einbezogen in den Heiligkeitsbereich des HErrn. Das ist ähnlich, wie die Sieben, welche mit Noah gerettet wurden, einbezogen waren in den Heiligkeitsbereich Gottes. Was zu einem Heiligen Gottes gehört, ist durch ihn und in ihm in das Heiligkeitswesen des HErrn hineingezogen. Es werden die göttlichen und ewigen Linien an solchen und auf solche wirksam in sonderlicher Weise. Schon eine gläubige Mutter, wenn ihr der HErr ein Kind schenkt, steht mit dem Kind, noch ehe es geboren ist, in dem HErrn. Es ist auch ein natürliches Kind, Fleisch vom Fleisch, aber doch unter den Wirkungen des HErrn-Wesens. Kinder gläubiger Eltern kommen schon vor der Geburt und nach der Geburt immer und überall in Berührung mit dem HErrn. So sind sie in Seinen Heiligkeitsbereich hineingezogen.

Solche Kinder sind wie alle Kinder unter das Gesetz der Sünde und des Todes geboren, aber sie stehen gleich in Verbindung mit dem Gesetz des Geistes, das da lebendig macht in Christo Jesu. Ob sie es annehmen, ist eine andere Sache, aber sie lernen es kennen, und die Geisteswirkungen sind an ihnen wirksam. Es ist aber oft ein großer Kampf zwischen Fleisch und Geist zu kämpfen in gläubigen Häusern. Darum ist nun das Verhältnis von Eltern und Kindern ein ganz besonderes, wo der Glaube im Elternteil herrschend ist.

Kraft des Heilig-Seins der Kinder kommen sie gleich von Jugend an mit dem lebendigen Glauben in Berührung. Lebendig gläubige Eltern stehen ja in der Gemeine der Gläubigen, und da werden die Kinder hineingestellt. Sie wachsen sozusagen mitten unter den Gläubigen auf. Darum finden wir die Kinder in unserem Text auch in der Gemeine. In seinem Gemeinebrief an die Epheser redet der Apostel die Kinder an: „Ihr Kinder, seid gehorsam!" Also sind die Kinder auch dagewesen. Wie alt die Kinder waren, spielt hier nicht die erste Rolle. Sie können von den Kleinsten an bis hin zu den Jünglingen und Jungfrauen hier umfaßt werden. Es gehört alles herein, was eben noch im Kindesverhältnis steht. Und in der Gemeine finden wir diese Kinder. Mitten unter den Gläubigen leben und wesen sie. Das ist gerade das Große, das Besondere dieser Kinder, daß sie in der Gemeinschaft der Gläubigen und damit unter dem Gesamt-Geistes-Einfluß der gläubigen Gemeinde stehen. Das ist ein Stück ihrer Heiligkeit.

Und diesen ganzen Kindern ist der Epheserbrief mit vorgelesen worden. Und der Epheserbrief ist einer der schwersten apostolischen Briefe. Aber Kinder haben ja bekanntlich ein ganz besonderes Verständnis. Kinder nehmen eben das Kindliche aus den gewaltigen Mannesworten des Apostels. Und dann kam im Briefe auch *der* Teil, der sie anging, der Teil, der anhob mit den Worten: „Ihr Kinder." Manche zerbrechen sich die Köpfe, ob diese Kinder in der damaligen Ephesergemeine getauft waren oder nicht. Das ist müßig. Es steht eben nicht da. Wir glauben nicht. Die erste Gemeine hatte die Großtaufe. Paulus knüpft auch die Erziehung der Kinder durchaus nicht an die Taufe an wie wir heutzutage. Wenn er das getan hätte, so hätte er es auch sagen müssen. Ihm war es offenbar genug, daß die Kinder im Heiligungsbereich des Wortes Gottes standen. Nahmen sie an, so konnten sie jederzeit Glieder der Gemeine werden.

Der Apostel stellt auch diese Kinder einfach voll und ganz unter das Gesetz, wie wir aus unseren Versen ersehen. Da gehörten sie hin als natürlich geborene Menschen, die mit der Glaubensgemeine in Berührung waren. „Ihr Kinder, seid gehorsam euern Eltern; das ist die rechte Linie in dem HErrn." Und das heißt so viel: Wo der HErr und Sein Geist regieren, in gläubigen Häusern und in gläubigen Kreisen, darf es für Kinder und junge Leute nur *eine* Richtlinie geben, und das ist: der Gehorsam. Solches ist klar unter dem HErrn, der gehorsam war bis zum Tod am Kreuz. Solches ist klar im Rahmen der Glaubensgemeine, deren Glaube der geistgewirkte Gehorsamsweg in Christo Jesu ist. Lebendiger Glaube ist der Zerbruch des Eigenwillens und Eigenweges und das völlige Eingehen in der Kraft des Geistes in Jesu Willen und in Jesu Wege. Das müssen nun die heranwachsenden Kinder auf dem Weg des Gehorsams lernen. Ob freilich das ihnen auferlegte Gesetz ihnen den Willen bricht, das ist eine andere Frage.

Gegenüber dem Gesetz und dem verlangten Gehorsam gibt es immer eine dreifache Stellung. Man kann sich dem Gesetz und Gehorsam ganz entziehen; oder man kann gehorsam sein und diese gute Stellung sich selbst zuschreiben und selbstgerecht werden; oder man kann endlich unter dem Gehorsam-Verlangen des Gesetzes zerbrechen, seinen Ungehorsam und sein ungehorsames Herz erkennen und nach Heil und Heiland sich ausstrecken. Wir werden mit unsern Kindern, wenn wir sie zum Gehorsam und im Gehorsam erziehen, diese dreifache Erfahrung machen. Ein Teil ist und wird böse und unfolgsam; ein Teil wird in sich brav und folgsam; ein Teil wird arm und zerbrochen und sucht den HErrn und nimmt Ihn an. So offenbaren sich schon beim Erziehen unter dem Gesetz die Geister. Es ist natürlich nicht ausgeschlossen, sondern erfahrungsgemäß, daß im späteren Leben bei manchen noch eine Änderung eintritt, aber schon in der Kindheit scheiden sich die Geister.

Das ist aber die Grundlinie jeder gläubigen Erziehung: Gehorsam. Wer nicht gehorchen kann, der kann nicht ein ichzerbrochener Mensch werden, welchen der Geist Christi leiten darf. Geistesleitung hat Gehorsamsleitung zur Grundlage. Es kommt oft vor, daß Menschen im späteren Leben noch zum Glauben kommen, welche in der Jugend nicht Gehorsam gelernt haben. Diesen sieht man das wohl an, und es geht ihnen erschwerend nach. Sie müssen das dann im Glaubensleben nachexerzieren.

Die Richtlinie und Gerechtigkeitslinie des HErrn für die Kinder ist Gehorsam. Laßt ihn uns früh einüben. Es hat einmal einer gesagt, wenn ein Kind nicht bis zur Vollendung des zweiten Lebensjahres hin Gehorsam gelernt habe, sei es schon gefehlt. Befehlt nicht zuviel! Befehlt aber, was sein muß. Und befehlt nur einmal, und dann muß gehört werden. Befehlt nicht zehnmal und lasset's dann doch noch laufen. Haltet scharfe und kurze Zucht. Das muß das Zeichen von Kindern gläubiger Eltern sein. Gläubige Kinder, das kannst du nicht erzwingen; aber gehorsame und gezogene Kinder, das sollen Gläubige haben. Und wenn sie trotz Zucht ungehorsam werden, muß das Gericht ersichtlich sein, das auf die Ungehorsamen ausgeht.

Ihr Kinder aber, die ihr schon erwachsen seid, die ihr schon urteilen könnt, seid aus freien Stücken untertan. Und gar ihr Kinder, die ihr schon einen Geisteszug habt, seid in der Kraft desselben einfältig untertan. Seid untertan, nicht nur wo es euch gefällt, sondern auch wo es euch schwerfällt. Höret, wie der Apostel Paulus zieht und mahnt. Er sagt: „Ehre Vater und Mutter, das ist das erste Gebot, das Verheißung hat, daß es dir wohl gehe und du lange lebest auf Erden." Es ist Gesetz und hat als solches nur irdische Verheißung. Aber kannst du das nicht auch brauchen: „daß es dir wohl gehe und du lange lebest auf Erden"? Gib Gott recht und glaube Ihm, so wird es sein! Und wer auf dem Weg des Gehorsam Sein Wollens seine Sünde sieht, der kann den völligen Gehorsam lernen. Auf den Wegen des Ungehorsams wird niemand Gottes Kind und Erbe. Und auf den Wegen des Ungehorsams findest du auch kein Gotteskind. Wer unter den Jüngeren schon den HErrn liebt, der sei untertan in aller Einfalt. Gehorsam ist der Kindesweg, wo Christi Namen genannt wird. Widermaulen, sich auflehnen, alles besser wissen, murrend und knurrend sein, das sind keine Wege, die mit Christus sich vertragen. Ihr Kinder, wo seid ihr, wie seid ihr?

Aber allerdings, wenn wir als Eltern solchen Gehorsam verlangen, so müssen wir ihn auch ermöglichen helfen. Darum lehrt Paulus auch die Eltern noch ihre Lektion. „Ihr Väter", sagt er. Wo bleiben die Mütter? Haben nicht die Mütter den größern Teil der Gehorsams-Erziehung der Kinder auf sich? Sind nicht die Väter meist beruflich fern? Ist das Kind nicht zumeist um die Mutter? Die Mütter sind nach biblischer Anschauung in den Vätern mitinbegriffen. Für die Bibel ist nach ihrer Grundanschauung die Frau stets im Mann, wie es uranfänglich war. Darum sollen die zwei auch nach der Geschlechtertrennung *ein* Fleisch sein. Die Mutter, so ist's, wo Glaube herrscht, soll immer für den Vater stehen. Sie soll in ernsten Fällen immer auf den Vater hinweisen. Sie soll in stetem Untertansein unter dem Vater stehen, so daß des Vaters Autorität auch in der Mutter stets vor den Kindern steht. Die Mutter soll auch nie etwas tun oder verlangen von den Kindern, was der Vater nicht will. Der Vater aber muß stets die Stütze der Mutter sein, ihr letzter, unbedingter Rückhalt. Vor allem müssen sie beide vor den Kindern und ihnen gegenüber stets eins sein, sonst gibt's keinen Gehorsam. Darum braucht auch nur *ein* Teil genannt zu sein, der welcher die Summe der Verantwortung hat, der Vater.

Da ist nun das erste, daß wir die Kinder nicht zum Zorn reizen und sie, wie der Kolosser-Brief sagt, nicht scheu machen. Wo Gesetz ist und wo Gehorsam des

Gesetzes aufgerichtet wird, da gibt es leicht Zorn. Das Gesetz richtet Zorn an. Da werden zunächst wir Alten leicht zornig. Wie vielfach wird der Gehorsam von den Kindern in Zorn und Aufregung verlangt. Dies meist da, wo der Gehorsam nicht zu rechter Zeit und mit rechtem Ernst aufgerichtet wurde. Wieviel wird mit den Kindern in Zorn und Erregung gehandelt! Das regt dann auch die Kinder auf, sonderlich die größeren, und macht sie scheu und verschlossen vor den Eltern.

Heiliger Zorn ist recht, wenn er im HErrn geheiligt ist. Natürlicher Zorn tut nicht, was vor Gott recht ist. Ein Jammer, wenn der Kinder Herz vor den Eltern sich verbirgt. Laßt uns Buße tun über unseren unheiligen Zorn den Kindern gegenüber. Dieser Zorn wirkt nicht wahren Gehorsam. Da geht's wie beim Morphium, du brauchst eine immer größere Dosis. Und reize auch mit dem, was du verlangst, die Kinder nicht zum Zorn. Sei weise im Gehorsam-Verlangen und beachte Unterschiede. Du kannst nicht von jedem Kinde Gleiches verlangen, kannst nicht zu allen Zeiten und in jedem Alter des Kindes in gleicher Weise Gehorsam verlangen. Heranwachsendes Alter verlangt freiere Behandlung bei gleichmäßigem Festhalten. Verlange nichts, wovon du von vornherein weißt, daß es das Kind zur Aufregung bringt. Oder verlange es in der Klugheit der göttlichen Weisheit.

Wo die Kinder viel erzürnt werden, folgen sie schließlich gar nicht mehr oder nur widerwillig. Der Friede des HErrn fülle unsere Herzen bei allem Gehorsam-Verlangen. „Ziehet sie auf!" Bedenken wir das Wachstümliche. Anders ist der Gehorsam der 3jährigen, anders der der 10jährigen, anders der Gehorsam der 15jährigen und anders wieder das Untertansein der 20jährigen. Der Gehorsam will von Stufe zu Stufe mehr in der Freiheit geübt sein. Wer aufzieht, muß auch geben und sich hingeben. Erziehung zum Gehorsam verlangt viel hingebende Liebe. Für jeden geleisteten Gehorsam zum mindesten einen Dank. Keinen Lohn! Aber Liebe! Ziehet sie auf und wisset, daß der Gehorsam nicht das Ziel, sondern nur der Weg ist. Das Ziel ist der HErr! Den Heiland möchten wir ihnen bringen. Da ist der Gehorsam nur die Zufahrtsstraße.

Darum müssen wir noch zweierlei dabei haben: Übung und Vermahnung des HErrn. Die Übung ist die Hauptsache. Das ganze Leben, in welches die Kinder hineingestellt sind, muß eine Übung Christi für sie sein. Die ganze Lebensordnung in der Regelung im Essen, im Arbeiten, im Beten, im Bibellesen, der Verkehr mit gläubigen Geschwistern in der Gemeinschaft und außer derselben, die ganze Art des Handelns und Wandelns, die ganze Haltung derer im Hause, die in Christo sind, muß für die Kinder eine Übung, eine Erziehung zum HErrn sein. In all dem müssen sie HErrenluft atmen. Dann gibt sich bei Willigen Gehorsam und Glaube. Bei Widerwilligen freilich nicht; das liegt nicht in unserer Macht. Aber die von Jugend an laufende Übung ist eine gewaltige erziehende Macht. Dazu dann in von Gott gegebenen und heraufgeführten Stunden die Ermahnung des HErrn. Nicht zu oft, nicht zu viel, nicht gewaltsam, immer in HErrnstunden. Das ist für uns Eltern die Rechtslinie in dem HErrn. Wir beugen uns und bitten um neue Gnaden angesichts dieser uns gestellten Heilandslinie.

Nur die menschliche Linie, d. h. die Wege, die von uns in Christo zu laufen sind, hat der Apostel uns gezeichnet. Die vor Gott hinlaufenden Wege: unser Gebet, unsere Fürbitte, unsere Beugung (denn wer beugt mehr als Kinder), unsere tägliche Kraftanziehung aus dem HErrn, hat er uns heute nicht gezeichnet. Sie sind aber selbstverständlich das Wichtigste, denn ohne Ihn können wir nichts tun. Wer könnte vom Fleisch zum Geist erziehen? Und das ist doch der Weg gläubiger Erziehung. Da muß ja Gottes Offenbarung und Gnade zwischenhinein fallen, und die will erbeten und erglaubt sein. Aber unser gläubiges Mitwirken gehört auch hinein, und das hat Paulus uns heute gezeigt. Der Geist aber schreibe es uns in Herz und Wesen und richte unter uns auf die Rechtsbahnen Gottes für Kinder und Eltern. (6. Sept. 1925)

Die Kraftquellen der Gläubigen zur Überwindung im inneren und äußeren Lebenskampf

Text: Epheser 6, 10—20

Gotteskinder sollen Sieger, nicht Besiegte sein, Gotteskinder sollen Überwinder, nicht Überwundene sein im inneren und äußeren Lebenskampf. Die ganze Welt ist voll Erschlagener und Geschlagener. Die Masse der Menschen streckt endlich die Waffen und muß sie strecken, und wäre es auch nur vor dem letzten Feind, dem Tod. Wie wenige sind es, welche in der Waffenrüstung Christi dem Lebensziel zueilen. Die Gläubigen in Christo sollen solche sein. Woher aber die Kraft nehmen zu solchem Sieg? Wenn tausend fallen zu meiner Seite und zehntausend zu meiner Rechten, wie soll es mich nicht treffen? Paulus führt uns im Geist an die Kraftquellen, aus denen der Glaube seine sieghafte Überwinderstärke schöpft.

„Seid stark in dem HErrn und in der Kraft Seiner Stärke", so beginnt er. So liegt also die Kraftquelle der Gläubigen nicht in ihnen selbst, sondern in ihrem HErrn. Das ist das Grundlegende. Gläubige sind Leute, welche im Lichte Gottes erkannt haben, daß sie selbst und aus ihnen selbst nicht imstande sind, den inneren und äußeren Lebenskampf sieghaft durchzuführen. Gläubige, wahrhaft Gläubige sind gebrochene und zerbrochene Leute. Wir haben ein Herz, das immer den Irrweg will; wir haben ein Herz, aus dem arge Gedanken kommen; wir sind von der Sünde geknechtet. Wir haben ein Seelenleben mit ungeordneten, verwirrten und sich verwirrenden Trieben. Wir haben einen Verstand, der kurzsichtig und der wahren Weisheit von Natur ermangelnd ist. Je schärfer er ist, um so törichtere Sachen macht er. Wir haben einen Leib, der tausend und abertausend Schwachheiten unterworfen ist. Unser ganzes Wesen ist dem Tod unterworfen. Unsere Gaben und Kräfte sind alle mit in dieses Elendswesen einbezogen. Sie machen uns eine Weile trotzig und im Trotz blind, und dann verzagt und in der Verzagtheit stockblind. Das alles erkennt der gläubig gewordene Mensch. Er traut niemand weniger als sich selbst. Die Selbsterkenntnis, je wahrer und tiefer sie wird, ist die Grundkraftquelle des Kindes Gottes. Alles Selbstvertrauen ist elender, zum Zerbruch führender Betrug. Dafür sind die ganzen Völker und die übergroße Zahl der einzelnen ein schlagender Beweis. Der Glaubende spricht: „Ich bin elend, arm, blind und bloß." Er glaubt das Wort: „Alles Fleisch ist wie Gras und alle Herrlichkeit der Menschen wie des Grases Blume"; darum kann er nicht Fleisch für seinen Arm halten.

Zu solcher Erkenntnis kommt der Mensch nicht von selbst; nein, er sträubt sich gegen sie von Natur. Diese Erkenntnis ist eine Wirkung der mächtigen Kraft Gottes, die Festungen zerbricht. Darum, weil sie Wirkung der göttlichen Macht und Kraft ist, liegt im Eingeständnis dieser Ohnmacht so viel Kraft. Darum sind die Menschen Besiegte, weil sie sich für stark halten. Und das gibt die Überwinder, welche ihre Schwachheit und Nichtigkeit erkennen und anerkennen.

Darum sagt Paulus: „Wenn ich schwach bin, dann bin ich stark"; und wiederum: „Ich will mich am allermeisten rühmen meiner Schwachheit, auf daß die Kraft Christi bei mir wohne." Diese unsere innere Leere und Ausgeleertheit gibt Gott und dem Heiland Raum in uns. Je mehr jemand in sich selbst ist und von sich selbst hält, um so weniger kann der HErr in ihm wirken. Unsere Niederlagen kommen alle aus unserer Eigenkraft und Eigenstärke; denke an Petrus in manchen Lagen, sonderlich auch in Gethsemane. So ist die Grundquelle der Kraft der Gläubigen ihre tief erkannte Kraftlosigkeit und Nichtigkeit. Sie wirft uns auf den Heiland und bringt es wachstümlich dahin, daß wir endlich ohne Ihn nichts mehr tun können und ständig in Ihm sein müssen.

Wir sind stark in dem HErrn und in der Kraft Seiner Stärke. Unser HErr Jesus Christus ist ja der ins Fleisch gekommene ewige Gottessohn. Und Er hat in den Tagen Seines Fleisches jede Sünde sieghaft überwunden; auch alle Leiden, Trübsale, Ängste und Todesnöte in freiem Gehorsam durchgetragen. Er ist hinabgegangen in Tod, Grab und Todesreich und sieghaft wieder hervorgebrochen. Nun wohnt in Ihm die Fülle aller Überwindungskräfte über alles, was genannt mag werden an inneren und äußeren Kämpfen, und diese Fülle steht den Gläubigen, den in sich Schwachen und dem HErrn Hingegebenen restlos zur Verfügung. Im Heiligen Geiste teilt der HErr den Gläubigen das Seine mit. So vermögen wir denn alles durch den, der uns mächtig macht, Christus. Wir können hoch sein und niedrig sein; wir können übrig haben und können Mangel leiden; wir sind in allem und zu allem geschickt. Aus Seiner Fülle nehmen wir täglich Gnade um Gnade. Der Heiland ist versucht allenthalben gleichwie wir, aber überall, ohne sich zu versündigen. Wie herrlich kann Er uns helfen in allem, worin wir versucht werden. Jesus Christus, unser Versöhner, HErr, Hirte, Haupt, wie wir Ihn auch nennen wollen, Er ist die tägliche und stündliche Quelle unserer Kraft. Wer in Ihm ist, dessen Angesicht wird nicht zuschanden. Es ist mangelnde Buße und schwacher Glaube, wenn wir so schwach sind. Er ist stark und immer gleich bereit, uns stark zu machen.

Darum ziehen wir im Glauben Ihn an. Er ist unser Harnisch, oder wie es eigentlich heißt: unsere Gesamtrüstung. Weiter unten in unseren Textversen führt der Apostel die einzelnen Sonderwaffen an, welche der Gläubige in Christo zu seinem Kampf und Sieg ergreifen kann. Hier im Anfang und dann noch im 13. Vers redet er von dem Harnisch oder der Gesamtrüstung. Diese Gesamtrüstung, alles in allem, ist der HErr selbst. Ihn ergreift der Glaube je nach der Lage in der Verschiedenheit der Waffen. So kämpfen Gotteskinder ihres Lebens Kämpfe nie allein, sie kämpfen in ihrem Herzog, der vor ihnen herzieht und Bahn macht. Das sind die Grundlagen der Siegeskraft der Gläubigen: ihr eigenes Nichts und ihr Stehen in dem HErrn.

Eine weitere Hauptquelle der Stärke der Gotteskinder ist ihr klares Ins-Auge-Fassen des Feindes. An diese Quelle führt uns der Apostel, wenn er weiter schreibt: „Ziehet eure Gesamtrüstung an, daß ihr bestehen könnt gegen die listigen Anläufe des Teufels. Denn wir haben nicht mit Fleisch und Blut zu kämpfen, sondern mit Fürsten und Gewaltigen, nämlich mit den Herren der Welt, die in der Finsternis dieser Welt herrschen, mit den bösen Geistern unter dem Himmel." Hier ist uns mit klaren Offenbarungsstrichen nach den verschiedensten Seiten hin der Feind gezeichnet, mit welchem wir es in unseren äußeren und inneren Lebenskämpfen zu tun haben. Es ist der schnellste Weg zur Niederlage, wenn man den Feind nicht richtig einschätzt, ihn für zu groß oder für zu gering hält. Beides schwächt im Kampf. Klares Auge für die feindlichen Gewalten ist Kraft und Stärke. Dieses klare Auge schafft uns der Geist in unseren Versen.

Zunächst hören wir, daß wir es nicht nur mit Fleisch und Blut zu tun haben, d. h. nicht nur mit dem äußerlichen, sündigen und todverfallenen Naturbestand unseres eigenen Wesens und der ganzen Kreatur, sondern daß wir in allem und bei allem es mit unsichtbaren Geistermächten und ihrem Fürsten, dem Satan, zu tun haben. Fleisch und Blut, das ist der Mensch, wie er durch den Sündenfall geworden ist, nach Geist, Seele und Leib dem Ich verhaftet und dem Tod verhaftet. Fleisch und Blut ist im weiteren Sinn alle dem Tod und der Eitelkeit unterworfene Kreatur. Aus diesem Brunnen quillt ja das Unheilvolle unserer äußeren und inneren Kämpfe; aber hinter dem allem steht ein Geistesfürst der Finsternis und sein Heer, und im letzten Grunde haben wir es mit diesem zu tun. Allem liegen persönliche Geistereinflüsse zugrunde. Nichts spielt sich nur vor Augen im Fleisch und Blut ab, alles hat einen unsichtbaren Geistes- und Geister-Hintergrund. Diesem unsichtbaren Feinde sind wir mit Waffen, die nur aus der Sichtbarkeit genommen sind, nicht gewachsen. Das ist der große Fehler der meisten Menschen und oft auch der Gläubigen, daß sie in ihren Lebenskämpfen nur auf das Sichtbare sehen und nur im Sichtbaren die Hilfen suchen. Dann ist man unfehlbar über kurz oder lang verloren. Du mußt bei allem: in inneren Anfechtungen, bei Leiden unter Menschen, in widrigen Verhältnissen, auch bei Krankheits- und Sterbensnot, immer die unsichtbaren Gewalten im Auge behalten. Dann wirst du auch zu unsichtbaren Kampfeswaffen greifen, d. h. zu solchen, die in der unsichtbaren Lichteswelt geschmiedet sind. Ein Gotteskind, das weiß, mit wem es zu tun hat, greift immer hinein in die unsichtbare Licht- und Lebenswelt und holt sich dort sein Rüstzeug. Darum ist ein Glaubensmensch auch so stark, weil er in der Geisterwelt des Lichts, welche der Geisterwelt der Finsternis überlegen ist, daheim ist und dort sich immerdar wappnet. Arme Menschen, welche ihre Rüstung im Lebenskampf aus dem Sichtbaren holen müssen. Unser Wandel ist im Himmlischen, daher die obsiegenden Kräfte.

Aber nicht nur eine unsichtbare Geisterwelt haben wir uns gegenüber, sondern auch eine geistig sehr hochstehende und mit List ausgestattete. Luther redet von den „listigen Anläufen des Teufels". Ganz wörtlich heißt das: die Methoden des Teufels. Ja, der Teufel hat Methode. Es ist listiger Plan in all seinem Tun. Er weiß stets, wann, wo und wie er am besten angreifen kann. Er hat bei jedem einzelnen Menschen seine eigene Methode, der wir lange nicht gewachsen sind! Wie oft werden wir überrascht und überrumpelt. Dieser Methodik Satans sind wir nur überlegen durch die Weisheit Christi. Darum ist Er uns auch gemacht zur Weisheit. Die göttliche Lebensweisheit, welche der Heilige Geist den Gläubigen mitteilt, ist höher als alle Vernunft und mächtiger als alle Methodik Satans. Ein einfältiges Gotteskind geht in seiner Glaubenseinfalt mitten hindurch durch alle listigen, nach Methoden gelegten Schlingen Satans. Weil ein gläubiger Mensch Licht hat über Satans Methoden, darum wird er auch nie sicher; er weiß, der Feind ist stets in Waffen.

Zu dieser hervorragenden Geistesmacht kommt noch große Majestät. Wir haben es mit Fürsten und Gewaltigen zu tun, mit den Erdenbeherrschern, welche in der Finsternis der Welt, d. h. in allem, was nicht Gott angehört, eine ungeheure Gewalt von den sichtbaren Himmeln herab, also von obenher drückend, ausüben. Welche riesenmäßigen Gewalt-Formen und Gewalttätigkeits-Formen nimmt das Böse doch oft in dieser Welt an. Da sind wir nicht gewachsen, wenn nicht ein Größerer mit uns ist.

Die Erkenntnis des Feindes treibt uns zum Heiland. Dann ist der Krafttrost unser: „Der in euch ist, ist größer, denn der in der Welt ist." Als Kind Gottes merke dir: Wir sind durch den Glauben versetzt von der Obrigkeit der Finsternis ins Reich des geliebten Sohnes. Da hat nun Satan einen großen Zorn, daß wir seiner Weltherrschaft entzogen sind. Mit dem rechne, je heilandsverbundener du bist. Das wird dich immer mehr in Ihn treiben. So schafft Feindes-Erkenntnis Kraft.

Gläubige geben sich keinen Täuschungen hin, mit wem sie es zu tun haben. Darum fliehen sie in ihre Festung und werden so stark. Deswegen sagt auch Paulus: „Um deswillen ergreifet die Gesamtwaffenrüstung Gottes, daß ihr an dem bösen Tage (eben in dieser Herrschaftszeit des Bösen, welche sich an besonderen Tagen und Stunden auch immer wieder besonders offenbart) Widerstand tun und alles wohl ausrichten und stehen möget." Hier stehen nun zwei Worte in der Schrift, welche uns wieder zu einer neuen Kraftquelle führen. Die Worte heißen: Widerstehen und stehen. Es ist sehr wichtig, zu beachten, wie oft im Griechischen das Wort „stehen" vorkommt. Vers 11: stehen; Vers 13: widerstehen und stehen; Vers 14: so stehet nun. Zu diesem viermaligen „Stehen" kommt noch Vers 12 der Ausdruck „Ringkampf". „Uns ist der Ringkampf nicht mit Fleisch und Blut." Also ist unser Lebenskampf als ein Ringkampf geschildert, bei dem es vor allem auf das Stehenbleiben ankommt. Wir denken hier unwillkürlich an Jakobs Ringkampf an der Jabbokfurt und an Jesu Ringkampf in Gethsemane.

Zu all dem kommt noch die Wahrnehmung, welche wir in unserem Text machen, daß alle die Einzelwaffen, welche der Gläubige im Kampfe anzieht, lauter Schutzwaffen für den Nahkampf sind. Gurt, Panzer, Stiefel, Schild, Helm und das ganz kurze Römerschwert, welches nur zum Stoß im Stehen gebraucht werden konnte, sind lauter Schutz- und Abwehrwaffen. Die einzige Fernwaffe und Angriffswaffe, welche vorkommt, hat der Teufel. Das alles, einheitlich zusammengenommen, ist sehr bemerkenswert und zeigt an, daß unser Lebenskampf von uns als ein Stellungskampf und Abwehrkampf, als ein Nahkampf und nicht als ein Fernkampf gekämpft werden soll. Christen greifen nicht an und gehen nicht los. Sie sorgen nicht für Fernes und Zukünftiges und regen sich nicht auf über Dinge, die noch nicht herangekommen sind. Dadurch sparen sie ungeheuer Kraft und sind kräftiger, wenn es dann kommt.

Viele Menschen sind von Schwerem schon aufgezehrt in ihrer Kraft, ehe es nur an sie gekommen ist; ein Gotteskind nicht also. Viele Menschen kommen in den äußeren und inneren Lebenskämpfen in das unruhige Hin- und Herlaufen. Gläubige bleiben stehen, ergreifen ihre Schutzwaffe in dem HErrn und wehren ab. Wieder sehen wir klar das Passive, oder besser gesagt, das Passionelle der Gotteskinder. Draufgänger gibt's nicht bei ihnen; Draufgänger sind Fleischesleute. Der Heiland ließ auch alles an sich herankommen. „Alles, was mir mein Vater gibt, das kommt zu mir", ist in dieser Hinsicht ein bezeichnendes Wort. Stehe mehr in deinen äußeren und inneren Lebenskämpfen! Stehe mehr vor dem HErrn, in dem HErrn und sei still, still abwehrend mit Geisteswaffen. Das unruhige Hin und Her zu Menschen und Dingen ist das Kraftraubendste, was es gibt. Meine Seele ist stille zu Gott, der mir hilft — das ist das Stehenbleiben. Wahrlich, eine rechte Kraftquelle. Beim Stehenbleiben holen wir die einzelnen Waffen je nach Bedarf aus dem himmlischen Arsenal und wehren damit ab. Das ist unsere große Kraft, daß wir für jeden Kampf eine eigene Waffe aus unserem himmlischen Waffenlager holen dürfen und in den wachstümlich schwieriger werdenden Kämpfen immer kräftigere Waffen.

Die Grundwaffe alles Christenkampfes ist der *Gurt der Wahrheit*. Beim Ringen braucht's vor allem starke Lenden; das wissen wir von Jakob, dem die Hüfte verrenkt wurde. Drum zuerst den Gurt um die Lenden, welcher ist die Wahrheit. Das Grundkampfmittel Satans und der Welt ist die Lüge. Mit Lügen wird alles probiert; mit Lügenhilfe glaubt man alles zu erreichen. Das Grundelement des Gotteskindes ist die Wahrheit. Nur wer aus der Wahrheit ist, kann ja überhaupt Jesu Stimme hören. Aufrichtig sein ist die Grundbedingung alles Gelingens. Das Gotteskind glaubt und weiß, daß die Wahrheit endlich immer Sieger bleibt. Lüge ist der tiefste Gegensatz zum Glaubensstand. Darum ist „in der Wahrheit sein" für Johannes der ganze Christenstand, und Wahrheit macht stark. Alle Lüge schwächt und macht unsicher. Auch wo sie frech macht, macht sie doch schwankend. Die Wahrheit ist von durchdringender Kraft. Darum bleiben wir auch in diesen lügendurchtränkten Zeiten immer unentwegt bei der Wahrheit und in der Wahrheit, in Ihm. Laß dich nie auf den Boden der Lüge leiten, sonst hast du bald verrenkte Hüften. Kämpfe alle deine Lebenskämpfe in der Wahrheit, dann bleibst du stark.

Freilich wird der Feind uns sagen: Du hast auch schon gelogen und bestehst heute noch nicht völlig in der Wahrheit. Das knickt uns und möchte uns schwach machen. Da wappnen wir uns mit dem *Panzer der Gerechtigkeit*. Wir ziehen im Glauben Christi Blutsgerechtigkeit an; wir halten dem Feinde die Versöhnung im Blut des Lammes entgegen. Dieser Panzer ist undurchdringlich. Immer wieder ziehen wir ihn an, wenn der Feind in äußeren oder inneren schweren Lagen uns mit unserer Sünde matt und schwach machen will. Wie schwer ist kämpfen bei innerer Unruhe und Zerrissenheit. Wenn das Herz nicht fest ist, ist nicht zu stehen. Der Panzer der Gerechtigkeit Christi schützt die Brust und das Herz. Und in der Gerechtigkeit Christi wollen wir auch darreichen Gerechtigkeit gegen jedermann. Mit Unrecht kämpft die Welt, mit Gerechtigkeit kämpfen Gläubige. Das ist ein schwerer Stand inmitten dieser Welt, aber es ist der

Panzerabglanz des lebendigen Christen. Die Gerechtigkeit Gottes, die wir anziehen in Christo, glänzt als Lebensgerechtigkeit ins Gesicht der uns Begegnenden.

Diese Gerechtigkeit in Christo samt der Wahrheit geben dann dem Gotteskämpfer den starken *Friedensstand*, in dem er kämpft. Sind wir nun gerecht geworden durch den Glauben, so haben wir Frieden mit Gott, und haben wir, in Wahrheit und Gerechtigkeit einhergehend, uns befleißigt eines guten Gewissens, dann versiegelt der HErr diesen Frieden in uns. Den Stiefeln vergleichbar ist dieser Friede, denn er hilft am meisten zum Stehen. „Wir stehen in der Bereitschaft des Friedens, welchen das Evangelium gibt." Der innere Friede, in welchem ein Kind Gottes auch seine schwersten Kämpfe kämpfen darf, ist ein inneres Gerüstetsein ohnegleichen; das ist Zentralkraft.

Und wenn dann der Feind wütend wird ob solchem gegürteten, gepanzerten und gestiefelten Glaubenskämpfer und Brandpfeile schießt, ihn tödlich zu verwunden, wenn er mit äußeren und inneren Nöten in Brand schießen will, in Gewissensbrand, Herzensbrand, Seelenbrand, Unruhbrand, Zweifelsbrand, Verzagtheitsbrand — dann nimmt der Gläubige seinen *Glaubensschild*. Er glaubt in Geistes-, Leibes- und Seelennot und geht aus Glauben in Glauben. Die Liebe Christi und Gottes ist ihm gewiß; damit löscht er die Pfeile und ihre Brände aus.

Und wenn er vor giftigen Brandgasen fast erstickt, dann setzt er seinen *Helm der Vollrettung* auf — der moderne Soldat würde noch eine Gasmaske dazunehmen — und tröstet sich der gewissen Hoffnung der kommenden Vollherrlichkeit. Und wenn ihm Glaube und Hoffnung klein werden, wenn er gar nichts mehr fühlt von des HErrn Macht, dann holt er sein kurzes *Schwert* aus der Scheide: Er stellt sich frei und frank aufs Wort allein. Er faßt eine Verheißung nach der andern und hält sie als göttliches Geisteswort dem Feinde entgegen.

Und wenn selbst das nicht mehr anschlagen will, dann fängt der Glaube an zu schreien, dann kommt *Bitte* und *Gebet*, ja dann kommt Wachen und Flehen; und wenn's Schreien nimmer geht, dann seufzt der Geist. Und in diesem Schreien hat der Glaubenskämpfer die Waffe, mit welcher er auch seinen Mitgenossen, den Heiligen, dienen kann. Mit dieser Waffe haben einst die Gemeinden auch ihren Apostel durchgetragen, daß er in Banden eine Fülle des Segens schaffen konnte. Mit der Gebetswaffe kämpft der Glaube, wenn Fesseln und Bande die Leiber zwingen und das Wirken unterbinden. Im Gebet und Flehen vollendet der Glaube angesichts des Todes seinen Lauf zum Sieg des Herrlichkeitslebens. Siebenfach ist die Waffenrüstung. Alle sieben Geister Gottes mit ihren Gaben und Kräften stehen den Kindern Gottes zur Verfügung in ihren äußeren und inneren Kämpfen und stärken sie von Stufe zu Stufe. Wohlan denn, ihr Gläubigen, zu euren Kraftquellen heran: Ziehet eure Gesamtrüstung an, seid stark in dem HErrn und in der Macht Seiner Stärke! (1. Okt. 1923)

Gute Zuversicht

Text: Philipper 1, 3—11

Die gute Zuversicht, von der unser Text redet, bezieht sich nicht auf irdische Dinge, sondern auf die höchsten geistlichen Dinge, auf die Erlangung des Kleinods am Tag des HErrn. Anfang und Ende unseres Textes redet vom Durchkommen der Gläubigen zum Tag des HErrn. Es gibt auch eine gute Zuversicht in irdischen Dingen, und es gehört zu dem seligen Vorrecht der Kinder Gottes, daß sie auch im kleinsten Irdischen gute Zuversicht haben dürfen auf Grund der Verheißungen ihres HErrn, und das gerade in den schwersten Zeiten. So stehen wir ja auch in dem Jammer der gegenwärtigen Tage, obwohl er uns nach der Naturseite hin hart anfaßt, dennoch im Geist unseres Gemütes voll guter Zuversicht. Es gibt aber eine gute Zuversicht höherer und tieferer Art als diese aufs Irdische gerichtete, und das ist gute Zuversicht, die lebendige Hoffnung, am Tag des HErrn unter den Seinen erfunden zu werden. Kann man diese ebenso fest und unbeweglich haben wie die gute Zuversicht in irdischen Dingen? Sagt nicht der Apostel Paulus eben im Philipperbrief: „Nicht, daß ich's schon ergriffen habe oder schon vollkommen sei; ich jage ihm aber nach, ob ich's auch ergreifen möchte, nachdem ich von Christo Jesu ergriffen bin." Deutet diese Stelle nicht auf eine Ungewißheit hin? Doch nicht! Zunächst müssen wir zweierlei unterscheiden: die Heilsgewißheit und die Vollendungs- oder Herrlichkeitserlangung.

Die Heilsgewißheit muß jedes Gotteskind haben und hat sie auch, wenn es anders ein Kind Gottes ist. Vergebung der Sünden im Blut des Lammes, Frieden mit Gott durch Jesus Christus, den Heiland, Haben des Heilandes, Stehen in Ihm und Er in uns, Besitz des ewigen Lebens im Glauben, das sind Grundtatsachen, die in jedem Gläubigen geschehen sind, auf Grund deren erst der Glaubensweg beschritten und der Glaubenskampf gekämpft werden kann. Das ist eine Frage, die zu den Anfangselementen gehört: „Hast du Glaubensgewißheit?" Auf Grund des Ergriffen-Seins vom HErrn und des Ergriffen-Habens des HErrn im Glauben geht es dann dem Ziel zu: der Herrlichkeits-Erlangung und Erbschafts-Erlangung an Seinem Tag.

Gibt es nun hier auch eine Gewißheit, daß man es untrüglich erlangt, oder muß man hier eben laufen und ringen im HErrn und warten bis auf den Tag, der es offenbar machen wird? Leben wir in diesem Stück, bei allem Ringen nach dem Kleinod, in einem Ungewissen, oder gibt es auch hier eine Vollendungsgewißheit? Das Wort des Apostels: „Nicht, daß ich's schon ergriffen habe", steht solcher Gewißheit nicht entgegen. Es stellt ja nur die Tatsache fest, daß das Ziel noch nicht erreicht sei, und das ist ja, solange wir im Leibe wallen, klar. Wenn aber der Apostel fortfährt: „Ich jage ihm aber nach, ob ich's ergreifen möchte", so blitzt aus solchen Worten doch eine gute Zuversicht heraus; denn wenn er die nicht hätte, so würde er gewiß nicht so freudig nachjagen. Er sagt auch im ersten Korintherbrief: „Ich laufe aber also, nicht als aufs Ungewisse; ich fechte nicht als einer, der in die Luft streicht." Aus diesen Worten strahlt eine hohe Gewißheit heraus.

So sagt nun der Apostel auch in unseren heutigen Versen, er habe eine gute Zuversicht für die Philipper, daß sie die Herrlichkeits-Vollendung am Tag des HErrn erreichen werden. Also nicht nur für sich selbst hat er solche gute Zuversicht, sondern sogar für andere, hier für seine Philipper. Wir haben ja mancherlei Stellen in der Schrift, welche eine solche gute Vollendungszuversicht vom HErrn aus völlig sicherstellen. Besonders in Römer 8 blitzt solches immer wieder durch: „Sind wir denn Kinder, so sind wir auch Erben, nämlich Gottes Erben und Miterben Christi"; und wiederum: „Welche Er verordnet hat, die hat Er auch berufen; welche Er berufen hat, die hat Er auch gerecht gemacht; welche Er gerecht gemacht hat, die hat Er auch herrlich gemacht."

So dürfen wir also in der Tat für uns und andere auch eine gute Zuversicht für die Herrlichkeitsvollendung haben, ja wir dürfen sie in der Heilsgewißheit zuversichtlich mitbegründet nehmen. Weil aber die Herrlichkeitsvollendung doch noch erst ein Zukunftsgut und eine Hoffnungssache ist, nimmt der Feind viel Ursache daran, gläubige Seelen in Anfechtung zu versetzen, sie zweifelnd und wankend zu machen, ob sie dieses große Gut und Erbe auch für sich in Anspruch nehmen dürften. Er nimmt Sünden und Schwachheiten, leibliche Elendigkeitszustände und tiefe Führungen zum Anlaß, eine innere Erschütterung herbeizuführen und die gute Zuversicht zu rauben. Und weil der Weg zum Ziel Leiden und Sterben ist, gibt es Wegstrecken, wo alle Gläubigen je und je zittern und beben um die Zielerreichung. Darum tut ein solches Stärkungswort, wie es der Apostel durch den Geist in unserem heutigen Text zu uns redet, bitter not, ein Wort, das unsere gute Zuversicht stärkt und belebt. Paulus zeigt uns mehrere Quellen, aus denen die gute Zuversicht auf die Herrlichkeitserlangung am Tag des HErrn immer wieder fließt. Er zeigt uns, warum er für seine Philipper unentwegt solche gute Zuversicht habe.

Der Apostel hebt an: „Ich danke meinem Gott, so oft ich euer gedenke (welches ich allezeit tue in allem meinem Gebet für euch alle und tue das Gebet mit Freuden), über eure Gemeinschaft am Evangelium vom ersten Tage an bis her." Die Philipper sind in die Gemeinschaft des Evangeliums eingetreten. Sie sind aus Juden und Heiden Gläubige in Christo geworden. Es hat eine ganze Wendung, ein Neues bei ihnen gegeben. Aus der seitherigen natürlichen Lebensgemeinschaft sind sie zur Lebensgemeinschaft mit dem Heiland und mit den Seinigen übergegangen. Es hat ein Gotteswerk, ein gutes Werk, wie Paulus es nennt, in ihnen angefangen. Vom Thron der Ewigkeit her ist solches geschehen. Der Vater hat sie zum Sohn, der Sohn zum Vater gezogen durch die Kraft des Heiligen Geistes. Durchs Evangelium vom Sünderheiland, das ihnen verkündigt worden war, sind ihre Herzen erschlossen, erleuchtet, bekehrt und neugeboren worden. Das sind Tatsachen, große, heilige, selige Tatsachen im Leben der gläubigen Philipper. Das ist nun die erste Quelle der guten Zuversicht des Apostels für die Philipper, daß in ihnen etwas Wirkliches und Reelles durchs Evangelium geschehen ist.

Wo nun ein solcher Gottanfang geschehen ist, da dürfen wir für uns und andere auch guter Zuversicht sein. Es muß aber dieses Doppelte sein: Hinkehr zum Heiland und Hinkehr zu den Gläubigen. Gemeinschaft in bezug auf das Evangelium muß da sein. Wo wir an Menschen dieses Große sehen, daß sie zu Jesus gekommen sind und daß sie die Gläubigen liebhaben, daß sie die Welt- und Welt-Kinder-Gemeinschaft verlassen und daß sie darin auch schon eine gewisse Beständigkeit erlangt haben — vom ersten Tage an bis hierher — da dürfen wir eine gute Zuversicht fassen für uns und andere. Also sieh an, ob solches an dir und anderen auch schon geschehen ist. Dann sei getrost und laß aus diesem Grund gute Zuversicht in dich einströmen. Das ist klar, wo nichts ist, kann nichts werden. Und dieses „ist" muß klar, fest und bestimmt sein. Das ist's, warum viele immer so wackelig sind und warum sie nie zuversichtlich das große, herrliche Ziel fassen, weil sie keinen rechten Anfang haben. Mit Erleuchtungs-, Erweckungs- und Bekehrungs-Anfängen, so wichtig sie sind, kommt man hier nicht durch. Es muß eine ganze Geburt geschehen sein, dann ist man auf dem Kindschaftsboden. Wer aber auf dem Kindschaftsboden ist, der steht auch auf dem Erbschaftsboden. Darum sieh zu und bete drum, daß der Geist in dir einen ganzen, rechten Anfang machen darf, dann wirst du schon auf Fortgang hoffen. Eine Schwächlings-Geburt hat keine freudige Lebenshoffnung.

Was ist es doch, wenn Gott mit einem Sünder das Gnadenwerk angefangen hat! Ja fürwahr, der es mit dem toten Sünder begonnen hat, der wird es auch mit dem geborenen Kind weiterführen. Das meint auch Paulus, wenn er sagt: „Ich bin desselben in guter Zuversicht, daß, der in euch angefangen hat das gute Werk, der wird's auch vollführen bis auf den Tag Jesu Christi." Ja, das ist die zweite Quelle der guten Zuversicht: „Treu ist Er, der uns gerufen hat." An dem Heiligen Geist, welcher vom Vater und vom Sohne gesandt das Gotteswerk in uns begonnen hat, fehlt's nicht und wird es nicht fehlen. Wo Gott A gesagt hat, sagt Er auch O. Gott läßt kein Werk angefangen liegen. Jesus ist der Anfänger und Vollender des Glaubens. Kannst du das je denken, der HErr habe so viel Gnade an dich gewandt, um einen halbvollendeten Bau stehen zu lassen? Meinst du, Gott schaffe Ruinen? Das ist des Teufels Sache. Schau dem Treuen ins Gesicht, der dich gerufen hat. Und wer wollte Ihm widerstehen? Der in uns ist, ist stärker und größer, denn der in der Welt ist. Der HErr kann dich durchbringen und wird dich durchbringen. Der HErr hat ein sehnendes Verlangen nach den Seelen, die sich Ihm einmal geöffnet haben, ein Verlangen wie ein Bräutigam nach dem Vollbesitz der Braut. Fasse volle Zuversicht zu Ihm, Er wird dich vollbereiten. Dürfen wir nicht in Ihm vollendungsgetrost sein?

Doch Paulus hat noch eine andere Quelle. Er schreibt an die Philipper aus dem Gefängnis in Rom: „Wie es denn mir billig ist, daß ich dermaßen von euch allen halte, darum daß ich euch in meinem Herzen habe in diesem meinem Gefängnis, darin ich das Evangelium verantworte und bekräftige, als die ihr alle mit mir der Gnade teilhaftig seid." Der Sinn dieses Verses ist der, daß Paulus den Philippern bezeugt, wie sie, wie er selbst schon, in den Leidensweg in Christo eingegangen seien. Sie hätten mit ihm Gemeinschaft an der Leidensgnade. Die Philipper haben sich nicht nur des gefangenen Apostels nicht geschämt, sie haben nicht nur die Leiden in Christo gut verstanden, sie haben auch selbst solche getragen und sich darin bewährt. Ja, das ist eine besondere Quelle der Freudigkeit und Zuversicht, wenn Gläubige in die Leidensgemeinschaft Christi eintreten. Wo Selbstentäußerung, Selbsterniedrigung, Leidensgehorsam, Hineinstellen in die Gemeinschaft solcher, die um Christi willen leiden, ja eigenes, williges Tragen von Leiden in Christo ist, da dürfen wir große Freudigkeit der Vollendung haben. In Christus und mit Christus leiden, das ist schon eine Würde, die der HErr verleiht, da geht's schon scharf der Herrlichkeit zu. Darum, wo wir Gläubige in Christi Leidens- und Sterbens-Gemeinschaft eintreten sehen, da dürfen wir gute Zuversicht haben auf den Tag Christi, da geht es schon kräftiger in die Gleichgestalt des HErrn.

Doch noch etwas deutet der Apostel in diesem Vers an: „Ich habe euch Philipper in meinem Herzen", sagt er und fährt fort: „Gott ist mein Zeuge, wie mich nach euch allen verlangt von Herzensgrund in Christo Jesu." Der Apostel ist liebesmäßig so verbunden mit den Philippern, daß seine Liebe alles glaubt und alles hofft. Er trägt die Philipper in sich; er ist in der Verbundenheit Christi ein Leib mit ihnen. Da muß entweder alles vollendet werden oder nichts. Jagt er dem Ziel nach, so nimmt er die Philipper mit. Sie sind seine Freude und Krone am Tag des HErrn. Er hätte ja gar keine Krone, wenn er sie nicht mitbrächte. Es ist etwas Köstliches um die volle brüderliche Liebe, um die gliedliche Einheit der Kinder Gottes. Da hat man stets gute Zuversicht; denn hat man sie für den ganzen Leib, so hat man sie auch für die Glieder. Je mehr brüderliche Liebe in Christo in uns brennt, um so freudigere Zuversicht auf den Tag des HErrn ist auch da. Weil die wahrhaftige Bruderliebe so oft fehlt, darum ist auch so wenig lebendige Zuversicht für sich selbst und die anderen vorhanden

An dieser geistgewirkten lebendigen Hoffnung auf unsere Vollendung mangelt es bei uns auch deshalb, weil die starke, anhaltende Fürbitte um gegenseitige Vollendung so oft fehlt. Dem gibt der Apostel zum Schluß noch einen starken Ausdruck. Er sagt: „Ich bete, daß eure Liebe je mehr und mehr reich werde in allerlei Erkenntnis und Erfahrung." Er meint, die Philipper sollten in der Liebes- und Lebensgemeinschaft mit dem HErrn immer mehr Ihn kennen und erfahren lernen, ihre Liebe solle immer mehr einsichtig werden in des HErrn Willen und Wege. Die Liebesgemeinschaft muß immer mehr in die Klarheit eintreten, genau wie die Liebe im Ehestand. Diese ist anfangs eine mehr gefühlsmäßige, sie genießt mehr. Dann beim weiteren Liebesgemeinschaftsleben erkennt und merkt sie, was sie zu leisten und zu leiden hat. Sie wird reich an Erkenntnis und Feingefühl. Sie lernt die verschiedentlichen Aufgaben der Liebe unterscheiden. Sie wird aus einer nehmenden und genießenden Liebe zu einer hingebenden und leidendlichen und bringt Frucht, wie sie dem Geliebten gefällt. Genau so ist's mit der Liebe zum Heiland. So wird sie lauter und unanstößig auf den Tag Christi, sie wird Christus ähnlicher zu Ehre und Lobe Gottes.

Um diese ihre Liebesvollendung betet nun der Apostel Tag und Nacht. Darum hat er auch solch gute Zuversicht.

Die Vollendung der Liebesgemeinschaft der Philipper gegen den HErrn und untereinander ist dem Apostel ein Geistesanliegen. Er ringt, daß sie weiter und weiter kommen, immer feinere Unterscheidungen der Liebe kennenlernen und so der Vollkommenheit entgegenreifen. Ja, wem die geistliche Liebesvollendung der Seelen ein solches Anliegen ist, der hat dann im gebetserhörenden HErrn auch gute Zuversicht, daß seine Bitte Erhörung finde. Hier sind wir Stümper. Wo sind die geistlichen Führer, die so um die Vollendung ihrer Brüder ringen? Darum fehlt auch so oft die gute Zuversicht. Dieser Schluß unseres Textes kommt überein mit dem Anfang, wo es hieß: „Ich danke meinem Gott, so oft ich euer gedenke, welches ich allezeit tue in allem meinem Gebet für euch alle, und tue das Gebet mit Freuden." Welch ein Beter! Je mehr Dank- und Bittgebete, um so mehr Zuversicht. Wohlan, zu den Quellen: Gottes angefangenes Werk, Gottes Treue, der Gläubigen Fortgang im Leiden, heilige Liebe, brünstiges Gebet — so wird uns die gute Zuversicht nicht fehlen auf die Vollendung am Tag Jesu Christi!

Anmerkung: Diese Betrachtung steht in der Nummer des „Reich-Gottes-Boten" auf den 1. November 1923. Sie kostete 500 Millionen Mark.

Christliche Passionsentschiedenheit

Text: Philipper 1, 15—24

In christlichen Blättern ist je und je zu lesen: „entschieden gläubiges Mädchen" oder: „junger Mann, entschieden gläubig", für das und das gesucht. Wir verstehen die Meinung solcher Anzeigen gut. Es soll ein Menschenkind sein, das nicht zur Welt gehört, aber auch nicht in halber Weise hin und her schwankt. Und doch haben uns diese Anzeigen nie gefallen; sie verraten unserer Meinung nach etwas Unreifes in der Erkenntnis des Glaubenslebens. Noch viel weniger natürlich kann es unsere Billigung finden, wenn sich jemand als entschieden gläubiges Menschenkind selbst empfiehlt. So eines möchte ich von vornherein nicht. Die christliche Entschiedenheit ist eben nicht etwas, was in einem gewissen Zeitpunkt als bleibender Charakter fix und fertig ist, vielmehr wird sie nur in harten Glaubenskämpfen immer mehr angezogen. Die christliche Entschiedenheit muß sich in jeder neuen Führung und Lebenslage neu erproben und bewähren. Dabei kann es vorkommen, daß einer sich in vielen Fällen als ein entschiedener Mensch gezeigt hat, daß er aber in einem neuen, schweren Fall sich nur sehr hart kämpfend für die Seite des HErrn entscheidet, ja vielleicht gar sich für den alten Menschen entscheidet. Ein entschiedener Christ ist ja nur der, welcher sich nicht nur in der Bekehrung für den HErrn entschieden hat, sondern der in allen Lagen sich wieder für den HErrn, für den Geist und nicht für das Fleisch entscheidet.

Die christliche Entschiedenheit ist aber vor allem, und das ist's, was uns verbietet, von dem Wort „entschieden" einen voreiligen Gebrauch zu machen, Passions- oder Leidens-Entschiedenheit. Der aus dem Geist geborene Jünger des HErrn muß sich auf seinem Lebensweg zum Ziel hin je länger, je mehr fürs Kreuz entscheiden. Das ist aber für unseren natürlichen Menschen ein schweres Sterbestück. Es ist das eigentlich Christliche. Wir haben ja einen Heiland, dessen ganzes Leben Passions-Entschiedenheit war. Da Er wohl hätte mögen Freude haben, erduldete Er das Kreuz. Der Heiland ist vom Himmel in die Welt gekommen, daß Er leide und sterbe. Wie schwer aber auch Ihm Schritt für Schritt die Passionsentschiedenheit geworden ist, das sehen wir besonders in der letzten Zeit. Gar manche Nacht hindurch mag Er schon zuvor gerungen haben, sich in die täglich Ihm auferlegte neue und wieder andersartige Passion hineinzufinden; am schwersten aber wurde Ihm das Schlußstück. Nur unter Zittern und Zagen, unter riesigem Gebetskampf hat Er sich zur letzten Passionsentschiedenheit hindurchgerungen. Der Teufel setzte alles dran, den sonst so klar Entschiedenen zum Wanken, ja zum Fallen zu bringen. Angesichts einer solchen Tatsache sollten wir das Wort Entschiedenheit nur mit heiliger Scheu und nimmermehr vorschnell brauchen. Ja, wisse wohl, des Gotteskindes entschiedener Stand zeigt sich vor allem in der Passionsentschiedenheit.

Darum ist es von großer Bedeutung, daß uns der heutige Text aus Philipper 1 einen Mann voll heiliger christlicher Passionsentschiedenheit vor Augen stellt, den Apostel Paulus, und damit ein Musterbeispiel, wie die christliche Entschiedenheit im Leiden ihren köstlichsten Ausweis hat. Der Apostel liegt gefangen in Rom. Ein gefesselter Feuergeist, ein Mann voll Tatendrangs in schwerer Hemmung. Der HErr aber hat ihm auch in Ketten Frucht gegeben. Wir wissen, daß er nicht nur den entlaufenen Sklaven Onesimus zum treuen Knecht in Christo hat machen dürfen; wir wissen auch, daß seine Bande bis ins kaiserliche Haus hinein gesegnet gewesen sind. Obwohl in tiefer Niedrigkeit nach Rom gekommen, war er doch bald einer der Pfeiler der dortigen Gemeinde. Das machte vielen Mut. Sie sahen die Herrlichkeit des HErrn, der aus Fesseln solchen Segen fließen ließ. Gar manche Jünger gewannen neue Zuversicht, den Gekreuzigten der Weltstadt zu verkündigen, als sie Seine Größe am gefangenen Paulus sahen. Manche empfanden aber das Vordrängen des Einflusses des Apostels Paulus als persönliche Verkleinerung. Sie wurden neidisch; ihr Einfluß wurde kleiner, der des Paulus größer. Da redeten sie übel von des Paulus Banden. Etwa so, als wisse man doch nicht recht, warum er gefangen sei. Wenn er ein rechter Jünger des HErrn wäre, müßte der ihn doch schon befreit haben. Wenn einer recht glaube und bete, lasse ihn der HErr doch nicht so im Gefängnis liegen. Es müsse doch bei Paulus irgendwo fehlen. Und sie verführten viele und wendeten den Banden des Apostels eine Trübsal zu. Dabei predigten sie nun ihrerseits um so eifriger und zogen die jungen Christen an sich. Und was tat Paulus? Er sah ein neu erwachtes Zeugen für den HErrn aus seinen Banden hervorsprießen; er sah neues geistliches Leben sich entfalten. Er spürte wohl, wie etliche gegen ihn schafften; es legte sich ein neues Stück Leid zum alten, das er schon lange trug. Er sah aber klar, daß ein Dazwischenfahren der ganzen Sache des Evangeliums schaden und die frisch Erweckten verwirren würde. Da entschied er sich in heiliger Entschiedenheit des Geistes zum Leiden und zum Dulden und zum Geringwerden. Wenn nur Christus gepredigt, wenn nur Seelen gewonnen und gebaut wurden, so wollte er gerne zu den Fesseln auch die Schmach noch tragen; so wollte er gerne unter fehlenden Brüdern leiden. Siehe da: christliche Passionsentschiedenheit.

Wie viele derartige Fälle gibt's im Leben. Andere geben uns zu leiden. Dagegengehen, sich auflehnen, reden, schelten, sich verteidigen und rechtfertigen bringt bloß Streit und macht die Sache schlimmer; da entscheidet sich der gläubige Mensch zum Stillesein, zum Tragen, zum Dulden, zum leidenden Warten. Wir wissen vom Heiland, daß Leiden die größte Tat ist. Wir wissen vom Rat Gottes her und aus der Erfahrung unseres Christenstandes, daß sehr vieles in der Welt herausgelitten werden muß. Wo sind sie und wer sind sie, die dem Apostel aus Neid Leid zuwendeten? Er aber ist uns durch seine Passionsentschiedenheit noch ehrwürdiger und segnet uns, indem er uns ermuntert zum gleichen Weg. Wie oft liegen die zwei Möglichkeiten vor uns, dagegen gehen, etwas sich nicht gefallen lassen, es nicht auf sich beruhen lassen, aber dann setzt es unheiliges Feuer; oder leiden und stille sein unter Demütigung bis zur Stunde des HErrn. Wie entscheidest du dich? Kennst du diese heilige Passionsentschiedenheit, die mit Bewußtsein in vielen Stücken den betenden und glaubenden Passionsweg erwählt als den zwar schwereren, aber zielsicheren und gesegneteren? Aber das merke dir, mit Freudigkeit erwählt die christliche Entschiedenheit den Passionsweg. Paulus sagt: „Ich freue mich und werde mich freuen." Er ist gewiß, daß sein Tragen herrliche Frucht bringt. Das ist nicht christliche Passionsentschiedenheit, die Tag und Nacht das Leichenbitter-Gesicht trägt, an welchem jeder schon von weitem lesen kann: „ich leide", oder gar: „ich leide unter dir." Nein, freudiges, freies Tragen in der Gewißheit, daß es für uns und für die andern der Segen ist.

Wie mögen Paulus in solcher Lage die Fesseln gedrückt haben, wie mag es ihm, gerade wenn er den Fortgang des Evangeliums in Rom sah, doppelt schwer gewesen sein, nicht frei und ledig miteingreifen zu dürfen in den Großstadt-Geisteskampf. Es ging der Natur entgegen; die Führung Gottes war Druck, schwerer Druck. Er aber lebte von dem Heiland, aus dessen gefangenem und schließlich zerbrochenem Leib die Segnungen der Versöhnung und Erlösung flossen, und darum wußte er, daß auch über seinem elenden und gemarterten Leib und Gemüt Christus noch hoch gepriesen würde. Er wußte, daß er nimmermehr zuschanden werde; er sah im Geist die Segensfrüchte seiner Trübsal schon reif. Das gab ihm die freudige Leidensentschlossenheit, als Gefangener und Gedrückter seinem HErrn Treue zu halten.

Wie manche Führung gibt es doch, die uns die Möglichkeit ganzer Entfaltung unserer Kräfte raubt. Da ist der eine körperlich elend; warum ist er nicht gesund? Was könnte, denkt er, denken die andern, gerade er schaffen, wenn er ganz frei wäre. Da sind's häusliche oder andere Verhältnisse, welche auf Menschen, die Großes leisten könnten, auch im Reich Gottes, so drückend lasten, daß sie, natürlich angesehen, ein steter Hemmschuh für sie sind. Warum bindet der HErr so unzählig viele? Weil Er gerade unter und in den Gebundenheiten sich verherrlichen will. O wenn alle, die unter solchem Druck stehen, im Glauben dem Apostel gleich, in heiliger Leidensentschiedenheit ihren Weg als Segensführung Gottes faßten, wie würde gerade durch sie das Reich Gottes gemehrt, viel Gutes geschaffen. O ihr alle, ihr irgendwie Gebundenen, die ihr manchmal denkt, wenn ich frei wäre, wenn ich frei wäre, wie wollte ich, wie könnte ich! Täuscht euch nicht! Wenn ihr gebunden nicht mehr könntet, würde euch der HErr nicht binden. Aber ihr müßt in Glaubensentschiedenheit eben die Gebundenheit und das Leid als eure Gabe ansehen, mit der ihr arbeitet und Frucht schafft. Klagen, jammern, es anders wünschen, das sind die Würmer, welche den Segen zernagen. Heilige Passionsentschlossenheit, betend und glaubend im HErrn, bringt mehr Frucht als alles großartige Wirken in scheinbarer oder wirklicher Freiheit. Wie mancher meint, der an einen Posten gefesselt ist, der ihm manchen Druck und Schweres auferlegt, wenn ich an einem anderen Posten wäre; aber hier, wo ich bin, das ist ja nichts; vor allem nichts für mich. Greif einmal in Glaubensentschiedenheit leidendlich zu, und wir wollen sehen, ob nicht aus der engen Quelle stärkere Wasser fließen als aus der weiten, die du dir wünschest. An dieser Passionsentschlossenheit lassen's viele fehlen.

Wie ist doch des Paulus Gebundenheit gerade die Ursache seiner herrlichsten Wirkungen geworden. Wir möchten und könnten ihn uns gar nicht anders vorstellen. Aber nur durch seine Glaubensentschiedenheit, mit welcher er sich in den Willen des HErrn hineinstellte, ist es soweit gekommen. Der Apostel war aber, als er den Philipperbrief schrieb, noch in einer weiteren, besonders schweren Lage. Er stand greifbar nah vor dem Märtyrertod. Er war keinen Tag sicher, ob er nicht sein Haupt auf den Block legen müßte. Und da waren all die vielen jungen Gemeinden, die ihn, den Vater, nach Menschenermessen noch so nötig brauchten. Da waren die großen, weltweiten Aufgaben, die Heiden weiter zu evangelisieren, die ihm doch sonderlich übertragen waren. Und morgen mußte er vielleicht sterben. Was dann? Und sterben durch Henkershand. Würde das nicht am Ende doch viele irre machen? Paulus ist entschlossen, wenn es der HErr will, auch zu sterben und so zu sterben. Er weiß, durch seinen Tod und durch die Art desselben kann der HErr ebensoviel schaffen als durch sein Leben. Fürwahr, wenn das Sterben der Heiligen nicht wäre, gerade so, wie sie gestorben sind, da wäre viel Frucht ewigen Lebens nicht gewachsen. Wie, wenn der heilige Hohepriester nicht zum Fluch geworden wäre am Fluchholz? Darum sehen wir Paulus mit heiliger Entschiedenheit auch zum Sterben sich fügen. Ich habe Lust abzuscheiden und bei Christus zu sein. Sterben ist mein Gewinn, ist vieler Gewinn, des bin ich gewiß.

Wenn's sterben gilt und wie es sterben gilt, da haben viele nicht die rechte christliche Entschiedenheit. Schon wenn das Sterben anhebt, sei es in schweren Leiden oder in zunehmender Altersschwäche, im Verfall der Kräfte, da können Hunderte von Gläubigen nicht entschieden in diese Passion sich stellen. Sie klammern sich zäh an, wo Gott sie lösen will; sie wollen tun, immer noch tun, wo sie leiden sollten; sie wollen bleiben, wo sie gehen sollten; sie fühlen sich unnütz, wo der HErr sie zum Ende hin des Segens voll machen will. Mit Entschiedenheit des Glaubens den Sterbensweg gehen und sterben, das ist eine Gabe und Aufgabe der Kinder Gottes. Aus solch bewußt erfaßtem, gläubig verwertetem Sterben quellen fortgehend Ströme des Segens. Und auch das Sterben unserer Lieben, wann und wie Er es gefügt, auch jetzt im Weltkrieg, glaubensentschieden annehmen als das Beste vom HErrn, und glaubensentschieden in die neugeschaffene Lage, aufsehend zum HErrn, uns stellen, das öffnet die Quellen des Segens der Führung. Jede andere Stellung verstopft und verhindert die Segnung. Entscheide dich doch auch hierin paulusmäßig, nicht für dein Meinen und dein Dünken; nicht für der Menschen Meinen und ihr Reden, sondern für des HErrn Meinen, der es nie anders als gut meint. Aber sein Gutmeinen wird nur in der Glaubensentscheidung für Ihn erfaßt und erlebt.

Und wie zum Sterben, so war Paulus auch gleich freudig entschieden zum Weiterleben. Das war für ihn auch keine leichte Sache, alt und krank, wie er nachgerade war. Nach einem Leben, angefüllt mit Trübsalen bis an den Rand, in ein neues Leben hinein, von dem er sicher wußte, daß es ihm viele neue Leiden brachte, das war ein rechter Passionsentschluß. Weiterleben, das hieß für Paulus, das wußte er sicher, weiterleiden. Aber wollte es der HErr, dann war auch er entschieden, dann diente es sicher, noch mehr Frucht zu schaffen, und das wollte er gern, koste es, was es wolle. Ja, Sterben ist oft leichter als Weiterleben. Wenn aber der HErr dich also weiterleben heißt, dann darfst du sicher sein, daß Er für dich und andere noch einen großen Segen hat, den Er dir und ihnen geben will, sonst hieße Er dich nicht noch einmal leben. Und erfaßt du in heiliger Passionsentschiedenheit den Leidensweg deines ferneren Lebens und lebst es in Ihm, so wirst du hier schon der Früchte manche sehen und in der Ewigkeit die Weisheit Seiner Führung unter Danken loben. Die Leidenswege des HErrn sind reicher und gesegneter als die Freudenwege der Welt.

Wer glauben kann, der sehe besonders alle Leidensführungen als große Gaben Gottes an und stelle sich in voller Entschiedenheit in sie hinein, so wird er ihren Segen beerben. Nur wenn du solches im Glauben tust, hast du Anspruch auf den Namen eines entschiedenen Kindes Gottes, nur dann Anwartschaft auf das Erbe Christi, an dem nur Teil hat, wer passionsentschieden war.

(11. Febr. 1917)

Der Weg zur Gottgleichheit geht über Golgatha

Text: Philipper 2, 5—11

Der vorliegende, einzigartige, nie auszuschöpfende, gewaltige Bibelabschnitt zeichnet uns den Weg des Sohnes Gottes zur Gottgleichheit. Er weist hinab in die Tiefen der Selbstentäußerung und Selbstverleugnung, hinab in Kreuz und gerichtlichen Tod, und dann hinan auf den Thron Gottes. Nur durch die ganze kreuzesmäßige Ausschöpfung des Fluches und Gerichtes Gottes konnte nach dem ewigen Vaterrat auch der eingeborene Sohn Gottes Sein von Ewigkeiten her gestecktes Ziel der Gottgleichheit erreichen. Auch Er mußte den ganzen Gott und Vater nach Gericht und Gnade kennenlernen, um die Herrlichkeit der Gottgleichheit voll zu würdigen, zu verstehen und als unverlierbares Eigentum zu besitzen. Ohne den Kreuzes- und Fluch-Gerichts-Weg gegangen zu sein, hätte Er Seinen Vater nie ganz gekannt, nie nämlich die Tiefe und den Ernst Seiner Heiligkeit, aber auch nicht die ganze Tiefe und unbegreifliche Größe Seiner Liebe. So führt Ihn denn der Weg zur Gottgleichheit über Golgatha. Außerdem aber konnte auch der Sohn nicht die Gottseligkeit beerben, wiewohl Er von Natur der Erbe über alles ist, ohne im Sohnes-Gehorsam nach allen Möglichkeiten hin sich bewährt zu haben. Da hat Er denn an dem, das Er litt, Gehorsam gelernt, d. h. unter dem Gerichts- und Fluch-Kreuz war die eigentliche Bewährung Seines Gehorsams. So nur, durch Gericht und Tod und Gnade hindurchgegangen, war Er selbst nun sozusagen zur Heiligkeit und Liebe geworden, trug Er selbst nun Gericht und Gnade an sich, und das ist Seine tiefste Gottgleichheit; denn Gericht und Gnade, oder besser: über das Gericht triumphierende Liebe, das ist Gott. Das war nun nach dem Gang durch Sünde, Leiden, Tod und Grab hindurch und nach erfolgter Herrlichkeitserhöhung auch der Sohn. Er war nun gottgleich.

Wir haben mit dem Sohn Gottes zusammen das gleiche hohe, fast unfaßbar große Ziel: Gottgleichheit. Schon unser Schöpfungswort drückt uns dieses Siegel auf: „Ihm zum Bilde, zum Bilde Gottes." Selbst der Teufel weiß es, daß das unser Ziel ist, und versucht uns damit. So hat er unsere Eltern im Paradies damit versucht: „Ihr werdet sein wie Gott." So versucht er heute noch die Menschheit: Vergotten, zu Gott machen will er sie und bläst ihr sonderlich in unseren Tagen fleißig ein: Du bist von Natur Gott; auf, zu göttlichen Taten, mache dich selbst zu Gott! Mit der Gottgleichheit, ja mit dem Selbst-Gott-Sein peitscht der Teufel die Menschheit auf. Seine Versuchung aber, in die er dabei von alters her bis heute die Menschheit stürzt, ist die, daß er sie vom Gottweg des Kreuzes und des Gehorsams abbringt. Es geht auch, ohne in den Schranken Gottes zu sein; es geht auch ohne Kreuz und ohne Golgatha, so sagt er den Menschen. Gott ist gar kein heiliger, zürnender Richter, Er ist die blanke Liebe ohne Heiligkeit, so läßt er die falschen Propheten rufen und drängt damit die armen Menschen vom Weg der Gottgleichheit ab, indem er ihnen das Ziel verspricht ohne Erfahrung der Heiligkeit und des Gerichtes Gottes, ohne welche doch niemand gottebenbildlich werden kann. Am wenigsten ein sündiger Mensch, der Golgatha schon zur Versöhnung braucht und dann erst noch als Heiligungsweg. Ja, unser Ziel ist gesteckt, auch Johannes hält es uns vor, wenn er sagt: „Wir sind nun Gottes Kinder, und es ist noch nicht erschienen, was wir sein werden; wir wissen aber, wenn es erscheinen wird, daß wir Ihm gleich sein werden, denn wir werden Ihn sehen, wie Er ist." Der Weg dahin geht aber über Golgatha. Das ist der große Betrug auch unserer Tage wieder, daß man der Menschheit das Ziel predigt; aber ihr zu gleicher Zeit den Weg lächerlich macht, der ganz allein zum Ziel führt. Das ist das wahre, echte Antichristentum. Wohl wäre es ja dem Fleisch angenehmer, ohne Buße, Glauben, Kreuz und Sterben zum hohen Ziel durchzudringen, aber Fleisch und Blut erben eben nicht das Reich Gottes, die müssen in den Tod.

Darum ruft uns auch der Apostel an der Spitze unseres heutigen Textes zu: „Ein jeglicher sei gesinnt, wie Jesus Christus auch war." Das heißt, ein jeglicher, welcher im Heiland Vergebung der Sünden, Frieden und das ewige Leben, kurz die Kindschaft angenommen hat, der dringe nun in Ihm auch auf Seinem Weg zur Erbschaft durch. Er ist der Weg, außer Ihm ist keiner. In Seiner Gleichheit muß laufen, wer zu Seiner Gleichheit will, aber auch in Seiner tragenden Kraft darf laufen, wer zu Seiner Gleiche zielt.

Mit über jedes menschliche Maß hinausgehenden, herrlichen Offenbarungsworten zeigt dann der Apostel des Sohnes Gottes Lauf und Gang auf, in jedem einzelnen Satz uns sozusagen immer wieder aufmunternd: „Ein jeglicher sei gesinnt, wie Jesus Christus auch war." Es ist uns nachgeborenen Glaubensgeschlechtern nicht leicht, mit dem apostolischen Wort, das aus einer besonderen Geistesfülle geflossen ist, Schritt zu halten. Wie über allen sonderlich tief eindringenden und weitausgreifenden Offenbarungsworten hängt auch über diesem, so klar es einerseits ist, doch auch wieder wie ein Schleier, so daß wir so recht an 1. Korinther 13 erinnert werden: „Wir sehen jetzt durch einen Spiegel in einem dunklen Wort." Aber das zwingt uns nur, um so mehr um die Erleuchtung durch den Heiligen Geist zu bitten und dann demütig und gebückt an das Offenbarungswort heranzutreten. Zeig uns durch Deinen Geist Deinen Weg, daß wir in Gesinnungsgleichheit laufen können nach Deinem Ziel!

„Er war in göttlicher Gestalt", so hebt der Geist durch Paulus an, den Jesus Christus gestern, heute und in Ewigkeiten uns zu zeichnen. Jesus Christus ist vorweltlich, ist ewig, ist ungeschaffen. Er ist und Er war, mehr kann man nicht von Ihm sagen. Er trug als ewig Seiender, als ewiger Sohn des Vaters göttliche Gestalt an sich. Wie kann das anders sein! Was aus Gott geboren ist, trägt Gottes Bild. In Seinem ewigen, vorweltlichen Sein war Er Abglanz der Herrlichkeit Gottes und trug den Charakter des Wesens Gottes an sich, wie der Hebräerbrief sagt. Er war gottebenbildlich durch und durch, aber eben als ein Sohn. Ein Kind in der Wiege trägt auch den Charakter des Wesens des Vaters, ist aber noch nicht vatergleich. Das muß es erst werden.

Der Sohn Gottes ist von Ewigkeiten her auf Wachstum angelegt, gerade wie auch der Heilige Geist. Das ist's, warum auch dieser unser dreieiniger Gott der lebendige Gott heißt. Leben ist Wachstum. Das bestätigt uns der Apostel Paulus auch völlig in unserem Text, wenn er weiter sagt, dieser Sohn Gottes, in göttlicher Ausgestaltung und Ausprägung, habe es nun „nicht für einen Raub gehalten, Gott gleich zu sein". So ist also das „Gott-gleich-Sein" etwas anderes, als das „In-göttlicher-Gestalt-Sein". Es ist ganz offenbar das große Ziel des Sohnes Gottes, zu welchem Er hinanwachsen sollte. Der Sohn sollte werden wie der Vater. Jetzt, wo nach vollbrachter Versöhnung und Erlösung Jesus zur Rechten des Vaters alle Macht hat im Himmel und auf Erden, sehen wir Ihn in Gottgleichheit, ja als Vertreter Gottes des Vaters mit völliger Machtübertragung herrschen, bis daß alles zu Seinen Füßen liegt. Machtvoll geht Er Seinem großen Ziel entgegen, daß alles, was genannt mag werden, Ihm untertan wird.

Dieses hohe Ziel der Gottgleichheit wollte Er nun nicht als einen Raub an sich reißen, das heißt: Er wollte sich nicht in sich selbst stellen und in der Kraft Seiner entfalteten Gottebenbildlichkeit die Menschen und Kreaturen sich in eigener Macht untertan machen, sondern Er wollte das Ziel erreichen auf den Wegen des Vaters in völligem Gehorsam. Nicht wie der Satan, der in sich selbst sich stellte und noch stellt und das große Ziel mit eigener List und Macht erreichen will; auch nicht wie die Menschen, welche verführt, jetzt auch in Selbstkraft und auf Selbstwegen das hohe Ziel an sich reißen wollen. Das ist ja alles Raub, weil sie die gegebenen und vertrauten Kräfte dem Geber entreißen und an sich reißen, um das Ziel herzureißen. Diesen Weg wollte der Sohn nicht gehen. Er wußte, er führt nicht nur nicht zum Ziel, sondern endet im Gegenspiel des Zieles. „Ein jeglicher sei gesinnt, wie Jesus Christus auch war." Wir sind zu Gottes Bild geschaffene Wesen. Wir haben das Ziel der Gottgleichheit. Wer gläubig ist, der ist aus Gott geboren und auf dem rechten Weg zum hohen Ziel. Wohlan, so möge uns der HErr bewahren, daß wir nicht aus eigener Wahl, in eigener Kraft, auf eigenen Wegen zum Ziel fahren — und daran vorbeifahren. Gotteskinder müssen hierin das vollkommene Gegenstück des antichristlichen Wesens sein. Dort Raubwesen, hier Gehorsamswesen. Unbedingt nicht aus uns selbst, noch in uns selbst, noch für uns selbst. Das ist Heilandsgesinnung in ihrer Grundlage.

So haben wir gehört, was der Sohn Gottes nicht tat; was tat Er denn? „Er entäußerte sich selbst und nahm Knechtsgestalt an." Dieser nächste Grundschritt Seines Weges geht noch nicht auf die Menschwerdung. Die Menschwerdung kommt erst im folgenden Satz: „Er ward Mensch und in allem Wesen ein Mensch." Er nahm Knechtsgestalt an, d. h. Er nahm von aller Ewigkeit her durch alle Zeiten hindurch eine Dienerstellung freiwillig ein. Als Sohn und Kind Gottes wollte Er wie ein Knecht nur gehorchen und dem Vater dienen mit den Ihm verliehenen Gaben. Und ebenso nahm Er zu allen Kreaturen eine Dienerstellung ein. Ihnen mit all Seinen Sohnesgaben und Sohneskräften zu Diensten zu sein, war Sein Sinnen und Trachten. Das sehen wir auch durch die ganze Offenbarungsgeschichte hindurch. Und das ist der rechte Weg zum Herr-Werden, wie der ewige Gott Herr ist; er geht durchs Dienen. „So jemand unter euch will gewaltig sein, der sei euer Diener", so spricht der HErr selbst diese Seine Grundgesinnung aus.

„Ein jeglicher sei gesinnt, wie Jesus Christus auch war." Wer sein Gottesziel erreichen will, kann's nur auf dem Wege demütigen Gottesdienstes und noch demütigeren Dienstes für die Menschen mit seinen Gaben. Für dich, o Gott, für euch, ihr Mitgeschöpfe und Brüder, das ist die Losung auf dem Ewigkeitsweg. Wieder das völlige Gegenstück zur Welt, zum Antichristentum. HErr, gib uns solche Gnade!

Dann entäußerte Er sich weiter und ward Mensch und in allen Stücken als ein Mensch erfunden. Er wurde ganz unser Bruder und nahm, wie der Römerbrief sagt, die Gestalt des sündlichen Fleisches an. Ja, wiewohl Er keine Sünde tat, sondern die Sünde im Fleisch durch den Geist tötete, ließ Er sich zur Sünde machen, d. h. von Gott und Menschen als den größten Sünder, der je gelebt, ansehen und behandeln. Das war ein schwerer Schritt zur Gottgleichheit, der sah aus, als sollte die Gottgleichheit Ihm ganz verlorengehen. Aber nur so konnte Er den heiligen Vater erfahren und erleben und nur so Sündern zur Gottgleichheit verhelfen. Darum entäußerte Er sich und ging.

„Ein jeglicher sei gesinnt, wie Jesus Christus auch war." Zum Sünder werden, zum größten Sünder werden, wie Paulus von sich sagt: „Ich bin der vornehmste unter den Sündern", das ist der Weg zur Gottgleichheit! Bist du vor dir selbst der Ärmste unter den Sündern? Überlege dir, was das heißt. Da heißt es sehr herabsteigen. Es sollte uns das nicht schwer werden, denn wir sind's ja in Wirklichkeit, aber doch hält es hart, bis ein Mensch soweit ist. Der Weg ist aber nötig, denn nur so faßt und versteht man den Sünderheiland und kommt unter Sünde und Vergebung durch Christi Blut in den Anfang der Gottgleichheit. Dann aber gilt es erst recht, als armer, aber geretteter Sünder sich von der Welt zur Sünde machen zu lassen. Gotteskinder werden stets von der Welt als die größten Sünder behandelt. Schon unter Nero mußten sie die Stadt angezündet haben. Kannst du das, dich zum Sündenbock machen lassen, soweit und soviel es Gott gefällt, dich durch Menschen dazu machen zu lassen? Und kannst du, so sehr du auch wachsen magst im Glauben und in der Heiligung, immer bleiben wie ein anderer Mensch und an Gebärden als ein Mensch erfunden, ein armer Sünder? Sieh, das ist Jesus-Gesinnung; das ist der Weg zur Gottgleichheit — gleich wie ein anderer Mensch und an Gebärden als ein Mensch erfunden.

Und dann ging's hinein in die Erniedrigung: „gehorsam bis zum Tod, ja bis zum Tod am Kreuz." Er ging unter das Gericht — der Tod ist ja der Sünde Sold — und Er ging ins Fluchgericht, abgebildet im Kreuzestod. Er trug Höllenqualen, als wäre Er der einzige Sünder in der ganzen Welt. „Ein jeglicher sei gesinnt, wie Jesus Christus auch war." Hinein ins Selbstgericht; gebeugt unter die gerichtlichen Gotteswege; anerkennend Gottes Gerichte, wo und wie sie treffen; durchgehechelt durchs Gericht der Welt; ausharrend in Wegen, die schweres Sterben verlangen — das ist der Weg, den ein Gotteskind zur Gottgleichheit geht. Zu manchen Zeiten, wer weiß, ob nicht gar bald wieder, geht es zum äußeren Märtyrertum. Kannst du um Christi willen leiden und sterben, soweit und soviel Er's verlangt und für gut hält? Das Gericht beginnt am Hause Gottes. Den gerichtlichen Gott müssen die zum Ziel dringenden Gotteskinder an sich tragen, sonst können sie nicht gottgleich werden.

Erst durch solches Gericht hindurch, unter und nach demselben kann sich die ganze volle Gottesliebe und Gnade entfalten. „Darum hat Ihn auch Gott erhöht und hat Ihn mit einem Namen begnadigt, der über alle Namen ist, daß in dem Namen Jesu sich beugen sollen alle Kniee derer, die im Himmel und auf Erden und unter der Erde sind, und alle Zungen bekennen sollen, daß Jesus Christus der HErr sei!" Da ist Er nun zur Gottgleichheit erhöht. Nach solchem unter Liebe und Gericht bewährten Gehorsam übergibt Ihm der Vater alles. Nun heißt Er im Vollsinn: „HErr, Jehovah", genau wie der Vater und in der gleichen Machtfülle wie der Vater. Und so ist Er und so bleibt Er, bis der letzte Feind überwunden zu Seinen Füßen liegt. An dieser herrlichen Gottgleichheit des Sohnes haben nun alle die teil, welche durch Ihn Versöhnung und Erlösung angenommen und sich in die Gleichheit Seiner Gesinnung durch den Heiligen Geist haben hineingestalten lassen und welche den gleichen Weg wie Er in der Eigenart ihrer Führung gegangen sind. Sie werden Könige und Priester, gleichwie Er König und Priester ist; sie herrschen mit Ihm, über zehn oder fünf Städte gesetzt, gleichwie Er herrscht; sie tragen Gericht und Gnade, Heiligkeit und Liebe wunderbar in der triumphierenden Liebe vereint an sich, gleichwie Vater und Sohn das auch an sich tragen. Das ist auf ihrer Stufe und in ihrer Art ihre Gottgleiche.

Drum: „ein jeglicher sei gesinnt, wie Jesus Christus auch war." Er sei aber auch gesinnt, wie Jesus Christus sein wird. Gewiß, waren wir gesinnt, wie Er war, so werden wir auch gesinnt sein, wie Er gesinnt sein wird. Wie ist das? All seine Gottgleichheit wird der Sohn, wenn alles vollendet ist, dem Vater zu Füßen legen, auf daß Gott sei alles in allem. Das ist dann die höchste Ehrung Gottes des Vaters. Darum heißt es in unserem Text zum Schluß: „zur Ehre Gottes des Vaters." So werfen auch die Gläubigen, gleich ihren ewigen Vorbildern in Offenbarung 4, den 24 Ältesten, ihre Kronen vor dem ewigen Gott einst nieder und beten Ihn an und geben Ihm die Ehre.

Das wird das tiefste Gegenstück alles Abfalls und aller Sünde sein, dieses freiwillige Einrücken der Herrscher und Gottgleichen mit dem Sohn an der Spitze in die Untertänigkeit. Alles haben wir von Ihm, alles durch Ihn, so sei auch alles wieder zu Ihm:

      Ihm sei Ehre in Ewigkeit!   13. April 1919

Erstauferstehung

Text: Philipper 3, 7—14

Erstauferstehung — was ist denn das? So werden vielleicht manche fragen, und gerade darum, weil wohl manche so fragen, ist es nötig, einmal auf Grund der Schrift davon zu sprechen. Himmelfahrt ist dazu die geeignetste Zeit, denn zur Zeit der Erstauferstehung tritt der Aufgefahrene Seine Königsherrschaft auf Erden mit Seiner zu königlicher Herrlichkeit erhobenen Gemeinde an.

Der auferstandene und erhöhte HErr ist der Bürge der Auferstehung aller Menschen. Gleichwie sie in Adam alle sterben, so werden sie in Christus alle lebendig gemacht werden. Also alle, die zum Leben und die zum Gericht Bestimmten. Über die Art und Weise dieser Auferstehung aber herrscht auch unter denen, die sie glauben, oft noch eine große Unklarheit. Wie viele Christen gibt es, und zwar Leute, die alles glauben, was die Bibel sagt, welche in diesem Stück ganz unbiblische Anschauungen haben. Es sind nicht wenige, welche der Meinung sind, die Auferstehung geschehe gleich nach dem Tod, und wenn jemand im Glauben an den Heiland gestorben sei, dann gehe er durch den HErrn und in dem HErrn direkt zur ewigen Herrlichkeit ein, verklärt nach Leib und Seele. Vielmehr bezeugt die ganze Bibel klipp und klar, daß vor der Wiederkunft Jesu Christi niemand aufersteht. Es ist also außer Christus, dem Erstling, bis jetzt noch niemand auferstanden. Das bezeugt die Schrift an vielen Stellen. Es sei hier nur 1. Korinther 15 erwähnt, wo Paulus sagt: „Der Erstling Christus, darnach die Christus angehören, wenn Er kommen wird", oder die andere Stelle 1. Thessalonicher 4, wo Paulus sagt: „Wir, die wir leben und übrigbleiben auf die Zukunft des HErrn, werden denen nicht zuvorkommen, die da schlafen", welche Stelle ganz deutlich sagt, daß die Auferstehung der Toten in der Wiederkunft des HErrn geschieht. Zwischen dem Tode der Gläubigen und der Wiederkunft des HErrn liegt also eine Wartezeit, in welcher alle Toten warten auf den kommenden HErrn. Gleichwie es die Aufgabe der Gläubigen ist, die da leben, zu wachen und Herz und Sinn gerichtet zu haben auf das Kommen des Erhöhten, so ist auch Herz und Sinn der Abgeschiedenen auf Sein Kommen gerichtet. Darin ist die gläubige Gemeinde, sie lebe oder sie sei schon gestorben, eins.

Das ist ja richtig, der Zustand nach dem Tod ist schon entweder ein Zustand der Seligkeit oder der Unseligkeit. Von den einen sagt die Schrift: „Selig sind die Toten, die in dem HErrn sterben von nun an; ja, der Geist spricht, daß sie ruhen von ihrer Arbeit, denn ihre Werke folgen ihnen nach." Die andern haben ein schreckliches Warten des Gerichts vor sich und in sich und haben darum keine Ruhe Tag und Nacht. Aber dieser Wartezustand, bei den einen in großer Seligkeit, bei den andern in großer Angst, ist noch nicht der Zustand des Auferstandenseins zur Herrlichkeit oder zum Gericht. So gehen wir denn mit dem leiblichen Tod, wenn wir in Christo Jesu entschlafen sind, ein in das selige

Warten auf das Kommen des HErrn und das Erbe der Herrlichkeit. Wir sind glücklich, wir sind selig, wir sind im Frieden und in der Ruhe, haben aber das Erbe noch nicht angetreten, auf das wir warten. So ist denn für die Auferstehung der Tag des HErrn der Entscheidungstag.

Aber auch hier geht es nicht so, wie viele meinen. Es ist wieder eine durch und durch unbiblische Anschauung, wenn viele, welche den Christen zuzurechnen sind, die Anschauung haben, in der Wiederkunft des HErrn vollziehe sich sofort das Weltgericht, und wenn der HErr wiederkäme, stünden sofort alle Toten auf und kämen vor den Richterthron Christi, die einen zum ewigen Leben, die andern zur ewigen Verdammnis. Dem ist nach der Heiligen Schrift nicht so. Die Bibel kennt eine in sich abgestufte, in mannigfachen göttlichen Offenbarungen abwechselnde Endoffenbarungszeit, sie kennt eine Erstauferstehung, ein Tausendjähriges Reich und dann erst die allgemeine Auferstehung und die Erneuerung der Erde.

Wenn der Heiland wiederkommt, gibt es zuerst eine Auferstehung eines kleineren Kreises zum Abendmahl des Lammes, zur Herrschaft mit Christus in den tausend Jahren. Die Wiederkunft des HErrn wird geschehen, wenn zwei große Offenbarungslinien zu ihrem Ziel gelangt sein werden. Einmal wird das Evangelium gepredigt sein allen Heiden und jedermann auf Erden wird Gelegenheit haben, sich für oder wider Christus zu entscheiden; zum andern wird das jüdische Volk reif geworden sein für den HErrn. Es wird nach großen Schickungen und Führungen, nach dem Heiligen Lande zurückgekehrt, seinen Messias suchen. Wenn diese beiden Linien zu ihrem Ziel gelaufen sind, wird die letzte Fülle der Zeiten anbrechen und der erhöhte König Jesus Christus hernierderkommen auf diese Erde. Satan wird zu dieser Zeit gebunden werden; er wird mit seinen Engeln aus dem Luftreich, wo er herrschte, entfernt werden, so daß also die Macht des Bösen ganz bedeutend verringert sein wird und nur noch das in den Menschen und unter den Menschen herrschende Böse da sein wird, aber nicht mehr Satans List und Macht. In diesen Tagen wird dann im wiederkommenden Christus das jüdische Volk seinen HErrn sehen und unter großer Buße und Beugung Ihn annehmen. Von Jerusalem aus wird auf der vom Satan befreiten Erde die großartigste Missionszeit anbrechen. Sünde und Tod sind noch nicht weg, die alte Erde ist noch, alles Leben und Weben auf Erden nimmt seinen Fortgang, aber Christus herrscht und das jüdische Volk ist sein Werkzeug.

Zu dieser gleichen Zeit wird dann auch die Erstlingsauferstehung geschehen. Das, was die Bibel die Auswahlgemeine oder Erstlingsgemeine nennt, wird da aus den Gräbern hervorgehen. Nur einige ganz klare Stellen für diese Erstauferstehung seien angeführt. 1. Korinther 15: „Der Erstling der Auferstehung Christus, darnach stehen auf, die Christus angehören, wenn Er kommen wird, darnach das Ende." Hier sind also die Abstufungen ganz klar ausgesprochen. Ebenso finden wir es in 1. Thessalonicher 4: „Das sagen wir euch als ein Wort des HErrn, wenn Christus herniederkommen wird, werden auferstehen die Toten in Christo zuerst. Danach wir, die wir leben und übrigbleiben, werden zugleich mit ihnen hingerückt werden in den Wolken, dem HErrn entgegen in der

Luft und werden also bei dem HErrn sein allezeit." Und noch klarer redetet die Offenbarung im Kapitel 20 davon, wenn sie sagt: „Ich sah Stühle, und sie setzten sich darauf, und ihnen ward gegeben das Gericht; und die Seelen derer, die enthauptet sind um des Zeugnisses Jesu und um des Wortes Gottes willen, und die nicht angebetet hatten das Tier noch das Bild und nicht genommen hatten das Malzeichen an ihre Stirn und auf ihre Hand, diese lebten mit Christus 1000 Jahre. Die andern Toten aber wurden nicht wieder lebendig, bis daß 1000 Jahre vollendet wurden. Das ist die erste Auferstehung. Selig ist und heilig, der teilhat an der ersten Auferstehung. Über solche hat der andere Tod keine Macht, sondern sie werden Priester Gottes und Christi sein und mit Ihm regieren 1000 Jahre."

Von dieser Auferstehung redet auch der Apostel Paulus im Philipperbrief, wenn er sagt, er wolle entgegenkommen zur Auferstehung der Toten, wo ausdrücklich im Urtext steht: „Ausauferstehung aus den Toten." So meint der Apostel Paulus, wenn er in unserer Philipperstelle sagt: „Nicht, daß ich's schon ergriffen habe oder schon vollkommen sei", auch die Erstauferstehung. Er meint nicht, er habe Christus noch nicht ergriffen oder die Versöhnung oder den Frieden oder die Seligkeit. Das hat er ergriffen, das weiß er, und ist auch ergriffen von Christus Jesus; aber eins hat er noch nicht gewiß, ob er hinankommt zur Erstauferstehung. Sie ist das Kleinod, das vorgesteckte Ziel, von dem er sagt, daß er sich nach ihm ausstrecke und ihm nachjage, soviel er könne.

Von diesen Erstlingen der Auferstehung, welche aus den Gräbern hervorgehen, wenn die große Menge der Menschen noch in den Gräbern bleibt, und während noch Millionen Menschen auf der alten Erde leben und auch noch Millionen sterben, sagt die Schrift, daß sie mit dem wiederkommenden Christus herrschen und regieren werden die tausend Jahre. Wo sie wohnen, sagt die Schrift nirgends klar. Es ist aber wohl anzunehmen, daß, während vorher Satan mit seinen Engeln in der Luft herrschte, nunmehr Christus mit Seinen Heiligen dort herrscht, und daß die Erstlinge mit ihrem HErrn, so wie der HErr in der Zeit der 40 Tage je und je erschien, so auch je und je erscheinen werden, daß sie aber vor allem ihren segensreichen Einfluß von oben her auf die Menschen wirksam zur Geltung bringen und so die Missionsarbeit des jüdischen Volkes an der Welt kräftig unterstützen werden.

Diese Erstauferstehung ist gar nichts als ein Ausfluß der Gerechtigkeit Gottes. Hat der ewige Sohn Gottes einst auf dieser Erde seine tiefste Demütigung erlebt, so darf er nun Seine größte Erhöhung zum HErrn und König erleben. War die Gemeinde Christi hienieden die verspottete, die verlachte, mit Kreuz und Hohn überschüttete, so darf sie nun die herrschende und regierende sein; sie besitzt nach der Verheißung des HErrn das Erdreich. Es wird das eine Herrlichkeitszeit sein der Vergeltung und der Erstattung alles dessen, was die einzelnen Seelen in Christo Jesu durchgelitten und durchgemacht haben in ihrer Erdenzeit.

Zu gleicher Zeit wird die Erstauferstehung das Gericht am Hause Gottes bedeuten. Deswegen sagt die Bibel, das Gericht beginne am Hause Gottes. Es werden viele Hunderte und Tausende, die hienieden für gläubig gegolten und mit in der gläubigen Gemeinde gestanden sind und innerlich die Hoffnung hatten, dazu zu gehören, nicht auferstehen, wenn sie nämlich nicht treu waren bis in den Tod. Darauf geht das Gleichnis von den zehn Jungfrauen, welches nicht die ganze Menschheit im Auge hat, sondern die Gemeine des HErrn. Darauf geht auch das Gleichnis vom Netz, welches nicht die Gottlosen im Auge hat, sondern welches von gefangenen Fischen redet, von denen viele faul sind und, wenn der HErr kommt, hinausgetan werden. Deswegen werden die fünf törichten Jungfrauen zu den Krämern geschickt, also nicht in die Verdammnis. Ihrer wartet der Tag des Gerichts, wo eine gerechte Entscheidung über sie gefällt wird. So sehen wir denn, daß es etwas Großes und sehr Herrliches und Köstliches ist, zur Erstlingsgemeine des HErrn zu gehören und zur Erstauferstehung durchzudringen.

Wer sind die, welche an dieser Auferstehung teilnehmen dürfen? Wer sind die Glücklichen, von denen die Offenbarung Johannes sagt: „Selig ist und heilig, der teilhat an der ersten Auferstehung"? Nehmen wir zuerst die Stelle 1. Korinther 15, so lautet die Antwort ganz einfach: „die Christo angehören". Und ganz dasselbe schreibt der Apostel im 1. Thessalonicherbrief, wenn er dort sagt: „Die Toten in Christo werden auferstehen zuerst". Es müssen also Seelen sein, die eine völlige, klare Übergabe an den Heiland durch den Glauben vollzogen haben; Seelen, die wirklich Glieder am Haupt sind, Reben am Weinstock, fest gemauerte Steine auf dem Grundstein. Das, was die Schrift sonst Wiedergeburt nennt, die Tatsache des neuen Lebens, das muß in solchen Seelen seinen Anfang genommen haben, welche zur Erstauferstehung hindurchdringen wollen. Wo keine tiefe Buße, wahrhaftige Bekehrung stattgefunden hat, kann von einer Teilnahme an der Erstauferstehung keine Rede sein; wo kein frei-offenes Bekenntnis durch Wort und ganzes Wesen zum HErrn ist, ist Erstauferstehung ausgeschlossen. Daraufhin angesehen ist es allerdings eine kleine Schar aus denen, die man heutzutage Christen heißt.

Doch fügt diesem Bild der Apostel in seinem Philipperbrief noch einige Züge bei. Dort im 3. Kapitel des Philipperbriefes, wo Paulus von der Erstauferstehung handelt und seine heilige Sehnsucht ausspricht, sie zu erlangen, sagt er zuerst, er ringe danach, daß er in Christus erfunden werde und daß die Kraft Seiner Auferstehung, das ist eben das neue Leben, an ihm sichtbar werde. Soweit wären es also die gleichen Merkmale wie im Korintherbrief und im Thessalonicherbrief. Dann aber fährt Paulus fort und redet von der Gemeinschaft der Leiden Christi, daß er Seinem Tode ähnlich werde. Auch an anderen Stellen hebt er diesen Zug hervor und sagt: „So wir anders mitleiden, auf daß wir auch mit zur Herrlichkeit erhoben werden. Dulden wir, so werden wir mitherrschen." Das innere Sterben, Sich-Verleugnen und -Entäußern ist ein wesentlicher Zug im Bild derer, welche die Erhöhung und Verherrlichung in der Erstauferstehung erlangen wollen. Aber auch die Bereitwilligkeit, die Schmach und den Spott, das Kreuz und die Leiden zu tragen, welche das Bekenntnis zum Namen des HErrn in dieser Weltzeit mit sich bringt. Wer sich also fürchtet vor der Schmach Christi und Seiner Gemeine, wer nicht die und jene Zurücksetzung, vielleicht auch Benachteiligung, das oder jenes Unrecht tragen kann in Christus, der kann nicht teilnehmen an der Gemeinde der Verherrlichten.

Die Offenbarung hebt ganz den gleichen Zug hervor, wenn sie sagt, diejenigen, welche zu der Erstauferstehung hervorgegangen sind, das seien die, welche enthauptet sind um des Lammes willen, welche das Malzeichen des Tieres nicht angenommen haben und das Tier selbst nicht angebetet haben. Auch hier tritt also das Mitleiden und Mitsterben, das Seinem Tode Ähnlichwerden als notwendiger Zug am Bild der Erstlinge Gottes heraus. Weiter aber das innere und äußere Geschiedensein vom Weltgeist und Weltmachtgeist, das heißt ja das Malzeichen nicht annehmen und das Tier nicht anbeten. So haben wir denn die Erstlinge zu suchen unter den dem Weltwesen abgewandten, Christus durch den Glauben völlig zugekehrten, das Kreuz Christi tragenden und in der Heiligung des Geistes stehenden, treu bis in den Tod sich bewährenden Seelen. Und hier erhebt sich nun die Frage: Stehen wir so zu Christus und in Christus, daß wir diese Hoffnung auch für uns haben dürfen? Niemand wird ohne weiteres sagen können: Ja, das glaube ich gewiß; schon darum nicht, weil wir ja nicht wissen, welcherlei Leiden über uns zu verhängen Gott wohlgefällig ist, und ob wir dann in diesem Leiden bestehen und beharren. Auch der Apostel Paulus, so gewiß er weiß, daß er von Christus ergriffen ist und sich persönlich zu Christus hingewendet hat und sein ganzes Leben ein Leben ist im Glauben des Sohnes Gottes, so sagt er doch in Demut und Bescheidenheit im Blick auf die Erstauferstehung: „Nicht, daß ich es schon ergriffen habe oder schon vollkommen sei."

Aber, und nun kommen wir auf den letzten Punkt, hier liegt nun die große praktische Bedeutung für unser Christenleben, welche der Glaube an die Erstauferstehung hat. Der Apostel sagt nämlich gleich danach: „Ich jage ihm aber nach, daß ich es ergreifen möchte". Es ist also durchaus keine müßige Phantasie, es ist durchaus nicht etwa eine Art Schwärmerei, wenn wir von Erstauferstehung reden, oder gar ein Stück Überfrömmigkeit, sondern dieser Glaube hat eine überaus große, in das tägliche Christenleben tief eingreifende Bedeutung. Zunächst haben wir durch diesen Glauben eine ganz sonderliche Klarheit über das, was uns bevorsteht in Christo Jesu. Wir leben nicht bloß in den allgemeinen Begriffen von Auferstehung und ewigem Leben, wir haben nicht bloß eine mehr oder weniger unklare Zukunftshoffnung, sondern etwas ganz Klares, Festes, Bestimmtes, Großes und Schönes. Das ist allein schon viel wert, eine feste und bestimmte Hoffnung zu haben; das macht auch das Glaubensleben fest und bestimmt. Die Aussicht auf Erstauferstehung treibt zunächst zu einer ganz klaren inneren Stellungnahme zum Heiland, zu einer Entschiedenheit für Ihn und in Ihm. Wem die Hoffnung als Ziel aufgegangen ist, der bricht durch und stellt sich durch den Glauben klipp und klar in seinen HErrn. Da hört die Verschwommenheit, die Doppelseitigkeit auf. Das „ich bin des HErrn" tritt an die Stelle. Wir hoffen, es wird auch manchen Lesern diese in Christo Jesu vorgestellte Hoffnung einen Ruck gegeben haben und geben. Dann aber macht diese Hoffnung treuer in der Heiligung. „Wer solche Hoffnung hat", sagt Johannes, „der reinigt sich." Will ich es haben, dann hört alles Paktieren mit der Sünde auf, und der Kampf wird bis in das Innerste klar gekämpft. Um ein großes Ziel lohnt sich's, ernst zu kämpfen. Endlich aber ist die herrliche Aussicht der Erstauferstehung eine der gewaltigsten Stärkungen in den Leiden und

Trübsalen dieser Zeit, ganz besonders aber in denjenigen Leiden und Kreuzeserfahrungen, die der Glaubens- und Bekenntnisweg als solcher mit sich bringt. Wir können die Leiden in Christus nur darum auf uns nehmen und sogar mit Freudigkeit tragen, weil wir die Herrlichkeit danach kennen. Diese Hoffnung war die Kraft, die nicht nur den Aposteln, sondern auch Tausenden anderer Christen den Mut gab, selbst in den Tod zu gehen für den Namen des HErrn.

Doch nicht nur für uns selbst und unser persönliches Christenleben, sondern auch für unsere Arbeit am Reich Gottes und im Hinblick auf die Welt ist diese Hoffnung der Erstauferstehung von großer Tragweite. Wer in Christo Jesu dieser Zukunft nachjagt, der stellt sich schon in dieser Zeit nicht nur zu Christus, sondern auch, wo er immer ist, zur Gemeine Seiner Gläubigen. So durchsetzt und so vermengt mit Sünde die äußere Erscheinung der gläubigen Gemeine auch überall noch ist, sie ist aber da, und zum Häuflein derer, die da glauben, stellt sich der, der zur Brautgemeine des HErrn dort einst gehören will. Und dafür arbeitet eine Seele dann auch. Das ist der tiefste und heiligste Sinn und Zug ihres Wirkens, daß die Gemeine der Gläubigen möchte gebaut und für ihre große Hoffnung tüchtig gemacht werden, und daß aus der Welt immer wieder Seelen heraustreten, welche mit klarer Entschiedenheit dem Lamme nachfolgen. Wie viele Arbeit in der Kirche hat gar keine Beziehung auf die Brautgemeine, auf ihre Sammlung und Zubereitung auf den Tag des HErrn. Wo aber die Erkenntnis der Erstauferstehung aufgegangen ist, werden wir überall finden, daß die Arbeit in diesem Sinn getan wird. Das ist oft und viel der tiefgehende Unterschied zwischen der Arbeit der Gemeinschaftsleute und der nur kirchlichen Leute. Und hier liegt der Keim zu manchem Mißverständnis und zu mancher Reibung. Wir möchten auch in unsern Jünglings- und Jungfrauenvereinen, ja in unsern Kinder- und Sonntagsschulen dahin wirken, daß immer wenigstens einige Seelen herauswachsen, die sich ganz und gar dem HErrn ergeben und mit uns dem großen, vorgesteckten Ziel zustreben, und wir möchten in unsern Jugendvereinen und Gemeinschaften die Seelen besonders pflegen, die mit uns dieses Ziel in das Auge gefaßt haben. Doch auch im Blick auf die Welt, die sich nicht für Christus entschieden hat, quillt aus dem Glauben an die Erstauferstehung uns ein neues Licht. Wie oft und viel beschäftigt doch gerade nachdenkende Seelen die Frage, was aus so manchen Menschen wohl in der Ewigkeit einst werden wird, welche sich in dieser Weltzeit nicht für Christus haben entscheiden können und welche man doch auch nicht verloren glauben kann. Die Erstauferstehung sagt uns, daß es in der Ewigkeit drei Kreise gibt: die Brautgemeine, dann die selig werden, und schließlich die, die verloren werden.

Das gibt uns Licht; das ist ein neuer, großer Ausblick. Es sind also durchaus nicht alle, welche Christus in dieser Weltzeit nicht erkannt haben, verloren, sondern von ihnen kommen Tausende und Abertausende am großen Gerichtstag zur Rechten, wenn sie auch die große Herrlichkeit der Erstlingsgemeine nicht erreichen können. In diese Scharen, die im Gericht zur Rechten gestellt werden, rechnen wir zunächst die Kinder, welche in einem Alter gestorben sind, wo ihnen die Entscheidung für Christus noch nicht möglich war; und wir meinen, daß der treue HErr gerade darum so viele Kinder nimmt, um möglichst viele selig machen zu können. Auf die rechte Seite kommen dann außerdem alle diejenigen aus Juden, Heiden, Mohammedanern und auch allen christlichen Konfessionen, denen es nicht möglich war, Christus hienieden voll und ganz zu erfassen, die aber im tiefsten Innern ein Verlangen nach der Wahrheit hatten und, soweit sie dieselbe erkannten, auch in der Wahrheit wandelten. Daß es solcher Seelen viele gibt, lehrt die tägliche Erfahrung auch mitten in der Christenheit. Es ist infolge von Lebensführungen, infolge davon, daß in vielen Orten das volle Evangelium nicht verkündigt wird, und aus vielen anderen Gründen Tausenden nicht gegeben, Christus zu erfassen. Sind sie nun mit dem, was sie erkannt haben, aufrichtig und treu gewesen, so können sie noch zur Rechten kommen. Alles dagegen, was innerlich aus der Lüge und Unwahrheit ist, alles, was gegen die erkannte gehörte Wahrheit sich innerlich widerstrebend gestellt hat, alles, was unter das Licht des Evangeliums gekommen, ihm aber ausgewichen ist, das kommt zur Linken und in das Gericht. So haben wir also gerade durch die Lehre von der Erstauferstehung für Millionen noch einen großen Trost, wenn sie auch nicht in die große Herrlichkeit der Erstlinge einrücken. Die Erstlinge werden es dann sein, die sie weiter lehren dürfen in der Ewigkeit, bis daß sie alle hinankommen zu einerlei Maß des Glaubens. Das liegt wohl auch in den Worten des HErrn, daß Er von den Seinen die einen über zehn, die andern über fünf Städte setzt; sie haben Herrscher- und Lehrgewalt, diese zurückgebliebenen Seelen hinzuführen zu der Erkenntnis des HErrn. So ist es gar ein herrliches und großes Kapitel, dieses Kapitel von der Erstauferstehung. Und wir brauchen nicht zu befürchten, daß es irgend jemand gleichgültig oder lau machte, weil er etwa dächte: Ei nun, komme ich nicht zur Erstauferstehung, so kann ich doch noch selig werden. Es ist ja ganz natürlich, daß, wer so denken würde, ganz gewiß nicht nur nicht zur Erstauferstehung, sondern auch nicht zur Seligkeit käme. Und das bleibt ja bestehen: Wo das volle und reine Evangelium einer Seele gegenübergetreten ist und sie nimmt es nicht an, da hat sie sich selbst gerichtet und hat keine Hoffnung, weder die größere noch die kleinere.

Möge denn dieses Nachdenken über das große Erbe, das in Christo Jesu für die Seinigen ist, uns wacker machen zum Glaubenskampf und treu bis in den Tod, damit Er uns dann diese Krone des Lebens geben kann, die da ist die Erstauferstehung. (28. Mai 1911)

Anmerkung: Als Beispiel für das im Vorwort erwähnte Wachstum in der Erkenntnis lassen wir die zehn Jahre später geschriebene Betrachtung: „Der Weg zur ersten Auferstehung" folgen.

Der Weg zur ersten Auferstehung

Text: Philipper 3, 7—14

Nach der klaren Lehre der Schrift gibt es eine erste Auferstehung. Die deutlichste Stelle ist die Offenbarung 20, wo selig und heilig gepriesen werden die, welche teilhaben an der ersten Auferstehung. Ebenso hell bezeugt sie aber der Heiland selbst in Stellen wie Matthäus 25, wo die Gleichnisse von den zehn Jungfrauen und von den anvertrauten Pfunden dem Jüngsten Gericht vorangehen, oder in der großen Zukunftsrede Matthäus 24, welche ausdrücklich eine Sammlung der Auserwählten kennt vor der allgemeinen Auferstehung. Im großen Auferstehungskapitel 1. Korinther 15 ist's auch unmißverständlich bezeugt: „Der Erstling Christus, danach die Christus angehören, danach das Ende." Im ersten Thessalonicherbrief Kapitel 4, 13 ff. ist sie ebenfalls gar herzbeweglich beschrieben und bis in einzelne Züge hinein dargelegt.

Von ihr redet nun auch, neben vielen anderen Stellen, unser heutiger Text. Von einem Entgegenkommen zur Ausauferstehung der Toten spricht da Paulus im elften Vers. Ausauferstehung ist aber offenbar Auswahlauferstehung. Daß er diese besondere Auferstehung meint, geht auch daraus klar hervor, daß er sagt, er habe sie noch nicht ergriffen, und wiederum Vers 11: „ob ich wohl hinankommen möchte zur Ausauferstehung der Toten." Die allgemeine Auferstehung, auch die zum Leben, die hatte er ja ganz gewiß, denn er war ja von Jesus Christus ergriffen. Die Ausauferstehung hing aber noch von der Vollendung des Laufes in Christo ab, wie wir weiter unten näher sehen werden, darum war er dieser noch nicht ganz gewiß. So ist auch in unserem Texte von der Erstauferstehung die Rede. Und er ist von besonderer Wichtigkeit für die Lebenswahrheit von der Erstauferstehung, weil er in deutlichster Klarheit den Weg zur Erlangung derselben zeichnet. Die Erstauferstehung muß ja Tatsache sein, denn wie könnten sonst die Heiligen die Welt richten! Die Erstlinge Christi kommen ja nicht ins Gericht, sondern bilden den Gerichtshof, also müssen sie doch schon vorher auferstanden sein. Der zweite Thessalonicherbrief sagt ausdrücklich, wenn der Heiland zum Gericht komme, werde Er herrlich erscheinen mit Seinen Heiligen und wunderbar mit allen Gläubigen (Kapitel 1, 10); also muß Er diese doch schon vorher angezogen haben. Ja, schon vor dem Tausendjährigen Reich, also lange, lange vor dem Jüngsten Gericht, ja schon vor dem endgültigen Sturz des Antichristen wird Er, die Ihm angehören, zu sich nehmen. Sie werden ja die tausend Jahre mit Ihm herrschen.

Die Erstauferstehung hängt aufs engste zusammen mit der großen Grund- und Hauptanschauung des Neuen Testaments von der Erstlingsgemeinde, welche wir aber auch im Alten Testament schon in deutlichen Zügen bezeugt finden. Es gibt eine Auswahlgemeinde aus allen Nationen, welche den Leib Christi bildet und welche Offenbarungsträgerin der Ewigkeiten sein wird. Es gibt ein Priester- und Königs-Volk, zum Miterben und Mitherrschen mit Christus berufen, wohl zu unterscheiden von den Massen, welche Ihm untertan gemacht sein werden und über welche Er herrschen wird. Durch die Einführung der Gemeinde in die Weltmacht ist diese Grundanschauung der Bibel allmählich verlorengegangen und der ganze Rat Gottes verrückt worden. Aus dieser Verrückung kommen auch die gegenwärtigen Vermischungen von Christentum und Volkstum und die Vermengung mit Staats- und Kirchenpolitik.

Andererseits führt die Erkenntnis dieser Lebenswahrheit zum bewußten, selbständigen Gemeinschaftsleben. Nicht so, als ob die Gemeinschaften eine reine Darstellung des Leibes Christi wären — die gibt's nicht, ehe das Haupt offenbar wird. Und die Gemeinschaften sind es um so weniger, je mehr Glieder in ihnen zu diesen großen Grundanschauungen der Bibel selbst noch nicht durchgedrungen sind. Denen es aber offenbart ist, die suchen einander und brauchen einander und bauen einander, und das führt zum rechten Gemeinschaftsleben. Es führt nicht zu dem Zerrbild von Gemeinschaft, wie wir es vielfach haben, wo die Gemeinschaften nichts anderes sind als neue Kirchlein mit anderen Predigern, sondern zur wahren Lebensverbindung von Brüdern und Schwestern im HErrn, welche, nachdem sie von Christus ergriffen sind, miteinander nachjagen dem großen vorgesteckten Ziel der Erstauferstehung, ob sie es wohl erlangen möchten. Die Krone des Lebens kann man ja auch verlieren und ein anderer kann sie nehmen, wie beim Wettlauf noch nahe am Ziel ein anderer vorlaufen und den Kranz erlangen kann. Darum ist es so wichtig, den Weg zur Erstauferstehung zu kennen, damit man ihn energisch gehen kann. Und da ist unser heutiger Text Wegweiser. Wir wollen dazu jetzt übergehen, obwohl über die Erstauferstehung noch manche wichtige Frage wäre, aber es kann ja im kurzen Rahmen einer Predigt nicht alles eingerahmt werden. Nur das sei noch gestreift, ob eine fortlaufende Erstauferstehung anzunehmen ist, die also jetzt schon geschähe. Dies scheint nach der Schrift fast wahrscheinlich. Nach der Erstauferstehung des Erstlings Christus standen ja auf viele Leiber der Heiligen und erschienen vielen. Die werden doch kaum mehr zurückgegangen sein ins Totenreich. Das waren eben solche, welche in Christo gleich zur Vollendung mit einrücken konnten. Da ist nun mehr wie wahrscheinlich, daß fortlaufend Seelen fertig werden und dann einrücken in der Erstauferstehung in die Zahl der Vollkommenen. Es ist ein fortwährendes Wachsen und Ausgewachsen-Sein in Christo da.

Welches ist nun der Weg zu diesem Ziel? Viele meinen, diese Lehre von der Gemeine, von den Erstlingen und der Erstauferstehung sei sehr gefährlich und erzeuge geistlichen Hochmut. Welche Lehre der Schrift kann nicht ins Fleisch gezogen werden? Dann dürften wir gar nichts mehr lehren. Und sollen wir nur die Lehren treiben, welche das Fleisch in die Trägheit ziehen kann, sollen wir nicht auch die nehmen, welche aufstacheln und antreiben? Es tut wahrlich not! Wenn wir aber nach des Apostels Worten den Weg zur Erstauferstehung ins Auge fassen; noch mehr, wenn wir ihn in der Kraft des Geistes gehen, wird der Hochmut bald dahinfallen. Hörst du die Klänge von Leiden und Sterben in diesen Versen?

Die Gemeine der Erstgeborenen ist so recht die Gemeine Christi. Sie ist in allem und bei allem auf Christus geworfen. Es ist die Gemeine derer, die Ihm angehören, die mit Ihm verwachsen sind wie Haupt und Glieder, wie Reben am Weinstock. Die überschwengliche Erkenntnis Jesu Christi des HErrn (V. 8) ist ihre Lebensgrundlage. Die in Ihm ergriffene Gnade ist Grund und Wesen ihres Standes. *Die erfahrene Rechtfertigung in Christus* ist die erste Stufe ihres Laufes. Sie sind zu der lebensvollen Erkenntnis durchgedrungen, daß nichts Eigenes, aber auch gar nichts, vor Gott gerecht und selig machen kann, daß nichts Eigenes, auch nicht das Größte, Sünde vergeben und Schuld wegnehmen kann, sondern allein nur der eingeborene, für uns Mensch gewordene, gestorbene und auferstandene Sohn. Zu einem Menschen, der zur Erstauferstehung eingehen will, gehört als A vor allem, daß nur Christus, der Erstling, dahin aus Gnaden bringen kann. Darum achtet eine solche Seele alles für Schaden, ja für Kot, was sich als Heilsgrundlage und als Heilsursache zwischen Gott und sie schieben will.

Paulus war lange der Meinung, es trage ihm etwas aus und ein vor Gott, daß er ein Jude war, ja vom Geschlecht Benjamin, daß er am achten Tag beschnitten war, daß er ein Glied der Strengsten im Gesetz, der Pharisäer, war. Er lernte einsehen, daß das alles lauter große, göttliche Gnadenführungen waren, aber seine Verantwortung und Schuld darum nur um so größer machten. Darauf ließ sich nichts bauen, darüber gab's höchstens gebeugte Anbetung. Sündenvergebung, Heil und Frieden floß daraus nicht. Das gab's nur in Jesus Christus. Wer auf diese Dinge Seligkeit bauen wollte, wäre gottferner, weil in sich selbst aufgerichteter, als der schlimmste Heide, denn alles in sich selbst Aufgerichtete ist Gott ein Greuel. Darum hat Paulus im Blick aufs Gerettet- und Selig-Werden alle diese Dinge für Schaden, ja für Kot geachtet und sich arm, elend, blind und bloß allein auf Christus geworfen.

Was wir außer Christus zum Seligkeitsgrund legen, ist Schaden und Kot; es gilt nicht nur nichts, es schadet und hindert. Kein Getauftsein, kein Christlich-Erzogensein, kein Elternhaben oder Großeltern-Gehabthaben voll Glaubens, kein Kirchlichsein, kein Bravsein und Fleißigsein, kein Gutestun in Werken der Liebe — alles, alles nicht, wenn dein Ich darauf ruhen möchte, kann dich gerecht machen vor Gott. Gnadenmittel und Gnadengüter sind es. Wenn sie dich nicht beugen und in die Zerbrochenheit führen, sind sie aber Schaden und Kot, denn sie richten dich selbst vor Gott auf, welches die größte der Sünden ist. Es will dich alles nur führen zu Christus; kann's und darf's das nicht, so bist du auf dem Fehlweg des Eigenwesens und des Todes.

Das ist der Anfang des Erstlingswesens, ganz aus sich herausgeworfen und auf den Heiland hingeworfen sein; nicht die eigene Gerechtigkeit haben, die aus dem Gesetz, welche im Tod läßt, sondern die, welche dem Glauben in Christus zugerechnet wird. Christus gewinnen und Ihn zum einzigen Gewinn haben, das ist der Gotteskinder Fundament. Selig, wen Wort und Geist zu dieser seligmachenden Erkenntnis geführt hat, die alle andere Erkenntnis weit übertrifft, also überschwenglich ist, weil sie allein zum Frieden und zum Besitz der Gnade und Liebe Gottes führt. Hast du das: selig, gerettet, im Frieden allein durch Jesu Blut und Jesu Auferstehen? Hast du das: gar nichts an dir und in dir, was in die Waagschale gelegt werden könnte zu deiner Rettung? Du hast nichts hineinzulegen als Sünde und Tod; aber Christus legt sich und Versöhnung und Erlösung und Freiheit und Frieden hinein. Hast du gar keinen Hoffnungsgrund als diesen Jesus? Diese begnadigten Sünder — ach, es sind ihrer nur wenige — die sind in der ersten Schulklasse der Erstauferweckten. Und dieses Grundmerkmal der armen Sünderschaft und des Eingehülltseins in die freie Gnade, das tragen sie an sich bis zum Ziel hin. Sie rücken nie aus dieser Stellung heraus, sondern rücken immer tiefer und gründlicher in sie hinein. Hier ist jeder Hochmut ausgeschlossen, Christus ist allein alles Leben; sie selbst, ohne Ihn, sind elend und tot.

Darum wachsen sie auch immer mehr mit Jesus zusammen. Sie wollen *in Ihm erfunden* werden (V. 9). Das ist das weitere wachstümliche Merkmal der Erstlinge des HErrn, daß sie nicht stehen bleiben bei dem Jesus, der alles für sie ist, sondern weiterschreiten zu dem Jesus in ihnen. Durch den Heiligen Geist im Glauben nehmen sie Jesus in sich auf, so daß sie außer Ihm gar nichts mehr tun können, wie das so schön das 15. Kapitel des Johannesevangeliums am Anfang beschreibt. Jesus wird ihr inneres Wesen und Sein. Von diesem In-Ihm-Sein und Er in uns sind alle apostolischen Bücher voll. Es ist die engste und innigste in Glauben und Liebe vollzogene Lebensgemeinschaft. Bei dem Heiland für uns steht Er immer noch außer uns und kann immer wieder ferne rücken; bei dem Heiland in uns ist der Lebensbund vollzogen, und das Leben vollzieht sich in Ihm. Das ist das Gewurzelt- und Gegründet-Sein in Ihm. Hast du das auch, diese Geistes-Lebens-Verbindung und damit eine Jesus-Verbundenheit, wo du gehst und stehst, wo du arbeitest und ruhst, wo du wachst oder schläfst? Das ist der Weg der Erstaufersteher, daß sie in Ihm erfunden werden.

Durch dieses In-Ihm-Sein und Er in uns wirkt sich dann in allen Lagen *die Kraft Seiner Auferstehung* an uns aus. Das ist die weitere Stufe der Erstlinge, die Paulus nennt: zu erkennen Ihn und die Kraft Seiner Auferstehung (V. 10). Das Erkennen heißt hier soviel wie Sein Leben in sich haben, und zwar eben Sein Auferstehungsleben. Die zum Glauben und Gemeinschaftsleben Christi gekommenen Gotteskinder ziehen in allen Fällen des Lebens Seine Auferstehungskräfte an. Sie bringen nicht Todesäußerungen, sondern Lebensäußerungen Christi hervor. Das ist dann schon ein Erstlings-Auferstehungsleben im inneren und auch im äußeren täglichen Leben. Also z. B. bei Widerwärtigkeiten, die mich von Verhältnissen oder Personen treffen, bringe ich nicht Todesantworten des alten Menschen, sondern Lebensantworten Christi hervor. Das ist dann die Kraft Seiner Auferstehung. In meinem Beruf und Geschäft handle ich nicht nach den Naturgrundsätzen der Kinder dieser Welt, sondern nach den Jesusgrundsätzen der Wiedergeburtswelt. Da muß die Kraft Seiner Auferstehung offenbar werden. Und so in allen Verhältnissen. Das geht nur durch viel Verleugnungen der Natur in uns; aber das ist eben Auferstehungsleben. Viele Gläubige stehen in vielen Stücken noch im Todesleben und verleugnen die Kraft Seiner Auferstehung. Sieh zu, daß du nicht dein Kronenrecht versäumst! Du bist noch nicht am Ziel und ermattest schon?

Die Erstaufersteher müssen noch tiefer hinein, nämlich in *die Gemeinschaft*

Seiner Leiden (V. 10). Das ist nun so recht ein Hauptkennzeichen derer, die Ihm angehören. Die Gemeinschaft Seiner Leiden ist zunächst, daß wir leiden, wie Er, d. h. freiwillig. In der Gemeinschaft der Leiden Christi sein, das heißt diejenigen Leiden, welche der HErr für gut ansieht, sie in unseren Lebensweg hineinzutun, auch im Glauben nehmen, tragen und überwinden. Da versagen viele! In der Gemeinschaft der Leiden Christi sein heißt aber auch, weder innerlich noch äußerlich ein Leiden scheuen, das aus dem Bekenntnis und Wandel in Christo sich ergibt. Aus dem Christenstand kommen gar mancherlei leidendliche Folgen, familienmäßige, berufliche, gesellschaftliche, kirchliche und staatliche; diesen nicht aus dem Wege gehen, sondern in sie eingehen, heißt in der Gemeinschaft Seiner Leiden stehen. Diese Leidensfolgen sind in jedem Stand und Alter in verschiedenster Weise vorhanden. Und hier heißt es nun: Leiden und dulden wir mit, dann werden wir auch mitherrschen und zur Herrlichkeit erhoben werden. Bist du bereit?

Dann höre auch noch den letzten Gang: daß ich *Seinem Tode ähnlich* werde (V. 10). Bei Paulus war das vollgültige Wirklichkeit. Er stand vor dem Märtyrertod. Nicht von allen verlangt das der HErr. Bereitschaft dazu sollte allerdings vorhanden sein, das gehört zur Gemeine des HErrn. Wenn Er's verlangt, gibt Er auch Kraft. Nicht wahr, das ist ein ernster Weg, der Weg der Erstlinge? Da ist ja wahrlich für Demütigung gesorgt. Das Gleichgestaltetsein mit Seinem Tode heißt aber auf alle Fälle, sein Leben einsetzen für die andern, gleichwie Er es eingesetzt hat. Es heißt, nicht sich selber leben, sondern ein Hingabeleben führen, wo man steht und geht. Das ist ein gewichtiges Stück; da stranden die meisten. Seht nur eine Menge Gläubiger an! Da ist kein freudiges Sich-Verzehren für andere; im Gegenteil, ein tiefes Selbstleben! Dann ist auch keine Erstlingsschaft da. Gleichgestaltet Seinem Tode heißt es da!

Das ist der Weg, auf welchem wir hingelangen können zur Erstauferstehung. Es ist voll und ganz Sein Weg in der Niedrigkeit und dann auch in der Erhöhung. Nicht wahr, da heißt es wohl: „Nicht, daß ich's schon ergriffen habe oder schon vollkommen sei"; das begreifen wir jetzt wohl. Aber es soll auch heißen: „Ich jage ihm aber nach, ob ich's auch ergreifen möchte, nachdem ich von Christo Jesu ergriffen bin." (5. Juni 1921)

Der Christtag ist in uns

Text: Philipper 4, 4—7

Unser heutiges apostolisches Gotteswort redet von dem Christtag in uns und davon, wie es im Herzen eines Menschen aussieht, in welchem es Christtag geworden ist. Wir pflegen sonst an Weihnachten den Christtag für uns anzusehen. Wir freuen uns des gottseligen, aber nun geoffenbarten Geheimnisses, daß das Wort Fleisch geworden ist. Daß Gott also die Welt geliebt hat, daß Er Seinen eingeborenen Sohn gab, das ist die anbetende Lust unseres Herzens. Aber die ganze, volle, rechte Weihnachtsfreude kann doch nur ein Herz erfüllen, in welchem Christus geboren ist. Darum ist es gewiß notwendig, auch einmal vom Christtag in uns zu reden. In unserer Philipperstelle begegnen wir am Anfang und am Ende, als A und O, diesem gewichtigsten aller biblischen Wörtlein: „in". Viele halten das „für" als das gewichtigste Wort, und gewiß, es hat ein voll gerüttelt Maß göttlichen Liebesgewichtes, aber das „in" ist doch noch mehr, es ist das zum inneren Besitz, zum Leben gewordene „für".

Wir können die vier Advente, welche die Kirche von alters her feiert, diese Vorläufer des Weihnachtsfestes, auf verschiedene Art deuten. Ziehen wir sie aufs Innenleben, so könnten wir sagen, es gibt einen Advent *an uns*, einen Advent *zu uns*, einen Advent *für uns* und einen Advent *in uns*.

Wir meinen das so: Zuerst kommt das Wort Gottes mit seinem teuren Evangelium *an uns*. Es wird uns bezeugt, das wäre die Berufung als erster Advent. Durch die fortlaufende Berufung dringen Lichtstrahlen ins Herz. Dies und jenes bezeugt sich dem Inneren als Wahrheit. Ist der Mensch aufrichtig, dann werden diese Wahrheits-Licht-Strahlen mehr und heller. Das ist die Zeit der Erleuchtung und Erweckung. Das Evangelium kommt *zu uns*, der zweite Advent. Nach längeren oder kürzeren Zeiträumen kommt es bei vielen zu einer Ganzbeleuchtung. Man sieht sich ganz in seiner Verlorenheit, man kriegt einen Totalblick oder Gesamtblick in die im Heiland für uns erschienene Retterliebe Gottes. Das Herz kehrt sich dieser zu, es freut sich des Gottes *für uns*, das ist die Bekehrung, der dritte Advent.

Bleibt das Herz in einfältiger Hinkehr zu dem HErrn, der für dasselbe kam, litt, starb, auferstand und wiederkommt, und läßt es die für uns lebende, leidende und priesterlich waltende Liebe Christi kräftig auf sich wirken, dann kommt's zu einer inneren Geburt. Nicht mehr bloß von außen scheint das Licht herein, sondern es wird innerlich zum Quell des Lichts. Das ist die Wiedergeburt oder der vierte Advent oder auch das Weihnachten *in uns*. Während in den drei ersten Adventen der Heilige Geist von außen her nach innen wirkt, so wird Er im vierten Advent einwohnend und wirkt dann innerlich und von da nach außen. Das ist der Stand, welchen der Heilige Geist in unserer Stelle und an vielen anderen Stellen des Neuen Testamentes mit den Worten: „in Ihm" oder „in Christo Jesu". bezeichnet. Von diesem Stand als dem eigentlichen Grundstand derer, welche der Vater Ihm gegeben hat, redet der Heiland auch in Seinen Abschiedsreden (Weinstock und Rebe) und sonderlich im hohepriesterlichen Gebet. Da gibt dann Gottes Geist Zeugnis unserm Geist, daß wir Gottes Kinder sind; da wird der Heilige Geist zu der das ganze Lebensrad treibenden Kraft; da schreit Er im Herzen: „Abba, lieber Vater!" Das ist die Stufe des eigentlichen Glaubenslebens, des Gemeinschaftslebens mit dem HErrn und in Ihm mit dem Vater.

Haben die Berufenen noch Gott allein, geht den Erweckten und Erleuchteten schon etwas von Jesus auf, aber in der verschiedensten Weise, so sind die Bekehrten ganz auf Jesus bezogen, dieser ihr Heiland ist ihr ein und alles. Das ist auch bei den Kindern Gottes so; nur wachsen sie in Christo immer mehr zum Vater hin. Sie sind eben Kinder. Die haben den Vater, freilich nur in Jesus, kraft des Wiedergeburtsgeistes, der von Jesus ausgeht; aber je kräftiger und männlicher dieses Geisteswesen in ihnen wird, um so mehr wesen sie im Vater. Das sagt besonders der Heiland in Seinen Abschiedsworten so deutlich. Diese Weihnachtsmenschen nach der inneren Geburt haben, was Paulus im Galaterbrief sagt: „Ich lebe, doch nun nicht ich, sondern Christus lebt in mir; denn was ich lebe im Fleisch, das lebe ich im Glauben des Sohnes Gottes, der mich geliebt hat und sich selbst für mich dargegeben." Wir sehen hier, wie die Glaubensanschauung und der Glaubensgenuß der für uns gekreuzigten Liebe immer nötig ist zur Mehrung und Stärkung und Reinigung und Bewahrung des Innenlebens in Christo, aber auch, wie aus dem angenommenen Heiland für uns der Heiland in uns wird. Das ist der Stand, von welchem Paulus sagt: „Wisset ihr nicht, daß euer Leib ein Tempel des Heiligen Geistes ist?" „Wir tragen diesen Schatz in irdenen Gefäßen."

Bei den drei ersten Adventen, wenn wir dieses Gleichnis brauchen wollen, ist der Heiland und der Mensch noch auseinander, obwohl sie einander stufenweise näher rücken und in der Bekehrung einander ganz zugekehrt sind. Bei der Wiedergeburt sind sie ineinander. Im Heiligen Geist, der innerlich wohnt, verklärt sich Christus und der Vater im Herzen. Solche wiedergeborenen Geister können dann ohne Ihn nichts mehr tun. Handeln sie doch ohne Ihn, ist es ihnen sofort ein Leid und Weh. Leben sie, so leben sie dem HErrn; sterben sie, so sterben sie dem HErrn. Dieses Geburtsleben und Geistesleben in Christo und durch Ihn im Vater ist das Köstlichste und Herrlichste, was ein Mensch haben und besitzen kann: Gotteinheit. Durch Christi Menschwerdung ist es möglich geworden. In Ihm, dem Menschgeborenen, war zum erstenmal ein Fleischesleib Tempel des Heiligen Geistes. Nach Seinem Hingang und nach Seiner Auferstehung und Verherrlichung können nun durch den von Ihm gesandten Heiligen Geist auch andere Leiber armer, gläubiger Sünder Tempel Gottes werden. Da ist dann Christtag eine innere Tatsache, also nicht nur ein inneres Fühlen von Freude und Glück und Frieden, sondern eine geburtsmäßige Tatsache. Es ist ein neues Personleben vorhanden in Christo kraft des Heiligen Geistes.

Das ist etwas Großes, wenn man sich nicht nur am Christkind, sondern im Christkind freuen kann. Das sind die rechten Weihnachtsmenschen, bei welchen es dann heißt: „Freuet euch in dem HErrn allewege! Und abermals sage ich: Freuet euch!" Das können nur solche, die im HErrn stehen, fassen, den andern ist das eine unbegreifliche Sache, wie man sich allewege, d. h. in allen Lagen und unter allen Verhältnissen freuen könne. Sie halten das für übertriebene Schwärmerei, und doch sagt es der Apostel Paulus zu einer ganzen Gemeine gläubiger Menschenkinder: „Freuet euch in dem HErrn allewege! Und abermals sage ich: Freuet euch!" Und er sagt es zu solchen, welche gerade um des HErrn willen schon sehr viel Leid und Trübsal erlitten hatten und noch erlitten.

Da müssen wir zunächst festhalten, was für eine Freude die Geburtsfreude ist. Das ist die größte, die es in der Welt gibt. Am Neugeborenen freut sich jedermann mit heller, großer Freude. Denken wir nur an ein neugeborenes, gesundes Kind. Nun ist aber gerade bei der Geburtsfreude das Eigentümliche, daß sie aus Schmerz, Leid, ja aus Todeswehen herauswächst. So ist es auch beim Wiedergeborenen. Er weiß, daß er vom Tode zum Leben hindurchgedrungen ist. Er hat den inneren, ewigen Tod geschmeckt und schmeckt ihn oft und viel in allerlei Gängen wieder, und da hat er nun durch den Heiligen Geist das ewige Leben in sich; das ist eine unaussprechliche Freude. Da hat man als inneren Besitz über aller Sünde und Schuld die Vergebung; über allem Tod und Gericht das Leben und die Herrlichkeit; über aller zitternden Furcht Gottes den liebenden Vater in Christo Jesu. Das ist Freude, die niemand und nichts von einem nehmen kann. Das ist Freude, die tiefer und reicher wird, auf die sich unser Herz um so fester zurückzieht, je mehr äußerlich die Freuden schwinden.

Und diese Freude erneuert sich stets mit jeder neu zuwachsenden Erkenntnis und Erfahrung, welche eben meist unter Kreuz gemacht werden. Darum ist sie „allewege". Was haben solche inneren Weihnachtsmenschen für einen Freudenschatz in sich, auch in dieser trostlosen Zeit. Wie leuchtet uns jetzt der prophetische Rat, dessen Erstlingserfüllung wir in uns tragen. Der Wiedergeborene hat unter Tränen eine selige Grundfreude. Er ist in dem HErrn, der alles in Händen hat und herrlich hinausführt. Die große Freude, welche der Engel an der Krippe verkündigte, die ist den Gotteskindern ins Herz gefallen und lebt und wohnt da drinnen. Der Vatergott ist eben Freude, und den hat ein Gläubiger in Christo. Und dieser Christtag in uns ist nicht nur am 25. Dezember, der ist alle Tage, ja alle Nächte, der ist in Freud und Leid, im Leben und im Sterben. Darum bittet den HErrn, daß Christtag in euch werde und bleibe, dann werdet ihr es fassen: „Freuet euch in dem HErrn allewege!"

Das Wunderbare am Leben im HErrn ist dann noch das, daß es nicht bloß eine Freude über einen im Herzen getragenen Christtag ist, sondern auch eine Freude über einen gewißlich kommenden, noch größeren und herrlicheren Christtag. Es ist ein rechtes Kennzeichen der Kinder Gottes, daß sie im Wiederkunftsglanz Christi leben. Sie drängen und treiben gewissermaßen auf eine neue, noch größere Geburt, auf die Herrlichkeitsausgeburt der ganzen Gemeine unter ihrem verherrlichten Haupt. Die Gläubigen in Christo leben im Aufblick und Ausblick auf den HErrntag und haben in ihrem Glauben und in ihrer

Liebe und in ihrer Hoffnung diesen Tag immer nahe. Darum konnte Paulus schon den Christtagsmenschen zu Philippi schreiben: „Der HErr ist nahe!"
Diese selige Gewißheit großer sich nahender Herrlichkeit vertieft nicht nur die innere Freude der Gotteskinder, sondern sie prägt ihnen noch einen ganz besonderen Zug auf, nämlich den, daß sie ihre Lindigkeit kund werden lassen allen Menschen. Wer ohne jeden Glauben der Erde Leid und Jammer durchtragen muß, wird allmählich bitter und hart. Darum sehen wir auch die meisten Menschen, je älter sie werden, vergrämt, bitter und hart werden, wenn sie nicht etwa leichtsinnig und oberflächlich werden. Darum sind die Menschen übereinander so erbittert und hart. Wir sehen auf der armen Erde im großen und im kleinen einen Kampf aller gegen alle. Und dazwischen leben nun die Weihnachtsmenschen mit ihrem großen Glück im Herzen und mit ihrem noch größeren Glück vor sich, und die sollen nun — ach, daß wir's besser könnten — Weihnachtsglanz, Lindigkeit ausstrahlen auf alle Menschen. Wenn die armen Erdenwaller auf Gotteskinder stoßen, sollen sie dadurch einen Eindruck von deren Christtagswesen bekommen, daß sie auf Lindigkeit stoßen. Von der Lindigkeit Christi leben sie innerlich, sie geht darum auch von ihnen aus. Lindigkeit, das ist Nachgiebigkeit, das ist nicht wieder schelten, wo man gescholten wird, nicht drohen, wenn man leidet. Lindigkeit heißt unverbittert sein, sich Unrecht tun lassen können, Benachteiligung und Zurücksetzung ertragen können, tragen, leiden, dulden können, weil man doch so viel hat und noch mehr erwartet; der HErr ist doch nahe! Christtagsmenschen plagen keinen; Christtagsmenschen schlagen keinen; Christtagsmenschen neiden keinen; Christtagsmenschen rechnen Böses nicht zu; dazu sind sie viel zu fröhlich, dazu haben sie viel zu reiche Hoffnung. Merkst du, was für elende Christtagsleute wir sind? Komm, zieh Freude an in Christo, daß du's vermagst, Lindigkeit kund werden lassen allen Menschen. Das ist etwas, was der Fleischgeborene sicher nicht kann. Der Geistgeborene sollte es können, und dadurch sollten wir mitten in der Welt als Lichter auffallen. Ach, wie braucht doch unsere Zeit mit ihrem Haß, Neid, Streit und Parteiungswesen solche Christtagsmenschen. Komm, sei ihr einer!
Die Christtagsmenschen können aber noch mehr. Sie haben die völlige Gewißheit der allerpersönlichsten Liebe Gottes zu ihnen im Herzen. Sie leben mit dem allerreichsten Heiland in engster Persongemeinschaft. Sie reden alles, alles mit Ihm durch. In allen Dingen beten, bitten, flehen sie zu Ihm. Und sie sind der steten, unweigerlichen Erhörung, wenn auch nach Vaterart Gottes, gewiß. Sie können darum stets gleich danken, denn der Vater in Christo schlägt Seinen Kindern nichts Gutes ab. Wie sorgenlos können solche Menschen sein! Gleichwie sie, von lauter Lindigkeit getragen, Lindigkeit ausatmen, so von lauter täglicher Fürsorge des großen Gottes getragen, Sorgenlosigkeit. Sorgengeist ist für Gotteskinder schwere Versündigung an ihrem geistesinnewohnenden HErrn. Zeigen wir der Welt, was es ist, ein Christtagsmensch sein zu dürfen und auch in solchen Zeiten wie den gegenwärtigen, bei aller drängenden Last der Verhältnisse, sorgenlos gehen zu dürfen. Wie mehrt das doch wieder die Freudigkeit und macht die Lindigkeit leichter. Und sieh: wie viele Ihn auf-

nehmen, denen gibt Er solche Macht der Gotteskindschaft. O wenn an jedem Ort nur *ein* solcher Christtagsmensch stünde, die ganze Welt müßte staunen! Das wäre mehr Evangelisation als alle organisatorische Massenarbeit. Komm, evangelisiere so! Sei ein Licht in dem HErrn!

Und zeige auch kraft deines Christtagswesens das Größte noch, den Frieden Gottes. Die Welt wird immer komplizierter. Tausenderlei Dinge dringen täglich auf allen Gebieten auf den Menschen ein. Darum sind die Menschen auch so unruhig, so aufgeregt, so nervös. Der innere Mensch, das Herz muß so viel verkraften, daß es kaum mehr kann. Wie gut hat's da wieder ein Gotteskind. Es ist in die Einheit Christi und Gottes eingetreten; das ist der Friede. Friede ist Einheit, Unfriede ist Zwiespalt, Zwietracht, Zerfahrenheit, Vielerleiheit. Ein Gotteskind steht in dem Einen, es ist gegründet und gewurzelt in seinem HErrn. Und es steht im Frieden. Zwischen ihm und Gott steht nichts kraft des teuren Blutes Christi. Es darf Gott seinen Vater nennen, es steht in der Einheit.

Und dieser Friede, diese Einheit regiert den inneren Sinn. Was Luther „Vernunft" nennt, das ist der innere Herzenssinn. Der Mensch hat im innersten Herzen ein Organ, alles, was an ihn herankommt, zu beurteilen. Und das Vielfältige des täglichen Lebens kommt an dieses Organ und verlangt ein Urteil. Die meisten geben wir blitzschnell ab; manche sind schwerer, manche sehr schwer. Kommt nun eine Unsumme der verschiedensten Dinge ständig vor diesen inneren Urteilsgerichtshof und verlangt Entscheid, so kommt der Mensch schließlich in große Erregung, Unruhe, Mattigkeit, auch Ungewißheit, Unschlüssigkeit, bis er fast außer sich kommt.

Da hat's nun der Wiedergeborene gut. Er steht dort in jenem innersten Urteilsorgan des Herzens nicht allein, dort steht er in Jesus im Frieden, in der Gotteinheit. Und aus dieser Gotteinheit heraus, aus diesem Frieden heraus, welcher den inneren Sinn regiert, urteilt er. Da ist's nun ganz anders, als wenn er selbst allein, der arme, kurzsichtige, unweise, leicht zu ermüdende und zu verwirrende Mensch dastände. Der HErr steht da und er im HErrn, und so gehen die Urteile in tiefem Frieden. Sehr vieles, was den natürlichen Menschen mächtig aufregt, ficht den Friedensmenschen in Christo gar nicht an. Vieles wird von diesem Einigkeitsfriedensstand aus kurzerhand abgewiesen als unwichtig, was den natürlichen Menschen mächtig umtreibt. Alles wird im Gotteslicht durchsichtiger und klarer; alles bleibt in der Einheit. So steht der Weihnachtsmensch im Frieden Gottes den Dingen gegenüber, und das Herz mit seinen vielen und vielerlei Gedanken und Sinnen wird in Christo Jesu bewahrt. Es darf sich nicht zerflattern und verlieren, der Friede, der HErr hält alles zusammen. Dadurch bekommt unser Inneres und Äußeres etwas Ruhiges, Klares, Bestimmtes, einheitlich Gleichmäßiges. Harmonischer Friede kommt zur Erscheinung, wo Hast und Unruhe den natürlichen Menschen elend machen. O seliger Christtag in uns. Sieh dir den rechten Weihnachtsmenschen an! Möchtest du keiner sein? So bitte den HErrn: O mach doch durch Deinen Heiligen Geist Christtag in mir! (24. Dez. 1922)

Die Allversöhnung und ihr Anfang

Text: Kolosser 1, 15—23

Das ist ein gewaltiger Text, vor welchem wir heute stehen, ein Text von einer Tiefe und einem Umfang, daß ein geschaffener Geist seinen Inhalt niemals fassen noch erfassen könnte, wenn es dem ewigen Erbarmer nicht wohlgefallen hätte, durch Offenbarung diese unsagbar großen göttlichen Geheimnisse in menschliche Worte zu fassen. Es ist ein Text, vor dessen Tragweite und Umfang wir zuerst fast erschrecken, um so mehr als wir in den hergebrachten Bahnen unseres christlichen Denkens nicht gewohnt sind, diese ganze biblische Wahrheit zu erfassen. Er redet von nicht mehr und von nicht weniger als von der Allversöhnung und ihrem Anfang. Viele, festgefahren in menschlichen Anschauungsgeleisen, werden sich vielleicht sogar sträuben, das vorliegende Offenbarungswort in seiner ganzen Spannweite anzunehmen. Aber wer darf, wenn er anders ein Bibelchrist sein will, sich biblischer Offenbarung entgegenstemmen? Alle unsere frommen Meinungen und christlichen Überzeugungen, selbst wenn sie durch geheiligte Überlieferung uns geworden sind, müssen unweigerlich fallen und darangegeben werden, wenn ein klares, helles, richtig gefaßtes Bibelwort ihnen entgegensteht. Wer um frommer und liebgewonnener Eigenmeinungen willen Gottes Wort nicht folgt, der bringt sich um den Segen des inneren Wachstums. Unter diesem Gesichtspunkt gilt es, den Offenbarungen unseres vorliegenden Textes zu folgen und sie im Geist Gottes innerlich zu bewegen. Also von der Allversöhnung und ihrem Anfang!

Der Heilige Geist malt uns in herrlichen Zügen den Sohn Gottes vor Augen in unseren Versen. Er zeichnet Ihn uns als den, der in allen Stufen des Offenbarungsganzen die grundlegende Stellung zum All der Kreaturen hat. Eine alle Kreaturen überragende Stellung ist ihm wesenhaft von allen Ewigkeiten her eigen. Er ist das Ebenbild des unsichtbaren, des nie gesehenen Gottes. Gott selbst sieht keine Kreatur. Er wohnt in einem Licht, da niemand zukommen kann. Nur in Seinem eingeborenen Sohn wird Er sichtbar und sehbar. Wer Ihn sieht, der sieht den Vater. Er ist das Ebenbild des unsichtbaren Gottes (V. 15). Wie niemand die Sonne selbst sehen kann, sondern nur ihre Ausstrahlungen, so kann niemand Gott selbst sehen, sondern nur Sein Ebenbild, Seine Ausstrahlung, den Sohn. Und wie wir von den Ausstrahlungen der Sonne auf ihr Wesen selbst Schlüsse machen können, so wird uns auch im Sohn und auf keinem andern Weg das Wesen des dreieinigen Gottes offenbar. Auch die Sterne sehen wir ja nicht an ihnen selber, sondern nur ihr in ihren Ausstrahlungen enthaltenes, oft schon Jahrtausende altes Bild. Das sind lauter in die gegenwärtigen Welten hineingelegte Gleichnisse.

So hat also der Sohn Gottes Seinem ewigen Wesen nach eine einzigartige Stellung zu aller Kreatur, zu allem, was genannt mag werden im Himmel und auf Erden und unter der Erde. Er ist der einzige Offenbarungsquell und Mittler des lebendigen Gottes. Er ist das, weil Er zu Gott eine ganz andere Stellung einnimmt als alle anderen Geschöpfe. Er ist der Erstgeborene vor allen Kreaturen. Er ist allein nicht geschaffen, sondern geboren, und diese Seine Geburt aus dem ewigen Gottvater fällt vor jede Schöpfung. Es ist nicht etwa irgendein Geschöpf vor dem Sohn Gottes gewesen, sie sind alle, alle nach Ihm. So hat Er einen alles überragenden Vorzug. Er hat ein ewiges, unendliches Geburts-, also Kindes-Verhältnis. Alles andere steht im Geschöpfes-Verhältnis. Und Er war, als noch nichts von allem war. Darum ist Er der Erstgeborene vor allen Kreaturen (V. 15).

Zu diesen Kreaturen allen hat Er nun nach Gottes ewigem Rat eine beherrschende, alles überragende Stellung: „Denn durch Ihn (wörtlich: in Ihm) ist alles geschaffen, das im Himmel und auf Erden ist, das Sichtbare und das Unsichtbare, es seien Throne oder Herrschaften oder Fürstentümer oder Obrigkeiten." Mit vielen Worten ist hier alles umfaßt, was Erde und Himmel, was aller Welten Welten fassen, und dies alles sei in Ihm geschaffen. Das heißt: Ihn, den eingeborenen Sohn, hat Gott im Auge gehabt bei Seiner ganzen Schöpfertätigkeit. Ihn zu beglücken und Ihn zu lieben, Ihn zu erhöhen und Ihn herrlicher zu machen ist Gottes innerster Schöpfungsgedanke. Und Er soll dann wieder Ihn, den Vater, in allen Kreaturen verherrlichen, und es soll so aller Kreatur die Liebe des Vaters und des Sohnes, das wunderbare innerste Gottverhältnis, im Heiligen Geist offenbar werden. Den Sohn hat der Vater bei allem im Auge, was Er auch aus Seinem Schöpfergrund hervorgehen läßt, und den Vater hat der Sohn später bei allem im Auge, was Er auch an den Kreaturen und für sie tut. So ist das All im Sohn geschaffen. Damit hat Er also eine ganz einzigartige Stellung zu aller Kreatur.

Weil nun der Vater bei allem den Sohn im Auge hatte, darum hat Er auch das All durch Ihn und zu Ihm geschaffen (V. 16). Alle Dinge sind aus der Hand des Vaters gekommen und durch die Hand des Sohnes in die Erscheinung getreten. Er ist der Schöpfungsmittler eines jeden Wesens, das auf Erden oder im Himmel ist, und zu Ihm und auf Ihm hin hat jedes Wesen seine Bestimmung. Der Sohn soll aus allem, was durch Seine Hand gegangen ist, etwas machen zu des Vaters Ehre. So hat der Sohn Seine gewaltige Lebensarbeit und Leidensarbeit und Herrlichkeitsarbeit an allen Kreaturen. Und immer und in allem geht Er das All an: also alle Naturreiche und alle Geisterreiche und Menschen und Engel, Gute und Böse ohne Ausnahme. Auch der Teufel und seine Engel sind in Ihm geschaffen und durch Ihn und zu Ihm, nur eben nicht als Teufel, wie auch die Menschen nicht als Sünder; das sind sie aus sich selbst und durch sich selbst geworden. Aber gut und herrlich geschaffen sind sie alle *in* Ihm, *durch* Ihn und *zu* Ihm. Der Sohn Gottes steht in diesem dreifachen Schöpfungsverhältnis zu allen Kreaturen. Das sagt unser Text so klar und hell, daß für niemand, der ihn liest, darin ein Zweifel sein kann.

Dabei liegt aber nun in dem *zu Ihm* schon ein großes geoffenbartes Endgeheimnis. Was heißt das nämlich anders, als daß alle Kreatur ohne jede Ausnahme, wie sie *in* Ihm geschaffen und *durch* Ihn gegangen ist, auch noch werde *zu* Ihm kommen. Es ist das doch auch ganz klar: Sind alle Dinge in Ihm geschaffen, dann müssen sie doch auch endlich zu Ihm kommen. Welch einen Fehler hat da die Kirche gemacht, daß sie zwar das „in Ihm alles" und das „durch Ihn alles" hat stehen lassen, daß sie aber das „zu Ihm alles" willkürlich beschnitten hat, weil sie den Rat Gottes in seinen Gerichtswegen über die Sünde nicht richtig verstand. Das ist auch wieder eine Folge der Einstellung der Kirchen auf die Massen; dadurch sind fast alle biblischen Wahrheiten verändert worden und werden immer mehr verändert, und zwar so, daß sie schließlich in ihr Gegenteil, ins Antichristentum verkehrt werden. Wer dem Sohn Gottes etwas abtut an dem Gewaltigen: zu Ihm das All, der ist wie der, welcher etwas abtut an dem: in Ihm und durch Ihn das All.

Doch hören wir den Apostel noch deutlicher. „Er ist vor allen, oder besser: vor allem, und es bestehet alles (das All) in Ihm" (V. 17). Wenn das All in Ihm allein seinen Bestand hat, dann ist Er auch der All-Bewahrer. Es wäre also keine Kreatur mehr da, nicht eine: keine Pflanze, kein Tier, kein Mensch, kein Engel und kein Teufel, wenn Er sie nicht bis heute bewahrt hätte. Ihm verdanken sie alle ihren Bestand. „Er trägt alle Dinge mit Seinem kräftigen Wort", so sagt im gleichen Sinn der Hebräerbrief. Warum aber hat der Sohn alle Kreatur, auch die Gefallenen, bis heute bewahrt, warum darf sie in Ihm durch Jahrtausende ihren Bestand haben? Heißt das nicht das Böse pflegen und den Jammer mehren? Was hätte Er doch alles, so denken wir nach unserer Vernunft, verhüten können, wenn Er den Teufel und alle Bösen bis heute nicht bewahrt hätte! Warum trägt und bewahrt Er auch sie? Etwa bloß auf den kommenden Zorn und die kommenden Gerichte hin? Diese kommen beide ganz gewiß nach der ganzen Schrift. Hier ist kein Zweifel. Aber sollte Er all die Millionen und Abermillionen nur auf unendliche Qual aufsparen und dahin bewahren? Trägt Er darum alle Dinge mit Seinem kräftigen Wort, besteht darum bis heute und weiter alles in Ihm, daß immer neue Millionen zu unendlichen Qualen aufgespart werden? Die Welt wird doch immer finsternismäßiger! Nicht wahr, das wäre ein entsetzlicher Gedanke. Darauf aber kämen wir, wenn wir nicht wüßten: Das All ist zu Ihm geschaffen und besteht in Ihm. Sollte das Wort „bestehen" uns nicht schon auf ein anderes hinweisen? Was besteht und Bestand hat, das ist doch nicht im Verderben.

Doch hören wir weiter und deutlicher! Er sollte nicht nur die schöpferische und erhaltende, sondern auch die versöhnende und erlösende Fülle haben. „Es ist das Wohlgefallen Gottes gewesen, daß alle Fülle in Ihm wohnte und das All durch Ihn versöhnt würde." Wir atmen auf! Und damit wir es ja nicht zu kurz fassen, muß Paulus im Geist uns schreiben: „Alles wird durch Ihn versöhnt, durch Sein Blut und Sein Kreuz, es sei auf der Erde oder in den Himmeln" (V. 20). Überall im Sichtbaren und im Unsichtbaren hat Er Frieden gemacht. Achten wir wohl, genauso weit wie die Schöpfungstätigkeit und die Bewahrungstätigkeit des Sohnes Gottes, genau so weit läßt der Apostel die Erlöser- und Versöhnertätigkeit des Sohnes reichen, nämlich über das All. Hier ist klipp und klar eine Allversöhnung geoffenbart, und es ist nicht die allergeringste Einschränkung nach irgendeiner Seite hin gemacht. Ausdrücklich sind auch die Himmel versöhnt, deren unterster doch die Wohnräume der Geister der Finsternis sind. Das All der Kreaturen ist hier versöhnt und zum Frieden gebracht durch den Sohn am Kreuz (V. 20), genauso wie es geschaffen und erhalten ist durch den Sohn der Herrlichkeit. Und stimmt hierzu nicht der Apostel Johannes in seinem ersten Brief, wenn er sagt: Der Heiland ist nicht nur gestorben für unsere Sünden, sondern auch für die der ganzen Welt?

Mancher mag hier befremdet den Kopf schütteln. So hat er's nicht gelernt im Schulkatechismus. Aber lies und erforsche nur einmal diese Stelle. Prüfe nur unsere gewaltigen Verse (V. 15—20); nimm sie, wie sie stehen, und sie geben dir gewaltiges Licht über den Rat Gottes. Du mußt dabei bedenken, daß der Apostel hier nur den HErrn als den Erstling aller Kreatur schildert und darum auf den Weg, wie nun diese Allversöhnung sich auswirke, nicht näher eingeht. Du mußt aus anderen Stellen die entsetzlichen zeitlichen und ewigen Strafen und Gerichte einfügen, durch welche es leider bei so großen Massen um ihrer eigenen Schuld und Härtigkeit willen gehen muß. Du mußt mit ganzem Ernst erwägen, wie selig es ist, daß wir jetzt Gnade ergreifen und allen diesen Gerichten entgehen dürfen. Das alles mußt du erwägen — aber das große Gottesziel, daß alles in Ihm versöhnt ist und wird, darfst du nicht verrücken, wenn es Gott selbst aufgestellt hat. Du sagst, das mache die Menschen leichtsinnig! Ich sage dir, die Gnadenpredigt hat den Haufen bis heute auch nicht ernst gemacht. Und wenn an dieser großen, göttlichen All-Liebe sich ihrer etliche verstocken sollten, so wirkt sie ja damit die Scheidung der Geister, was alles Evangelium soll. Ich sage dir aber, es werden sich auch viele daran aufrichten. Und dann noch eins. Ich meine, es sei die allerernsteste Predigt, wenn ich den Menschen sage: Sieh, jetzt kannst du aus Gnaden gerettet werden aus allem Gericht, ja du kannst ein Erstling Gottes werden durch Jesus. Verwirfst du es aber jetzt, so mußt du zunächst furchtbare Strafe und Pein leiden Äonen lang, und endlich, endlich, willst du in Ewigkeiten einmal doch auch glücklich werden, dann mußt du doch noch zum Gekreuzigten und Erstandenen, denn es ist in keinem andern Heil! Ist das nicht geradezu niederschmetternd? Kann etwas mehr zum sofortigen Heilsergreifen treiben als dies? Erwäge!

Es ist aber noch ein anderes, warum viele diese so herrlich und klar bezeugte Allversöhnung nicht begreifen. Die Anschauung der meisten Christen ist die, daß jetzt in dieser Zeit die Versöhnung angeboten werde und dann sei das ganze Versöhnungswerk durchgeführt, etwa in der Wiederkunft Christi. Das ist eine viel zu kurze und unbiblische Anschauung. Was jetzt geschieht bis zur nächsten und ersten Wiederkunft Christi, ist der Anfang der ausgeführten Versöhnung. Die großen, gewaltigen Ausführungszeiten der Versöhnung des Alls kommen erst *nach* der Wiederkunft Christi. Diese falsche Anschauung, daß mit dem gegenwärtigen Äon und vollends mit dem Jüngsten Gericht alles vollendet sei, kommt mit daher, daß der jetzige Plan der Erstlingsgemeine nicht gefaßt wird. Wir vergessen immer ganz, daß ja das Organ, das Werkzeug zur Durchführung der Versöhnung noch gar nicht fertig ist. Es ist doch erst das Haupt vollendet, wie unser Text sagt (V. 18). Nun muß erst der Leib versöhnt, erlöst und geheiligt werden, dann kann die Allversöhnung erst angehen.

Ihre erste Stufe, aber lange nicht die letzte, wird das Tausendjährige Reich sein. Eben deswegen kann es jetzt noch nicht auf das All gehen, also auch nicht auf ganze Völker, weil der Leib, das Organ, noch nicht fertig ist. Das ist aber der Gegenstand des jetzigen Zeitalters: die Gemeine, den Leib herauszubilden. Sie ist die Gemeine der Geborenen, für welche der große Allschöpfer, Allerhalter und Allversöhner das Haupt ist. Sie wird jetzt aus der Sünderwelt durchs Wort vom Kreuz herauserwählt. Gott entfremdet und darum in ihrem Denken selbstisch und in ihrem Wirken böse Gewordene werden neugeboren durch den Geist und erneuert durch die Geistesheiligung, bis sie dargestellt werden können heilig und unsträflich und ohne Tadel vor ihrem HErrn und Haupt (V. 22). Welche das an sich tun lassen, die sind der Anfang oder Anbruch der Versöhnung.

Für sie gilt jetzt der reine Glaubensweg, der nicht sieht, der alles in der lebendigen, geistgewirkten Hoffnung hat (V. 23). Später, in den kommenden Äonen der Allversöhnung, wird das anders. Da gibt es nur erst Sehen und dann Glauben. Das gilt schon vom Tausendjährigen Reich. Das ist ein leichterer Weg, aber darum gibt das auch keine Erstlinge mehr. Für diese gilt es jetzt in dem Glauben, der eine gewisse Zuversicht ist des, das man hofft, „gegründet und fest und unbeweglich" zu stehen (V. 23). Und es gilt besonders durch die große Hoffnung des Evangeliums, welche ist die Erstlingschaft und Erbschaft in Christus, sich festigen und gründen zu lassen. Diese große Hoffnung kriegt und hat nur die „Kreatur, die unter dem Himmel ist", also nur die Menschheit und was aus ihr durchs Evangelium sich herausrufen läßt. Bis ans Ende der Erde ergeht der Ruf; Paulus ist der Erstlingsrufer an die Heiden gewesen.

In unseren Tagen geht's sichtbar zum Ziel. Ist die Erstlingsgemeine voll, dann holt sie ihr HErr. Nach der Vollendung des Leibes kommt in der Nationenherrschaft Christi der nächste gewaltige Schritt der Allversöhnung. Die Ewigkeiten werden dann noch manches Zeitalter heraufführen, bis endlich alle Kniee gebeugt und alle Zungen bekennend sind. Wir aber wollen ans Haupt uns gliedern und uns durch alle Kämpfe hindurch im Glauben befestigen und gründen lassen. Wir wollen unbeweglich halten an unserer großen Hoffnung und geheiligte Glieder werden, die vor Ihm einst unsträflich dargestellt werden können. Dann dürfen wir dem wunderbaren Anfang der Auswirkung der Versöhnung des Lammes zugehören und in Ihm Werkzeuge werden in den kommenden Äonen bei der stufenmäßigen Weiterführung der Allversöhnung, die da ist im Blut des Lammes und im Erstling der Auferstehung.

Es muß ja nach Offenbarung Kapitel 5 noch dahin kommen, daß alle Kreatur, die im Himmel ist und auf Erden und unter der Erde und im Meer, und alles, was darinnen ist, sagen muß: „Dem, der auf dem Stuhl sitzt, und dem Lamm sei Lob und Ehre und Preis und Gewalt von Ewigkeit zu Ewigkeit!"

(19. Juni 1921)

Die Kinder des Tages

Text: 1. Thessalonicher 5, 1—10

Die Gläubigen in Christo sind Kinder des Tages. Ein Tag, ein großer, ein herrlicher, ein köstlicher Tag ist das Ziel all ihres Glaubens, Hoffens und Liebens. Das war von Anfang so und wird so sein bis zum letzten Gottgeborenen: Sie harren des Tags. Auf den verschiedenen Stufen der Offenbarung verklärt sich natürlich diese Hoffnung in wachstümlicher Geistesfülle, aber ihr Grundinhalt ist immer derselbe: das Kommen des HErrn zu denen, welche Seine Erscheinung liebhaben. Das Leben ist ein Kreislauf, und zwar ist es, wie bei allen Gestirnen, ein elliptischer Kreislauf mit zwei Brennpunkten. Der eine Brennpunkt ist das Kreuz und die Auferstehung Christi; der andere Brennpunkt ist die Wiederkunft Christi. In kraftvoller Weise hat sich das Geistesleben der ersten Christen um diese beiden Brennpunkte bewegt. Auf jeder Seite der apostolischen Briefe finden wir sie beide, das Kreuz und den Tag des HErrn. Beides war auch Kern und Stern der apostolischen Predigt.

Wie kurz war der Apostel Paulus in Thessalonich. Wie bald wurde er von den Juden vertrieben. Und doch kann er nach kurzer Zeit den Thessalonichern schreiben: „Von den Zeiten und Stunden aber (der Erscheinung des HErrn) ist nicht not euch zu schreiben, denn ihr selbst wisset gewiß." Die ersten Gemeinden hatten das ganz klar, daß sie zu gar keinem anderen Hauptzweck da seien in dieser Welt als zu dem, zubereitet zu werden auf den Tag des HErrn, und zwar sonderlich durch ihre Leiden.

Leider hat sich die Gemeinde Christi aus dieser inneren Hauptaufgabe je länger, je mehr in eine Fülle von Außenaufgaben hineinreißen lassen und hat dadurch ihr Ziel sich verrücken lassen, ganz eingestellt zu sein auf den Tag des HErrn. Je mehr Aktion nach außen, um so weniger Warten auf die neue, große Gottaktion in der Wiederkunft des HErrn. Sehen wir doch zu, wie schon in den sieben Sendschreiben der Offenbarung diese Neigung heraustritt, in Wirken und Werken die Hauptsache zu sehen, und sehen wir doch zu, mit welchem Ernst der Heiland die Gemeinden herumzureißen sucht in die erste Liebe, in die innere Lebensgemeinschaft mit Ihm und damit in das Warten auf Ihn. Siehe, Ich komme, muß Er den Gemeinden immer wieder sagen. Es ist ein rechtes Zeichen der Geburt aus dem Geist und des Wachstums in der Wiedergeburtsgnade, wenn das Erscheinen des HErrn zu den Seinen einer Seele zum anderen Brennpunkt wird. Wie kann der elliptische Lauf einer Seele um ihre Sonne Jesus richtig gehen, wenn sie nicht die richtigen Brennpunkte hat?

Gläubige in Christo sind in Christi Tod und Auferstehung hineingebunden und harren Seiner Erscheinung. Sie bringt ihre Füllehoffnung; sie versetzt sie erst in die Möglichkeit, nun, nachdem der Leib ausgebildet ist, die große Lichtestätigkeit gegenüber der ganzen Welt aufzunehmen. Bist du ein Kind des Tages? Damit wir es recht klar und in der Wahrheit seien, redet der Apostel trotz des Wissens der Thessalonicher doch etwas näher von den Zeiten und Stunden. Das sind schon zwei sehr bemerkenswerte Worte für unsere lebendige Hoffnung und ihre Klarmachung, die Worte: „Zeiten und Stunden".

Unter Zeiten ist der gewöhnliche, geschichtliche Zeitverlauf verstanden, in welchem wir stehen. Damit sagt uns also Paulus im Geist, daß die Erscheinung des HErrn noch in den historischen, geschichtlichen Zeitverlauf falle. Genau wie die erste Ankunft des HErrn im Fleisch in den geschichtlichen Zeitverlauf fiel, also vorher und nachher Zeiten waren, so wird es auch mit der Erscheinung des HErrn sein, es werden vorher und nachher noch geschichtliche Erdenzeiten sein. Die Erscheinung des HErrn zu den Seinen ist also nicht der Abschluß der Zeiten, sondern geschieht mitten in die Zeiten hinein. Mitten im Zeitverlauf kommt eine Stunde, da der HErr Seine Gemeine zu sich versammelt. Nicht einmal der gegenwärtige Äon oder das gegenwärtige Zeitalter ist mit der Erscheinung des HErrn beendet, und außerdem kommt noch ein Zeitalter danach. Aber eins ist, wenn der HErr zu den Seinen erscheint, es ist eine Stunde Gottes. Die Zeiten sind in eine Fülle eingelaufen, sie sind reif für ein direktes Eingreifen Gottes in Christo: das ist die Stunde.

Daß es aber in unserem Gotteswort heißt: Zeiten und Stunden, also in der Mehrzahl, das weist darauf hin, daß das Kommen des HErrn verschiedene Akte hat. Er kommt zunächst zu den Erstgeborenen; dann erscheint Er von Zion aus mit den Erstgeborenen der ganzen Welt; und dann erscheint Er im Zeitalter der Nationen-Beherrschung je und je, ähnlich wie in der Zeit der 40 Tage nach der Auferstehung. So hat der Tag des HErrn Zeiten und Stunden.

Ihre Art charakterisiert uns nun der Apostel noch näher. Er schreibt: „Ihr wisset gewiß, daß der Tag des HErrn kommt wie ein Dieb in einer Nacht." Der Apostel bleibt bei dem ersten Akt des Kommens des HErrn, bei Seiner Erscheinung zu Seinen Gläubigen, stehen. Diese Zukunft war ja für die Thessalonicher nicht nur die nächste, sondern auch die sie sonderlich angehende. So kommt also die Stunde der Verherrlichung der Gemeine, welche man auch im Blick darauf, daß die noch Lebenden dem HErrn entgegengerückt werden, die Entrückung nennt, in einer Nachtzeit. Das ist Allgemeinlehre der Schrift.

Die erste Ankunft des HErrn, die im Fleisch, geschah auch in einer Nachtzeit. Ebenso wird es sein in Seiner Wiederkunft. Wir sehen hier das große Gottes-Grundgesetz sich wieder erfüllen, welches schon in den Neuschöpfungsäonen von 1. Mose 1 sich kundgibt: „Es ward Abend und es ward Morgen, ein neuer Tag." Der neue Tag kommt immer aus der Nacht hervor. Satan legt immer wieder Nacht auf die göttlichen Epochen; aber jedesmal, wenn es ihm gelungen ist, Nacht heraufzuführen als Finsternis, dann erscheint der HErr und führt aus der Nacht eine neue, größere Lichtesepoche herauf; es wird Morgen, ein neuer Tag.

So wird es auch bei der Erscheinung des HErrn zu den Seinen Nacht auf Erden sein. Was heißt das: „Nacht"? Alles Gottleben ist nach der Bibel „Licht", alles Eigenleben der Kreatur in seinen verschiedenen Stufungen ist „Nacht". Die Zeit bei der Erscheinung des HErrn zu den Seinen wird die ausgesprochenste, größte und gewaltigste Ich-Zeit der Menschen sein. Wie zur Zeit der Sintflut werden die Menschen groß sein und herrlich sein und gewaltig sein und Riesenmäßiges ausrichten. Auf allen Gebieten, auf dem religiösen, auf dem geistigen jeder Art und auf dem materiellen werden sie hervorragende Eigenerzeugnisse hervorbringen. So erglänzte die griechisch-römische Kultur in ihrem äußeren Hochglanz zu Christi Geburtszeit. Augustus, „der Erhabene", der Herrliche, herrschte. So wird ein noch viel größerer Augustus an der Spitze des letzten Weltkulturreiches stehen, wenn der HErr die Seinen zu sich nimmt.

Und diese Zeit heißt die Bibel Nacht, sie heißt sie Finsternis. Die Welt wird von lauter Licht und Größe faseln und fabeln, die Gläubigen aber werden den Ich-Untergrund und damit das Todeswesen sehen und die letzte Zeit bezeugen. Dann wird sich die Nacht auf sie legen, wie sie sich einst auf den Heiland legte. Die Gläubigen werden furchtbare Nachtzeiten durchmachen. Alle irdischen Lebensbetätigungen, kaufen, verkaufen, werden ihnen je länger, je mehr unmöglich werden. Märtyrertum wird ihr Teil sein. Da in dieser Nachtzeit und Todeszeit für die Gläubigen erscheint der HErr. Es ist also klar, daß Er jetzt im Augenblick nicht kommt; wir Gläubigen haben es ja noch namenlos gut.

In dieser Nachtzeit wird Er kommen als ein Dieb. Ja, was will Er denn stehlen? Fürwahr, Er wird tatsächlich der Welt ihr Bestes und Schönstes, was sie in sich hat, stehlen; Er wird ihr Licht und ihr Salz ihr nehmen, eben die Gläubigen. Und das wird um so diebmäßiger geschehen, je weniger die Welt bei der Verachtung und elenden Leidensniedrigkeit der Gläubigen in jenen Tagen an eine Bedeutung dieser Gläubigen glauben wird. Wir dürfen bei diesem Bilde vom Dieb in der Nacht gewiß auch an die alte, bei vielen Völkern übliche Sitte des Brautraubes denken. Es war früher Sitte, daß dem Bräutigam die Braut streitig gemacht wurde, wenn er sie zur Hochzeit holen wollte. Er mußte sie mit List zu erobern suchen und in sein Haus tragen. So macht Satan in den letzten Zeiten vor der Hochzeit dem HErrn die Braut streitig. Der HErr aber holt sie wie ein Dieb in der Nacht.

Und Er wird den Augenblick benützen, wo die Menschen in der größten Trunkenheit und im größten Taumel über ihre gewaltigen Selbsterrungenschaften sein werden. Darum kommt auch im folgenden in unserem Text so oft das Wort „schlafen" und „trunken sein" vor. Die Zeit der Entrückung oder, aufs Ganze geblickt, besser gesagt, die Zeit der Versammlung der Gemeine in der verklärten Geistleiblichkeit wird die Zeit der größten Herrlichkeits-Entfaltung des antichristlichen Reiches sein. „Sie werden sagen, es ist Friede und hat keine Gefahr", d. h. es ist absolute Sicherheit. Wir müssen also noch einmal auf eine große Herrlichkeitszeit menschlich-irdischen Aufschwungs warten. Wir dürfen nicht denken, daß die äußeren Zeiten immer schlimmer und schlimmer werden. Nein, die Menschen werden sich unter Führung des selbstgroßen Judentums, aus welchem ja der Antichrist kommen wird, noch einmal zu einer wunderbaren Kulturhöhe aufschwingen, gegen welche selbst der einstige Glanz des Hohenzollernschen Kaiserreiches auf seiner Höhe verbleichen wird. Wir sehen ja alle Ansätze zu einem solchen Neuaufschwung aus Eigenkraft schon vorhanden.

Je tiefer nun die Not der gegenwärtigen Tage war, um so berauschter und trunkener wird der Umschwung die Menschen machen. Alles wird wie befreit von einem furchtbaren Alpdruck aufatmen, alles wird den preisen, der eine solche Zeit wieder heraufgeführt hat. Die Menschen, die in seinem Machtgebiet wohnen, werden alle seine Sklavenketten, die er ihnen anlegt in entsetzlichem Organisationszwang, küssen als Ketten der Freiheit und der Glückseligkeit. Sie werden ihn als einen Gott halten, der solches fertig gebracht hat und die Menschen aus der furchtbarsten Elendszeit wieder in „Friede und Sicherheit" geführt hat. Die antichristliche Zeit wird alle Wünsche und Glückseligkeit erfüllen und jedem das volle Ich-Ausleben gönnen in taumelnder Trunkenheit. Und alle, auch die Kirchen, welche sicher in jenen Tagen zu einer großen, christlichen Einheitskirche unter päpstlicher, weitherziger Führung vereinigt sein werden, werden vom Taumelkelch trinken. Religiös-sittlich, kulturell-geistig, materiell-wirtschaftlich hat die Menschheit ihren höchsten Babel-Turm gebaut. Staunend wird die Menschheit vor ihrem eigenen Können stehen und sich anbeten.

Aber der Tod ist im Topf, wie in allen je gewesenen ähnlichen Lichtgebilden der Eigenkraft der Menschen. Die Wiedergeborenen, die Kinder Gottes werden es sehen und werden die satanische Offenbarung mit ihrem Zeugnis kennzeichnen. Der Zeugengeist wird mit Macht erwachen. Das wird die Menschenkinder stören und quälen; sie werden die Zeugen töten. Am prophetischen Wort werden die Lichtgeborenen ihr Licht sich holen. Sie werden aber einen schweren Stand haben. Selbst die besten religiös-christlichen Menschen, besonders alle kirchlichen, werden sich gegen diese Zeugen wenden und sagen: Was wollt ihr denn! Es ist doch alles so schön, so religiös; man kann's doch so gut haben, wenn man nur das Malzeichen annimmt. Das ist doch nichts, das kann man doch tun und doch dabei innerlich christlich sein.

Aber die Kinder Gottes können's nicht, sie können sich nicht „Friede und Sicherheit" erkaufen durch Annahme der antichristlichen Weltprinzipien. Das wird ihr Kreuz und Tod sein. Und da, eben da, auf diesem blendenden Höhepunkt menschlichen Eigenlebens, aber auch an diesem Tiefpunkt der Leiden der Gläubigen, wird der HErr die Seinen verklären. Also täuschen wir uns nicht, nicht in einer Trübsalszeit der Welt werden wir die Hochzeit des Lammes erleben, sondern in der höchsten Glanzzeit der Welt. Gewissermaßen aus der Hoch-Zeit des Teufels werden wir zur Hochzeit des Lammes eingeholt werden. Darin liegt eben das furchtbar Verführerische dieser letzten Zeit: Alle religiösen, aber auch christlich-religiösen, alle staatlichen und wirtschaftlichen Eigenkräfte der Menschen werden ihre höchste Stufe, ihre hohe Zeit, erreichen. Da stehen dann die Auserwählten und rufen: Kinder, es ist die Nacht und die Stunde der Finsternis. Schmeichelnd lockt von allen Seiten die Welt, drohend hebt sie die Mörderhand gegen die Widerstehenden. Wer wird stehen bleiben? Das ist der Höhepunkt des Antichrists. Auf diesem Gipfel der Menschheit werden die Gläubigen weggenommen.

Aber dann wird sich das Verderben schnell offenbaren, wie unser Text sagt. Nach der Entrückung der Gläubigen kommt der rasche Zusammenbruch der ganzen Lügen- und Todes-Herrlichkeit dieses letzten Erdenherrlichkeitsreiches. Gerichte über Gerichte werden über die arme Menschheit hereinbrechen; Zusammenstürze jeglicher Art werden erfolgen. Die Offenbarung schildert dieses überfallende Verderben in grausigen Zügen. Die Gläubigen werden in diesen Gerichten nicht mehr sein. Ihr Leidensmaß und Durchrichtungsmaß ist in der antichristlichen Hoch-Zeit, welche ihre Passions-Zeit war, vollgelaufen.

Den Abschluß der Weltgerichte wird das persönliche Erscheinen des HErrn mit Seinen Heiligen bilden und der persönliche Gerichtsvollzug am Antichrist und am falschen Propheten. Aber wunderbar: „Es wird das Verderben sie schnell überfallen wie der Schmerz ein schwangeres Weib." Also geht es doch wieder zu einer Geburt. Ja, aus diesen entsetzlichen Gerichten bricht hervor die Zeit, welche der Heiland Matthäus 19, 28 „die Wiedergeburt" nennt. Da geht der Segen der Wiedergeborenen hinein in alle Nationen-Kanäle von Zion aus. Wunderbarer Gottesrat — durch alle Gerichte hindurch immer wieder eine neue Gnade für Buße und Glauben. „Es ward Abend und es ward Morgen, ein neuer Tag."

Wenn es sich aber so verhält mit den Zeiten und Stunden, dann verstehen wir wohl, daß der Apostel sagt: Liebe Brüder, seid ihr doch nicht von der Finsternis, laßt euch nicht sicher machen von der blendenden Außenseite der letzten Tage, daß euch nicht auch der Tag wie ein Dieb ergreife, ohne daß ihr vorbereitet seid. Ihr sollt ihm klaren Geistes entgegensehen, erleuchtet vom prophetischen Wort. Ihr seid doch Kinder des Lichts; in euch wohnt geburtsmäßig der Geist des Lichts, der in alle Wahrheit leitet, darum seid nun auch Kinder des Tages, welche auf den Tag warten. Wir sind der Finsternis und der Nacht, dem Eigenwesen in Christo entronnen, so laßt uns auch darinnen beharren. Die große Kulturzeit des Antichristen wird einschläfernd wirken und trunken machen. Da laßt uns nun nicht schlafen wie die andern und nicht trunken sein, sondern wachend und nüchtern. Was sicher wird, das gehört zur Nacht; was mittaumelt, gehört zur Nacht. Die Kinder des Tages bleiben nüchtern, sie sehen hell und klar.

Aber es ist schwere Versuchungszeit über dem ganzen Kreis der Erde. Es heißt fest gepanzert sein im Glauben, denn von Christus und Seiner Schöne ist nichts zu sehen, hier ist lauter Elend. Und es heißt fest gepanzert sein in der Liebe. Liebe zum HErrn und zu den Brüdern kann in jenen Tagen augenblicklich das Leben kosten. Da heißt's in Wahrheit, daß ein jeder für die Brüder auch das Leben lassen kann. Und da heißt es, sich festmachen lassen durch prophetisches Wort und Geist in der Hoffnung der Durchrettung (Luther: Seligkeit). Sie kommt. Die furchtbaren Zornesgerichte beim Zerbruch des antichristlichen Erden-Herrlichkeitsreiches machen die Kinder Gottes nicht mehr durch. Wir sind nicht gesetzt zum Zorn. Wir sind berufen zur geistlichen Verklärung, zu dieser Vollrettung, und die wird eben geschehen, wenn die antichristliche Welt in ihre Gerichte marschiert. Kreuz, tiefes Kreuz steht der Gemeine noch bevor, aber die Zornes-Gerichts-Offenbarungen gelten ihr nicht.

Welch ein Trost für Gläubige; welch eine Ermunterung, zu beharren bis ans Ende. Darum schreibt der Geist zum Schluß unseres Textes: „Ermahnet euch nun und bauet einer den andern". Es möge wahr sein unter uns, was der Apostel von den Thessalonichern voraussagt: „wie ihr denn tut"! O selige Kinder des Tages, seid Kinder des Lichts und des Tages, damit, „ob wir wachen oder schlafen", d. h. ob wir noch vorher sterben, ehe Er kommt, oder ob wir noch leben, wenn Er kommt, wir auf alle Fälle mit Ihm leben dürfen.

(2. Sept. 1923)

Das Geheimnis der Gottseligkeit — der geoffenbarte Gottesrat

Text: 1. Timotheus 3, 16

Die Gottseligkeit, die einfältige Herzensfrömmigkeit, welche an den Namen des eingeborenen Sohnes Gottes glaubt, trägt ein gar herrliches, ihr geoffenbartes Geheimnis in sich, nämlich: den Gottesrat in Christo Jesu. In sieben gewaltigen Geistesanläufen stellt der Apostel Paulus, des Geistes voll, uns heute dieses Gottseligkeitsgeheimnis vor Augen. Sieben ist die Zahl, in welcher die Gemeinschaft Gottes und der Kreatur weset. Wunderbare Richtlinien sind es, welche im vorliegenden Vers uns enthüllt werden. Die nacheinander und nebeneinander verlaufenden Tatsachen zur Durchführung des Königreiches Gottes erstehen vor uns.

Zuerst stellt uns der Geist vor das Mysterium oder das Geheimnis selbst: „Anerkannt groß ist das Geheimnis der Gottseligkeit." In den Ewigkeiten vor Grundlegung der Welten weset ein Geheimnis der Gottseligkeit, welches in den Zeiten herausgetreten und offenbar geworden, in göttlichen Äonen sich auswirkt und in die Ewigkeiten vollendet zurückkehrt. Von Ewigkeiten zu Ewigkeiten geht dieses Geheimnis der Gottseligkeit, in welchem Gott selig ist und durch welches er alle Kreatur selig macht. Über allem Geschaffenen, das genannt mag werden, schwebt ein Rat und Plan des ewigen Gottes, der in dem eingeborenen Sohn kund wird und im Heiligen Geiste sich auswirkt. Wir stehen anbetend vor diesem Gottseligkeitsgeheimnis, dieser Urmutter alles Geschehens. Wir freuen uns, daß ein in den Tiefen der Gottheit, im ewigen Liebesgeheimnis gefaßter Plan allem Weltengeschehen zugrunde liegt und zum Ziel gesteckt ist. Nicht wahllos und planlos, sondern nach ewigem Rat läuft alles zum ewigen Ziel. Wir freuen uns aber noch mehr, daß dieser Rat so geoffenbart ist, daß man ihn verkündigen und bekennen kann; daß er so auseinandergelegt und in die Gemeinde der Gläubigen hineingelegt ist, daß er bezeugt werden kann in der Wahrheit vor aller Welt. Die Gottseligen dürfen von Geschlecht zu Geschlecht die Heroldsträger dieses Rates sein. Die Gottseligkeit schließt dieses Geheimnis ein und breitet es aus. So hat auch der gottselige Paulus durch den Geist einen tiefen Blick tun dürfen beim Schreiben seines ersten Timotheusbriefes in diesen Rat Gottes und breitet ihn nun in dem Siebengang seines Zeugnisses vor uns aus. Wie ein Lied im höheren Chor klingen die einzelnen Reihen unseres Verses zusammen, und mancher Knecht Gottes hat schon gemeint, es sei auch ein Lied der ersten Gemeine gewesen. So stehen wir im ersten Glied des Siebenzeilers vor dem ewigen Geheimnis selbst, gewissermaßen vor dem Mutterschoß der Gottheit, welchem das herrliche Gottgeheimnis als Offenbarung entsteigt.

„Gott ist geoffenbart im Fleisch", so ergeht an uns der erste Posaunenstoß der göttlichen Ratsenthüllung. Gott tritt heraus in Sichtbarkeit und Faßbarkeit in der Materie, im Stoff. Die wunderbaren, ewigen Geistesgedanken Gottes verleiblichen sich und treten hervor. Der Sohn trägt sie hinaus, und der Geist formiert sie. In den herrlichen, mannigfaltigen und zahlreichen Schöpfungen ist es zuerst Wahrheit geworden, dieses „Gott ist geoffenbart im Fleisch". In jedem Geschöpf ist ein Strahl der Herrlichkeit Gottes Fleisch geworden. Am wunderbarsten ist Er natürlich verkörpert dargestellt in den Geistespersönlichkeiten der Engel, Fürsten und Gewaltigen, und endlich am ebenbildlichsten im Menschen, der Krone aller Kreaturen. Gott ist geoffenbart im Fleisch — tiefer, herablassender und schon in großer Selbstentäußerung ist dieser erste Zug weiter wahr geworden, als Gott die wüste und leer gewordene Satanswelt nicht in ihrer Finsternistiefe liegen ließ, sondern im gewaltigen Sechstagewerk die Neuschöpfung begann und eben als Krönung dieses Neuschöpfungswerkes den Menschen machte. Und tiefer herab ging die Fleischwerdung Gottes bei seinem Verkehr mit den ersten Menschen im Paradies. Da ist der Sohn schon in echt menschlicher Weise in die Erde eingegangen. Und tiefer und tiefer ging's nach dem Fall. Im Wort der Verheißung, im Opfervorbild senkte Er sich ein in die sündige Welt, sie zu erlösen. Und dieses Eingehen wurde immer überwältigender in der Erwählung des jüdischen Volkes und in dem Wohnen des Sohnes Gottes unter ihm über dem Gnadenstuhl.

Endlich erreichte es seinen äußeren Tiefpunkt in der Menschwerdung des Sohnes Gottes: „Das Wort ward Fleisch." Den Sündenleib mit all seinem Fluch bis in den Tod nahm Er an. Diese Fülle des gottseligen Geheimnisses lobt und preist die Gemeine laut. Doch weiter ging's: Gott geoffenbart im Fleisch. Der Heilige Geist macht Vater und Sohn sogar innewohnend im Leib der Gläubigen. Ihr Leib darf ein Tempel Gottes sein. Wie tief anbetungswürdig ist dieses gottselige Geheimnis: Gott ist geoffenbart im Fleisch. Und in der vollendeten Gemeine am Tag des HErrn, wenn sie die Fülle des ist, der alles in allen erfüllt, ist Er wunderbar geoffenbart im Fleisch. Im neuen Jerusalem wird diese Offenbarung ihre Verklärung erhalten, wenn's heißen wird: „Siehe da, eine Hütte Gottes bei den Menschen! Und Gott wird bei ihnen wohnen." Wenn aber erst nach dem Endsieg des Sohnes über all Seine Feinde und nach der Aufhebung des letzten Feindes, des Todes, Gott sein wird alles in allen, dann wird es wunderbar vollendet sein: Gott ist geoffenbart im Fleisch. Das ist die erste Linie des gewaltigen Offenbarungsplanes Gottes, wie sie läuft von Ewigkeiten zu Ewigkeiten.

Zu ihr gehört notwendig die zweite Linie: „gerechtfertigt im Geist". Alle Kreatur Gottes, in welcher Gott sich geoffenbart hat im Fleisch, trägt auch in sich eine Rechtfertigung im Geist. Aber vor wem hat sich Gott zu rechtfertigen? Ist nicht an sich schon alles recht, was Er macht und tut? Gewiß! Aber die Geistespersönlichkeiten sollen Ihn geoffenbart sehen in allem Fleisch, auch in ihrem eigenen. Und ganz besonders gegenüber den gefallenen Geistespersönlichkeiten, welche sich in sich selbst gestellt haben, bedarf es einer Rechtfertigung Gottes, und die geschieht im Geist. Alle Geistespersönlichkeiten, die gefallenen wie die nichtgefallenen, tragen in sich ein Wissen um Gott. Das ist das Gewissen. In diesem Gewissen ist Gott gerechtfertigt im Geist. Und aus allen Geschöpfen

Gottes, aus den niedrigsten wie aus den höchsten, leuchtet ein Strahl Gottes und Seiner Herrlichkeit heraus, vom Heiligen Geist hineingeschaffen. Dieser Strahl ist das Geisteszeugnis der Kreatur, welches im Gewissen des Menschen einen Widerhall findet, und so wird Gott gerechtfertigt im Geist. Die Himmel erzählen die Ehre Gottes, und die Feste verkündet Seiner Hände Werk. Gottes unsichtbares Wesen, das ist Seine ewige Kraft und Gottheit, ist geoffenbart in Seinen Werken. Es ist nach Römer 1 der Menschen tiefe Schuld, wenn sie diese Rechtfertigung Gottes durch den Geist in ihrem Geist nicht vernehmen.

Doch damit nicht genug. Gott hat zu all seinen Werken noch das geoffenbarte Geisteswort gegeben, und dieses rechtfertigt Gott in allen aufrichtigen Herzen über allen Seinen Wegen und Werken. Und je höher oder tiefer, wie wir sagen wollen, die Offenbarung im Fleisch, um so stärker auch die Rechtfertigung im Geiste. Darum ist der eingeborene Sohn schon als Mensch auf Erden durch Wort und Werk machtvoll gerechtfertigt im Geist; vor allem aber nach Tod, Auferstehung und Himmelfahrt durch die Ausgießung des Heiligen Geistes in die Herzen der Gläubigen. Und dieser Heilige Geist, wo Er wohnen und wirken darf, rechtfertigt Gott in Christo allewege aufs herrlichste. Er führt in alle Wahrheit. Einst aber wird der HErr in Seiner Wiederkunft mit den Seinigen sich in den Geistern aller Völker rechtfertigen, und das Ende der Wege Gottes wird auch die Rechtfertigung Gottes im Geiste sein. Darüber wird dann alles, was Odem hat, den HErrn loben.

Diese Rechtfertigung im Geist beginnt bei den Engeln. Diese haben ja alles sichtbar, darum ist bei ihnen die Rechtfertigung Gottes im Geist über allen seinen Schöpfungs- und Erlösungs-Werken eine viel tiefere und frühere. Die Engel, und zwar die guten wie die bösen — denn die Teufel glauben auch und zittern — haben eine tiefe Einsicht in alle Gedanken Gottes. Denn von vielem sind sie Augenzeugen gewesen, wovon die Menschen durch Schauen noch keinen Einblick haben. Darum heißt die nächste Linie: „erschienen den Engeln". So waren sie schon Augenzeugen des gewaltigen Sechstagewerks, bei welchem ja der Mensch noch gar nicht da war. Sie aber waren gewiß zuvor schon geschaffen, ja ein gutes Teil von ihnen zuvor schon gefallen. Jene ganzen, jedenfalls riesenmäßigen Sechs-Tagewerks-Kämpfe wurden geschaut von den Engeln. Von all den kommenden großen Erlösungswegen und -werken waren sie auch Augenzeugen und zum Teil Träger und Dienstleute Gottes. Bedenken wir ihren Dienst bei Abraham und Lot, bei Jakob und dann sonderlich bei der Gesetzgebung. „Ihr habt das Gesetz empfangen durch der Engel Geschäfte," sagt die Schrift.

Auch im Leben unseres Heilands heißt es: „geschaut von den Engeln." Gedenket an Bethlehem; gedenket an die Versuchung in der Wüste; gedenket an Gethsemane, an Ostern und Himmelfahrt. An Himmelfahrt ging's hindurch durch die Reiche der gefallenen und nichtgefallenen Engel; da hieß es wahrlich: „geschaut von den Engeln." Und seitdem sind sie in sonderlichem Sinn ausgesandt zum Dienst der Heiligen im Leben und im Sterben. Sie haben ihre Dienste in der Wiederkunft Christi, am Jüngsten Gericht und in alle Äonen hinein. Die guten Engel schauen und freuen sich am Sünder, der Buße tut, und sie schauen und lernen an der Gemeine die mannigfaltige Weisheit Gottes. Die gefallenen Engel schauen bei all ihrem Machtgewinn auf Erden doch ihr immer rascher sich vollziehendes Gericht. Das ist: „geschaut von den Engeln."

Unter den Menschen geht der Rat des HErrn während dieser Schauenszeit der Engel seinen stufenweisen Gang. Zuerst wird der in Christo erfüllte Rat Gottes, soweit er in Seiner Menschwerdung und Erhöhung, in der Geistesausgießung und im Engelschauen hinausgeführt ist, gepredigt unter den Heiden. Daß es heißt: „gepredigt unter den Heiden", zeigt deutlich die auserwählte Gemeine aus allen Nationen an. Unter den Nationen hin und her fährt das Wort. Die Gemeine des Glaubens, die nicht schaut; die Gemeine, die am kommenden HErrn hängt und wartet, spielt von Anfang an eine große Rolle. Schon in Abel, Seth, Henoch hat sie ihre Vertreter; dann wachsen ihr aus Israel viele Glieder zu, und nun ist sie durch Predigt unter den Nationen auf dem Wege zu ihrer Fülle. In ihrer Zeit stehen wir jetzt noch, doch geht sie offenbar ihrer Vollendung nach Zahl und Zubereitung entgegen. Dies zeigt schon die große, neue Wendung mit dem jüdischen Volk. Die Gemeinde wird eine Erlösungsträgerin als Leibesorgan Christi in allen kommenden Äonen sein. Zunächst steht ihr allerdings, der kampfesreichen und leidenserprobten, eine Ruhezeit bevor. Sie darf eingehen zum großen Abendmahl, zur Hochzeit des Lammes die tausend Jahre.

Während dieser Zeit hebt sich's dann an, das große „geglaubt von der Welt". Das sagt ja der HErr auch in Seinem hohepriesterlichen Gebet, wenn die Seinen vollkommen sein werden in Ihm, dann werde auch die Welt glauben, daß der Vater Ihn gesandt habe. Geglaubt von der Welt, das wird anheben, wenn das bekehrte Israel seine Arbeit antritt und die Gemeine bei ihrem HErrn ist. Dieses „geglaubt von der Welt" wird weitergehen am Jüngsten Gericht. Da haben sie Ihn alle gesehen, die zur Rechten und die zur Linken. Ja auch in den Gerichtshöllen wird geglaubt, mit Zittern und Zagen, mit Heulen und Zähneklappen. Aber durch sie hindurch geht die Erziehung Gottes, und endlich wird der Sohn Gottes in freiwilliger Anerkennung geglaubt von der ganzen Welt. Das ist das tiefste Gericht, welches wir der widerstrebenden, gerichtsverfallenen Welt verkündigen, daß sie endlich doch noch glauben wird.

Dann, wenn es im Vollsinn heißt: „geglaubt von der Welt", kann der letzte, wunderbare Akt sich vollziehen: „aufgenommen in die Herrlichkeit". Es ist doch ganz deutlich, wenn zuvor steht, „geglaubt von der Welt", daß das „aufgenommen in die Herrlichkeit" sich auch auf diese glaubende Welt beziehen muß. Auf die Himmelfahrt des Heilandes kann es nicht gehen, denn diese ist doch vor der Predigt unter den Heiden und vor dem „geglaubt von der Welt". Es kann nur gehen auf den mit Seiner gläubigen Gemeine und der glaubenden Welt eins gewordenen HErrn. Das „aufgenommen in die Herrlichkeit" ist eine stufenförmige Sache, wie alles in der Offenbarung. Erst das verklärte Haupt und die Himmelfahrt; dann die Gemeine am Tag des HErrn; dann die Seligen zur Rechten am Gerichtstag und auf der neuen, danach kommenden Erde; dann die ganze Welt, wenn Ihm alles untergetan sein wird. Dann wird ja der Sohn mit allen sich untertan machen dem Vater, und Gott wird sein alles in allem. Dann

ist das All aufgenommen in die Herrlichkeit. Das große Geheimnis hat seinen Kreislauf vollendet. Es ist dann anerkannt groß im Schoß von lauter Gottseligen. Wie unbegreiflich sind des HErrn Gerichte, wie unerforschlich Seine Wege. Von Ihm, durch Ihn und zu Ihm sind alle Dinge, Ihm sei Ehre in Ewigkeiten!
(24. Juli 1921)

Heilsgymnastik

Text: 1. Timotheus 4, 7—10

Weißt du, was das ist, Heilsgymnastik? Vielleicht weißt du es besser, wenn wir das „s" weglassen und schreiben „Heilgymnastik." Das ist etwas vom äußeren Gebiet, und davon verstehen wir Menschen unserer Tage allewege mehr als vom inneren. Bei der Heilgymnastik treten wir in einen größeren oder kleineren Saal. Er enthält allerlei wunderliche Geräte; viele arme Menschen, krank an den verschiedensten Gliedern, machen daran Übungen. Ihre Körper sollen wieder eingerenkt, Arme und Füße wieder gelenkig gemacht werden, der ganze Mensch soll wiederhergestellt werden.

Was nun auf dem äußerlichen, bloß leiblichen Gebiet die Heilgymnastik, das ist für den ganzen Menschen nach Geist, Seele und Leib die Heilsgymnastik. Sie ist auch eine Übung mit den vom himmlischen Arzt gegebenen Mitteln zur Wiederherstellung unseres ganzen, sündezerstörten Wesens. Von dieser Heilsgymnastik und ihrer hohen Bedeutung für unser gegenwärtiges und zukünftiges Leben redet der Apostel Paulus in unserem heutigen Text. Das Grundwort unserer Verse heißt „üben" und „Übung". Vom griechischen Wort für „Übung" kommt unser Wort „Gymnastik". Paulus will uns ermuntern, im inneren, geistlichen Leben geordnete Übungen zu machen, daß die wahre Frömmigkeit und Gottseligkeit in uns wachse und zunehme. Des Apostels Gymnastik hat es auf unsere Gesamtrettung, auf unser völliges Heil abgesehen; darum heißen wir sie mit Recht eine Heilsgymnastik.

„Übe dich selbst auf die Gottseligkeit hin", sagt er am Anfang unserer Verse. Alles in der Welt, wenn es etwas werden soll, verlangt Übung. Ein wahres Sprichwort sagt: „Übung macht den Meister." Was für die Welt gilt, das gilt auch für den Himmel. Das geistliche Leben bedarf der Übung. Die katholische Kirche hat das längst erkannt, darum hat sie für ihre Priester wie für ihre Laien regelmäßige Exerzitien, d. h. Übungen, ein richtiges Exerzieren im Geistlichen eingerichtet. Das meint nun der Apostel nicht. Von solchen allgemeinen Gesetzeseinrichtungen ist er gründlich kuriert. Er ist durch das Gesetz dem Gesetz gestorben. Er weiß, die äußeren Übungen tun es nicht; er weiß aber ebensogut: Übungen sind notwendig für das geistliche Wachstum. Sie müssen aber aus dem Geistesleben selbst entspringen. Darum schreibt er seinem Timotheus: „Übe dich selbst zur Gottseligkeit hin." Er will ihm sagen: Aus deinem Glaubensleben, das dir Gott gegeben, müssen heilige Übungen geboren werden, die du dir selber geistesmäßig auferlegst; solche Übungen, wie gerade du sie brauchst. Und diese Übungen müssen den geistlichen Kreislauf befördern, müssen den Heiligen Geist in alle Fugen und Gelenke treiben und so einen gelenkigen, zu allem guten Werk geschickten, gekräftigten und gesunden Geistesmenschen herstellen helfen. Wer ein gläubiger Mensch sein will, muß sich auch selbst in Ordnungen und Übungen stellen, sonst wird sein Ewigkeitsleben nicht gedeihen.

Weil das Wort Gottes als Geistesträger das neue Leben schafft und nährt, brauchen wir schon mit dem Wort Gottes und in dem Wort Gottes eine heilige Übung. Wir müssen hier frei-gesetzlich sein, d. h. im Namen und in der Kraft des HErrn uns selbst Gesetze stellen. In dem Freien liegt das Evangelische. Ohne Zucht und Ordnungsübung verwahrlost auch unsere Stellung zum Wort und im Wort. „Übe dich selbst zur Gottseligkeit hin." Habe täglich regelmäßige Wort-Stunden, d. h. Stunden oder Zeiten, welche du dem Wort schenkst. Und halte sie pünktlich fest. Die Leute der äußeren Heilgymnastik müssen täglich zur pünktlich festgesetzten Stunde antreten. So tut es auch not bei der Heilsgymnastik. Hast du feste Zeiten für die Bibel? Und zwar fürs einsame und fürs gemeinsame Lesen, für das in Familie und Gemeinschaft? Man darf nicht nur so triebweise und schuckweise an die Bibel kommen. Du hast ja für deinen Leib auch deine Zeiten. Sag nicht, ich habe keine Zeit. Du mußt sie haben, oder du verwahrlost geistlich und gehst zugrunde. Übe dich, und wenn dir da und dort durch Veranstaltungen Übungszeiten geboten werden, nutze sie!

So braucht auch das Gebetsleben seine Übung. Du kannst nicht ohne ernste und geregelte Gebetsübungen ein Beter ohne Unterlaß werden und noch weniger einer bleiben. Der stärkste Geistes- und Gebetsmensch braucht seine Übungsstunden. Und er übt sich, auch wenn er geistesmäßig beten kann, doch immer wieder an Psalmen, an Liedern und an Gebeten großer Geistes- und Gebets-Männer. Stehst du einsam und gemeinsam auch in Gebetsübungen? Ohne feste Gebetszeiten wirst du auch vieles verlieren aus deinem Gebetskreis; nur mit festen Übungszeiten kommt man herum.

So verlangt auch die Buße und Selbsterkenntnis ihre Übung. Ohne Zeiten der Einkehr und Selbstprüfung wirst du nicht wachsen in der Sündenerkenntnis. Du mußt dir Übungszeiten nehmen, in dich einkehren vor Gott, nur so kann allmählich der stille, eingekehrte, tief gebeugte Mensch entstehen. Und so braucht es Übung in allem und zu allem. Auch Glaube und Liebe wollen geübt sein, sonderlich aber noch die Überwindung von Sünde, Not und Trübsal. Da heißt es im Widerstehen gegenüber dem Bösen, im Auf-sich-nehmen und Tragen des Kreuzes wie im Sterben des natürlichen Ich-Wesens immer wieder sich üben, sonst sind wir nicht imstande, die wachstümlich schwereren Proben zu bestehen. Wir wissen doch, daß die Züchtigung nur denen eine friedsame Frucht der Gerechtigkeit bringt, die dadurch geübt sind. Und nur durch solche Übungen können wir die geübten Sinne bekommen, welche Gutes und Böses immer tiefer unterscheiden können (Hebr. 5, 14.) Schlechtexerzierte Truppen gewinnen keine Kriege. Zum Überwinder, der alles ererbt, gehört ein Sich-Üben bis ins Kleinste hinein.

Treibst du solche Heilsgymnastik? Dir wird angst, weil das Glaubensleben auch so viel Zeit und Kraft verlangt. Ja, wisse nur, es verlangt's. Jedes Glaubensleben ohne Fleiß und Übung verkommt. Wir kriegen ja alles, was zum Leben und göttlichen Wandel dient, geschenkt durch die teure Gnade unseres HErrn Jesu Christi; aber diese geschenkten Güter wollen eben durch Übung angenommen und eingenommen sein. Darum sagt Petrus im gleichen Kapitel, wo er von diesem großen Geschenkten spricht, auch dazu: „Wendet allen euren

Fleiß daran; tut desto mehr Fleiß, eure Berufung und Erwählung festzumachen" (2. Petrus 1, 5. 10). Umsonst sind wir gerettet und vollendet, aber ein Fauler begehrt und kriegt nichts. Darum Ernst zur Heilsgymnastik!

Wie nun der Apostel Paulus vom Geist geführt auf diese Gymnastik zu reden kommt, da steigt vor seinem Auge die ganze griechische Sportwelt auf. Die Griechen, unter welchen der Apostel Paulus wirkte, waren ausgesprochene Sportsleute. Der Sport war dort zum Teil eine staatliche Einrichtung. Gymnastik auf den verschiedensten Gebieten, Laufen, Boxen, Kämpfen, Fechten, Rudern war für jene Griechen ein Stück Lebenselement. Viel Zeit, Fleiß und Kraft wurde darauf verwendet.

Oft kommt darum der Apostel darauf zu sprechen und verwendet's im Bild. Der geistliche Mensch ist ihm ein geistlicher Sportsmann, ein Läufer, der dem Ziel nachjagt, ein Fechter, der nicht Luftstreiche tut. Auch heute in unserem Texte steigen diese Sportsleute vor ihm auf. Er sieht ihr Verzichten und Mühen und ihren großen Fleiß, welchen sie für rein Irdisches und rein Leibliches aufwenden. Und da gibt ihm der Heilige Geist das Wort: „Die leibliche Übung ist wenig nütze." Wir müssen uns fast einen Geistesseufzer zwischenhinein denken. Ach, wie plagen, wie mühen sie sich! Und doch, die leibliche Übung, die Fleisches-Gymnastik ist nur so wenig nütze. Sie dressiert einen Todesleib und kommt oft genug gerade bei ihrem Üben zu Tode. Unsere Zeit wird der heidnisch-griechischen immer ähnlicher, sie wird immer ausgesprochener und ausgeprägter eine Leibes-Sport-Zeit. Es ist sehr bezeichnend, daß das Wort Gymnastik, das im Urtext steht, mit „nackt" zusammenhängt. Aller leibliche Sport entblößt den Leib und stellt ihn zur Schau; darum geht mit aller Sportübung auch die Körper-Entblößung Hand in Hand. Das ist völlig widerbiblisch und sollte in christlichen Kreisen, auch in der alltäglichen Kleidung, nicht gefunden werden. Der Gläubige bedeckt seinen Leib; die Sport-Kultur deckt ihn auf.

Die leibliche Übung ist wenig nütze. Sie befördert den Auswärtsgeist, und wo sie als Weltsport gepflegt wird, ist sie aufs engste verknüpft mit allen feineren und gröberen Auswüchsen der Sinne. Den Dienst am Leib tut uns die Gottseligkeit voll und ganz, „denn die Gottseligkeit ist zu allen Dingen — ist fürs Volle und Ganze nütze — und hat die Verheißung dieses und des zukünftigen Lebens." Wir Christen erstreben nicht einen wohlgeübten Fleisches- und Todes-Leib, sondern wir erstreben einen neuen Leib. Der kommende Leib ist uns die Hauptsache. Drüben mit einem Leib der Schmach und der Schande in Ewigkeiten bekleidet zu sein, wäre uns entsetzlich. Auf die Erneuerung unseres Leibes ist darum unser Sinn gerichtet. Darum üben wir uns in der Gottseligkeit und treiben Heilsgymnastik. Damit tun wir dem jetzigen Leib das Beste, was man ihm tun kann.

Die Übung in der Gottseligkeit schafft eine heilsame Zucht in Essen und Trinken, in Wachen und Schlafen, in Arbeit und Ruhe, in Züchtigung der Leidenschaften, und schenkt und erhält so schon diesem Leib so viele Kräfte, daß er wunderbar gestählt und gestärkt ist. Sportleben ruiniert vielfach, indem es vor allem auch noch die Sonntage zu angestrengten Arbeitstagen macht; Glaubensleben erhält und stärkt auch schon den jetzigen Leib. Und die geistliche Übung zieht Kräfte an, die auch in kranken Tagen heilend und segnend wirken. Dann aber wird der Leib vom Geist und von der Seele aus gelenkt. Und gerade wenn die höchsten Anforderungen an den Leib gestellt werden, muß ein starker Geist und eine starke Seele da sein. Wir leisten auch das Körperliche von innen heraus. Da wird zu allen Zeiten ein geübter Geistesmensch leistungsfähiger sein als der stärkste Sportsmensch: ein geistlicher Wille leistet und leidet vor allen Dingen mehr als ein natürlicher. So hat die durch geistliche Übung erlangte Gottseligkeit schon die Verheißung dieses Lebens. Vor allem aber baut sich beim geistesgeübten Menschen unter dem Fleischesleib der Geistesleib aus. Hier ist der äußere Sportsmann am Ende. Die Ewigkeitleiber gestalten sich nach dem inneren Geistesstand. Da werden wohl die meisten Sportler weiterhin Todesleiber tragen; ihr Sinnen und Denken war ja auf den Todesleib gerichtet. Der geistlich Geübte aber hat die Verheißung eines verklärten Herrlichkeitsleibes. So erreichen gerade die geistlich Geübten des Leibes höchste Vollendung, um welche aller Sport umsonst sich müht.

Das ist ein gewisses Wort und aller Annahme wert. Das können wir mit voller Geistesgewißheit bezeugen und müssen jedermann ernstlich bitten, es für sich und die Angehörigen ernstlich zu beherzigen. Und weil es uns so ganz gewiß ist, darum mühen wir uns auch, kämpfen wir auch in der geistlichen Übung. („Wir werden geschmäht" steht nicht im Urtext, sondern: „wir kämpfen".) Unsere Hoffnung ist der in Jesu Christo, unserem Retterheiland, geoffenbarte lebendige Gott. Und auf Grund Seiner Offenbarung kennen wir das Sonderliche, was Er Seinen Gläubigen verheißen hat, nämlich die geistlich verklärte Erstauferstehung. Wir wissen, daß Er ein Heiland aller Menschen ist, sonderlich aber der Gläubigen. Und das geistleibliche Herrlichkeitslos der Gläubigen möchten wir erlangen. Darum fleißigen wir uns unter völliger Hintanstellung der wenig nützenden leiblichen Übung, die uns Zeit und Kraft wegnähme, und treiben Heilsgymnastik zur Förderung der Gottseligkeit. Wohlan, du geistliche Sport-Gemeine, laß dich beschämen von der Leibes-Sport-Gemeinde! Sie gibt um weniges so viel hin. Gib du um alles alles hin! Um jenen ewigen Kranz dies arme Leben ganz! (28. Sept. 1924)

Ein großer Erwerb

Text: 1. Timotheus 6, 1—11

In wessen Leben die Gottseligkeit hineingebunden ist, der hat einen großen Erwerb gemacht, oder wie Luther sagt: einen großen Gewinn. Zwar sagt der Apostel im fünften Vers unserer Stelle, es gebe nichts Häßlicheres, als wenn jemand die Gottseligkeit zu einem Gewerbe und zu einer Erwerbsquelle mache, aber, so setzt er plötzlich um: ein großer Erwerb ist die Gottseligkeit doch, wo sie gefunden wird. Die Welt meint zwar, Beten und Frommsein nütze nichts. Aber sie ist in einem großen Irrtum. Die Gottseligkeit ist zu allen Dingen nütze und hat die Verheißung dieses und des zukünftigen Lebens. Gottseligkeit ist tatsächlich ein Erwerb, sie ist ein Reichtum, ein wahrhaftiger, wertvoller Besitz.

Die Gottseligkeit ist der Stand, wo einer die rechte Stellung zu Gott und Menschen in Christo Jesu erlangt hat. Ein im Blut Christi geretteter Sünder, ein mit dem Heiligen Geist Begabter, ein zum Frieden mit Gott gekommener Mensch, der ewiges Leben hat, das ist ein Gottseliger. Die Gottseligkeit steht unter der Gnade und in der Gnade und führt mit den Brüdern und nach der Welt hin ein Leben der Gnade. Der Gottselige steht im Glaubensstand und Lebensstand Gottes. Er ist ein Geliebter Gottes in Christo und lebt in der Kraft des Geistes. Die Gottseligkeit bezeichnet die ganze neue Kreatur nach ihrem ewigen Wesen Gott und Menschen gegenüber. In dieser Gottseligkeit besitzt der Gläubige einen unermeßlichen Reichtum. Man ist teilhaftig des lebendigen Gottes. Man hat die ewigen Güter in Gerechtigkeit, Friede und Freude im Heiligen Geist. Man lebt und webt in der ewigen Welt. Man kriegt Einblicke in Gottes Wesen und Wirken. Der Gottesrat öffnet sich den Augen und dem Herzen. Der Gläubige zieht Gotteskräfte an zur Überwindung alles Widrigen. Kurz, ein großes, reiches Innenleben mit einem neuen, gottregierten Außenleben ist Besitz der Gottseligkeit.

Diese Gottseligkeit ist natürlich kein Eigenwerk und stammt nicht von unten. Sie ist ein Gotteswerk des Heiligen Geistes. Sie kostet nichts, und es braucht für sie keiner Anstrengungen. Gerade in die armen, zerbrochenen Herzen, gerade in die zur Erkenntnis der Sünde und des Todes-Wesens gekommenen Geister gießt aus freier Gnade der Heilige Geist Jesu Christi sie hinein. Gott schenkt sie im Heiland jedem, der sie will und braucht. Hier bin ich nur ein Annehmender und Aufnehmender. Und so wächst auch die Gottseligkeit in uns. Ich darf nehmen aus der Fülle Christi Gnade um Gnade. Wo nun dieser innerste Reichtum wohnt und wächst, da hat der Mensch das höchste Gut im Anfangs- und Fortsetzungs-Besitz. Es kann uns nichts werden auf Erden, was so groß, so schön, so reich und herrlich wäre. Gott besitzen in Christo heißt alles in Einem besitzen. Und dieser Reichtum ist ein wahrhaftiger und wirklicher und wirkt sich nach allen Seiten hin aus.

Vor allen Dingen macht er nach außen hin, nach der Erde und ihren

Gütern hin immer bedürfnisloser und einfacher. Wer so viel Himmel hat, braucht nicht mehr so viel Erde. Je mehr einer Himmel hat, um so weniger Erde braucht er. Wahre Gottseligkeit, wo sie echt ist, ist verbunden mit der Genügsamkeit. Gottseligkeit ist ein inneres Genug-Haben. Da heißt es: Gott und genug! Da singt Tersteegen: „Allgenugsam Wesen, das ich hab erlesen mir zum höchsten Gut. Du vergnügst alleine, völlig, innig, reine, Seele, Geist und Mut." Das ist das Große. Während die Erde dem ewigen Geist nie genügt, auf keiner Stufe, ist Gott in Christo stets genug auf jeder Stufe. Haben wir nun diese innere Vollgenüge in unserem HErrn, so kommt sie in einem Genug-Haben nach außen zur Wirkung. Ein gottseliger Mensch braucht wenig und immer weniger Erde. Ihr gegenüber hat er eine große Genügsamkeit. Solange wir im Fleisch leben, brauchen wir sie noch, aber wir brauchen sie nur zur Notdurft. Der Gottselige läßt sich nie weiter in Irdisches ein als nötig. Darin ist er treu, aber übers Muß hinaus nicht. Der Gottselige hat Durchblick. Er kennt das Wesen und damit den grundmäßigen Unwert des Irdischen. Wer Erde ißt, kennt den Himmel nicht; wer aber Himmel hat, der kennt die Erde.

Der Gottselige weiß: „Wir haben nichts in die Welt gebracht, darum offenbar ist, wir werden auch nichts hinausbringen." Nackt sind wir gekommen, nackt gehen wir. Das Irdische hat keinen Bleibe-Charakter. Wir leben in einer Durchgangs- und Übergangs-Welt. In ihr kann sich niemand festsetzen; an ihr kann sich niemand halten. Wenn der Gottselige Nahrung und Kleidung hat, so läßt er sich genügen. Kein Gottseliger sammelt oder häuft an. Er ist mit der täglichen Notdurft ein glücklicher Mensch. Nahrung und Kleidung rechnet der eine sehr viel, ein anderer sehr wenig. Der Gottselige rechnet nach der Fülle der Gottseligkeit, die in ihm ist. Hat er viel Ewiges, dann ist Nahrung und Kleidung sehr einfach; hat er noch nicht so viel Ewiges, dann nehmen Nahrung und Kleidung einen breiten Raum ein. Nahrung und Kleidung nehmen am Wachstum der Gottseligkeit teil. Wenn diese wächst, nehmen die äußeren Ansprüche ab.

Was ist aber das nun für ein großer Erwerb? Je mehr Irdisches jemand braucht, um so mehr Sorgen, Kummer und Mühe hat er. Je weniger einer braucht, um so weniger kompliziert, um so einfacher ist sein Leben. Mit leichtem Gepäck marschiert man leicht. Alles Irdische muß erkämpft, erjagt, ersprungen, ersorgt sein, alles Ewige darf genommen und angeeignet werden aus der freien Fülle Christi. Wie braucht ein Zufriedener so wenig Geld. Wie ist er unabhängig von dem ganzen Mammons-Gejage. Wie kann er auch verlieren und fahrenlassen. Wo Zufriedenheit ist, da ist auch Friede; und wo Friede ist, da ist Zufriedenheit. Der Gottselige ruht im Willen Gottes. Darum kann er sich schicken in alles, was ihm zugeschickt ist. Vieles, um das du mit Sorgen ringst und kämpfst, das brauche ich gar nicht. Und wie viele Sach- und Person-Konflikte werden gespart, wo Genügsamkeit ist. Ein Genügsamer ist reicher als ein Millionär. Der Millionär hat nicht genug, der Genügsame hat genug. So ist's ein großer Erwerb: Gottseligkeit mit Genügsamkeit. Der meiste Jammer der Menschen kommt vom Nicht-Genug-Haben. Auch viele

Gläubige sind durchaus nicht zufrieden mit Nahrung und Kleidung. Sie haben eben nicht genug Heiland. Nur der Friede Gottes im Herzen macht genügsam. Möchte der Heilige Geist in unser aller Herzen Gottseligkeit mit Genügsamkeit wirken, dann hätten wir den Haupterwerb unseres Lebens gemacht.

Der Apostel schildert uns in der Kraft des Geistes, wie armselig und elend es da zugeht, wo die gottselige Genügsamkeit nicht ist. „Denn die da reich werden wollen", sagt er. Wo Gottseligkeit nicht in der Wahrheit und Kraft ist, da will der Mensch eine andere Fülle. Fülle sucht und verlangt das Herz. Hat es die Fülle nicht im Ewigen, sucht es sie im Irdischen. Das aber heißt umsonst gesucht; das ist Jammer und Elend. Das Reich-werden-Wollen bezieht sich nicht nur auf Geld und Gut, auf Äcker und Güter; es bezieht sich auch auf Ansehen und Ehre, auf Wissen und Können, auf Stellungen und Ämter. Es bezieht sich auf materielle und auch auf geistige Dinge, soweit sie diesseitig sind.

Bei diesem Suchen nach diesseitiger Fülle geht es zunächst ohne „Versuchungen" nicht ab. Bei dem Jagen nach irdischer Fülle kommt man ins untere Prinzip. Die ganze Erde ist durchtränkt vom Bösen. Lüge und Mord in der Selbstsucht sind ihre Grundprinzipien. Wer irdisch reich werden will, kommt um diese nicht herum. In der Wahrheit, Gerechtigkeit und Liebe, in der Geduld und Selbstentäußerung, welches sind Früchte der Gottseligkeit, kommt man irdisch weder zu Reichtum noch Ehre. Da muß man mehr oder weniger Lüge und Unrecht schlucken. Da sind der Versuchungen viele. Und da liegen „Schlingen" (Luther: Stricke). Da strauchelt und fällt der Fuß, ehe man es sich versieht. Da wachen auch unvernünftige und schädliche Begierden auf. Da wünscht man dies und das, um schneller vorwärts zu kommen. Die törichtesten und sündigsten Mittel bieten sich da einem an, und man ergreift sie auch, wenn man einmal vom Haben-Wollen entzündet ist. Wenn man in den irdischen Jagd-Kampf als ein Reich-werden-Wollender eintritt, kommt man ohne böse Wunden nicht durch. Damit haben wir aber dann die Todeslinie betreten. Reich-werden-Wollen in irdischen Dingen liegt nicht auf der Lebens- und Herrlichkeits-Bahn, das liegt auf der Verderbens- und Verdammnis-Bahn. Wo man irdisch hoch sein will, da geht es in Wahrheit nicht in die Höhe, sondern in die Tiefe. Das ist ein Versenken und Versenkt-Werden. Beim Reich-werden-Wollen gibt es Höllengase: Verderben und Verdammnis. In der Lust zu viel Hab und Gut liegen alle bösen Keime. Wer auf dem Ich-Weg haben will, wie kann er glauben? Er will ja Irdisches sehen und schmecken. Wie kann er lieben? Er denkt ja nur an sich. Kein Wunder, daß Paulus sagt, etliche, welche die Geldliebe im Herzen gehabt hätten, seien abgeirrt vom Glauben. Geiz, Haben-Wollen ist Auswuchs des Ich-Wesens, und zwar Pfahlwurzel-Auswuchs.

Mit all diesem Jagen macht man aber sich selbst viel Schmerzen. Der Weltreichtumsweg ist ein harter Passionsweg ohne Trost. Doch aus jedem Kreuz, wenn es uns im Glauben zu Ihm treibt, wächst neue Kraft und neue Erfahrung. Der Geizesweg, der Habsuchtsweg ist ein Wüstenweg ohne Wasser. Was man nicht erlangt, das gibt getäuschte Hoffnung, Verbitterung, Neid, Haß und Zorn; und was man erlangt, das langt nicht. Die Welt ist noch nie glücklich gewesen; deswegen braucht sie so viel Spaß, Theater, Fest und Unterhaltung, um ihren Jammer zuzudecken. Doch auch dieser Deckel hält nicht dicht, das Elend bricht immer wieder aus. Auf dem Welt- und Prunkgerüste, singt einer, man nur glänzend Elend findt. Aller Erdengewinn wird Verlust. Sowie er vergeht, ist die Öde da, der Schmerz. Erden-Hascher machen sich selbst viel Schmerzen. Welch ein großer Erwerb ist da die Gottseligkeit. Man kriegt, und das Bekommene bleibt, ja wächst sich aus von Segen zu Segen. Darum, du Gottesmensch, fliehe den Erden- und Habsuchts-Sinn. Frei und immer freier zugewandt dem ewigen Gut, den großen Erwerb vergrößert!

Jage nach, du Gottesmensch, nicht leeren, schmerzenschaffenden Schein- und Sachwerten, jage nach den bleibenden, ewigen Personwerten. Jage nach der Gerechtigkeit, der Gottseligkeit, dem Glauben, der Geduld, der Sanftmut. Alles irdische Reich-werden-Wollen geht auf Sach- und Ding-Werte; alle Gottseligkeit geht auf Personwerte. Der Habgierige will haben, der Gottselige will sein. Der Reichtumgierige ist herabgesunken zu den Dingen und ist ihr Knecht; der Gottselige geht ein in Gott und will dem Sohn gleich werden, und alle Dinge müssen ihm dazu dienen. Ja, das ist der große Erwerb der Gottseligkeit — sie schafft Personwerte für zeitliche und ewige Herrlichkeit; die Habgier hascht nach Sachwerten, die verschwinden, und da bleibt Verderben und Tod. Was nach Sachwerten geht, ist im Grunde irdisch und weset im Erschütterlichen; was in Christo nach Personwerten geht, das weset im Ewigen und Unerschütterlichen. Darum geht auch das natürlich religiöse Leben auf viele Dinge und Sachen; der Wiedergeburtsglaube sorgt, daß er etwas werde. Gottselige drängen nicht auf Tun, sondern auf Werden.

Darum ist es Sache der Gottseligkeit, nachzujagen der Gerechtigkeit. Die Gottseligkeit will immer in der rechten Grundstellung vor Gott stehen. Man wird ein geretteter Sünder im Blut Jesu, der aus Dankbarkeit Jesu gehört und Ihn verherrlichen will in Seinem Geist in allem. Dem jagen wir nach, immer mehr in Ihm erfunden zu werden. Das ist die Gerechtigkeit, das ist die rechte Stellung vor Gott und Menschen. Und das wirkt dann die Gottseligkeit, das macht Leben vor Gott und Menschen: in Ihm, aus Ihm! Und dieses Leben geht aus Glauben. Im Glauben halten wir uns an Ihm fest und werden bewahrt in Ihm. Und sind wir in Ihm, dann ist die Liebe in uns. Geliebt und liebend, so leben wir. Und so leiden und dulden wir. Getragen von Liebe kann man tragen. Nur Getragene sind tragfähig. Und nur von der Liebe Getragene können auf Eigenvergeltung im Eigenwesen verzichten und können in Sanftmut still sein und alles dem HErrn anheimstellen.

Solche Menschen möchten wir als Gottselige sein und werden: So gerecht, so ewiges Leben lebend oder gottselig, so glaubensvoll im HErrn, so im Liebesleben stehend, so tragend und auf uns nehmend, so verzichtend und uns selbst sterbend in der Sanftmut. Das sind Gottseligkeits-Werte. Das ist ein großer Erwerb. Solche gottseligen Leute sind Lichter und Salzfelsen. Da kann die Welt sich Licht- und Salzkraft holen. Nicht ununterbrochen Springende und Laufende, Sachwerte Treibende, das ist kein großer Gewinn; sondern Werdende, mitten in der Hast Stehende, mitten in der Finsternis Leuchtende, nicht Fackelträger, Lichter, nicht verschmolzene Salzkörnchen, Salzsteine, an denen viele Herzukommende lecken können, so stehen die Gottseligen da. Es ist ein großer Erwerb, wenn einer gottselig unter allem, unter Freud und Leid, in Christo wird und wächst. Das sind die Segensmenschen. Das sind die werdenden Königsgeister und Herrlichkeitsmenschen. Gottselige werden nicht im Sachwert-Treiben gerieben und elend, sondern im Personwert-Wachsen stehend und stark. Ja, geistgewirkte Gottseligkeit, sie ist ein großer Erwerb. Wer Ihn hat, dem wird gegeben, und er wird die Fülle haben. (26. Juli 1925)

Auf zum Glaubenskampf!

Text: 1. Timotheus 6, 12—16

Wir stehen am Tor der Karwoche. Der Heiland schreitet in den tiefsten Glaubenskampf. Die Vollendung des Glaubenslaufes des eingeborenen Sohnes sehen wir vor uns. Er glaubte hindurch durch die grausigen Tiefen des Kreuzestodes und der Hölle. Sein Glaube erzitterte, der ganze Gottmensch erbebte. Blut drang aus den Poren, aber Er glaubte. Angesichts dieses Vollenders des Glaubens, den Er auch für uns vollendete, ruft uns Paulus heute auf zum Glaubenskampf. Er führt seinem geistlichen Sohn Timotheus alles vor Augen, was ihn nur zum Glaubenskampf erwecken kann, von der ersten Berufung an bis hinaus zur Vollendung. Machtvoll dringt er auf Timotheus ein, daß dieser auf der Glaubensbahn verharre bis zum unbefleckten Ziel hin. Machtvoll dringt er auch auf uns ein und möchte uns eine kräftige Anregung zu neuem Glaubenslauf geben.

In den Glaubenskampf will Paulus den Timotheus hineintreiben. Leben ist Kampf, man mag's ansehen, von welcher Seite man auch will. Im Grunde ist es entweder ein Kampf des Lichtes gegen die Finsternis oder ein Kampf der Finsternis gegen das Licht. In einem Kampf stehst und auf einer Seite kämpfst auch du. Der Glaubenskampf ist ein schöner Kampf. „Kämpfe den schönen Kampf des Glaubens", ruft Paulus dem Timotheus zu. Der Kampf auf der Finsternisseite gegen das Licht ist ein unschöner Kampf. Unschön wegen seiner Waffen, die dem Ich-Wesen entnommen sind; unschön um seines Zieles willen, welches der Tod ist. Wer im Ich und ums Ich kämpft, kämpft unschön und wird unschön bekämpft. Wer nur diesseitig ringt und kämpft, kämpft auch unschön. Es ist häßlich, nur um Alltägliches, Vergängliches, Unbefriedigendes kämpfen zu müssen. Da wird die Seele müder und müder, der Geist leerer und leerer. Unzufriedenheit, Verbittertheit, Verwundetsein und Sterben-Müssen ist das Ziel. Im Ich-Wesen und Welt-Wesen kämpfen ist unserem Kampf im Weltkrieg ähnlich, wo viele schließlich fragten: Wozu haben wir eigentlich gekämpft? Ja, wozu? Für ein Elends-Ziel? Darum kämpfen die meisten Menschen. Unschön ist der Menschheitskampf; häßliche Formen nimmt das Diesseitsringen an auf allen Gebieten; und häßlich ist sein Ziel, der Tod.

Schön ist der Kampf des Glaubens. Um die herrlichen, göttlichen Dinge geht er; mit des Heiligen Geistes Waffen wird er geführt; Leben und Lebenskrone ist sein wunderbares Ziel. Und Jesus, der schöne Sohn des lebendigen Gottes, der gekreuzigt und erstanden ist, ist dieses Kampfes Grund, Kraft und Hoffnung. Ehrgeiz, Zorn, Neid, Streit, Haß sind des irdischen Kampfes unschöne Kräfte; Liebe, Freude, Friede, Geduld sind des Glaubenskampfes ewige Mächte. Glaubenskämpfer sein heißt um ewige, unsichtbare Güter kämpfen; Glaubenskämpfer sein heißt gegen alles Eigene und Sündige angehen und Gott und Christus und Seligkeit und Herrlichkeit meinen. Erdenkämpfer sein heißt in eigener Kraft streiten und sich zu Tode zehren. Glaubenskämpfer sein heißt im unsichtbaren, aber wahrhaftigen Heiland kämpfen und im Glauben alle Kräfte und Siege aus Seinem siegvollendeten Wesen ziehen. Im Glauben kämpfen heißt von sich absehen, auf Jesus sehen und Ihn machen lassen und Ihn anziehen und in Ihm überwinden. Das ist auch ein Sterben, aber nur nach dem, was schädlich und unnütz ist, es ist aber ein Aufstehen in Christo, in allem, was bleibt und ewig herrlich ist. Ein Glaubenskämpfer sieht alles in Christo an und will in allem Ihn und Seinen Weg.

Ein Glaubenskämpfer steht immer im Unsichtbaren und läuft von da aus siegend durch das Sichtbare. Ein Erdenkämpfer steht im Sichtbaren. Er erreicht dieses Vergängliche nicht, eben weil es nur zeitlich ist, und hat das Bleibende nicht, weil er es nicht wollte. Das ist ein unschöner Kampf. Der Glaubenskämpfer hat das Unsichtbare, und das Sichtbare dient ihm zum Wachstum im Unsichtbaren. Das ist ein schöner Kampf. Der Christ sieht nichts nur natürlich an, sondern alles geistlich und ewig in Christo. Er urteilt glaubensmäßig, und so kämpft er dann. Freud und Leid, Erde und Tod, Menschen und Dinge sieht er im Ewigkeitsmantel in Christo, und so nimmt er sie und durchdringt sie in der Kraft Gottes. So hat der Heiland den Gethsemane- und Golgatha-Weg im Vater gesehen und gläubig gekämpft, daher der geöffnete Segensquell. Ein schöner Kampf, dieser Kreuzes-Glaubens-Kampf Christi. Zu solchem Kämpfen ruft uns Paulus auf.

Er bezeichnet es näher als ein „Ergreifen des ewigen Lebens". Der Glaubenskämpfer lebt und webt im Ewigen, obwohl er mitten im Zeitlichen steht. Das ewige Leben, Christus der Heiland, ist sein Teil und Erbe; in Ihm stehend kämpft und überwindet er. Der Glaubenskämpfer steht im Geist, er hat die Ewigkeit in sich und vor sich. Und dieses ewige Leben ergreift er in jeder Lage neu. Ohne Ewigkeitslicht und -kraft kann er nirgends sein. Mächtig rumort der alte Mensch von innen, gewaltig zieht das Erdengewicht ringsum; aber der Glaube gibt immer dem Ewigen recht und ergreift das ewige Leben im irdischen Kämpfen und Ringen. Es ist nicht leicht, so zu stehen, darum ruft Paulus: „ergreife das ewige Leben", und fährt fort zu gebieten, dieses Gebot zu halten ohne Flecken und untadelig bis zum Ziel hin. Das Gebot, welches Paulus hier meint, ist der ganze geistliche Lebensverlag. Er meint, in diesem Stande des Ewigkeitsmenschen und des Glaubenskämpfers sollten wir immer tadelloser und unbefleckter werden und das Ziel der Vollendung nicht aus dem Auge lassen. Der Ewigkeitsmensch und Glaubenskämpfer hat ein vollkommenes, untadeliges und unbeflecktes Ziel im Auge. Gleichwie der Heiland vor dem letzten Glaubenskampf flehte: „Vater, verkläre Mich bei Dir mit der Klarheit, welche Ich hatte, ehe die Welt war", so streckt sich ein Glaubensmensch in seinem Kampf nach dem Vollkommenheitsziel aus. Er will etwas werden zu Lob der herrlichen Gnade Christi. Und dieses Gebot, diese Lebenslinie des Glaubenslebens sollten wir festhalten bis zum Ziel der völligen Unbeflecktheit hin. Noch ist unser Geistesbesitz in den irdenen Gefäßen; noch sind wir elend und arm, sündig und schwach, aber der Glaube führt durch zur Vollkommenheit, will sie und hat sie in Christo. Der Glaubenskämpfer und Ewigkeitsmensch ist ein Fortschreiter in einer Lebenslinie (Gebot), welche in ihm in Christo angefangen ist.

Damit wir nun im Glauben verharren, im ewigen Leben verbleiben und die Linie (das Gebot) zielmäßig innehalten, ermuntert der Apostel Timotheus und uns auf die verschiedenste Weise. Er sagt zuerst: „dazu du auch berufen bist". Ja, wie oft ist das Wort göttlicher Berufung zu einem Glaubensleben und Ewigkeitsleben, zu einem Leben nach dem vorgesteckten, vollkommenen Herrlichkeitsziel schon an uns ergangen. Wir sind unters Wort gestellte Leute. Und im Wort hat Gott, hat Christus gerufen. Wir haben diese Rufe auch in Herz und Gewissen ordentlich und außerordentlich vernommen. Wir kennen Zeiten sonderlichen Ergriffenseins. Wir sind auch durch Führungen schon machtvoll gerufen worden. Wir waren schon bange und waren schon selig. Sollen so viele Rufe umsonst sein? Sollen sie uns alle zum Gericht werden? Das sei ferne. Wir wollen sein, wie ein Abraham und wie alle Heiligen je gewesen sind; wir wollen antworten: „Hier bin ich, HErr!" Gedenke deiner vielfachen Berufung und kämpfe den guten Kampf des Glaubens; ergreife das ewige Leben und bewähre die Lebenslinie, welche dir geoffenbart ist. Es wäre doch eine Schmach, wenn so vielfach Berufene, solche tief und tiefer Berufene nicht im Kampf des Glaubens und im Ewigkeitsleben ihren Mann stellten.

Dazu haben wir auch schon bekannt ein schönes Bekenntnis vor vielen Zeugen. Paulus stellt seinen Timotheus nach Lystra, in die alte Heimat. Er erinnert ihn daran, wie er dort zum Glauben gekommen ist und sich der Gemeine angeschlossen hat. Er erinnert ihn an die Stunde, wo die Gemeine ihn zum Apostelbegleiter segnete und er sich dazu bekannte. Er erinnert ihn aber auch an all die Zeugnisse, die er hin und her abgelegt hat. So soll er nun die angetretene Glaubenslinie bis zum Ende festhalten. Die meisten unserer Leser werden auch als Gläubige bekannt sein. Du hast dich auch gewiß den Gläubigen schon angeschlossen und damit öffentlich bekannt, wohin dein Gott dich zog und zieht. Viele von uns haben so oder so sich schon zu Jesus bekenntnismäßig gestellt; wohlan denn: weiter bekannt. Wenn, wie es im Glaubenskampf geht, die Schlachten schwerer werden, wenn die Aufgaben gewichtiger werden: fortgekämpft im Glauben, weiter gegangen den Ewigkeitsweg, hinan bis zum makellosen Ziel! Die Bekenntnisse müssen reifer und schöner werden. Eins muß das andere an Klarheit und Wahrheit übertreffen. Darum kämpfe den guten Kampf des Glaubens!

Bedenke auch, daß Gott dich trägt. Paulus beschwört den Timotheus bei dem Gott, der das Ganze noch zum Leben hindurchgebäre. Ja, wenn Gott das All, das Ganze, oder wie Luther sagt, alle Dinge noch zum Leben hindurchgebiert, wird Er dann Seine Erstlings-Glaubens-Kämpfer stecken lassen? Wie, wenn Er den Anfang nicht durchführte, wie könnte Er dann je zum Ziel gelangen? Gott läßt niemand stecken, bei dem Er einmal angefangen hat. Und der alles zum Ziele bringt, der bringt auch dich durch. Wohlan, denke an den alles neugebärenden Gott und kämpfe getrost weiter den schönen Glaubenskampf. Ergreife das ewige Leben und bleibe fest auf der Ziellinie.

Sieh doch, wie der alles neugebärende Gott Seinen eingeborenen Sohn durchgebracht hat, und denke, wie Jesus im Glauben durchbekannt hat. Als der Heiland dort vor Pontius Pilatus stand, da hätte Er durch *ein* Wort frei werden können. Der stolze Weltmachtvertreter war so innerlich betreten und voller Furcht, daß er Ihn am liebsten freigelassen hätte. Aber der Heiland bekannte ein solch schönes Bekenntnis zu Seiner ewigen Gottessohnschaft und zu Seinem Leidensberuf, daß der Römer Ihn nicht freilassen konnte. Der Heiland hat den Glaubensweg beschritten. Er hat bis zum Kreuzestod den Vaterweg, das, was Ihm Gebot war, bewahrt. Wären wir dieses Heilandes, dessen Tod doch unser Leben ist, wert, wenn wir in Seiner Kraft nicht auch weitermachten? Wir haben einen herrlichen Herzog und einen kraftvollen, uns stärkenden Vorläufer. Denken wir an Ihn, der ganz leicht hätte können frei werden, der aber ein schönes Bekenntnis bekannte und glaubensmäßig in den Tod ging. Kämpfen wollen wir den schönen Glaubenskampf, auch wenn er äußerlich in Schmach führt; ergreifen wollen wir das ewige Leben, auch wenn's in Sterbenswege führt; untadelig wollen wir werden, welche Feuer auch der Vater für nötig hält. Wie wären wir sonst dessen wert, der ein solch schönes Bekenntnis vor Pilatus bekannte, wiewohl es zum Tod führte!

Und wir wissen doch, dieser Jesus kommt wieder. Wir wissen, Er wird mit den Seinen von drüben bei den Seinen von hüben erscheinen. Wir kennen doch den Tag des HErrn. Das ist unser großes, erwartetes Ziel. Wie könnten wir dort bestehen, wenn wir nicht durchgehalten hätten! Wie könnten wir bestehen vor Ihm, dem Anfänger und Vollender des Glaubens; wie könnten wir bestehen vor all den Glaubens- und Leidens-Vollendeten, wenn wir selbst nicht durchgehalten hätten! Denk an den Tag der vollendeten Glaubensgemeine und dann auf, kämpfe den guten Kampf des Glaubens, ergreife das ewige Leben, halte aus auf der Lebenslinie bis zum Vollkommenheitsziel! Einer Glaubens- und Ewigkeits-Gemeine gehören wir an. Ihren Charakter wollen wir jetzt im Kampf nicht verleugnen, damit wir ihren Charakter auch in der Herrlichkeit tragen dürfen. Was wird doch der ewige Gott dort offenbaren! Paulus sagt, die Erscheinung Christi werde Gott zeigen zu geeigneten Zeiten. Wir wissen, wenn das Judentum bußreif, wenn die Nationen gerichtsreif, wenn die Gläubigen in Christo durch Leiden herrlichkeitsreif sind, dann sind die geeigneten Zeiten. Und dann wird Gott zeigen Seinen herrlichen Sohn mit den verherrlichten Söhnen. Und was wird das werden! Überlegen wir im Geist die Herrlichkeit Gottes des Vaters, soweit wir einen stückweisen Blick in sie haben! Wie wird es sein, wenn diese verborgene Gottherrlichkeit wieder um ein Stück weiter herauskommt.

Paulus gibt uns im Geist einen Einblick in diese Gottes-Wunderherrlichkeit. Er nennt Gott zuerst den Glückseligen. Da ist nur Wohlsein, kein Übelsein, keine Tränen, kein Leid, kein Geschrei. Bei Gott ist lauter Glück. Vor Ihm ist Freude die Fülle und liebliches Wesen zu Seiner Rechten ewiglich. Und Er ist, der alles ganz allein kann. Gott braucht niemand. Alle Macht und Kraft ist in Ihm selbst. Was Er will, geschieht. Da braucht niemand und nichts nachzuhelfen. Er ist dem Gewaltigsten allein gewachsen. Es ist alle Gewalt in Ihm. Darum ist Er auch der Mächtige aller Mächtigen: König aller Könige,

HErr aller Herren. Über Ihm ist nichts und niemand. Alles ist und bleibt unter Ihm. Ja, es bleibt, hier ist kein Wechsel. Er hat allein Unsterblichkeit. An alles kann der Tod. Selbst der eingeborene Sohn mußte sterben. An Gott selbst kommt kein Tod heran. Das können wir Todverfallenen gar nicht fassen. Und das alles hat Gott in unzugänglichem Licht. Da ist alles Liebe, alles Wahrheit, alles Gerechtigkeit, aber so rein, so ungemischt, so völlig, daß niemand und nichts in das Licht kann, der eingeborene Sohn ausgeschlossen. Es würde für alles verzehrendes Feuer sein. Ihn kann kein Mensch sehen; es wäre aus mit Ihm. Da kann man nur anbetend von ferne sagen: „Ihm sei Ehre und ewige Kraft! Amen."

Und dieser wunderbare Gott wird Seinen Sohn samt den verherrlichten Söhnen in wunderbarer Verklärung senden. Er wird ein weiteres Stück Seiner verborgenen Herrlichkeit in ihnen kundtun. Und da dabeisein dürfen, ist das nicht des Kampfes und der Mühen wert? Denken wir anbetend dieses Gottes und Seiner schon geschehenen und noch kommenden Offenbarung in Christo und wissen wir, daß die gläubigen Überwinder da mit hinein dürfen in Christo, dann wird's uns innerlich treffen: Kämpfe den schönen Kampf des Glaubens, ergreife das ewige Leben und bewahre die Linie unbefleckt und untadelig! Fürwahr, es ist der Mühe und des Schweißes wert. HErr, stärke uns den Glauben! Laß es bei uns aus Glauben in Glauben gehen!

Die Zeugen Jesu, die vordem auch Glaubenshelden waren,
Hat man in Armut wandeln sehn, in Trübsal und Gefahren;
Und des die Welt nicht würdig war, der ist im Elend gangen;
Den Fürsten über Gottes Schar hat man ans Kreuz gehangen.
Drum wolln wir unter Seinem Schutz, den Satan zu vertreiben
Und seinem Hohngeschrei zum Trutz, mit unsern Vätern gläuben.
Wenn man den HErrn zum Beistand hat und 's Herz voll Seiner Freuden,
So läßt sich's auch durch Seine Gnad um Seinetwillen leiden.

(5. April 1925)

Leide dich!

Text: 2. Timotheus 1, 7—14

Wir haben einen gekreuzigten Heiland! Und obwohl Er erhöht ist, so ist Er auf Erden immer noch der Niedrige. Nirgends entfaltet der HErr bis zur Stunde äußere Hoheit und Herrlichkeit. In den Seinen ist Er freilich der Überwinder, aber immer durch Kreuz und im Kreuz. Glauben heißt einen Kreuzes- und Sterbens-Weg gehen, allerdings beim inneren Besitz der herrlichen Erlösungsgaben und Erlösungskräfte. Die Gemeine Gottes erscheint in dieser Welt nur als die Leidende, aber immer auch Überwindende. Es geht aber immer noch wie zur Zeit des HErrn: Das Kreuz stand vor allen und offen da, Auferstehung und Himmelfahrt geschahen in der Stille und im Verborgenen und mußten, abgesehen von den wenigen Augenzeugen, geglaubt werden. Noch ist nicht die Königszeit Christi, noch ist nicht die Zeit Seiner Weltherrschaft und Weltdurchdringung. Wer sich Jesu anschließt, der schließt sich einer leidenden, duldenden und tragenden Minderheit an, welche aber, wenn sie überwunden hat, zur Herrschaft in Christo bestimmt ist. Zu diesem Leidensweg und zu seiner freiwilligen Übernahme ruft nun heute der Apostel Paulus den Timotheus und in Timotheus uns alle auf. „Leide dich!" heißt die Parole unserer Verse.

Timotheus war, wie wir das aus manchen Bibelstellen ersehen, von Natur zaghaft und schüchtern. Nun stand er allein, der gewohnt war, meist um den Apostel zu sein. Und offenbar harrten Leiden auf ihn. Offenbar war auch Paulus, der in Ketten lag, bei ihm oder vor ihm herabgesetzt worden. Da ruft ihn nun Paulus zum freudigen Leiden und Kreuz-Tragen auf. Er sagt ihm: Lieber Timotheus, wir haben nicht einen Geist der Furcht, d. h. der Feigheit und der Angst. Schäme dich doch nicht, wenn das Evangelium dir Trübsale bringt. Ärgere dich auch nicht an mir, der ich so oft und viel und auch jetzt wieder ein Gefangener Christi bin. Ich weiß wohl, es gibt immer und überall Leute, welche meinen Banden ein Ärgernis anhängen wollen, als wären sie nicht rein um Christi willen. Du aber wirst dich doch nicht daran stoßen. Du weißt doch, daß der Weg des gekreuzigten, gebundenen Jesus in solche Lagen führt. Auf, lieber Timotheus, leide selbst solches Kreuz und solche Trübsal mit. Kreuz und Evangelium gehören sonderlich in dieser Erstlings- und Gemeine-Zeit unweigerlich zusammen. So muntert Paulus seinen Timotheus auf, die leidenden und gefangenen Brüder liebzuhaben, ohne Scham in ihre Gemeinschaft einzutreten und freudig und frei sein Teil Leiden auf sich zu nehmen.

Das gilt auch uns! „Leide dich als ein guter Streiter Jesu Christi", ruft Paulus. Weißt du auch etwas vom Kreuz Christi und von Seinen Leiden? Stehst du drin? Wir reden nicht von den allgemeinen Menschheitsleiden, welche auch auf der ungläubigen Welt lasten; wir reden von den sonderlichen, aus dem lebendigen Glauben an den Heiland kommenden Leiden. Da sind vor allem die inneren Leiden der Buße, der wachstümlichen Sinnesänderung. In Jesu gilt es täglich Dingen innerlich unter Wehen abzusterben, welche der natürliche Mensch und das Fleisch gerne hätten und gerne täten. Das Geistesleben ist der Widerpart des Fleischeslebens. Wer im Geist leben will, kreuzigt in Christo das Fleisch. Das geht nicht ohne tiefes Weh bis zu Tränen hin. Selbstentäußerung, Selbsterniedrigung, Selbstverleugnung sind dem Fleisch keine Freuden. Im wachstümlichen Glaubensleben geht es zwar innerlich von Klarheit zu Klarheit, aber der Natur geht es gar sauer ein, sich immerdar in Christi Tod zu geben.

Dann bringt die Bindung an den Heiland Lösungen vom heilandslosen Leben und von heilandslosen Menschen. Das gibt bei jung und alt in den Freundschaften, Gesellschaften, Vereinen, oft bei den Eigenen bittere Kämpfe. Dazu tragen solche Lösungen Spott und Hohn, ja auch Benachteiligungen mancherlei Art ein. Und der Weg des Unrecht-Tragens und des Unrecht-Leidens ist ein rechter Sterbensweg. Und Jesu Bahnen gehen überall! In Geschäft und Beruf, in Stellung und Umgang wird alles anders, aber nicht ohne manches Weh, manchen Nachteil und Verlust. Wie viele kommen zu keiner Entscheidung für den Heiland, weil sie solche Leiden fürchten und scheuen. Wie viele kommen von gewissen Stationen an nicht mehr weiter, weil sie die Kämpfe, die Nachteile, das Kreuz nicht übernehmen wollen, innerlich und äußerlich nicht. Und wenn erst das Kreuz unter den frommen Leuten kommt, dann schrecken viele zurück, die Bahn des Glaubenslebens mutig weiter zu beschreiten. Und wie vielen ist die Gemeinschaft der Gläubigen das Anstößige. Diese Glaubensgemeine ist eine gar niedrige Gemeine.

Da ruft Paulus dazwischen: „Schäme dich nicht meiner, der ich Sein Gebundener bin." Leide dich und nimm das Schwere und Übel des Glaubenslaufes getrost auf. Was sind denn deine augenblicklichen Glaubensleiden? Oder vor welchen äußeren oder inneren Folgen deines Glaubenslebens schreckst du zurück? O tu es nicht, du bringst dich um viel, um sehr viel. Leide dich! Das ist das rechte Kennzeichen der Wahrheit, wenn es aus Leiden in Leiden geht. Jede geistliche Wahrheit und Kraft muß versucht und bewährt werden, und das geschieht im Kreuz. Wundert euch nicht, meine Lieben, wenn ihr in mancherlei Anfechtungen fallet! Leidet euch! Christenart ist freiwillig übernommenes Leiden. Der natürliche Mensch leidet seine Leiden knechtisch. Er muß, er kann nicht anders. Wenn er könnte, würde er die Leiden seines Weges weit wegstoßen. Und er geht allem aus dem Weg, dem er ausweichen kann. Der Glaube hat nicht diesen Geist des feigen Ausweichens. Der Glaube nimmt die in den Glaubensweg fallenden Passionen frei auf und läuft tragend in den Kampf, der ihm verordnet ist.

Hast du die Gnade dieses Frei-Aufnehmens der eintretenden Kreuzes-Wege? Sieh, wir können das, denn wir haben den Geist der Kraft, der Liebe und der Zucht (V. 7). Das tut der Heiland nicht anders, als daß Er zu jedem vorkommenden Kreuz auch die Kraft, die Liebe und die Zucht gibt, und zwar immer in dem Grad und Maß, wie der Glaubenskämpfer es braucht. Für den Glauben gibt es in den gottverordneten Kämpfen kein „unmöglich" und kein „ich kann nicht". Das sind beides Unglaubensworte. Zu jedem Glaubenskreuz bekommst du den *Geist der Kraft*. Und das ist die überwindende Siegeskraft Christi, denn der Heilige Geist hat in Jesus in allen Versuchungen überwunden. Es kann dir also gewiß nicht fehlen, du mußt nur den Geist der Kraft anziehen und in ihm kämpfen. An Kraft des Sieges fehlt's dem Glauben nie, denn er ist der Sieg, der die Welt überwunden hat.

Dazu kriegen wir den *Geist der Liebe*. Wo Menschenkinder in Christo leiden und tragen, da bleibt der Geist nicht aus, der ihnen sagt, daß sie von Gott geliebt sind. Welche der HErr lieb hat, die züchtigt Er. Unter den Glaubens-Kreuzeswegen gießt der Geist die Liebe Christi in uns aus. Wir sehen Sein Kreuz und wie Er uns geliebt; und wir wissen, daß alles Kreuz lauter Liebe ist, unser Bestes zu schaffen. Als Geliebte des Vaters in Christo leiden, tragen, sterben wir. Da ist tiefe Seligkeit im Kreuz.

Und dazu kommt der *Geist der Zucht* oder besser gesagt: der inneren Gleichmütigkeit und Gelassenheit. Die Gläubigen kommen durch ihr Kreuz nicht in innere Verwirrung und Erregung, sondern in eine freudige Gelassenheit und Stille. Schau sie alle an, welche das Kreuz des HErrn getragen haben, ob nicht diese freudige Stille in ihnen war. Wer so ausgerüstet wird, der kann auch Kreuz tragen und der spiegelt dann in seinem Kreuz ein Stück der Klarheit Christi wider. Durch den Geist der Kraft, der Liebe und der Gelassenheit wächst er unter dem Kreuz und wird bewährt unter dem Kreuz. Es dient ihm zum Guten.

Sieh, darum fürchte dich nicht; leide dich und wachse! Ohne Leiden, die überwunden sind im Geist, wächst du nicht. Die geistgerüsteten Kämpfer des HErrn sind reiche Kreuzesträger. Sie sind aber auch reiche Kreuzesträger um der großen Sache willen, für die sie leiden. Das hält Paulus seinem Timotheus kräftig vor, um ihn zu ermuntern zum: Leide dich! Ach, um welcher Erbärmlichkeiten und Niedrigkeiten willen leidet doch die Welt. Ihr meistes ist Bauch-Kreuz. Ihr alles ist Vergänglichkeits-Kreuz. Ja, selbst wenn sie ums Höchste leiden, etwa für Vaterland oder Wissenschaft, so ist's doch immer ein Vergängliches. Unterschiede sind ja hier auch. Wenn ein Zeppelin um des Luftfahrens willen aller Welt Freuden Jahrzehnte entsagt; wenn er drum sein ganzes Vermögen hergibt und arm wird; wenn er sich einen Toren und Narren schelten läßt, so hat er es doch um einer großen und edlen Sache willen getan. Und doch, auch Luftfahren ist irdisch.

Wie unendlich höher ist die Gottessache, um deretwillen Kinder Gottes leiden! Kann es etwas Höheres geben, als Gottes Kreuz auf Erden zu tragen; kann es etwas Gewaltigeres geben, als für den und um deswillen zu leiden, welcher als ewiger Sohn Gottes sich zuerst dahingegeben hat und uns durch Seinen Tod errettete und berief zur Seligkeit? Wir sollten wahrhaftig stolz sein, um des Namens Jesu willen leiden zu dürfen. Wir sollten es als eine Würde ohnegleichen ansehen, die Schmach Christi zu tragen. Mose schon, wiewohl er noch keinen für ihn gestorbenen Heiland hatte, hielt die Schmach Christi für etwas Höheres als alle ägyptische Kulturmacht-Größe. Heute wissen selbst viele Fromme das rechte Größenverhältnis zwischen Welt-Kultur-Pracht und Christi Kreuzesschöne nicht. Leide dich, du Glaubensmensch, du leidest um etwas unsagbar Großes.

Es ist, wie Paulus in unseren Versen sagt, der ewige Gottesratschluß, welcher schon vor Grundlegung der Welten gefaßt war und welcher jetzt ausgeführt wird, um dessentwillen wir leiden. Der ewige Gottesrat ging in seiner innersten Größe und Schöne von allen Ewigkeiten her auf eine durch Kreuz und Tod hindurch verklärte Söhne-Gemeine, welche in allem dem eingeborenen Sohn gleich sein sollte und durch welche der Welt und aller Kreatur Heil, Frieden und Segen vermittelt werden sollte. Wer glaubt, ist in diesen ewigen Gottesrat eingetreten. Wer glaubt, ist in dieses ewige Kreuz-, Todes- und Lebens-Geheimnis hineinverflochten und kriegt sein Teil Kreuz und sein Teil Herrlichkeit. In Jesu Christo, dem Gekreuzigten, Gestorbenen und Erstandenen, ist dieses große Geheimnis Gottes zur Durchführung gekommen. Er ist als Sündloser in den Tod gegangen, hat ihn durchbrochen und hat Leben und unvergängliches Wesen ans Licht gebracht. Und nun holt das leidensverklärte Haupt Seine Glieder und vollendet sie auf dem gleichen Weg, den Er selbst gegangen ist.

In diesen Weg, sagt Paulus zu Timotheus, bin ich eingegangen, ja ich bin Apostel, Prediger und Lehrer desselben geworden, und deshalb leide ich mein Leidensteil und sterbe ich mein Sterbensteil, um diesen wunderbaren Rettungsrat mitvollenden zu helfen, der nach Vollendung der Gemeine der ganzen Welt zugute kommt. Sieh, an diesem Großen schaffst du mit, wenn du eingehst in die Leiden Christi. Du wirst als Glied am Haupt unter Leiden vollendet als einer der königpriesterlichen Söhne Gottes, welche der ganzen Kreatur das Heil bringen dürfen. Erst wenn die Glaubens- und Leidensgemeine vollendet ist, kann der große Rettungsrat Gottes die ganze Kreatur umfassen. Jetzt wartet diese Kreatur noch auf die herrliche Freiheit der Kinder Gottes. Willst du für diese große Sache nicht dein Teil leiden und sterben? Ist's nicht etwas Großes, für dieses zu offenbarende Seligkeitsgeheimnis der Welt sich ganz einsetzen zu dürfen? Wer jetzt im Glauben an Christus den ihm verordneten Kreuzesweg frei übernimmt und im Geist überwindet, der tut der Welt das Größte, was er ihr tun kann, er schafft an ihrer Gesamtrettung in Christo. O suche die Herrlichkeit dieser Leiden und leide dich!

Du darfst aber auch deine eigene Herrlichkeit sehen. Die Herrlichkeit der vollendeten Gläubigen wächst aus ihren frei übernommenen und in Christi Geist überwundenen Trübsalen. Paulus sagt: „Ich weiß, an welchen ich glaube", das heißt wörtlich: „Ich weiß, welchem ich mich anvertraut habe." Paulus weiß, daß er dem Gekreuzigten, aber auch dem Erhöhten und Verherrlichten gehört. Er weiß, daß sein Heiland, welchem er dient in der Niedrigkeit, der wahrhaftige HErr ist, welchem noch alle Knie sich beugen müssen. Er weiß, welchem er sich vertraut hat, dem nämlich, der all die Seinen zu sich ziehen kann und wird. Paulus kennt die Beilage, welche er am Tag des HErrn sicher bekommen wird. Paulus leidet und kämpft und überwindet auf *einen* Tag hin, auf den Tag der Ankunft des HErrn Jesus Christus zu Seinen Gläubigen. Und auf diesen Tag weiß Paulus sich etwas Großes beigelegt oder hinterlegt. „Ich habe einen guten Kampf gekämpft", sagt er an anderer Stelle, „ich habe Glauben gehalten", eben im Kreuz, „hinfort ist mir beigelegt die Krone der Gerechtigkeit, welche mir der HErr, der gerechte Richter, geben wird, nicht mir aber allein, sondern auch allen, die Seine Erscheinung liebhaben." Paulus erwartet einen Kronen-Stand und des Königs-Priesters Gleiche. Und dieser Stand wächst mit seiner Herrlichkeit aus den im Geist übernommenen und im Geist überwundenen Leiden.

Höre auf diese heilsamen Worte, sagt er zu Timotheus, und nimm sie auf im Glauben und in der Liebe in Christus. Verscherze nicht durch Leidensscheu die Kleinods-Krone, den Siegeskranz. Bewahre dir deine Beilage, für welche du das Angeld schon im Herzen trägst im Heiligen Geist. Der Heilige Geist, wo Er wohnt, redet deutlich von solcher großen und schönen Herrlichkeit. Sie wächst aber ganz aus dem Leidenslauf. Wer den Leiden Christi aus dem Wege geht, hat kein beigelegtes, unverwelktes Erbe. Und jedes innere und äußere Sterben, vor dem du furchtsam abbiegst, verringert deine Beilage. Wie werden sich einst schämen, welche sich hier geschämt haben. Bitte um den Geist der Kraft, der Liebe und der Zucht, und dann gehe hin, und was der HErr an Kreuz dir vorlegt, das nimm aus Seiner Hand. (22. Febr. 1925)

Die Herrlichkeit der Leiden Christi

Text: 2. Timotheus 2, 8—13

Die Leiden Christi, welche wir meinen, sind die um des Namens Christi willen auf uns fallenden und von uns übernommenen Leiden. Der Name Christi geht in der Welt immer noch unter dem Kreuz. Eine äußere Herrlichkeit gibt es noch nicht. Wo man sie aufzurichten versucht, geht es nur mit starker Weltmischung und mit Einschlag des Todesgesetzes. Die äußere Herrlichkeit Christi beginnt erst nach Seiner Wiederkunft. Alles Glaubenswesen geht durchs Kreuz. Aber das Kreuz Christi und die Leiden im HErrn haben eine solche innere Herrlichkeit, daß ihre verborgene Schöne und Größe herrlicher ist als aller Welt Lustherrlichkeit. Von dieser wahrhaftigen Herrlichkeit der Leiden Christi möchte Paulus seinem schüchternen Timotheus, der es manchmal auch mit der Furcht zu tun kriegte, einen Begriff geben, und damit auch uns.

Die Leiden Christi sind herrlich, weil sie um des großen, wunderbaren HErrn willen gelitten werden. Wie haben sich schon im Irdischen oft Tausende mit Leib und Leben in Leiden und Tod begeben um eines großen Führers willen. Wie viele hat ein Alexander, ein Cäsar, ein Napoleon in Leiden und Tod geführt, und sie sind ihnen willig gefolgt. Wie viele haben schon ihr irdisches Leben nicht liebgehabt um großer wissenschaftlicher Errungenschaften willen, und ein großer Erfinderführer hat sie durch Not und Elend hindurch an sich ketten können. Wer Christus gehört, der gehört aber dem Allergrößten an, dem König aller Könige. Er gehört dem, von welchem Gerok singt: „Viel Namen glänzten in der Welt, sie funkelten am Sternenzelt, doch keiner ist geblieben! Erst prangten sie im Heldenbuch, dann sanken sie ins Leichentuch, und keiner ist geblieben. Keiner? Einer glänzet unverdunkelt durch die Zeiten, ja durch tiefe Ewigkeiten: Jesus." Um Seinetwillen Schmach zu tragen war schon einem Mose größer als alle Ergötzlichkeit der Welt und Sünde am ägyptischen Hof.

Darum sagt auch Paulus zu Timotheus, um ihn aufzumuntern: „Gedenke an Jesus Christus, an den aus den Toten Erweckten; gedenke an den Samen Davids, welchen ich in meiner Evangeliumspredigt verkündige." Als auferweckter Heiland ist Er der Durchbrecher von Sünde, Tod und Gericht, der wahrhaftige Retter und Seligmacher, das Haupt der herrlichen Leibes-Gemeine. Als auferweckter Christus vom Samen Davids ist Er der wahrhaftige, verheißene König der Juden, der zu Seiner Zeit die Königsherrschaft antreten und von Zion aus die Nationen unter Seine seligen Reichsgesetze bringen wird. Der auferweckte Jesus Christus vom Samen Davids ist der wahrhaftige Retter und Neuschöpfer der Erde und der Nationen in Gemeine und Königreich. Er ist das alleinige Heil der Welt. Ihm anzugehören, heißt dem Leben angehören; Ihm eigen sein, heißt dem Wahrhaftigen und Unvergänglichen dienen. Einen Größeren gibt es nirgends und nimmer als Jesus, der die Schlüssel der Hölle und des Todes hat. In Seiner Gemeinschaft leiden ist die höchste Ehre. Mit Ihm werden wir nie zuschanden, wenn Sein Weg auch durch Tiefen geht.

Das müssen wir uns in den Kämpfen und Nöten dieser Tage immer wieder sagen: Wir stehen beim HErrn des Lebens und der Ewigkeiten, beim wahrhaftigen König aller Welt. Wir stehen bei dem, der den Sieg schon errungen hat, denn Er hat den Tod durchbrochen. Wir stehen bei dem, des Königstum kein Ende hat, denn Er ist der ewige Davidssproß. Wer in Christo ist durch Glauben, hat das Höchste erlangt, was es gibt: sein eigenes Heil und den Heiland der Welt. Gedenke immer, durch was hindurch auch dein Glaubensleben dich führt, an den vom Tod erstandenen HErrn, an den Samen Davids. Es ist eine Ehre ohnegleichen, auch durch Leiden hindurch eintreten zu dürfen für den, der selbst die tiefsten Leiden um meinetwillen trug. Ach, um wessentwillen leiden die Menschen auf Erden! Um ihrer und anderer Sünden willen tragen sie Schmach. Sie leiden und sterben um der Kinder willen, um großen Gewinns, um Ehre unter den Menschen willen. Und das alles verzehrt sich doch. Wie ist es doch anders, um des ewigen Gottes und Seines Rates willen, um Christi Erlösungs-Durchführung willen im Kreuz zu stehen.

Freilich ja, der Name Jesu und der Glaube an Ihn bringt Leiden: „In welchem ich Übles leide bis zu den Banden hin als Übeltäter", sagt Paulus. Ja, gerade diese Botschaft, daß ein Jude vom Samen Davids sollte der Weltenretter sein, paßte den Heiden nicht, denn sie haßten die Juden. Und daß der Auferstandene, der am Kreuz Gehangene, der von ihnen, den Juden, Getötete, sollte der wahrhaftige Messias-König sein, das paßte den Juden nicht! Mit einem gekreuzigten und auferstandenen, im Judengewand erschienenen Gottessohn stieß man überall an. Auch heute stoßen sich die Nationen am Juden, und sie wollen nicht unter einen gekreuzigten und erstandenen Juden sich beugen und noch weniger die Nationenglückseligkeit von Zion aus nehmen. Und die Juden stoßen sich am Gekreuzigten und wollen nicht wahrhaben, daß Er der erstandene, wahrhaftige Messias und HErr sei. Wie Übeltäter werden die behandelt, welche Jesus allein für den einzelnen wie für das Ganze als Heiland wollen gelten lassen und welche alles andere und alle anderen als dem Gericht verfallen erklären. Wenn auch körperliche Bande bei uns in Deutschland zur Zeit nicht auf dem Glauben stehen, Leiden genug in jeder Lebensbeziehung bringt er mit sich. Aber darinnen, daß wir's tragen und Jesus gleich werden, liegt die hohe Ehre. Des Christen Schmuck und Ordensband, das ist das Kreuz des HErrn, und wer erst seinen Wert erkannt, der trägt es froh und gern. Man nimmt's mit Demut, trägt's mit Lust und achtet's für Gewinn; doch trägt man es nicht auf der Brust; o nein, man trägt es drin!

Ja, man trägt's mit Gewinn. Es ist etwas Wunderbares, wie die Gläubigen unter den Heilands-Trübsalen auf allerlei Art reich werden. Paulus sagt: Bin ich auch gebunden, das Wort Gottes ist nicht gebunden. Des Paulus Fesseln waren überaus fruchtbar, denken wir an Cäsarea oder an Rom. Das Blut der Märtyrer war stets der Same der Kirche. Die größten Zeiten der Christenheit sind ihre Verfolgungszeiten. Gerade durch seine Verfolgungen ist Paulus immer recht geführt worden von Ort zu Ort. Durch seine Leiden hindurch, die er ertrug, hat er die Auserwählten herausrufen dürfen und in seiner Trübsal hat er ihnen als ein Vorgänger den Weg zeigen dürfen zur ewigen Herrlichkeit in Christo. Leidende Zeugen können immer am besten die Gemeinen der Erwählten herausrufen und sie auf ihren Weg stellen. Darum haben wir auch einen leidenden Heiland als Herzog der Seligkeiten. Daß wir heutzutage oft so viele religiöse Menschen noch unter den Gläubigen haben, kommt aus der Leidenslosigkeit vieler Prediger und aus der Leidenslosigkeit des Weges, der heutzutage vielfach für christlich gehalten wird. Der wahre Weg hat seine Leiden, nur der religiöse Durchschnittsweg hat sie nicht.

Der leidende Paulus ist überall das Werkzeug zur Rettung der Auserwählten Seines HErrn gewesen. Es ist doch verwunderlich, daß der HErr den gebundenen Paulus in die Welthauptstadt schickte und der Gebundene die Auserwählten herauszog und ihnen diente. Im Philipperbrief bezeugt es Paulus hell: Das Evangelium ist durch meine Leiden nicht gehindert. Nein, nur mehr zu seiner Förderung haben sie gedient. Noch nie haben Trübsale der Gemeinde Gottes geschadet, stets aber ihr sehr genützt, innerlich und äußerlich. Zu allen Zeiten sind leidenslose Tage ein Schaden für das Glaubensleben gewesen und vollends gemächliche, weltselige und weltgroße Tage.

Das ist die Herrlichkeit der Leiden Christi: je geringer nach außen die Werkzeuge sind und dementsprechend auch innerlich klein, um so gesegneter sind sie. Durch das Nichtige macht der HErr sich groß und durch das Verachtete sich herrlich. Darum braucht die Gemeine Gottes weder Macht noch Zahl noch Einfluß. Sie braucht nur Leidenstreue, dann geht's vorwärts bei ihr trotz Ohnmacht und Einflußlosigkeit. Wenige Gläubige haben den Sinn für das Leidendliche in der Gemeine und darum für ihre wahre Herrlichkeit. Äußere Großmannssucht steckt uns allen in den Naturgliedern. Uns erscheint immer nur das Erscheinende etwas zu sein. Der HErr aber hatte und hat keine Gestalt noch Schöne. Er war so verachtet, daß man das Angesicht vor Ihm verbarg, darum haben wir Ihn für nichts geachtet. Das geht mit manchem leidendlichen, geschmähten und zurückgesetzten Gläubigen so. Aber das ist die Herrlichkeit der Leiden Christi, daß aus ihrem Elend die Segensströme fließen. Sie kommen aus der großen Trübsal!

Doch nicht nur in dieser Zeit, noch mehr auf den Tag des HErrn hin offenbart sich die Herrlichkeit der Leiden Christi. „Zuverlässig ist das Wort", sagt Paulus, „wenn wir mitgestorben sind, so werden wir auch mitleben; und wenn wir Leiden übernehmen, werden wir auch mitherrschen." Zum Christusbild gehört die Passion. Passionelle Kraft ist die tiefste Sittlichkeit der Gläubigen. Aus den Wunden wachsen die Ehrenmale. Zum Mitleben und zum Mitherrschen sind die Erwählten des HErrn bestimmt. Wir haben hier wieder die Krone des Lebens der herausgerufenen Erstlinge. Die gottgeborenen Glieder des Leibes Christi, die Geistesgemeine gehört, wenn sie vollendet ist, auf Gottes und Christi Seite. Das ist unglaublich groß.

Damit aber solche Hoffnung niemand groß und überheblich mache, führt der Weg zu ihrer Erlangung durch die Trübsale bis hin zum Märtyrertod. Den ersten Christen war auch das leibliche Sterben in der Nachfolge Jesu etwas Selbstverständliches. Davon hat die Menge der heutigen Christen gar keinen Begriff mehr. Wenn Leiden dieser oder jener Art über einzelne oder eine ganze Gemeinschaft hereinbrechen, dann erregt das oft Verwunderung, während es doch das Natürlichste ist. Der Weg des Glaubens ist ein solch anderer als der natürliche Weg und besonders auch als der religiös-natürliche Weg, daß er immer Feindschaft auslöst. Feindschaft ist aber Todeswurzel. Wenn wir nun sie auf uns nehmend eingehen in die Sterbenswege Christi und unter ihnen verharren bei Ihm, so wird Er uns zieren mit sonderlicher Herrlichkeit des Lebens und des Herrschens. Das wird offenbar werden schon bei der Erstauferstehung der Seinen, noch mehr aber im Königreich Christi. Es wird eine herrliche Stufe erreicht, wenn wir mitrichten dürfen am Jüngsten Tage und wenn wir bei Ihm im Allerheiligsten sind auf der neuen Erde. Die Herrlichkeitsstellung der Gläubigen in der vollendeten Gemeine geht nach der Übernahme und Überwindung in dem einem jeden verordneten Leiden. Ohne Leiden Christi kann man in der Gemeine Christi nicht in Herrlichkeit erscheinen. Wie freudig sollten wir angesichts all dieser Herrlichkeiten im Übernehmen von Trübsalen sein, welche aus unserer Glaubensstellung und aus unserem Glaubensweg kommen.

Der Apostel fügt noch einen ernsten Schluß aus dem Gegenteil an, um uns leidensstark zu machen. Er sagt: „Verleugnen wir, so wird Er uns auch verleugnen." Hier ist verleugnen nicht im allgemeinen Sinn zu nehmen, sondern es ist auf die Leidenslinie zu ziehen, wenn wir, wo es Leiden gäbe, auskneifen. Wie mancher mag in seiner Familie die Leiden nicht haben, welche eine klare Glaubensstellung mit sich brächten. Wie mancher mag im Beruf und unter Kollegen nicht die Nachteile auf sich nehmen, welche ein Gang in Christo verursachte. Wie viele wollen in Kirche oder Staat nicht als die Einspänner oder Einseitigen dastehen, zu welchen lebendiger Glaube einen macht. Wie manche suchen sogar nach Ehre und Einfluß bei Nicht-Gläubigen, wo wir eigentlich die Hinausgetanen sein sollten. Vor allem aber sucht man oft Unannehmlichkeiten aus dem Wege zu gehen, welche um Christi willen uns eigentlich treffen würden, und macht Kompromisse mit der Welt. Das sind Verleugnungen. Stehen wir in solchen, dann wird Er uns auch verleugnen.

Das heißt nun nicht, wie es oft ausgelegt wird, daß wir im Jüngsten Gericht verdammt werden. Davon ist bei den Gläubigen in Christo keine Rede. Der HErr wird uns zunächst verleugnen, indem Er uns Kraft und Einfluß bei Gläubigen und Ungläubigen nimmt. Soviel Leiden du scheust, soviel Kraftherrlichkeit verlierst du. Du wirst für den HErrn nicht mehr sein, was du sein könntest. Du könntest ein Segen sein, aber du bist es nicht, weil du Leiden meidest. Und was hier schon geschieht, geschieht drüben noch mehr. Deine Herrlichkeit wird eine geringe sein, und du wirst tief gedemütigt sein. Möchte dich das beizeiten aufmuntern, nichts und niemand aus dem Weg zu gehen, um Leiden zu vermeiden.

Sieh, die Sache ist ernst: „Wenn wir nicht glauben, so bleibt der HErr treu, Er kann sich selbst nicht verleugnen." Unsere Vernunft macht uns oft Einwürfe, als ob man dies und das wohl vermeiden dürfte, als ob dieser oder jener Sterbensweg nicht nötig wäre für uns, als ob der Nachteil an Herrlichkeit in der Ewigkeit kein so schmerzlicher wäre. Täusche dich nicht. Der HErr bleibt sich selbst treu. Er macht nur das herrlich, was auch den Bekenner- und Leidensweg ging. Darin gibt es keine Änderung des Gottgrundsatzes. Die göttlichen Wahrheiten und Wege müssen durchgestorben und durchgelitten sein. Der HErr wird mit großer Treue die Niedrigsten und Bewährtesten im Tiegel hervorziehen. Und Er wird zurückstellen, was nicht in die Sterbenslinie einging. Hüte dich! Ist die Herrlichkeit der übernommenen Leiden in Christo groß, so ist der Herrlichkeitsverlust bei nicht übernommenen Leidenswegen noch größer. Wir reden mit Gläubigen. Paulus redet mit einem gläubigen Timotheus. Es wird hier nicht geredet mit solchen, denen ein solcher Herrlichkeitsverlust einerlei wäre, wenn sie nur hier nicht leiden müssen. Gläubige wollen herrlich werden. Gläubige wollen Seinem Bild gleich werden. Dies Gleichsein wächst allermeist aus den Überwindungen. So laß dich warnen! Geh keine Verleugnungs- und Untreue-Wege! Es ist ein festes und gewisses Wort, es ist ein ewiges Weggesetz der Erwählten: „Sterben wir mit, so werden wir mitleben; übernehmen wir mit, so werden wir mitherrschen."

Leide dich! Leide dich!
Zion, leide ohne Scheu
Trübsal, Angst mit Spott und Hohne;
Sei bis in den Tod getreu,
Siehe auf die Lebenskrone! (26. April 1925)

Ein vierfach begnadeter Mensch

Text: 2. Timotheus 3, 10—4, 2

Timotheus heißt der Mann. Der Apostel Paulus führt ihn uns heute vor Augen. Die *erste* große Gnade, welche schon an seiner Wiege sich auswirkte, ja schon zuvor, war die, daß ihn von Kindesbeinen an das Wort Gottes umgab. Schon in Kapitel 1 unseres Briefes redet der Apostel von der Mutter und der Großmutter des Timotheus und sagt uns, daß sie beide einen ungefärbten d. h. durch und durch lauteren Glauben hatten. Und heute hält er in der Mitte unseres Textes Timotheus vor, daß er von Kind auf die Heilige Schrift wisse. Sein Vater war nach der Apostelgeschichte ein griechischer Heide, aber Mutter und Großmutter haben offenbar um so treuer den Knaben mit dem Zaun der Schrift umgeben. Wie aber die beiden Frauen selbst in der Schrift lebten und webten, sehen wir daraus, daß sie beide, von Haus aus Jüdinnen, den Glauben an den HErrn Jesus Christus angenommen haben. Timotheus lernte von ihnen schon in frühester Jugend die Heilige Schrift nach ihrem Kerninhalt erkennen und verstehen, nämlich nach ihrer Kraft, weise zu machen zur Seligkeit oder zur Rettung; er lernte von früh auf die Heilige Schrift nach ihrem Grundziel und Grundzweck kennen, hinzuführen zum Glauben an den HErrn Jesus Christus (Vers 15). So stand er unter dem lebendigen Wort als unter dem ersten und bleibenden Haupteindruck seines Lebens. Und es waren die beiden Allernächsten, welche es ihm einpflanzten, Mutter und Großmutter.

Das ist eine ganz unaussprechliche Gnade Gottes, wenn in ein Leben vom ersten Denken und Wissen, vom ersten Fühlen und Wollen, vom ersten Lallen und Reden an das Wort Gottes hineinstrahlt, und zwar lebendig, kräftig und keimfähig. Ein solches Kind wächst in sonderlicher Weise im Rettungselement auf, und der Name, der Heil und Friede ist, der alle Finsternis überwunden hat und überwindet, umgibt es, der Name Jesus Christus. Herrlich ist es und köstlich, wenn es gar die Eigenen sind, die Blutnächsten, welche durchs Wort Gotes zu Geistesnächsten werden. Jedenfalls sind Timotheus in der gläubigen Gemeinde, welcher er durch seine Mutter zugehörte, auch noch andere Übermittler des heiligen Wortes entgegengetreten, aber der Haupteinfluß ist doch der des Hauses, wo gewissermaßen die Alltagsluft gereinigt und geheiligt wird durch die Geistesluft der Offenbarung Gottes. Da wird das Wort früh so recht zum Lebenselement.

Ein gläubiges Elternhaus, durchwebt von Wort und Geist, kann nichts anderes ersetzen. Wenn in unseren Tagen Kinderschulen, Sonntagsschulen, zum Teil auch noch die Schulen das lebendige Wort dem Kinderherzen nahebringen, so ist das auch unter die sonderlichen Gnaden des HErrn zu rechnen, wenn's einem Kind widerfährt; um vieles größer und köstlicher ist aber eine wortdurchwaltete Kinderstube. Alle diese Stätten des Wortes, von der Kinderschule an, haben es schwer, wenn daheim das Wort nicht ist oder wenn daheim gar ein dem Wort widerstrebender Geist ist. Was vom Mutterherzen und Vaterherzen in frühester Jugend an ins Kinderherz einfließt, das haftet doch am tiefsten, sonderlich das vom Mutterherzen, weil diese das Kind doch am nächsten am Herzen hat. Und wenn ein solches Mutterherz gar aus eigenem, lebendigem Heilandsglauben heraus das Wort ins Kinderherz legt, wie groß ist das. Und diese Gnade hatte Timotheus. Ein glücklich zu preisender Mensch!

Was ist natürliche Liebe, und wenn sie übervoll vom Mutterherzen einem Kind zuströmte, wenn sie nicht geheiligt und verewigt ist durch den Geistesgehalt des Wortes Gottes, durch die Kräfte der zukünftigen Welt. Natürliche Liebe ist Fleisch, allerhöchstens Seele; sie hat, und wenn sie voller Hingabe wäre, keine rettenden Kräfte in sich, welche das Kind aus der Welt der Sünde, des Todes und der Finsternis herausreißen könnten. Natürliche Liebe, auch die allerstärkste, unterliegt selbst dem Gesetz der Sünde und des Todes. Sie ist in vielen Fällen selbst Sünde, nämlich selbstisch durch und durch, und tut Sünde, indem sie die Sünde im Kinderherzen weder sieht noch bricht, weil sie beides nicht kann. Mit dem Wort Gottes gehen die Kräfte des Evangeliums ins Kinderherz, welche das natürlich geborene Kind ins Ewigkeitswesen führen wollen und können. Mag ein Kinderherz und eine Kindesjugend umgeben, was es auch sein mag, das Allergrößte und Wichtiggeachteteste dieser Erde ist nicht imstande, dem heranwachsenden Menschenkind das wahre Glück zu verbürgen. Dieses entströmt der anderen Welt und strömt aus in der Heiligen Schrift und dem Heiland. Ihr Eltern, ihr Mütter, um was bringt ihr eure Kinder, wenn ihr ihnen nicht von Kind auf die Heilige Schrift gebt. Ihr habt sie in eine Welt des Todes geboren und sie nicht daraus gerettet! Ihr Eltern und sonderlich ihr Mütter, wie arm seid ihr, wenn ihr dieses Krongut der anderen Welt nicht euer nennt: das Wort.

Ihr Kinder, welche große, unverdiente Gnade umgibt und umgab euch, wenn ihr vom ersten Lallen an auch Wort Gottes lallen dürft und durftet! Man kann ja auch später noch auf den verschiedensten Wegen zum Wort kommen und durchs Wort gerettet werden, aber es ist doch ein Schaden, wenn eine ganze Reihe Jugendjahre fehlen; es braucht eben zum Ausreifen des neuen Menschen eigentlich das ganze Leben. Was daran verloren ist, muß später durch vertiefte Leiden nachgeholt werden. Darum selig, wem an seiner Wiege auch die Heilige Schrift stand. Allerdings, doppelt elend, wer von Kind auf die Heilige Schrift weiß, und achtet diese Gnade nicht. Solche Seelen müssen durch tiefe Gerichte, um je wieder den Weg des Lebens zu erlangen. Darum, wer die Gnade des Wortes in der Kinderstube genossen, achte sie für die höchste Liebe Gottes, die ihm widerfahren ist. Alle Geistesgaben und Erdengüter, welche du ererbt hast, sind wie nichts dagegen. Das war die erste Gnade des Timotheus.

Die *andere* war die, daß von Jugend an das Wort Gottes nicht nur in der Heiligen Schrift an ihn herantrat, sondern in gläubigen, geheiligten Persönlichkeiten. Persongewordenes Wort Gottes umgab ihn. Groß ist die lebensvolle Überlieferung des geistgefüllten Gottessamens an uns von Jugend an, ebenso groß ist das Wort, das Gestalt gewonnen hat in gläubigen Menschen und in ihnen uns gegenübertritt. Da hatte Timotheus zuerst seine Mutter und Großmutter, beide voll ungefärbten Glaubens. Er sah den Glauben und die Liebe Christi täglich im Haus umherwandeln. In den kleinsten und größten Dingen des täglichen Lebens sprach Jesus mit, war Sein Wort maßgebend und richtunggebend. Lebendiges Wort in lebendigen Menschen umgab ihn. Schlimm, sehr schlimm, wenn zwar hergebrachterweise in einem Haus gebetet wird und Wort Gottes getrieben wird, wenn aber das Leben derer, die es darbieten, nicht in Christo ist. Unserem Timotheus trat da eine köstliche Harmonie entgegen: Das ihm von Großmutter und Mutter gegebene Wort lebte vor ihm im Wesen und Wandel der beiden Frauen.

Es war gewiß nicht so, als ob die beiden nie eine Sünde getan hätten, als ob in ihrem Leben gar nichts gewesen wäre, woran man sich hätte stoßen können. Sie werden wohl dieselben Übungen und Trübungen gehabt haben wie wir auch. Aber wo lebendiger Glauben ist, da ist Buße über die Sünde, und an der Gebeugtheit über die Sünde kann das wahre Christusleben noch am allermeisten erkannt werden. Zu Mutter und Großmutter kamen gewiß noch manche Gläubige aus den Gemeinden zu Lystra und Ikonion. Früh hat ja offenbar die Mutter den Sohn in die Gemeinschaft der Gläubigen mitgenommen. Die Apostelgeschichte erzählt uns, der junge Timotheus habe als Jüngling schon ein gut Gerücht gehabt bei den Gläubigen zu Lystra und Ikonion. Da mag er manche ausgeprägte Glaubensgestalt gesehen haben, in welcher und an welcher das Wort Gottes lebte.

Wie wichtig ist das, die Kinder früh mit gläubigen Seelen in der Gemeinschaft der Kinder Gottes in Berührung zu bringen, damit sie ausgeprägtes und persongestaltetes Wort Gottes sehen. Das ist vom nachhaltigsten Einfluß fürs zukünftige Leben, und jeder Gläubige weiß aus seiner Jugend von solchen Eindrücken. Das ist aber auch für die erwachsenen Gläubigen eine große Verantwortung, welcher sie sich stets bewußt sein müssen, daß sie Träger des Gestalt gewordenen Gotteswortes an die Jungen sein müssen. Das ist die beste und nachhaltigste Jugendarbeit, welche in Gemeinschaften und von Gemeinschaften getrieben werden kann und welche vielleicht manche andere überflüssig machen könnte. Offenbar ist zu des Timotheus Zeiten eine andere gar nicht getrieben worden.

Der Kreis dieser gläubigen Jünger und Jüngerinnen, an welchen Timotheus das lebendige Wort Gottes sehen konnte, war durch den Apostel Paulus ins Leben gerufen. Der war in außerordentlichem Sinn körperlich gewordenes Wort Gottes. Gesetz und Evangelium in ihrer Gerichts- und Gnaden-Fülle waren in diesem Mann gewissermaßen Fleisch geworden. Timotheus war von ihm überwältigt. Er schloß sich ihm an und folgte ihm als der treueste unter seinen Schülern. Und auf den vielen gemeinsamen Wanderungen durfte nun Timotheus Blicke tun in ein Leben im Angesicht des HErrn von ergreifendster Kraft und Macht. Paulus erinnert Timotheus in unserem heutigen Text selbst daran, was derselbe alles mit ihm erlebt habe.

„Du bist nachgefolgt meiner Lehre" (V. 10). Welche Erkenntnisse konnte Paulus dem jungen Schüler übermitteln! „Und nachgefolgt meiner Weise", meinem Wandel. Du bist mit mir gegangen besonders in dem Wanderleben, in welches mich das Evangelium trieb, und bist mitgewandert. Du bist auch nachgefolgt meiner Meinung, du warst Zeuge, wie sich das Leben in Christus in Vorsätzen und Entschlüssen auswirkt, wie man im Heiland Vorsätze und Entschlüsse faßt und an der Hand des Heilands sie ausführt. Du warst Zeuge meines Glaubens, wie alles aus Glauben und in Glauben, in der Gemeinschaft des HErrn, unter der Zucht des Heiligen Geistes entschieden wurde. Du hast auch erlebt meine Langmut, wie ich warten konnte auf den HErrn, wenn etwas nicht gleich sich lösen wollte. Du hast gesehen, wie mich die Liebe Christi trieb; was ich alles trug in Geduld um Christi willen. Du hast auch mitgelitten in meinen Verfolgungen und Trübsalen. Du hast das Wort Gottes in Lehre und Leben, in Dulden und Leiden in mir lebendig gesehen. Du hast es miterlebt, was ich in Antiochien, Lystra und Ikonion ertrug. Du hast es aber auch geschaut, wie der HErr mich aus allem erlöste. Du weißt nun, daß das Leben in Christus und Seinem Wort jedem sein Kreuz und seine Verfolgung bringt.

So hat Timotheus die unaussprechliche Gnade gehabt, den rechten Glaubensweg in Lehre, Leben und Leiden zu sehen. Das hat ihn auch bewahrt, verführerischen Menschen ins Netz zu gehen. Er kannte die Linie des lebendigen Glaubens (V. 10—12). Sag, wen hat dir der Heiland in den Weg geführt? Hast du auch die Gnade gehabt, mit Gottesmenschen in Berührung zu kommen, vielleicht gar mit außerordentlichen? Das achte für eine besondere Gnade!

Timotheus hatte nun zu diesen beiden noch eine *dritte*. Er hatte die Gnade, das alles, was ihm auf diese Weise vom HErrn widerfuhr, innerlich anzunehmen. Das ist das Größte von den Dreien. Man kann ja alle diese Dinge, Gotteswort und Gottesmenschen, sich zum Gericht brauchen. Ach, wie viele sind schon unter dem früh empfangenen Wort und unter dem Umgang mit den liebsten Gläubigen von Verhärtung zu Verhärtung geschritten. Bist du vielleicht auch einer von denen, die, je näher ihnen das Wort rückte, sonderlich auch das persongewordene, um so mehr abrückten, einen Überdruß, ja Ekel gewannen? Schieb's nicht auf die Gläubigen und ihre Fehler; du wärest auch abgerückt, wenn sie keine Fehler gemacht hätten. Prüf dich! Dein Innerstes war auf anderes gerichtet, auf dich, auf Welt oder gar auf Sünde. Dein Wille wollte anderes! Große Schuld! Da hält die Umkehr hart, weil die Verhärtung so groß ist. Da ist Buße schwer, weil die Abkehr so bewußt ist.

Timotheus nahm von frühester Jugend auf an. Wir sehen das deutlich an seinem guten Gerücht, das er, noch jung, doch schon bei allen Gläubigen hatte; wir sehen das besonders an der Treue, mit welcher er an Paulus hängen blieb. Deshalb konnte ihm aber auch der HErr Größeres anvertrauen. Er durfte zunächst selbst ein Wortausgestalteter werden. Die geisterfüllte, gotteingegebene Schrift konnte in ihm Leben werden und Leben wirken. Er erfuhr die Schrift selbst innerlich. Ja, wer die überlieferte Schrift annimmt, wer die gottgeborenen Menschen liebhat, in dem gewinnt der HErr durchs Wort auch Gestalt. Timotheus wurde je länger, je mehr ein innerlich von Gott Gelehrter. Die Lehre der Mutter, der Jünger und des Apostels, denen er folgte, schloß ihn so auf, daß die Schrift je länger, je mehr ihn selbst lehrte. Wenn nun die Mutter und Großmutter starben, wenn ein Paulus gefangen fern von ihm war — Paulus wußte: Mein Timotheus fällt nicht den Verführern anheim (V. 13), er ist ein Schriftgelehrter vom Geist des Wortes, er steht und wächst. Das Wort selbst wurde ihm Lehrer, als die Lehrer ferne waren.

Das ist eine große Gnade, daß die Menschen, welche das überlieferte und vor ihnen gelebte Wort annehmen, schließlich vom Wort selbst gelehrt werden. Der Heilige Geist, von dem das Wort gefüllt ist, tritt in Sein inneres Lehramt ein. Ein solcher wortgelehrter Mensch läßt sich vom Wort strafen, aber auch vom Wort aufrichten. Er läßt sich vom Wort erziehen. Wen das von Menschen gegebene Wort und wen das Leben der Gläubigen ziehen durfte, den erzieht dann das Wort selbst weiter. Er ist ein Geistlicher, welchen die Salbung lehren kann und darf, d. h. der innewohnende Geist durchs Wort. So wird er dann wachstümlich ein in der Gerechtigkeit zunehmender, der Vollkommenheit entgegengehender, zu allem guten Werk geschickter Gottesmensch (V. 16 u. 17).

So hatte Timotheus die dritte Gnade eines innerlich durchs Wort gelehrten und gezogenen Menschen, der selbst nun dastand als ein Stück ausgestaltetes Gotteswort. Gehörst du auch nach langem Arbeiten des Wortes durch Menschen an dir zu den Wortgesalbten und Wortgebildeten, an welchen das geistgeborene Gotteswort seinen Heils- und Lebenszweck erfüllen darf?

Dann wird die *vierte* Gnade gar bald als Frucht erscheinen, nämlich daß du ein Zeuge wirst. Diesem wortgeborenen und wortgeleiteten Timotheus kann nun der Apostel zurufen: Ich beschwöre dich im Namen des HErrn Jesus Christus, des Weltenrichters und wiederkommenden Himmelreichskönigs: Predige das Wort, halte an, zur Zeit und zur Unzeit, strafe, drohe und ermahne mit der Geduld und Lehre (4, 1 u. 2). Nun kann der Apostel ruhig alt werden und ans Hinübergehen denken: ein neuer, gottbegnadeter, wortgründeter Zeuge steht da. So wächst aus überliefertem Wort, aus ausgelebtem Glauben in der Gemeinschaft der Gläubigen ein selbst im Wort gelehrtes Geschlecht und das neue Zeugenvolk heran. Und die alten Zeugen rufen die neuen auf den Plan. Komm, tritt du jetzt vor! Es ist ein langer Geduldsweg! Die ersten Gläubigen haben nicht so schnell gepredigt wie manche heute! Vom Kindheitsleben im Wort zum Gemeinschaftsleben mit den Gläubigen, zum selbständigen Erzogenwerden im Wort, hin zum selbständigen Zeugen in der Gemeine. Möchte der HErr heute noch durch solche vierfache Gnade sich viele erziehen, daß der Gemeine nicht mangle in einer Zeit vielen Verführens und Verführtwerdens ein geisteswahres, wortklares Zeugenvolk in der Wahrheit und in der Gerechtigkeit Christi! (18. Sept. 1921)

Er ward leer um meinetwillen

(Philipper 2, 6. 7)

Einst war ich so voll von der Welt und von mir,
Von irdischem Wünschen und Hoffen;
Da war in der ganzen Herberge Dir
Zur Geburt kein Plätzlein offen.

Doch die Welt verging mir und ich ihr,
Ihr Hoffen war auch mir verloren;
Ich schrie! Da wurdest in Gnaden Du mir
In der leeren Krippe geboren.

Du warst in der Fülle der Ewigkeit
Und entleertest Dich mir zugute,
Vertauschtest des Vaters Frei-Herrlichkeit
Mit dem knechtischen Fleisch und Blute.

Und wenn ich Dein Licht-Leben in mir trag,
Zieht's mir von der Welt die Hülle;
Ich werde weltleerer von Tag zu Tag
Und reicher in Deiner Fülle!
Th. Böhmerle

In der Reihe „Biblische Betrachtungen" sind in unserem Verlag erschienen:

Von Pfarrer W. Beck:
Stehen wir in der letzten Zeit?
  40 Seiten
Geist, Seele und Leib
  Das biblische Menschenbild, 40 Seiten
Die Ordnung des Heilswegs
  Wegleitung zum Ziel der göttlichen Berufung nach dem Zeugnis der Bibel, 40 Seiten
Vom Segen eines Gebetslebens
  40 Seiten

Von Pfarrer A. PFLEIDERER:
Elia — Elisa
  12 Betrachtungen, 72 Seiten, broschiert
Christus in uns
  32 Betrachtungen aus dem Johannesevangelium, 168 Seiten, broschiert

Von Hausvater A. STRASSER:
Glaubensmenschen — von Abel bis Mose —
  mit A. Straßers Lebensbild von Dekan Urban, 208 Seiten, broschiert

Aus der Reihe „Badische Väter" ist lieferbar:

3. Teil: *Ludwig Bertsch von Weil*
  64 Seiten, broschiert

Von Pfarrer Th. BÖHMERLE sind im Verlag der Philadelphia-Buchhandlung August Fuhr, Reutlingen, nachstehende Schriften erschienen:

Der da war und der da ist und der da kommt
  Biblische Betrachtungen, 692 Seiten
Die Gemeine und ihre Glieder
  Ein biblisches Geheimnis, 360 Seiten
Die Frauenfrage im Lichte der Bibel
  60 Seiten
Zeit- und Ewigkeitsfragen im Lichte der Bibel
  Teil 1: *Blicke in das prophetische Wort*, 128 Seiten
  Teil 2: *Vom Geheimnis des Leidens*, 128 Seiten